영유아 발달

현 정 환

창지사

머리말

"완전히 무능한 인간임에 틀림없다. 자동인형인지, 움직임도 없고 아무것도 느낄 수 없는 조각품과 다름없다. 아무것도 볼 수도 들을 수도 없으며, 사람을 알아볼 수도 없다. 봐야 할 곳을 눈을 돌려 쳐다볼 수도 없다."

이 말은 프랑스 계몽주의 시대의 교육사상가 루소가 어린 아이의 세계를 묘사한 글이다.

초기 심리학의 대표적 교과서, 윌리엄 제임스가 쓴 『심리학 원리』에는 "아기의 행동은 무질서하고 자기 스스로 아무것도 할 수 없고 끝없이 혼란스러운 세계를 살아가고 있다."라고 기술되어 있다.

오늘날 이런 주장에 동의하는 사람은 거의 없을 것이다.

자신의 자녀 3명을 출생에서 생후 18개월까지 관찰하거나 실험을 통해 마음의 생성과정을 규명하고자 했던 그 유명한 피아제 박사도 영유아가 주위 환경을 능동적이고 활동적으로 탐색하는 존재라는 인식은 하고 있었지만, 아이의 능력을 과소평가하는 오류를 범했다고 지적받고 있다.

아이들이 우리가 생각하는 것 이상으로 유능하고 생각하는 힘이 있으며, 어떤 환경에서도 적응력이 뛰어나고, 타인을 이해하고 배려하는 이타적인 존재라는 사실을 인정받는 데는 20세기 중반 이후까지 기다려야 했다. 측정 도구의 개발이나 연구 방법의 개선을 통해 아이의 세계가 서서히 밝혀지기 시작한 것이다.

대표적으로 최초의 영아 과학 전문잡지 『영아의 행동과 발달(*Infant Behavior and development*)』이 1978년에 창간되면서 영유아에 대한 우리의 고전적 생각을 완전히 바꿔 놓았다. 인간은 이미 태아기 때부터 세상에서 살아갈 준비를 하며, 신생아기나 영아기의 모습은 인간의 놀라운 적응력을 보여 주는 위대한 파노라마와도 같음을 알 수 있다.

본서는 영유아 발달의 내용을 전반적으로 다루고 있으며, 특히 아이의 이런 세계에 관해 최근 연구를 인용하여 최대한 담아내려고 애를 썼다. '출생 전 및 신생아기의 감각기능 발달', '영아의 인지능력', '기억능력', '아이의 모방심리', '마음의 이론', '아이의 학습의욕과 이타적 행동의 발달' 등이 그 대표적인 내용이라고 할 수 있다.

사실 책을 통한 아동 이해는 간단하고 아이의 모습을 쉽게 그릴 수 있지만, 아이의 진실을 놓치는 경우가 많다. 아이의 발달에 관한 지식은 이런 책이나 연구 논문을 통해서 이해하는 데는 한계가 있고 오류를 범하기 쉽다. 이러한 것은 부교재에 지나지 않는다. 주교재는 바로 '아이' 그 자체이다. 그러므로 아이에 대한 가장 올바른 이해를 위해서는 독자 자신이 여유를 갖고 가만히 아이를 관찰한다든지 아이와 상호작용을 많이 해 보는 경험이 훨씬 중요하다. 이런 사람에게 아이들은 자신의 세계를 있는 그대로 보여 준다.

끝으로 본서의 출판을 흔쾌히 수락해 주고 출간하도록 도움을 준 창지사 사장님과 나기영 상무님, 본 원고를 꼼꼼하게 검토해서 수정, 보완해 준 편집부 김민수님, 그리고 원고의 시작에서 마무리되기까지의 과정에 큰 도움을 준 조교에게 고마운 마음을 전한다. 무엇보다도 가족의 이해와 지원도 큰 힘이 되었기에 미안하고 고맙게 생각한다.

2016년 2월

현 정 환

차 례

머리말 · 3

CHAPTER 01 발달의 기초 15

1. 발달이란? ········ 15
2. 발달의 원리 ········ 16
   1) 인간 발달의 기본 법칙 · 16
   2) 발달에 영향을 미치는 2가지 요인 · 19

CHAPTER 02 발달이론의 기초 25

1. 피아제의 인지발달이론 ········ 25
2. 브론펜브레너의 생태학이론 ········ 28
3. 비고츠키의 발달이론 ········ 30
4. 에릭슨의 자아발달이론 ········ 32
5. 프로이드의 성격발달이론 ········ 36

CHAPTER 03 영유아 연구법 41

1. 영유아 연구의 의미 ········ 41
2. 발달연구의 접근방법 ········ 43
   1) 종단적 연구법 · 43
   2) 횡단적 연구법 · 43

3. 영아 연구법 44
1) 선호(選好) 주시법 · 45
2) 둔감법 · 46
3) 흡철(吸啜)법 · 48
4. 연구법의 종류 49
1) 관찰법 · 49
2) 실험법 · 54
3) 조사법 · 56
4) 사례연구법 · 57

CHAPTER 04 출생 전의 발달 59

1. 출생과정 59
2. 감각 기관의 발달 62
1) 촉각 · 62
2) 후각, 미각 · 63
3) 청각 · 63
4) 시각 · 65
3. 태아의 학습능력 66
4. 음주와 흡연이 태아에게 미치는 영향 67
1) 음주의 영향 · 67
2) 흡연의 영향 · 68

CHAPTER 05 신생아의 발달 69

1. 수면의 발달 69
2. 감각 기관의 발달 71
1) 미각 발달 · 71

2) 후각 발달 · 72
3) 청각 발달 · 73
4) 시각 발달 · 75

3. 신생아의 공감각능력 ········ 77

4. 깊이에 대한 지각 ········ 79

CHAPTER 06 신체와 운동 발달 81

1. 신체 발달 ········ 81
1) 신체 조직의 발달 · 81
2) 신체의 발달과정 · 84

2. 뇌의 발달 ········ 89
1) 뇌의 변화 · 89
2) 뇌의 발달과 교육 · 93

3. 운동 발달 ········ 98
1) 반사 운동 · 98
2) 운동능력의 발달 · 101
3) 운동 발달의 주요 내용 · 103
4) 보행능력의 발달 · 103
5) 손의 기능 발달 · 104

CHAPTER 07 감정과 욕구의 발달 107

1. 감정이란? ········ 107

2. 감정의 생성과정 ········ 108

3. 커뮤니케이션의 수단으로서의 감정발달 ········ 109

4. 감정의 발달 ········ 111
1) 쾌의 감정(미소)의 발달 · 113

2) 불쾌 감정(울음)의 발달 · 115

5. 욕구의 발달 ······ 121

1) 욕구의 발달 · 121

2) 욕구의 사회화 · 123

CHAPTER 08 언어 발달 125

1. 언어를 기억한다는 것 ······ 125

2. 말이 나오기까지 ······ 126

1) 발성 행동의 변화 · 126

2) 인식 활동 · 126

3) 영아의 커뮤니케이션 · 127

3. 영유아의 언어 발달 ······ 128

1) 첫 언어의 출현 · 128

2) 단일 단어 시기 · 130

3) 두 단어 조합의 시기와 문법 표현 · 130

4. 언어와 사고, 커뮤니케이션 ······ 133

1) 자기중심적 언어와 사회적 언어 · 133

2) 내재적 언어와 외재적 언어 · 134

3) 언어와 사고 · 135

4) 언어와 조기교육 · 136

5. 말더듬 현상에 대한 이해와 지도 ······ 137

CHAPTER 09 인지와 사고의 발달 139

1. 피아제 이론의 기초 ······ 139

2. 인지발달단계 ······ 141

1) 감각 운동기 · 142

2) 전조작기 · 146
3) 구체적 조작기 · 147
4) 형식적 조작기 · 148

3. 대상 영속성의 발달 ········ 143

4. 사고의 발달 ········ 151
1) 보이는 세계에 충실한 사고 · 151
2) '알고 있는 것(실존 인식)'에 의한 착오 · 155
3) 애니미즘적 사고 · 158

5. 피아제 이론에 대한 재검토 ········ 158
1) 대상 영속성에 대한 재검토 · 159
2) 비보존 개념적 사고에 대한 재검토 · 161
3) 애니미즘적 사고에 대한 재검토 · 163

CHAPTER 10 기억의 발달 165

1. 기억의 종류 ········ 165

2. 감각 자극의 기억 ········ 167
1) 청각 자극의 기억 · 167
2) 시각 자극의 기억 · 168

3. 인과성이 높은 현상에 대한 기억 ········ 139

4. 에피소드 기억 ········ 172

5. 언어 발달과 기억능력 ········ 173

6. 유아기 망각 ········ 173

7. 기억과 지식 ········ 175
1) 지식과 기억의 발달 · 175
2) 기억의 재구성 · 176

CHAPTER 11 자기인식의 발달 177

1. 원초적 자기인식 ··· 177
2. 신체를 통해 느끼는 자기인식 ··· 178
3. 거울에 비친 자기 ··· 181
4. 과거의 자기와 미래의 자기에 대한 인식 ··· 184
5. 유아기의 자기개념 ··· 185
6. 자기통제 기능의 발달 ··· 186

CHAPTER 12 타인인식의 발달 : 마음의 이론 191

1. 마음의 이론이란? ··· 191
2. 오류 신념의 이해 ··· 192
3. 마음의 이론의 획득 ··· 194
4. 마음의 이론의 태동 ··· 196
   1) 영아의 오류 신념의 이해 • 196
   2) 사회적 수반성(隨伴性) • 198
   3) 타인의 목표이해 • 199
5. 9개월 혁명 ··· 200
6. 모방 심리의 발달 ··· 203
   1) 형태 모방인가? 의도 모방인가? • 203
   2) 타인의 의도를 공유하고 싶은 모방 심리 • 206

CHAPTER 13 이타적 행동의 발달 209

1. 이타적 행동의 시작 ······ 209
   1) 이타적 행동은 자연발생적인가? · 210
   2) 정보제공을 통한 이타적 행동 · 213
   3) 타인 의도의 파악을 통한 이타적 행동 · 214
2. 공감성의 발달 ······ 216

CHAPTER 14 인지 스타일의 발달 219

1. 새로운 개인차 ······ 219
2. 인지형과 숙고형 ······ 220
3. 숙고형과 충동형의 차이 ······ 223
   1) 행동상의 차이 · 223
   2) 놀이의 특징 · 224
   3) 지적 능력과의 관계 · 224
4. 교육적 측면에서의 배려 ······ 228

CHAPTER 15 학습의욕과 자신감의 발달 231

1. 영아기의 학습의욕 ······ 231
   1) 영아의 학습의욕 · 232
   2) 영아기의 자신감 · 234
2. 유아기의 자신감 ······ 238
3. 달성 동기의 발달 ······ 242
   1) 달성 동기란? · 242
   2) 달성 동기의 발달 · 242

CHAPTER 16 사회성 및 도덕성의 발달 245

1. 사회성의 발달 245
   1) 대인 관계의 발달 · 245
   2) 모자간의 애착 형성기 · 246
   3) 또래 간의 싸움 · 250
2. 도덕성의 발달 251
   1) 도덕성이란? · 251
   2) 도덕성의 발달단계 · 252
   3) 유아기의 도덕적 판단 · 254
   4) 규칙의 인식 · 257

CHAPTER 17 놀이의 발달 259

1. 놀이란? 259
2. 놀이의 발달 262
3. 놀이의 효과 264
4. 놀이의 조건 268
   1) 텔레비전, 만화, 컴퓨터 게임 · 268
   2) 놀이의 성립 조건 · 269
   3) 놀이의 병리 현상 · 271
5. 놀이능력의 육성 274
   1) 유아의 놀이능력 · 274
   2) 놀이능력의 육성 조건 · 275

CHAPTER 18 애착 발달과 가족 관계 277

1. 애착이란? 277

2. 모자(母子) 관계를 중요시하는 이론 278

1) 케넬과 크라우스의 본딩(bonding)이론 278

2) 스피츠의 호스피털리즘(hospitalism) 280

3) 존 볼비의 애착(attachment)이론 281

3. 애착 형성의 원리 283

1) 2차적 동인설 283

2) 신체적 접촉 284

3) 모자간의 상호작용 286

4. 애착 행동 287

5. 애착 유형 290

1) 낯선 장면(Strange Situation)의 설정 290

2) 3가지 유형의 애착 290

3) 애착 유형과 부모의 양육 태도 293

4) D유형의 애착 행동 295

6. 아버지와 관계 296

1) 아버지의 역할과 놀이 형태 296

2) 아버지의 역할이 영유아 발달에 미치는 영향 297

7. 형제 관계 298

1) 형제란? 298

2) 형제의 의의 299

CHAPTER 19 어린이집에서의 영아 보육의 문제 301

1. 사회적 환경의 변화 301
2. 가정환경과 어린이집 보육환경의 차이 302
3. 보육시설(어린이집) 영아 보육이 애착 발달에 미치는 영향 303
    1) 애착 행동의 발생시기 • 303
    2) 접촉, 접근 행동 • 304
4. 어린이집 보육이 영아의 심리적 발달에 미치는 영향 307
    1) 지적 발달 및 사회성의 발달에 미치는 영향 • 307
    2) 정서 및 취학 후 학업성적에 미치는 영향 • 308
    3) 어린이집 영아 보육연구에 대한 종합적 결론 • 309

참고문헌 • 311

찾아보기 • 327

CHAPTER 01

발달의 기초

1 발달이란?

인간의 일생은 수정(受精) 순간부터 죽음에 이르기까지 변화의 연속이다. 이런 변화를 심리학에서는 '발달(development)'이라 한다. 발달에는 양적 발달과 질적 발달로 나뉜다. 키가 자라고 체중이 늘어나는 것과 같은 양적 변화는 양적 발달이라 하며, 걸을 수 없었던 영아가 연령 증가에 따라 걸을 수 있게 되는 것과 같이 불가능했던 행동이 가능해지는 질적 변화를 질적 발달이라 한다. 논리적 사고나 추상적 사고가 가능하게 되는 것도 질적 발달의 한 예라고 할 수 있다.

'발달'의 정의는 학자에 따라 조금씩 표현이 다르지만, 그 내용을 종합적으로 정리해 보면 '발달이란 개체가 발생, 환경에 적응해 가면서 죽음에 이르기까지의 생리적, 심리적, 행동적 성장의 변화과정'이라 할 수 있다. 이런 변화의 과정을 다루는 발달심리학은 인간 심리의 다양한 측면이 어떻게 발달해 나가는가, 그러한 발달적 변화가 무엇에 의해 나타나는가를 실증적 연구를 통해 명확히 해 나간다.

발달이란 단어와 비슷한 의미로 사용하는 유사 단어는 성장(growth)이나 성숙(maturation)이라는 용어이다. 그런데 이것에 대한 명확한 개념 구정 없이 동의어로 쓰는 경우도 많지만, 주로 신장(身長)이나 체중, 신경계통 등과 같은 신체적, 생리적 변화는 '성장', 신경계의 구조나 기능 변화에 의해 사고나 행동능력의 질적 변화가 생기는 경우는 '성숙'으로 분류하는 경우도 있다.

2 발달의 원리

1) 인간 발달의 기본 법칙

인간 발달은 상당히 복잡하고 역동적인 과정이다. 그래서 이 과정을 단순화한 형태로 개괄하는 것은 문제가 있지만 이제까지의 발달연구를 통해 확인된 기본적 법칙에는 다음과 같은 것이 있다.

(1) 발달은 연속적인 과정이다

[그림 1-1]에 나타나 있는 것처럼 발달은 연속적으로 진행되며, 그 진행속도는 일정하지 않다. 때로는 비연속적이라고도 생각할 정도의 급격한 변화를 나타내는 발달현상도 이전의 상태나 단계가 있기에 비로소 가능하므로 실질적으로는 연속적 과정이라 할 수 있다.

(2) 발달에는 개인차가 있다

발달은 속도도 스타일도 개인에 따라 다양하며 성장이 끝나는 시기도 개인차가 있다. 그러므로 평균적 척도를 절대시하면서 개인의 발달 지체 정도나 정상, 비정상을 판단하는 것은 옳지 않다고 할 수 있다.

(3) 발달은 미분화에서 분화, 통합되는 과정이다

[그림 1-1]에 나타난 가속기는 심신의 구조나 기능도 미분화 상태에서 분화토 이어지는 복잡한 상태이지만, 안정기에 들어서면 분화된 각 부분이 보다 발달된 수준으로 통합되어 간다. 인간의 감각 기관의 발달은 전체적 미분화 상태에서 점차적으로 분화되어 계층적 통합의 상태로 진행된다. 예를 들어, 영아기 초기에는 눈앞에 보이는 장난감을 잡으려고 하지만 잡지 못하고 손만 갖다 대거나 전신을 움직이는 모습을 볼 수 있다. 이러한 현상은 영아의 눈, 손, 몸이 아직 미분화 상태임을 말한다. 그러나 발달이 진행됨에 따라 신체의 각 부분이 분화되고, 심신의 요구에 부합되는 통합적 행동을 취할 수 있게 된다.

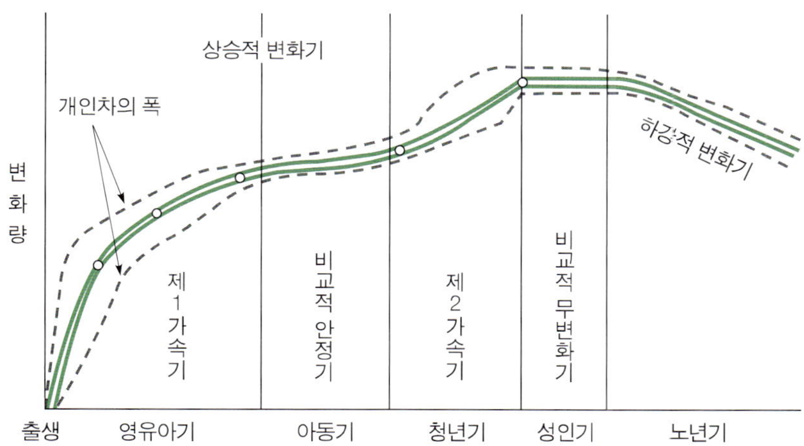

[그림 1-1] 신체적, 정신적 발달의 일반적 형태

※ 이 그림은 신체적, 정신적 발달의 모든 면을 종합한 가설적 곡선을 나타낸 것이다.

(4) 발달에는 일정한 방향과 순서가 있다

영유아의 신체 및 운동 발달은 일반적으로 다음과 같은 2가지의 원칙에 따라 순차적으로 이루어진다. 첫째, 신체 발달은 머리 부분에서 다리 부분의 방향으로 진

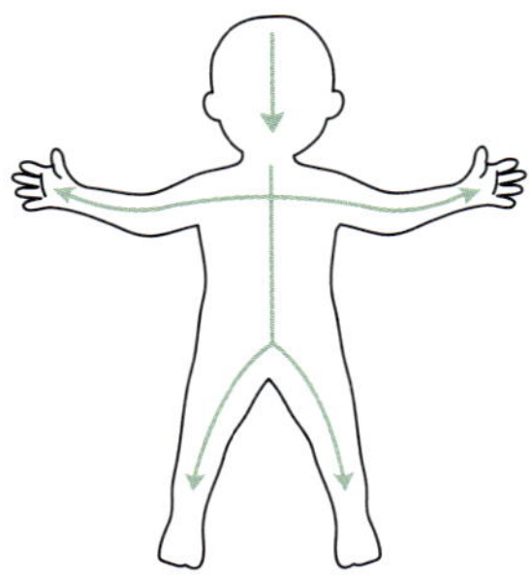

[그림 1-2] 발달의 순서

자료: Scammon, 1930.

행된다. 운동 발달은 먼저 머리 운동, 목 운동, 눈과 손의 협응 운동의 순으로 발달되고, 이어서 상반신 운동, 하반신 운동, 다리 운동의 순으로 발달이 진행된다(그림 1-2 참조). 둘째, 신체의 중심 부분에서 주변 방향으로 진행된다. 신체의 중앙 부분이 먼저 발달하고, 그 다음 팔, 다리 등의 주변으로 발달이 진행된다.

(5) 발달에는 순응성의 기능이 있다

발달에는 어떤 이유에 의해 일시적으로 성장의 지체 현상이 발생할지라도, 일단 그 원인이 제거되기만 하면 정체기의 성장을 충족시켜 원래의 성장 형태로 회복하게 하는 기능이 있다. 이를 호메오스타시스(homeostasis) 기능이라 부른다.

(6) 발달은 유전과 환경의 상호작용 과정이다

인간 발달의 진행은 유전과 환경을 분리하지 않고, 두 요인의 상호작용에 의해 이루어진다고 보는 것이 일반적인 견해이다.

(7) 발달은 신체와 정신의 역동적 상호 관계 속에서 진행된다

신체와 정신의 역동적 상호 관계란 신체적인 측면과 정신적인 측면이 각각 독립적으로 발달하는 것이 아니라, 상호 영향을 주고받으면서 발달해 나간다는 것을 의미한다. 마음은 뇌의 활동이다. 그러므로 건강한 뇌의 발달은 심리적 발달에 있어 매우 중요하다. 한편, 심리적 불안이나 긴장은 식욕이나 수면 장애를 일으켜 신체적 부조화의 상태를 만들기도 한다. 이처럼 발달은 신체와 정신의 역동적 상호 관계 속에서 진행된다.

2) 발달에 영향을 미치는 2가지 요인

인간 발달을 규정하는 요인에는 생물학(유전)적 요인과 환경 요인을 생각할 수 있다. 이 두 요인은 상호 영향을 주고받으면서 하나의 전체로서 생명체의 발달에 영향을 미친다. 실제로는 이 문제에 대한 의견은 다양하며 여기어서는 크게 3가지의 입장을 소개한다.

(1) 성숙을 중시하는 입장

인간 발달에 있어 성숙을 중시하는 이론을 '성숙 우위설'이라고 한다. 성숙 우위설은 "생명체는 이미 발생학적으로 내재(內在)되어 있는 프로그램에 의해 일정한 속도와 질서에 따라 발달한다."고 본다. 이 입장의 대표적인 발달심리학자는 게젤(Gesell)이다. 소아과 의사이며 발달심리학자인 그는 1911년 미국의 예일대학에 세계 최초로 아동발달연구소를 설립하여 다양한 행동, 감각, 감정을 나타내는 영유아 상태의 변화를 관찰, 기록하였다. 그는 이런 일련의 연구를 통해 심리학적 발달은 연속적 단계로 이루어지며, 이러한 단계는 생물학적 구조의 단계적 변화를 반영한다는 결론을 내렸다. 성숙 우위설에서는 환경은 행동의 발현 기회를 제공할 뿐 발달의 원인은 아니라고 본다. 즉, 발달은 항상 내재적 메커니즘(mechanism)의 통제하에 있으며, 주요 발달적 변화는 내인성(內因性)이며, 생물학적 요인에 의해 발생하는 것으로 이해한다.

성숙 우위설의 당위성을 주장하는 실험을 소개하면 다음과 같다(Gesell & Thompson, 1941)[그림 1-3 참조]. 실험 대상자는 일란성 쌍둥이이며, 이들 중 쌍둥이의 한쪽 T(훈련 집단)에게 생후 46주부터 6주간 매일 10분씩 계단 오르기 훈련을 받았다. 그 결과, 52주째는 어른의 도움 없이도 26초만에 오를 수 있었다. 한편, 다른 한쪽 쌍둥이 C(통제 집단)는 계단 오르기 훈련을 전혀 받지 않고 53주째부터 T와 똑같은 훈련을 받았다. 그런데 C는 처음에는 어른의 도움 없이 계단을 오르는 데 45초 걸렸지만, 그 이후 2주간 지속적으로 훈련을 시킨 결과, 55주째 이후는 C가 T보다 오히려

[그림 1-3] 영아의 계단 오르기

능숙하게 계단을 오를 수 있게 되었다. 이 연구 결과는 성숙에 도달하지 않은 시점에서의 훈련보다는 성숙에 도달한 시점부터의 훈련이 훨씬 효과적임을 보여 준다. 즉, 계단 오르기 학습이 가능하기 위해서는 그 아이의 운동 및 신체적 성숙이 전제되어야 한다는 성숙 우위설의 주장을 뒷받침한다.

그러나 게젤의 성숙 우위설이 한동안 발달연구 분야에서 많은 주목을 받았지만, 이후 이 이론에 관련된 자료나 연구에 대해 문제를 제기한 학자도 적지 않았다. 이 연구의 문제점이라고 하는 것은 영아가 실험자에 의해 직접적으로 계단 오르기를 경험하지 않아도 일상생활에서 이와 유사한 운동의 학습 경험을 통해서 충분히 계단 오르기 학습 성적의 향상을 기대할 수 있다는 것이다. 즉, 계단 오르기 학습은 눈, 손, 발 운동의 협응 동작의 발달이 전제되어야 하며, 이 협응 동작은 계단 오르기 특유의 기능이 아닌, 영아의 일상생활에서 볼 수 있는 여러 운동 동작에 포함되어 있다는 것이다. 그러므로 실험 장면에서는 C집단 영아를 완전히 통제했다고 할지라도 일상생활 장면에서 C는 T와 똑같이 계단 오르기 학습에 필요한 기초 운동을 해 왔다고 볼 수 있다.

(2) 환경을 중시하는 입장

환경을 중시하는 입장에서의 인간 이해의 기본은 인간의 성격이나 행동은 모두 '학습의 산물'로 간주한다. 이 입장은 "인간은 선도 악도 아닌 백지상태의 존재로 태어난다."고 하는 17세기 경험주의 철학자인 존 로크(Locke, J.)의 주장과도 다를 바 없다. 인간은 백지상태로 태어나며 이후 성장과정에서의 경험이나 학습에 의해 그 사람의 지능이나 성격 등의 특성이 결정된다고 보는 것이다. 이 주장을 이론적으로 뒷받침하는 연구는 조건형성이론이나 학습이론이다.

대표적인 학자로는 러시아의 생리학자인 파브로브(Pavlov)이다. 그는 개를 대상으로 한 실험을 통해서 자극과 반응의 연합에 의해 학습이 어떻게 이루어지는지에 대해서 설명한다. 이후 미국의 심리학자 왓슨(Watson)은 행동주의를 창시하면서 심리학에 큰 영향을 주었다. "나에게 12명의 건강한 아기와 이들을 양육할 수 있는 필요한 환경을 제공해 준다면 이들을 부모의 재능이나 특성, 능력, 직업, 인종에 관계없이 내가 원하는 인물, 예를 들어 의사, 판사, 상인, 걸인뿐만 아니라 절도범으로도 키울 수 있다."라고 호언한 그의 말은 행동주의적 인간이해를 가장 잘 설명해 주는 문장으로 널리 인용된다. 왓슨의 이런 생각은 오페런트(operant) 조건형성의 제안자인 스키너(Skinner)로 이어진다.

스키너의 주장에 의하면 성숙은 발달의 기초를 제공하지만, 발달의 주요 요인은 외인성(外因性)이며, 아이를 둘러싼 사회적 환경이 아이의 행동에 대해 강화나 벌을 제공함으로써 행동이 형성되어 나간다는 것이다. 이 이론의 입장에서 발달을 이해하면 발달은 주로 학습, 즉 개체의 행동이 경험에 의해 변화하는 과정으로 볼 수 있다. 이 입장은 발달에 있어 성숙의 영향력을 완전히 무시하는 것은 아니며, 단지 상대적으로 환경의 영향력을 강조한다.

(3) 성숙과 환경을 모두 중시하는 입장

발달에 있어 성숙과 환경 요인을 모두 중요하게 생각하는 고전적인 이론에는 대표적으로 슈테른(Stern)의 '폭주설(輻輳說)'과 젠센(Jensen)의 '환경역치설(環境閾値說)'이 있다. 이 두 이론의 공통점을 쉽게 표현하면 우수한 유전적 소질을 지닌 사람에게 그 소질에 맞는 좋은 환경을 제공하면 훌륭한 재능을 발휘하는 사람으로 키울 수 있다는 점이다. 이 주장을 논리적으로 정리한 두 이론을 살펴보면 다음과 같다.

① 폭주설(theory of convergence)

폭주설은 독일의 심리학자이며 철학자인 슈테른에 의해 제안된 이론이다. 이 이론은 종래의 생득설과 경험설의 대립을 해소한 것으로 [그림 1-4]와 같이 인간의 발달은 '유전에 의해 규정되는 기질(氣質)'과 '환경의 힘'이 합쳐지는(폭주하는) 방향

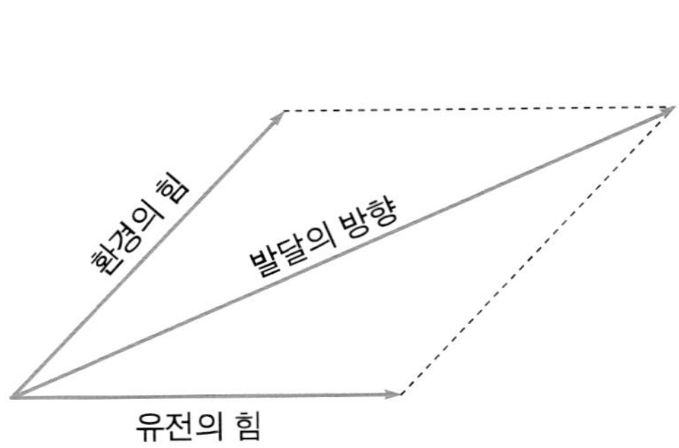

[그림 1-4] 슈테른(Stern)의 폭주설

으로 발달이 전개된다고 본다. 이 이론은 발달에 있어 유전과 환경의 영향력을 모두 중시한다는 점에서는 설득력을 갖지만, 선천적 요인과 환경 요인을 단지 평면적으로 가산해서 발달의 방향을 생각하기 때문에 인간을 숙명론적으로 빠뜨리기 쉽다는 비판을 받았다.

② 환경역치설

젠센은 일란성 쌍둥이를 대상으로 실시한 일련의 연구에서 발달은 발달 항목에 따라 유전과 환경의 영향력이 각각 다르게 나타난다고 결론을 내렸다. 그는 일란성 형제가 '함께 생활하는 조건'과 '각각 따로 생활하는 조건'을 설정해서 신장, 지능, 학업 성적 등에 대한 비교, 검토를 통해 생득적 요인과 환경적 요인이 발달에 미치는 영향에 대해 검토를 하였다. 환경역치설은 [그림 1-5]를 통해 설명하면 다음과 같다. 가로축은 발달하기에 적합한 환경조건의 정도를 나타내며, 세로축은 발달의 가능성을 퍼센트로 나타냈다.

첫째, 특성 A의 곡선은 신장 발달을 나타내고 있으며, 환경조건이 극단적으로 나쁘지 않은 이상은 발달이 거의 완전하게 이루진다는 것을 의미한다. 지적 발달 가운데 학습속도나 기억속도의 발달은 이 유형에 속한다.

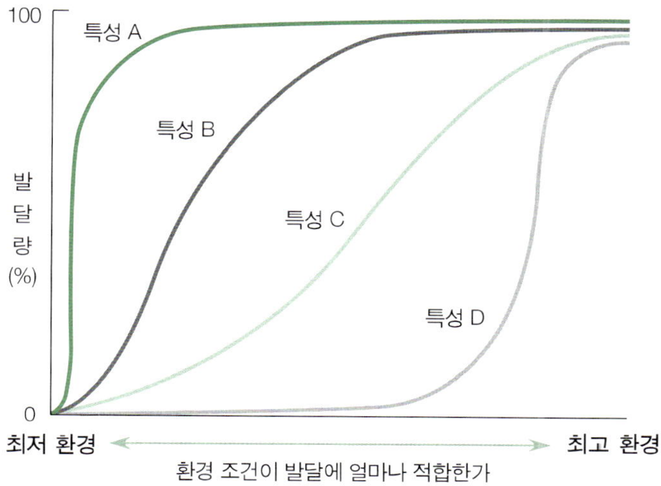

[그림 1-5] 젠센(Jensen)의 환경역치설

자료 : Jensen(1969). 新井邦二郎(編著) (2013). 『図でわかる発達心理学』. 福村出版 재인용.

둘째, 특성 B의 곡선은 지능 발달을 나타내며, 환경조건이 중간 정도 되는 지점이 역치(閾値)에 해당된다. 환경조건이 보통 정도만 되면 그 사람의 지능은 100% 가까이 발달할 수 있는 조건이 된다. 설령 보통 이상의 좋은 환경조건이 제공된다고 할지라도 지능은 그 이상 발달하지 않기 때문에 그 이상의 환경조건은 그다지 영향을 주지 않게 된다.

셋째, 특성 C의 곡선은 환경조건의 차이에 따라 발달이 상당히 영향을 받는 경우를 나타내며 학업 성적 등이 여기에 속한다.

넷째, 특성 D의 곡선은 환경조건이 최적일 때만 나타나는 발달을 나타내고 있다. 특별한 교육이나 훈련이 적절하게 제공되지 않으면 개인의 능력을 발휘하기 어렵다. 여기에 속하는 발달 항목은 절대음감이나 외국어 음운의 구별능력 등이다.

한편, 스위스의 발달심리학자 피아제(Piaget, 1929)는 영유아의 인지발달에 있어 포괄적인 개념을 제안하면서 성숙과 환경의 관계를 상호작용적 관점에서 이해하였다. 일반적으로 상호작용설이란 〈유전+환경〉이라는 단순한 가산적 견해를 배제하고 환경과의 관계에서 개체의 주체성이나 특수성을 강조한다. 그래서 상호작용설은 성숙과 환경의 상호작용적 역할을 의미하며, 구체적으로 다음과 같은 내용을 담고 있다. 첫째, 개체가 환경에 작용한다. 개체가 환경을 자신에게 적합한 형태나 상태로 바꾸거나 흡수하는 것 등 환경과의 관계에서 개체의 주체성을 강조한다. 예를 들어, 호기심이 강한 아동(상호작용에 의한 부분도 포함)은 주위 환경에 대한 자발적인 탐색 활동을 통해 그렇지 못한 아동보다 새로운 지식을 더 많이 습득해 나가게 된다. 둘째, 환경이 일정할지라도 개체가 다르면 그 효과도 다르게 나타난다. 환경의 동일성이 반드시 동일한 효과를 가져다준다고 볼 수 없다. 예를 들어, 음악에 관한 학습 기회가 동일한 내용과 방법으로 제공되었다고 할지라도 '음악에 소질이 있는 자'와 '음악에 소질이 없는 자' 사이에 그 효과는 다르게 나타난다.

CHAPTER 02

발달이론의 기초

인간의 발달은 무엇에 의해, 어떻게 진행되는가에 대해 다양한 이론이 있으며, 여기서는 5가지의 주요 이론(피아제의 인지발달이론, 브론펜브레너의 생태학이론, 비고츠키의 발달이론, 에릭슨의 자아발달이론, 프로이드의 성격발달이론)에 대해서 살펴본다.

1 피아제의 인지발달이론

피아제는 인간은 활동을 통해서 주체적으로 새로운 인지(인식)를 구성해 나가는 존재이며, 그 발달 시기에 따라 외부 세계를 인지, '이해하는 틀(schema : 쉐마)'을 갖게 된다고 보았다. 그러므로 피아제가 말하는 인지 발달이란 보다 높은 차원의 쉐마를 획득하는 과정이라고 할 수 있다. 일단 새로운 쉐마를 획득하게 되면 아이의 인지는 이제까지와는 질적으로 다른 세계를 경험하게 되며 주위 세계는 이제와는 다른 세계로 인식하게 된다.

피아제는 쉐마의 생성과정을 '동화(assimilation)'와 '조절(accommodation)'이라는 개념을 사용하여 다음과 같이 설명한다. 인간은 환경이 제공하는 정보와 그것을 이해하고자 하는 인지의 틀과의 조화를 추구하고자 한다. 그런데 이 두 세계 사이에 차이나 모순이 생기면 혼란이나 갈등이 생성되면서(인지적 갈등), 이 문제를 해결하기 위해 조화나 균형화를 위한 노력을 하게 된다.

균형화를 위해 먼저 나타나는 현상이 동화이다. 동화란 지각한 대상의 특징을 현존하는 쉐마와의 조화를 통해 그 대상을 수용하고 이해하는 과정을 말한다. 즉, 동화란 환경 정보를 자신의 기존 쉐마에 맞게 해석하고 이해하는 것을 말한다. 그러나 환경 정보와 자신의 기존 쉐마와의 사이에 차이나 모순이 너무 크면 자신의 쉐마를 수정해야만 그 대상을 이해할 수 있기 때문에 자신의 쉐마를 조절하게 된다. 간단히 말하면 조절이란 환경 정보에 맞게 자신의 쉐마를 바꾸는 것을 의미한다. 예를 들어, 아이가 장난감의 크기나 무게에 관계없이 자신의 파악동작을 바꾸지 않고 쥐려고 한다면 '동화'를 통해 환경에 적응하는 모습이라고 할 수 있으며, 대상의 크기나 무게에 따라 자신의 파악동작을 변형시켜서 떨어지지 않도록 잡으려고 한다면 이는 아이가 '조절'을 통해 환경에 적응하는 모습이라고 할 수 있다.

피아제는 인지발달단계를 크게 영아기(0~2세경)까지의 감각운동단계와 그 이후의 상징적 사고단계로 나누었다. 상징적 사고기에는 7세 이전까지는 전조작기, 7, 8~11, 12세까지를 구체적 조작기, 11, 12세 이후를 형식적 조작기로 세분화하였다. 각 발달단계의 주요 특징을 보면 다음과 같다(표 2-1 참조).

〈표 2-1〉 **인지 발달의 단계**

단 계	연 령	주요 특징
Ⅰ. 감각운동기 (sensory-motor stage)	출생 ~ 2세	대상 영속성, 심적 표상, 지연 모방
Ⅱ. 전조작기 (preoperation stage)	2세 ~ 6, 7세	직관적·상징적 사고
Ⅲ. 구체적 조작기 (concrete operation stage)	7, 8세 ~ 11, 12세	구체적 사물에 대한 논리적 사고
Ⅳ. 형식적 조작기 (formal operation stage)	11, 12세 이후	가설 연역적 추론

1) 감각 운동기

이 단계의 영아는 아직 언어나 이미지의 발달이 충분하지 않기 때문에 사물을 이해하기 위해 만지고, 빨고, 두드리는 등의 행동이나 감각 기관을 통하여 외부 세계를 이해하고 인지하는 단계이다(이 시기에 대한 자세한 설명은 제 9장 참조).

2) 전조작기

이 단계에서는 언어나 이미지능력의 발달로 표상적 사고가 가능하므로 비록 눈앞에 보이지 않는 대상일지라도 그 대상을 머릿속에서 생각해 내거나 관련짓는 등의 정신적 작용이 가능하다. 또한, 이 시기의 사고 특징의 하나로 직관적 사고를 들 수 있다. 이 시기에는 점차 외부 세계를 개념화하여 이해하려고 하지만, 아직 자신의 관점을 벗어나지 못해 그 대상의 특징적인 부분에만 주목하고 그 대상의 본질로 이해한다. 이 때문에 자신의 관점에서 외부 세계를 이해하는 자기중심적 사고를 보이기도 한다.

3) 구체적 조작기

이 시기에 들어서면 조작적 사고가 나타난다. 조작적 사고란 머릿속으로 논리적 조작을 하는 사고를 말한다. 구체적 조작단계란 사물을 논리적으로 생각하여 결론을 내릴 수는 있지만, 그것은 아직 구체적, 일상적 생활의 세계에 머물러 있는 수준을 말한다. 그래서 비현실적인 전제를 바탕으로 한 추론이나 추상적 추론은 어렵다.

4) 형식적 조작기

비현실적인 현상에 대한 전제를 바탕으로 한 추론이나 추상적 추론이 가능한 시기를 형식적 조작기라 한다. 이 시기에 들어서면 사고의 세계는 구체적, 일상적 생활에 머물러 있지 않고 비일상적 상황에 대한 가설을 세워서 논리적으로 문제를 풀어 나가는 사고, 즉 가설 연역적 사고가 가능하다. 또한, 이 시기에는 문자형식의 추상적 기호의 조작도 가능하다.

2 브론펜브레너의 생태학이론

아이가 사회의 일원이 되어 소속하는 사회의 규범이나 가치를 익혀 나가는 과정을 '사회화'라고 한다. 이 사회화에 작동하는 다양한 시스템을 명확히 한 사람이 미국의 심리학자 브론펜브레너 박사(Bronfenbrenner, 1979)이다. 그는 아이의 사회화에 관여하는 다양한 체계를 4개의 시스템으로 구성한 생태학 모델로 나타냈다(그림 2-1).

1) 거시체계(macro system)

거시체계란 그 사회의 지배적 신념이나 이데올로기를 말한다. 성역할이나 노동관 등에 대한 의식은 사회나 문화에 따라, 나아가 동일한 문화에 있어서도 시대에 따라 다르다. 예를 들어, 남자는 직장, 여자는 가사라고 하는 성역할 분화가 강한 문화와 성역할 분화를 중시하지 않는 문화 간에는 양육 등에 대한 제도나 사고방식이 다를 것이다. 그 사회의 일반적 신념이나 이데올로기는 그 사회의 하위 시스템에 영향을 준다.

2) 외체계(exo system)

외체계란 아이 자신은 일원은 아니지만, 아이에게 영향을 주는 장(場), 예를 들어 부모의 직장, 지방자치단체, 부모의 친구, 교육위원회, 지역산업, 미디어 등을 말한다. 사실 부모 직장의 육아휴직제도 유무, 지방자치단체의 자녀양육지원정책 등은 부모의 자녀양육에 영향을 미치게 되며, 교육위원회의 교육방침은 아이의 교육경험에 영향을 주게 된다. 또한, 지역 산업은 부모의 직업 보장 등, 안정적인 가정 경제의 기반에 영향을 준다. 나아가 미디어는 TV나 신문, 출판물 등을 통해 사회가 기대하는 가치나 규범을 정보로서 흘려보내 아이만이 아니라, 부모, 교사, 지역사회에 영향을 미친다.

3) 중간체계(meso system)

중간체계란 아이가 속한 가정이나 학교 등 장(場) 간의 상호 관계를 말한다. 예를 들어, 가정과 어린이집(유치원) 간의 유대 관계가 적절하면 유아는 가정에서 어린이집으로 환경 적응의 이행(移行)이 원만하게 진행될 수 있다. 그러나 가정에서의 양육방식과 어린이집의 보육방침이 많이 다르면 유아는 혼란스러워 할 것이다.

4) 미시체계(micro system)

미시체계란 사회화에 가장 직접적으로 영향을 주는 주변 사람들, 예를 들어 부모, 이웃, 교사, 친구 등과의 상호 관계를 말한다. 아이의 사회화란 이러한 다양한 체계의 영향을 받으면서 진행된다. 이러한 사회화의 과정에서는 타인의 행동을 모방하는 모델링이나 다양한 사회적 규칙을 익히는 가운데 그 사회의 규범이나 가치를 학습해 간다(Bandura, 1986). 또한, 사회적 정보처리 등 타인의 행동에 대한 정보처리를 통해서 다양한 사회적 행동이 나타난다(Dodge, 1986).

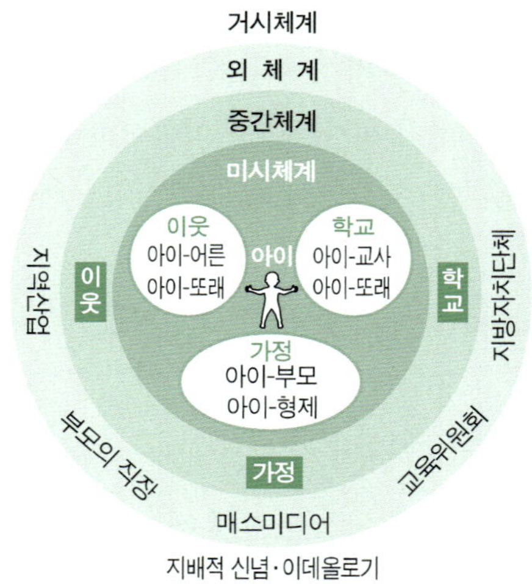

[그림 2-1] 브론펜브레너의 생태학 모델

자료: Bronfenbrenner, 1979.

3 비고츠키의 발달이론

비고츠키(Vygotsky, 1962)는 인간의 발달이나 학습에 있어 인지의 매체로서 도구, 언어, 기호를 중시하였다. 이것은 인간이 만들어 낸 역사적, 문화적 축적의 산물이며, 심리적 도구와 기술적 도구로 나눌 수 있다. 심리적 도구는 사고를 운영하는 도구이며, 여기에는 언어와 기호(문자)가 있다. 비고츠키에 의하면 언어는 이제까지의 세대가 문화, 역사적으로 경험하고 인지한 세계가 응축된 것으로 본다. 언어는 발성(發聲)을 통해 타인과의 커뮤니케이션의 도구로서 기능하지만, 점차 내면화되어 내적 언어로 작동하면서 사고의 도구로서 기능한다. 또한, 문자나 그림, 표 등 다양한 기호체계도 이해의 촉진이나 공유(共有), 지식의 기록이나 정리에 이용된다. 이러한 심리적 도구를 사용함으로써 구체적, 직접적 학습에 머물지 않고, 추상적, 간접적인 학습도 가능해진다. 한편, 기술적 도구에는 필기도구나 노트, 칠판

등이 있다. 기술적 도구를 통해서 사고과정을 기록하고 정보를 보존할 수 있기 때문에 학습은 크게 확장된다.

발달이나 학습은 문화의 획득이며, 문화의 재현자인 어른과의 사이에서 언어나 기호 등의 심리적 도구를 사용하거나 학교 교육 등에서는 칠판이나 노트 등의 기술적 도구를 사용하는 등의 공동 행위를 통해서 이루어진다. 비고츠키는 이런 공동 행위로써의 학습과정을 '근접발달영역(Zone of Proximal Development : ZPD)'의 개념을 사용하여 설명하였다. 아이는 과제를 자기 스스로 해결하는 데 있어 한계(실제적 발달 수준)라는 문제를 안고 있지만, 어른이 제공하는 힌트 등의 도움을 받게 되면 해결 가능한 레벨이 있다(잠재적 발달 수준). 이 두 수준 사이의 영역을 '근접발달영역'이라 부른다.

비고츠키에 의하면 교육이란 아이의 근접발달영역에 개입하여 잠재적 발달 수준에 있었던 것이 실제적 발달 수준으로 바뀌는 것이라 보았다. 그래서 아이는 점차적으로 어른의 도움이 없어도 과제 해결이 가능하게 된다. 즉, 자신의 능력을 갖추게 되는 것이다. 또한, 이에 따라 새로운 잠재적 발달가능 수준이 생성된다고 본다. 근접발달영역에 있어서 어른이 행하는 지원을 비계설정(scaffolding)이라 한다(Wood, Bruner & Ross, 1976). 부모나 교사는 아이의 현재 상태를 파악하고 너무 무리하지 않게 적절한 수준의 지원을 하여 아이가 점차적으로 스스로 과제를 해결할 수 있도록 하기 위해 나중에는 조금씩 지원체계를 줄여나간다.

비고츠키의 근접발달영역의 개념은 스키너의 행동형성법(shaping)이나 점차적 접근(successive approximation)의 개념과 맥을 같이 한다고 할 수 있다. 행동형성법이란 목표로 한 행동을 학습하게 하도록 현재 수행할 수 있는 학습자의 행동 종류를 자세히 조사하여, 현재 수준에 가까우면서 목표로 이어지는 행동의 생성률을 높이기 위해 행동을 점차 강화시켜 목표에 도달하도록 지원하는 전략이다. 비고츠키 이론과 스키너 이론 사이에는 물론 그 기본적 이념이나 연구의 대상, 방법론 등에서 차이가 있지만, 근접발달영역과 행동형성법의 기본적 사고는 부분적으로 통하는 면이 있다고 할 수 있다.

4 에릭슨의 자아발달이론

에릭슨(Erikson, 1959)의 발달이론(life cycle)은 발달과정에 있어 문화, 사회적 관점을 중요하게 생각하면서 사회적 현실 속에서 이드(id)로부터 분화된 자아의 역할을 강조하였다. 그의 이론은 〈표 2-2〉와 같이 전 생애를 8단계로 나누고, 각각의 단계에서 필요한 발달과제를 제시하였다. 8개의 단계에는 각각 발달단계 특유의 발달과제가 있다. 그렇다고 각 단계에 필요한 발달과제가 그 이전의 단계에는 존재하지 않는 것은 아니다. 예를 들어, 2세 이전에도 자율적인 행동을 보인다. 그러나 정상적인 조건이 갖추어지는 2세가 되어서야 비로소 전체적으로 '자율적인 존재인가, 타율적인 존재인가, 어느 쪽을 선택할 것인가?'라고 하는 위기적 선택을 경험하게 되는 것이다. 2세가 되면 영아는 사회 환경이 무언가를 요구하는 것을 알게 되면서 자기와 환경과의 만남(encounter)을 경험한다. 사회로부터의 요구에 적응하려고 하는 가운데 개인 내에 생성되는 심리적 긴장 상태가 심리사회적 위기이다. 개인이 다음의 발달단계로 진행하기 위해서는 그 이전의 단계에서 습득한 발달과제를 사용하여 이 위기를 극복해 나가야 한다고 보고 있다.

에릭슨이 저술한 『유아기와 사회(1950)』에서 "우리는 심리 사회적 발달은 위기적 단계의 해결에 의해 전진해 나간다. 위기적이라고 하는 것은 전기(轉機)의 특질(特質)이며, '전진할 것인가, 후퇴할 것인가?', '통합인가, 지체(遲滯)인가?'를 결정하는 순간의 특질이다."라고 기술했다. 각 발달단계는 그 단계마다 우세한 성격의 구성요소가 있으며, 이 요소를 둘러싼 위기에 직면하게 된다. 이 위기를 긍정적으로 해결한 경우와 부정적으로 해결한 경우를 비교해서 설명한 내용을 보면 다음과 같다.

1) 신뢰 대 불신(trust vs. mistrust)

출생~2세까지 적절하고 친밀한 양육을 경험한 영아는 타인에 대한 신뢰는 물론 자신에 대한 신뢰라는 감각을 갖게 된다. 자기 자신에 대한 신뢰란 자기 자신은 소중한 존재이며 가치 있는 존재라는 감각을 말한다. 만일 친밀하고 적절한 양육을 경험하지 못하여 기본적 신뢰감 획득에 실패하면 기본적 불신이라고 하는 상태에 놓이게 된다. 기본적 불신은 성인이 되었을 때 타인과의 관계에서 문제가 발생하면 독특한 방법으로 자신의 세계 안으로 움츠러드는 특징적인 모습을 보인다.

2) 자율성 대 수치심, 회의(autonomy vs. shame, doubt)

2~4세경에는 배설(排泄)을 중심으로 한 '저장'과 '배출'에 대한 자율적 욕구가 증대한다. 그런데 이 시기의 아이는 자율성의 획득을 둘러싸고 부모의 승인을 얻는 과정에서 한편으로는 부모에게 협력도 하지만, 한편으로는 자기주장을 하는 등, 이 두 가지의 모습 사이에서 갈등을 경험한다. 그런데 이 문제를 잘 해결하면 아이는 자율성에 대한 긍지나 자신감을 획득하지만, 실패하게 되면 수치심이나 자신에 대한 회의를 느끼게 된다.

3) 적극성 대 죄악감(initiative vs. guilt)

4~6세경이 되면 아이는 환경에 대해서 적극적으로 탐색하고자 하는 욕구를 갖고 자신의 활동능력을 획득해 나간다. 그러므로 이 시기의 발달과제는 적극성 내지 자주성의 감각을 몸에 익히는 것이 중요하다. 이 감각은 나중에 적극적으로 주위 세계를 탐색하고 무언가를 이루어 나가는 것은 즐거운 일이라는 감각을 만들면서, 현실적 욕구와 주체성의 감각의 기초로 기능한다. 그런데 이런 적극성이 허용되지 않으면 주위 세계에 대해 호기심을 갖거나 적극적으로 탐색하는 것 자체가 나쁜 행위로 인식하게 되면서 '죄악감'의 감각이 형성된다.

4) 근면성 대 열등감(industry vs. inferiority)

아동기가 되면 학교 교육을 받으면서 다양한 과제에 직면하게 된다. 이 시기에는 이전의 유희적인 놀이나 공상(空想)으로는 만족하지 않고, 현실적이면서 실용적인 달성의 만족을 추구한다. 그러므로 이 시기에는 발달적으로 근면성의 획득이 중요하다. 그러나 학교 과제를 해결하지 못하고, 부모에 대한 의존 심리가 너무 강해 '인내를 통한 달성의 가치'를 깨닫지 못하면 만족감 혹은 성취감의 상실을 경험하게 된다. 또한, 이로 인해 타인으로부터 인정을 받을 수 없게 되면 집단 내에서 열등감을 느끼게 된다.

5) 정체성 대 정체성의 혼란(identity vs. role confusion)

청년기에 들어서면 신체적, 심리적으로 현저한 변화를 경험하면서 자신은 누구이며, 어떻게 살아갈 것인가에 대해 고민하면서 자기다운 자신을 만들어 나간다. 자기다운 자신을 만들기 위해서는 자아 정체성(ego-identity)의 감각을 획득해야 한다. 자아 정체성이란 '나는 과거, 현재, 미래의 어느 시점에서도 행동의 주체는 다름 아닌 자기 자신이며, 동시에 이러한 주체성의 감각은 자신이 속한 사회와의 조화를 통해 인정받고 있다는 자신감'을 의미한다. 그러나 행동의 주체가 자기 자신이 아니거나 자신의 주체적 행위가 사회와의 조화를 상실하였을 때 자아는 혼란 상태에 놓이게 된다.

6) 친밀성 대 고립(intimacy vs. isolation)

청년기의 발달과제, 즉 자아 정체성이 확립되면 이제는 타인의 정체성과 융합하게 된다. 동성과의 관계나 이성과의 교제를 통해서 다양한 타인과의 만남이 이루어지며, 이런 만남을 통한 관계형성은 친밀감의 실현이 중요하다. 즉, 친구와의 우정과 이성과의 사랑이라고 하는 인간관계의 유지가 중요하다. 타인과의 관계 속에서 친밀한 인간관계를 만들 수 있을 것인가, 아니면 형식적인 인간관계밖에 만들지 못하고 '고립'되어 버릴 것인가라고 하는 것은 그 사람의 자아정체감의 확립 여부에 달려 있다고 본다.

7) 생식성 대 정체(generativity vs. stagnation)

성인기의 발달과제는 생식성(生殖性)이다. 생식성이란 자녀 세대의 확립과 지도에 대한 흥미나 관심을 말한다. 또한, 일에 대한 열정과 아랫사람을 키우는 것도 포함한다. 만일 이런 생식성을 실현하지 못하면 정체(停滯)가 되면서 인격적 성장이 중지되어 인간관계의 빈곤화와 자기중심적인 인간, 비활동적인 인간이 되어 버린다.

8) 통합 대 절망(integrity vs. despair)

성인기에서 생식성을 달성한 사람은 노년기에 들어서게 되면 자아의 통합단계에 이른다. 자아가 통합된 사람은 자신의 이제까지의 삶에 대한 의미와 가치를 느끼며

〈표 2-2〉 에릭슨의 발달 도식

Ⅷ. 노년기								통합 vs 절망
Ⅶ. 성인기							생식성 vs 정체	
Ⅵ. 성인 전기						친밀 vs 고립		
Ⅴ. 청년기					정체성 vs 혼란			
Ⅳ. 아동기				근면성 vs 열등감				
Ⅲ. 유희기			적극성 vs 죄악감					
Ⅱ. 유아 전기		자율성 vs 수치심						
Ⅰ. 영아기	신뢰 vs 불신							

자료: Erikson, 1959.

편안한 마음으로 죽음을 맞이할 수 있게 된다. 에릭슨은 이것을 자신의 전 생애를 수용하는 모습이라고 하였다. 그러나 한번으로 끝나는 자신의 생애를 수용하지 못하는 사람은 죽음에 대한 공포, 인생을 다시 시작하고 싶지만 얼마 남지 않는 시간에 대한 초조함 때문에 절망감을 느끼게 된다.

5 프로이드의 성격발달이론

프로이드(Freud, 1933)는 인간의 심리와 행동의 모든 원동력을 본능 충동의 하나인 성적 욕구를 통해 설명한다. 그는 성적 욕구를 몇 개의 부분 충동으로 나누면서 이것이 연령과 함께 순차적으로 나타난다고 보았다. 그리고 이 성욕의 발달을 구강기, 항문기, 남근기, 잠복기, 생식기의 5단계로 설정하였다.

여기서 성적 욕구의 개념은 통상적으로 인식하는 것보다 상당히 확대된 의미인 '감각적 쾌감의 욕구'를 말한다. 잠복기를 제외한 모든 단계의 명칭은 신체 부위를 나타내며, 또한 모두 신체의 내부와 외부를 연결하는 점막질 부분이기 때문에 내외(內外)의 상호작용 시에는 민감하게 반응하기 쉬운 부분이다. 그러나 정신분석학적 성적 욕구설의 특징은 단지 생리적 수준에서 이해가 아니라, 인간관계의 관점에서 접근하려는 시도를 한 점이다. 이런 부분 충동은 타인과의 바람직한 관계, 특히 영유아기에는 어머니와의 바람직한 관계를 통해 충족되어야 한다. 각각의 단계에는 그 부분 충동의 만족을 도와주거나 방해하는 사람이 있으며, 그 사람과의 관계가 행동형성에 중대한 영향을 미친다고 본다.

1) 구강기

구강기(oral phase)는 생후 1년 반 정도까지의 기간, 즉 영아기에 해당한다. 이 시기의 아동은 거의 어머니의 젖꼭지를 빨면서 성장하는데, 이는 영양섭취로서의 의미만이 아니라 구강 점막의 쾌감을 즐긴다는 의미도 있다. 이 시기에 어머니와의 사이에 바람직한 감정적 교류와 함께 평온함을 경험하면서 충분한 구강 쾌감을 맛본 영아는 어머니에 대한 신뢰감을 느끼게 된다. 이것은 인간의 일반적인 신뢰감의 기초가 된다. 이런 경험 가운데 자란 아동은 나중에 타인을 신뢰하고 자신의 능력을 신뢰하는 낙천적인 성격이 형성되어, 타인과의 대화를 즐기는 사교적인 사람이 된다. 그러나 반대로 이 시기에 어머니와의 따뜻한 감정적 교류를 경험하지 못하거나 평온한 가운데 구강 쾌감을 맛보는 여유를 갖지 못한다면, 외로움을 느끼면서 타인에 대한 불신감을 갖는 성격이 형성되기 쉽다.

2) 항문기

항문기(anal phase)는 생후 8개월~3, 4세경에 해당하며, 이 시기에 들어서면 항문과 요도(尿道)의 괄약근 발달과 함께 부모에 의한 배설 훈련이 시작된다. 항문기는 구강기와는 달리 신체 내부에서 외부로 내보내는 행위(배설)를 통해 쾌감을 즐기는 시기이다. 여기서는 대소변의 배설을 참으면서 어느 정도까지 몸속에 저장하였을 때 생성되는 충족감, 그리고 인내의 한계를 넘어서서 배설할 때 생성되는 해방감을 느끼는 시기이다. 이 시기에 들어서면 처음으로 부모에 의해 양육다운 양육이 시작되며, 이를 통해 아동은 자기 자신을 통제하는 것을 학습하기 때문에 성격 형성에 대단히 중요한 의미를 갖는 시기이기도 하다.

프로이드는 이 시기에 형성되는 성격 특성으로 꼼꼼함, 인색함, 완고한 성격의 3요소를 제시한다. 꼼꼼한 성격은 배설물의 시말(始末)을 자신 스스로 깔끔히 처리할 때 생성된다. 또한, 배설물은 유아의 입장에서는 부모의 요구에 의해 일방적으로 내보낸다는 의미를 갖고 있기 때문에 처음으로 '내보는 것'에 대한 아쉬움이라는 관념이 유아에게 생성되면서 욕심과 함께 인색한 성격이 나타나게 된다. 나아가 항문기에는 처음으로 타인의 요구에 의한 순종을 경험하는 시기로서, 이때 오히려 이것을 거부함으로써 자신의 주장을 표현하는 경험을 갖게 된다. 그러나 이것이 반복되면 완고하고 반항적인 성격 특성이 형성된다.

항문기의 양육이 원만히 진행되기 위해서는 먼저 구강기에 양육자와의 신뢰감이 잘 형성되어 있어야 한다. 또한, 배설 훈련이 너무 빠르거나 엄하면 고집불통, 반항적, 충동적, 가학적 또는 피가학적 성격이 형성되기 쉽다. 한편, 배설 훈련이 적절하면 자신을 스스로 통제할 수 있는 자기 통제력과 자율성을 획득하면서 이것에 의해 자존 감정을 획득하게 된다.

3) 남근기

남근기(phallic phase)는 대략 3, 4세~6, 7세경의 시기에 해당한다. 이 시기가 되면 유아는 남·여의 차이에 대해 점차 관심을 갖게 되면서 성(性)에 대해서 눈을 뜨기 시작한다. 예를 들어, 아기는 어디에서 태어나는가를 알고 싶어 한다든지, 자신의 성기에 대해서 관심을 나타낸다. 그래서 의사놀이를 한다든지 성기를 만지면서 노는 가운데 성기 접촉에 의한 쾌감을 알게 되면서 영아 자위행위에 빠지기도 한다. 이에 따라 지금까지 어머니에 대한 순수한 애착을 느껴왔지만, 이 시기부터는 이성(異性)의 부모에 대한 성적 애착과 동성(同性)의 부모에 대한 라이벌 의식이나 질투심을 갖게 된다. 이것을 프로이드는 '오이디푸스 콤플렉스'라고 불렀다. 그러나 오이디푸스 욕구에 대한 의식은 남아의 경우, 어머니를 이제 성적 애착의 대상자로 바라보면서 이 욕구를 충족하기 위해 아버지를 제거의 대상으로 인식한다. 하지만 아버지의 힘은 자기와 비교할 수 없을 정도로 강하기 때문에 대결하는 것은 무의미하고, 자신은 아직 부모의 보호가 필요하기 때문에 만일 아버지로부터 버림받게 되면 살아갈 수 없다는 것을 알게 된다. 또한, 때로는 아버지에 대한 순수 애착을 느끼면서 어리광을 부리고 싶은 마음도 생기기 때문에 '아버지에 대한 적대 감정'이라고 하는 사실은 조금이나마 본인에게 죄악감을 느끼게 만든다. 이로 인한 불안이나 공포를 거세(去勢) 불안이라고 한다. 남녀의 생식기 차이에 관심이 많은 이 시기의 아동에게는 앞에서 말한 불안이나 공포는 상징적으로 거세 불안과 쉽게 연결된다.

거세 불안으로 인해 남아는 오이디푸스 욕구를 억제하게 된다. 동시에 이제부터는 어머니의 사랑을 받기 위하여 현재 어머니의 이성적 사랑의 대상인 아버지처럼 되고자 하는 욕구를 갖는다. 즉, 이제 자신의 입장에서 아버지는 라이벌의 대상이 아니라, 모델로서 바라보게 되는 것이다. 이것을 동일시(同一視)라고 부른다. 동일시에 의해 남아는 점차 남자다움을, 여아는 여자다움을 몸에 익혀 나간다. 그러므로 이 시기에 형성되는 성격 특성에는 동성의 부모 특성을 모델로서 모방하는 가운데 남자다움과 여자다움을 배워가고, 동시에 부모의 행동을 통하여 도덕심, 양심과 같은 것도 습득해 나간다. 그래서 이 시기에는 초자아가 형성되기도 하다.

4) 잠복기

잠복기(latent phase)는 거의 아동기에 나타난다. 거세 콤플렉스에 의해 억압되었던 성적 충동은 이 시기에 들어서면 일시적으로 잠복한다. 그래서 이 시기 아동의 관심은 비 성적인 것으로 향하면서 학습과 놀이에 열중하게 된다. 인간관계는 가족 중심에서 점차 친구를 포함한 인간관계로 확장해 간다. 이러한 가운데 성적 충동은 학교 친구와의 우정이라든지 부모에 대한 배려 등 비 성적인 우정과 사랑의 형태로 변해 간다. 이것은 장래에 이성과의 건전한 성적 관계를 만들어 나가는 데 있어 대단히 중요한 의미를 갖는다. 또한, 이 시기의 또래 관계는 동성 중심이어서 동성과의 교제를 통하여 남자다움, 여자다움을 더욱 몸에 익혀 나간다.

5) 생식기

생식기(genital phase)는 심리·성적 발달의 마지막 단계이다. 이 시기는 사춘기 및 청년기에 해당한다. 이 시기에는 아동기에 일시적으로 잠복되었던 성적 충동이 신체적 성숙과 함께 재현된다. 성욕이라고 하는 것은 대인 관계 가운데 충족되어야 하는데, 구강기~남근기에서 볼 수 있었던 자기 욕구적인 성향이 이 시기에 들어서면 상대방과의 일체화를 향한 생식적인 것으로 바뀐다. 그래서 여기서는 '상호성'이라는 것이 중요하다. 이것은 단지 일방적으로 자신의 욕구만을 추구하는 것이 아니라, 정신적으로나 신체적으로 상호 만족이 수반되는 것을 의미한다. 그러므로 이 시기가 되면 타인의 눈을 강하게 의식하면서 타인과의 비교를 통해 자신을 평가하고, 자신을 강하게 의식한다. 그리고 지금까지 수동적으로 영향을 받기만 했던 자신의 성격을 새롭게 검토하면서 사회생활을 보내기도 하지만, 보다 바람직한 방향으로 자신을 바꾸어 나가는 시기이기도 하다. 즉, 청년기에는 자신과 타인과의 관계를 강하게 의식하고, 이상적 자기와 현실의 자기와의 차이를 의식하면서 주체적인 자아를 만들어 간다.

생식기의 전반기에는 동성과의 우애, 후반기에 들어서는 이성과의 상호성에 바탕을 둔 친밀한 관계를 만들어 갈 때, 비로소 성욕의 건설적인 충족이 가능해진다. 즉, 이성에 대한 부드러운 감정과 성적 욕구의 충족이 잘 접목되면 정신적으로도 신체적으로도 상대방을 사랑할 수 있게 된다. 그러나 청년기에는 이러한 경험을 하는 기회가 그리 많지 않으므로 대부분의 청년은 금욕과 쾌락 사이에 강렬한 갈등을 경험한다. 그래서 이 가운데는 일시적으로 동성애적 경향을 보이는 경우도 있다.

CHAPTER 03

영유아 연구법

1 영유아 연구의 의미

영유아 연구의 목적은 영유아를 대상으로 과학적 방법을 통해 영유아에 관한 과학적 지식을 얻는 데 있다. 일반적으로 하나의 지식이 단순한 상식이 아니라, 과학적 지식으로 인정받으려면 몇 개의 기본적 조건이 있어야 한다. 본래 상식이란 인간의 행동이나 심리에 대해 우리 자신이 직접 경험하거나 체험한 것, 또는 타인의 행동 관찰을 통해 알게 된 것을 말한다. 이런 상식에는 그런 대로 정확한 것도 있지만 그렇지 않은 것도 있다. 그러나 과학적 지식이란 일정한 방법론으로 얻은 정보이기 때문에 상식보다 확실하고 신뢰할 수 있는 체계적인 지식을 제공한다. 과학적 지식은 일반적으로 다음과 같은 조건이 있어야 한다.

첫째, 과학적 지식은 실증성이 있어야 한다. 과학적 지식은 어디까지나 구체적·경험적 사실에서 출발하여 논리적 절차를 거쳐 검증된 지식이어야 한다. 그러나 일단 확인되고 입증된 지식이라고 할지라도 새로운 사실에 의해 반증되어 재정립되거나 부정되기도 한다. 즉, 과학적 지식이라도 결코 절대 불변적 진리는 아니며, 연구법의 발전으로 끝없이 변화·발전할 가능성을 내포한다.

둘째, 과학적 지식은 객관성이 있어야 한다. 과학적 지식은 특정 개인의 개인적 경험의 수준에만 머무는 것이 아니라, 다른 연구자에 의해서도 검증되어 일치된 결과를 얻을 수 있어야 한다. 즉, 다른 연구자가 동일한 실험·조사를 동일 조건하에서 실시할 경우 동일한 결과를 얻을 수 있어야 한다.

셋째, 과학적 지식은 논리성이 있어야 한다. 과학적 지식은 다른 지식과 상호 간에 관련성이 있어야 하며, 지식 사이에 모순이 없는 일관성이 있는 체계를 지녀야 한다. 즉, 정리된 체계 가운데 각각의 지식이 배열되어야 한다.

넷째, 과학적 지식은 법칙성이 있으며, 인과 관계가 명확해야 한다. 그래서 기존의 현상에 대해 설명이 가능해야 하며, 동시에 미지(未知)의 현상도 예측이 가능해야 한다.

영유아를 대상으로 과학적 방법을 통해 얻은 영유아에 관한 과학적 지식은 영유아의 심리 및 행동이해에 대해 보다 확실하고 신뢰할 수 있는 지식을 제공해 준다. 그런데 영유아를 대상으로 한 연구는 성인을 대상으로 한 연구와 달리 그 연구 방법이 달라야 한다. 특히 연구 대상자의 언어능력에 의해 연구 결과가 영향을 받는 경우에는 연구 방법에 대한 신경을 써야 한다. 예들 들어, 성인을 대상으로 연구하는 경우에는 언어능력에 문제가 없기 때문에 설문지 등의 조사 연구를 통하여 쉽게 연구 목적을 달성할 수 있지만, 유아의 경우는 언어 반응이 아닌 유아의 행동이나 그림, 선택 반응 등을 통해 유아의 심리에 대한 보다 정확한 정보를 얻을 수 있어야 한다. 그러므로 영유아를 대상으로 한 연구는 성인을 대상으로 한 연구와는 달리 독자적인 연구 방법이 고안되어야 하며, 나아가 연구에 의해 얻은 성과는 유아에게 피드백 될 수 있어야 한다.

2 발달연구의 접근방법

발달은 시간적 차원에 따라 여러 현상을 연구하는 방법에는 종단적 연구법(longitudinal method)과 횡단적 연구법(cross-sectional method)이 있다. 전자는 동일한 연령의 아동을 대상으로 행동 관찰, 측정, 실험 등을 반복적으로 실시하여 필요한 자료를 수집하는 방법, 즉 간단히 말하면 추적 조사 연구법이라 할 수 있다. 후자는 서로 다른 연령 집단의 아동을 동일 시점에서 연구 대상으로 하여 필요한 자료를 일괄 수집하는 연구법이다.

1) 종단적 연구법

동일한 인간 또는 집단을 시간의 경과에 따라 지속적으로 연구하는 방법이기 때문에 발달과정에서 어떤 특성이 어떻게 변해가는가, 그리고 이 변화가 어떤 조건하에서 발생하는가를 알 수 있다. 그러므로 종단적 연구법은 아동의 성장·발달 또는 변화에 대해 그 과정을 구체적으로 이해하는 데 도움이 된다. 또한, 이 연구법은 인간의 어떤 특성이나 능력의 일관성, 항상성에 대한 검토가 가능하며, 인과 관계에 대한 검토를 할 때에는 유용한 정보를 제공한다.

한편, 시간이나 노력이 너무 많이 든다는 점, 정보량이 너무 많아서 종합적 처리나 인과 관계의 해석에 있어 어려움이 많다는 점, 대상 아동이 극히 소수이기 때문에 결과의 일반화가 어렵다는 점 등이 단점으로 지적된다.

2) 횡단적 연구법

횡단적 연구법은 발달과정에서 여러 연령에 있는 대상을 동일 시점에서 조사하여 얻은 자료를 중심으로 발달현상을 연구하는 방법이기 때문에 여러 발달단계, 또는 각 연령단계에서 각각 어떤 발달현상을 나타내는가를 중심으로 연구하게 된다.

그러므로 이 연구법은 종단적 연구법에 비해 각 연령단계의 평균치를 비교하거나 어떤 특징을 알아보는 데 적합하며, 시간과 노동이 적게 든다.

그러나 한 개인 또는 어떤 특성이 어떠한 과정을 거쳐 발달하고 변화하는지, 그것이 어떤 조건에 의해 규정되어지는지 등을 구체적으로 파악하기 힘들다는 단점이 있다. 즉, 개인 간의 차이는 알 수 있어도 개인 내의 변화는 알 수 없다는 한계가 있다.

3 영아 연구법

발달심리학자는 객관적으로 신뢰할 수 있는 방법을 사용한 실험을 통해 연구를 해 나간다. 실험을 한다는 것은 개개의 환경에 통제된 변화를 도입하는 것을 의미한다. 실험자는 이러한 변화가 행동에 어떤 영향을 미치는가를 측정한다. 그러나 신생아나 영아를 대상으로 한 실험에서는 아동이나 성인과 달리 어려운 점이 많다. 특히 영아는 언어를 습득한 상태가 아니기 때문에 실험자가 언어를 사용하거나 영아로부터 언어 반응을 얻기가 어렵다. 또한, 심리 생리학적 상태, 예를 들어 졸음이나 산만, 흥분 등의 문제로 인해 제시 자극에 대한 영아의 주목이나 시선을 이끌어 내기도 쉽지 않다.

이 때문에 연구자는 영아를 대상으로 외부 세계를 어떻게 인식하는가를 조사하기 위해 특별한 방법을 사용한 실험법을 활용하게 된다. 여기에는 대표적으로 선호 주시법(visual preference), 둔감법(habituation), 흡철법(sucking)이 있다. 각각의 실험 방법과 그 심리학적 의미에 대해서 알아보자.

1) 선호(選好) 주시법

[그림 3-1] 선호 주시법의 실험 장면의 예

선호 주시법은 2개의 자극을 동시에 제시하여 둘 중 어느 한쪽에 보다 오랫동안 영아의 시선이 머무는가를 측정하는 방법이다(그림 3-1 참조). 이 방법은 다양한 자극이 제시되면 자신이 좋아하는 대상에 시선이 더 오랫동안 향하는 일반적 현상의 원리, 즉 시선(視線) 행동은 일반적으로 선호(選好) 심리를 바탕으로 한다는 심리학적 현상을 영아 연구에 활용한 실험법이다.

영아를 대상으로 선호 주시법을 처음으로 실험에 활용한 학자는 휀쯔(Fantz, 1961, 1966)이다. 그는 생후 7개월 영아를 대상으로 다양한 무늬가 그려져 있는 그림판을 2장씩 한 쌍으로 제시하여 각각에 대한 주시 시간을 측정하였다. 실험 결과는 [그림 3-2]에 제시하였다.

그림을 통해서 알 수 있듯이 7개월 영아는 가로줄무늬보다는 동그라미무늬를, 무늬가 없는 그림보다는 바둑판무늬를 더 오랫동안 주시하였다. 그러나 십자형 그림과 원형 그림에 대한 선호 주시 시간의 차이는 나타나지 않았다. 두 자극 간에 주시 시간의 차이가 없다는 것은 다음 2가지의 설명이 가능하다. 하나는 7개월 영아는 2개의 그림을 구별할 수 없을 것이라고 하는 가설이다. 2개의 그림을 구별할 수 없다면 선호 반응이 나타날 수 없기 때문이다. 또 하나의 가능성이 있는 설명은 영아는 2개의 그림을 구별할 수는 있지만, 두 개의 그림을 똑같이 좋아하는 경우를 가정해 볼 수 있다. 휀쯔는 십자형 그림과 원형 그림에 대한 선호 주시 시간에 있어 차이가 나타나지 않는 영아의 반응에 대한 해석을 전자의 경우라고 설명하였다. 그러나 후자의 가능성도 전혀 배제할 수 없으며, 이런 문제를 명확히 규명하기 위한 보완적인 연구법으로는 둔감법이 있다.

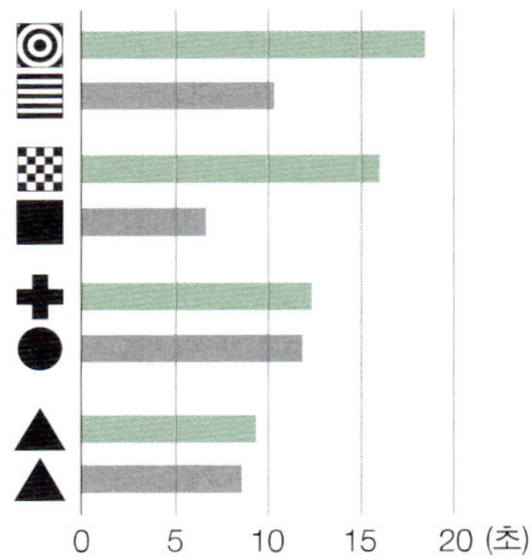

[그림 3-2] 휀쯔의 실험에서 사용된 그림판과 주시 시간

자료 : Fantz, 1961.

2) 둔감법

둔감법에서도 선호 주시법과 동일하게 2개의 자극을 제시한다. 그런데 여기서는 2개의 자극을 동시에 제시하는 것이 아니라, 하나씩 순차적으로 제시하다. 먼저 하나의 자극, 즉 십자가 그림판을 반복적으로 보여 준다. 동일한 자극을 몇 번이나 반복적으로 받으면 일반적으로 그 자극에 대한 흥미가 사라지게 된다. 흥미가 사라지게 되면 자연스럽게 점차 주시 시간은 짧아진다. 그래서 영아는 처음에는 십자가 그림판을 응시하지만, 반복적으로 제시하면 점차 주시 시간이 짧아진다. 둔감법에서는 자극을 처음 제시했을 때의 주시 시간의 반 이하가 되는 시점을 '흥미를 잃었다(둔감 현상)'는 시점으로 간주한다. 이 시점에서 다른 그림 자극을 제시하였을 때 다시 주시 시간이 길어지면(탈둔감 현상), 영아는 제시한 자극을 다른 새로운 자극으로 인식하게 된다. 이 사실을 통해 영아가 두 자극의 차이를 구별하고 있다는 해석이 가능해진다.

선호 주시법과 둔감법을 동시에 활용한 연구(Slater, Morison & Rose, 1983)를 보면 두 자극에 대한 영아의 주시 시간에 차이가 없는 것은 두 자극의 구별을 못하는 것이 아니라, 두 자극에 대한 흥미가 다르지 않다는 것을 보여 주고 있다. 즉, 이 실험 결과에서는 원형 그림에 대해 둔감하게 한 후에 원형 그림과 십자가 그림을 동시에 제공하면 영아는 십자가 그림을 보다 오랫동안 주시하였다. 그러나 십자가 그림으로 둔감하게 한 후에는 원형 그림을 보다 오랫동안 주시하였다.

둔감법의 또 하나의 다른 형태에는 '있을 수 있는 현상 - 있을 수 없는 현상'으로 불리는 방법이 있다. 이 방법은 영아는 익숙하지 않는 광경, 즉 예측할 수 없는 광경이나 있을 수 없는 현상을 보다 오랫동안 주시하는 경향을 이용한 것이다. 아이는 세계에 대한 자신의 지식, 예를 들어 기본적인 물리법칙이나 계산 법칙에 위배되는 현상에 반응하는 것으로 알려져 있다. 그래서 아이는 일반적으로 있을 수 있는 현상보다는 있을 수 없는 현상을 보다 오랫동안 주시하게 된다.

베이야르존 박사와 그레이바 박사(Baillargeon & Graber, 1987)는 이 방법을 이용한 실험의 일례를 소개하였다(그림 3-3 참조). 5.5개월 영아에게 던저 토끼가 나타나 사각형의 칸막이 뒤로 사라지는 모습을 보여 준다. 키가 큰 토끼와 키가 작은 토끼가 각각 칸막이 뒤로 사라지다가 다시 나타나는 상황을 교차로 반복해서 보여 준다. 이렇게 해서 둔감 현상을 만들어 둔다. 그리고 난 다음 각각의 영아는 위 부분이 움푹 파인 칸막이를 사용하여 테스트를 실시하였다. 키가 작은 토끼는 이 칸막이의 뒤를 통과할 때 보이지 않게 되지만, 키가 큰 토끼는 칸막이 뒤를 지나갈 때 가운데가 칸막이의 가운데 움푹 파인 공간 사이로 보일 수밖에 없는 상황이다.

실험에서는 다음과 같이 두 가지 상황을 설정하여 영아의 주시 시간을 측정하였다. 즉, 키가 큰 토끼의 머리가 보이는 경우(있을 수 있는 현상)와 보이지 않는 경우(있을 수 없는 현상)를 설정하여 영아의 주시 시간을 측정하였다. 실험의 결과, 영아는 키가 큰 토끼가 칸막이 뒤를 통과하지만 머리가 보이지 않는 현상을 보다 오랫동안 주시하였다. 이 사실은 영아는 사물이 칸막이 뒤로 사라져도 그 물체는 지속적으로 존재한다는 사실, 그리고 물건의 크기는 변하지 않는다는 지식을 갖고 있다는 것을 말한다.

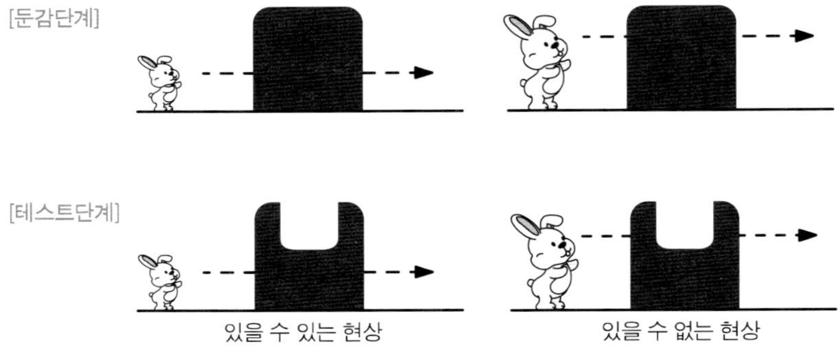

[그림 3-3] 실험의 예

자료: Baillargeon & Graber, 1987.

3) 흡철(吸啜)법

선호 주시법이나 둔감법 이외에 신뢰도 높은 방법으로 영아의 흡철 반사를 이용하는 방법이 있다. 흡철 반사는 태아기 때부터 나타나며, 출생 후에는 유용한 기능으로 활용된다. 입의 활동은 생후 1년째의 발달에 있어 매우 중요하며 생후 직후부터 생물학적 필요성과의 관계에서 시작하여 이후 자율성을 갖는 인지적, 정서적 활동의 중심으로 기능한다.

신생아나 영아의 입장에서 입의 활동은 마시거나 먹는 기능만이 아니다. 실제 입이나 혀로 물체에 접촉함으로써 그 물체에 대한 맛, 냄새, 온도, 물리적 속성이나 공간적 속성 등에 대한 정보를 얻을 수 있다. 이처럼 영아의 입은 음식 섭취 기능 이외에도 탐색 기능도 갖고 있다. 그래서 영아를 대상으로 한 실험에서는 이런 기능을 활용하게 된다. 실험에 활용되는 흡철 행위에 있어서의 측정 내용은 지속 시간, 정지 시간, 각 흡철의 주기와 강도를 중심으로 측정된다(그림 3-4 참조). 이러한 지표는 영아가 처해있는 상황에 따라 다르게 나타난다.

흡철 반사를 이용한 실험 방법은 먼저 실험용 젖꼭지를 영아의 입에 물게 한다. 이 젖꼭지에는 압력센서가 연결되어 흡철의 빈도와 강도를 측정할 수 있다. 일반적으로 흡철의 빈도는 자극에 익숙해짐에 따라 감소하고, 자극에 대한 흥미가 높아지면

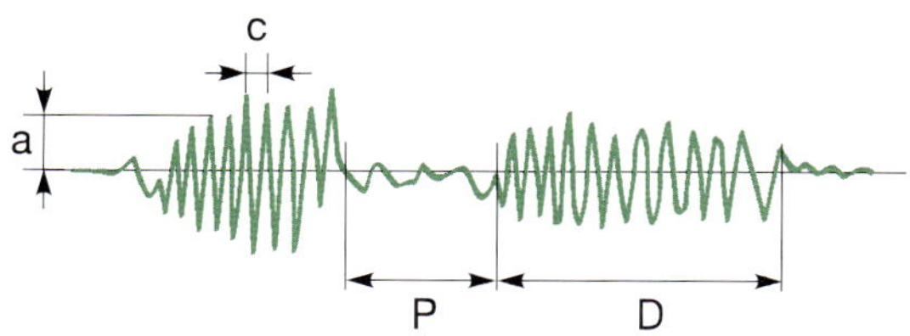

[그림 3-4] 흡철의 반응의 형태

자료: Bullinger & Rochat, 1985.

증가한다. 그래서 자극 조건의 차이에 따른 반응 패턴의 변화로부터 영아의 능력이나 선호 자극을 알 수 있다. 영아가 흡철 반응을 바꾸면 제시되는 자극도 바뀌도록 해서 영아에게 자극을 통제하도록 하는 연구도 있다. 흡철법은 둔감법과 함께 이용되기도 한다. 이 방법은 언어음을 포함한 음성 구별의 연구로 종종 이용된다.

4 연구법의 종류

1) 관찰법

(1) 관찰법의 의의

관찰법이란 인간이나 동물의 행동을 자연스런 상황이나 실험적 상황에서 관찰, 기록, 분석하고 행동의 질적·양적 특징이나 행동의 법칙성을 규명하는 연구 방법이다. 이 연구법은 실험법과 달리 연구 대상자에 대한 구속이나 제약이 적으며, 그 사람의 행동 그 자체를 대상으로 연구하기 때문에 언어 이해력이나 언어 표현력이 충분하지 않는 영유아나 장애아, 동물을 대상으로 할 수 있다는 장점이 있다.

그러나 다른 연구법과는 달리 그 사람의 자연스런 행동을 대상으로 하기 때문에 관찰 대상이 되는 행동이 생성되기까지 기다려야 하며 동일 현상에 대해 시점이나 그 해석에 있어 관찰자의 편견이나 선입견이 개입되기 쉽다는 단점이 있다.

(2) 관찰법의 유형

관찰법의 유형에는 먼저 관찰 장면의 통제 유무에 따라 분류할 수 있다. 여기에는 관찰 장면을 인위적으로 조작하지 않고 자연적 상태에서 있는 그대로의 모습을 관찰하는 '자연 관찰(uncontrolled observation)'과 관찰 장면의 환경 요인을 조작하여 아동의 반응을 관찰하는 '통제 관찰(controlled observation)'이 있다.

한편, 관찰자의 참여 유무에 따라 '참여 관찰'과 '비참여 관찰'로 나눌 수 있다. 전자는 관찰자가 피관찰자와 상호작용을 하면서 행동을 관찰하는 방법이며, 후자는 관찰자가 관찰 대상자의 활동에 참여하지 않고 관찰하는 방법이다.

관찰 기록 방법에 따라, 즉 관찰할 내용과 기록 양식을 얼마나 계획적으로 준비해서 관찰에 임하는가에 따라 '비구조적(비체계적) 관찰'과 '구조적(체계적) 관찰'로 나눌 수 있다. 전자에는 영유아의 성장·발달을 매일 매일 일기 식으로 기록하는 방법인 유아 일기 외에도 표본 기록, 일화 기록이 있으며, 후자에는 시간표집법, 사건표집법, 평정척도법, 행동목록법이 있다.

① 일화 기록

일화 기록은 개인의 특성을 이해하기 위하여 그 개인에게 보이는 특정 행동에 관한 내용이나 특정의 사실과 관련된 행동을 관찰하여 상세하게 기록하는 방법이다. 이런 관찰을 통해 얻은 정보는 그 아동의 문제점을 파악하여 행동을 수정하거나 개별화된 프로그램을 실시하는 데 도움이 되기 때문에 사례연구를 할 때 많이 사용한다.

② 표본 기록

표본 기록은 관찰 대상, 장소, 시간 등을 미리 정해 놓은 후, 그 상황에서 일어나는 아동의 행동과 주변 상황을 상세하게 기술하는 방법이다. 이것은 정해진 시간 동안에 보이는 아동의 모든 행동에 대해서 기록하기 때문에 특별한 행동을 선택하여 기록하는 일화 기록과는 구분된다. 이런 방법에 따른 기록은 해당 아동에 대한 행동이나 상황이 자세하게 묘사되어 있기 때문에 아동 지도 시 유용한 자료로 활용할 수 있다.

③ 시간표집법

시간표집법(time sampling)은 행동을 임의 시간 간격으로 나누어서(관찰 단위), 그 각각에 있어서 관찰 대상이 되는 행동의 생성을 기록하는 방법이다(그림 3-5 참조). 이것은 행동의 생성빈도나 지속 시간 등의 양적 데이터를 수집하는 것이 목적이다. 여기에는 관찰 단위 동안에 관찰 행동의 생성 여부를 체크하는 '간격표집법(interval sampling)'과 관찰 단위의 끝 부분에서 관찰을 하여, 그 순간에 생성된 행동을 체크하는 방법인 '순간표집법(point sampling)'이 있다.

	10	20	30	40	50	60	70	80	90	100	110	120	130	140 (초)
질 문														
의뢰·요구														
설 명														
돕기·분여														
제 안														
지시·명령														

[그림 3-5] **시간표집법의 예**

〈표 3-1〉 **행동 카테고리에 대한 정의**

질 문	묻는 행동 (예 : 이거 뭐니?)
의뢰·요구	부탁하거나 무언가를 요구해서 하게 한다. (예 : ~ 좀 해줘.)
설 명	전개되고 있는 놀이에 대해서 이야기한다. 질문에 대답한다. (예 : ~이야/~야)
돕기·분여	구체적인 행동으로 도와주거나, 무언가를 상대방에게 준다.
제 안	전개되고 있는 놀이에 대해 자신의 의견을 말하고, 놀이를 더욱 발전시키려고 한다. (예 : ~하자./~할까?/~하면 좋아.)
지시·명령	지배적인 태도로 자신의 요구를 관철시킨다. (예 : ~해./~해라.)

〈표 3-2〉 시간표집법의 장·단점

장 점	단 점
• 체크리스트(checklist)를 이용하여 행동의 생성 유무를 체크하기 때문에 기록이 용이하고, 정확하고 객관적인 데이터를 얻을 수 있다. • 동시에 여러 종류의 행동을 관찰할 수 있다. • 관찰 단위마다 시간을 조정하여 다른 대상자를 관찰함으로써 한 번에 여러 명을 관찰할 수 있다. • 양적 데이터이므로 결과 처리나 분석이 용이하다. • 관찰 대상자의 행동을 간섭하지 않으며, 특별히 라포(rapport) 형성이 필요 없다.	• 발생빈도가 높은 행동에 대해서만 관찰할 수 있다. • 기록 시스템에 언급되어 있지 않는 행동은 데이터로 취급되지 않는다. • 행동을 임의의 시간 단위로 구분하기 때문에 실제 행동과의 사이에 차이가 생길 수 있다. • 관찰 환경이나 상황에 관한 정보를 얻을 수 없다.

④ 사건표집법

사건표집법(event sampling)은 어떤 특정의 행동에 초점을 맞추어 '그것이 어떻게 발생하고, 어떠한 과정을 거쳐 어떠한 결과를 초래하는가?' 등에 대해 그때의 상황 문맥을 통해 조직적으로 관찰하는 방법이다. 이 관찰법은 행동의 문맥 가운데 특정 행동을 중심으로 전후의 관계를 관찰하기 때문에 행동의 인과 관계를 알 수 있으며 데이터 수집에 있어 시간을 경제적으로 활용할 수 있다는 이점이 있다.

그러나 관찰하고자 하는 행동이 특정 아이에게만 보이는 경우, 그 아이에게만 관찰이 집중되기 때문에 사례연구가 되어 버릴 가능성이 크다. 또한, 발생빈도가 낮은 행동에 대해 관찰을 할 경우에는 그 행동의 생성 때까지 기다려야 하는 어려움이 있기 때문에 시간의 경제성이라는 문제가 단점으로 제기될 수도 있다.

⑤ 평정척도법 및 행동목록법

평정척도법이란 관찰자가 관찰한 행동의 정도나 인상을 수량화된 점수로 평가하는 관찰법이다. 이 방법은 비교적 작성하기가 쉽고 짧은 시간 내에 실시 가능하다는

[그림 3-6] 평정척도법의 예

이점은 있지만, 행동의 전후 사정을 알 수 없기 때문에 행동의 원인에 대한 파악이 어렵고 관찰자의 편견이나 오류의 가능성이 개입되기 쉽다는 단점이 있다(그림 3-6 참조).

한편, 행동목록법이란 관찰자가 관찰 목적에 따른 행동목록을 사전에 준비하여 그 목록에 언급된 행동의 발생 유무를 관찰하여 체크하는 방법이다. 이 방법은 관찰 방법이 쉽고, 그 자료를 누가적으로 작성할 경우 아동의 발달과정을 이해할 수 있다는 이점은 있지만, 어디까지나 이는 양적 데이터이기 때문에 행동의 질적 수준은 알 수 없다는 한계가 있다.

(3) 관찰의 신뢰도

관찰에는 신뢰도 확보가 대단히 중요하다. 관찰의 신뢰도란 동일한 관찰 내용을 몇 번 보더라도(개인 내), 누가 보더라도(개인 간) 일관성 있는 데이터를 얻을 수 있는가에 관한 문제이다. 즉, 간단히 말하면 관찰자 내, 또는 관찰자 간의 일치 정도를 말한다. 일반적으로 90% 이상 일치해야 신뢰성 있는 데이터로 인정을 받고 있다.

관찰의 신뢰도에 영향을 주는 요인으로는 관찰 행동의 분류 카테고리의 정의(표 3-1 참조)가 애매모호한 경우나 그 분류 카테고리가 너무 많은 경우, 그리고 관찰자의 훈련 부족이나 피로, 관찰을 왜곡시키는 심리적 경향성 등의 관찰자 요인을 들 수 있다. 특히, 관찰을 왜곡시키는 심리적 경향성에는 관찰자 개인의 기대 효과, 후광 효과, 관찰 평가의 중심화 경향 등이 있다.

또한, 관찰연구법은 관찰자 자신이 측정 도구의 일부분이기 때문에 관찰자의 고도의 훈련과 역량이 더욱 요구되는 연구법이다. 관찰의 성패는 관찰자에게 달려 있다고 해도 과언이 아닌 연구법이기 때문에 보다 객관적인 연구를 위해서는 관찰자 요인에 의한 영향이 최소화되도록 노력해야 한다. 관찰자 요인의 해결 방안으로는 관찰자의 훈련을 강화하거나, 연구의 목적이나 가설을 모르고 관찰 대상자와의 면식도 없으며 관찰 결과에 대한 어떤 기대감도 갖고 있지 않는 사람이 관찰하는 것도 하나의 효과적인 방법이 될 수 있다.

2) 실험법

(1) 실험법의 의의

현대 심리학을 행동의 과학이라고 부르는데, 이는 심리학이 인간의 행동법칙을 발견하는 데 그 궁극적인 목적이 있다는 것을 말한다. 그래서 심리학에서는 실험법을 통해 어떤 행동과 그것을 규정하는 조건과의 관계를 명확히 밝히는 접근을 하게 된다. 특히 영유아 심리학은 발달의 메커니즘을 실험에 의해 밝혀 나가는 실증적 연구체계를 가진 학문이므로 어떤 다른 연구 방법보다 실험법이 폭넓게 이용된다.

실험법은 연구자의 연구 목적에 따라 관련 변인을 체계적으로 조작하고 통제할 수 있는 연구법으로서 가설을 검증하여 독립 변인과 종속 변인과의 인과 관계를 밝힐 수 있다는 장점을 지닌다. 독립 변인이란 연구 목적에 따라 연구자가 조작하는 변인을 말하며, 독립 변인에 의해 영향을 받게 되는 변인은 종속 변인이라 부른다. 예를 들어, 유아의 친사회적 행동에 관한 실험 장면에서 '타인이 있는 경우와 없는 경우의 조건에서 돕기(helping) 행동의 발생빈도에 대해 검토하는 실험 계획'을 생각해 보자. 이 실험의 경우 '타인의 존재 유무'라고 하는 변인은 독립 변인에 해당되며, 이에 따른 반응, 즉 '돕기 행동의 발생 유무'는 종속 변인에 해당된다. 만일 이 연구에서 연구자가 '타인이 있을 때 유아의 돕기 행동은 발생하기 쉽다.'라는 가정을 설정해서 실험하는 경우, 이 가정은 '가설(假說)'이 된다. 그리고 이 가설을 검증하기 위해 하나의 조건을 부여하는 집단(이 실험의 경우 타인이 존재하는 조건)을 '실험 집단'이라 하며, 이 집단과 비교하기 위해 해당 조건이 설정되지 않는 집단을 '통제 집단'이라 부른다. 통제 집단은 실험 조건의 효과를 검증하기 위해 설정된 비교 집단이라고도 할 수 있다.

(2) 영유아 실험 연구의 유의점

영유아를 대상으로 실험법으로 연구할 경우, 영유아기의 특성을 고려하여 다음과 같은 사항에 유의를 해야 한다.

첫째, 실험자와의 관계 설정이 중요하다. 유아가 실험자에 대한 불안이나 공포, 경계심을 갖지 않도록 실험 전에 유아와의 친밀한 관계 형성을 위한 노력이 요구된다.

둘째, 실험 과제 및 도구 선택 시에는 실험 목적에 벗어나지 않는 범위에서 유아의 흥미를 끌 수 있는 것이어야 한다. 왜냐하면 유아는 과제 의식이 약하기 때문에 작업이 지속되기 어렵고, 주의가 비교적 산만해서 다른 자극에 한눈을 팔기 쉽기 때문이다.

셋째, 영유아는 언어능력이 떨어지기 때문에 자신이 생각하고 있는 것과 행동과의 사이에 차이가 있는 경우가 많다. 그러므로 종속 변수에 대한 측정은 가능한 언어 이외의 반응을 중심으로 측정하는 것이 보다 객관적이다. 굳이 언어 반응을 대상으로 해야 할 경우에는 단지 언어 반응만을 측정하지 말고 그에 수반되는 행동을 고려하여 종합적으로 검토한다.

넷째, 실험 장면은 평소 그 아이에게 익숙한 환경에서 하는 것이 좋다. 왜냐하면 낯선 장면에서는 불안감이나 긴장감을 느끼게 할 수 있기 때문에 정확한 반응을 측정하기가 쉽지 않다. 만일 낯선 장면에서 실험을 해야 할 경우에는 일정 시간 자유놀이 시간을 갖고 그 환경에 익숙하게 한 다음 실험에 들어가는 것이 좋다.

3) 조사법

(1) 조사법의 의의

인간을 이해하는 방법에는 관찰법과 같이 '보는 것'을 통한 방법과, 그 대상자에게 이것저것 '물어보는 것'을 통해 이해해 가는 방법, 즉 조사법이 있다. 조사법은 심리학의 연구 방법의 하나로서 널리 활용되며 면접 조사법과 질문지법이 있다.

〈표 3-3〉 질문지법과 면접법의 장점

질문지법	면접법
• 다수를 대상으로 조사가 가능하다. • 수량적으로 처리가 가능하기 때문에 편리하다. • 전원을 대상으로 일정한 질문을 하기 때문에 서로 비교 가능한 자료를 얻을 수가 있다. • 무기명 방식으로 조사가 가능하다. • 높은 수준의 조사 기술이 필요하지 않다. • 피조사자와의 신뢰 관계가 없어도 상관없다.	• 상대방에 따라 유연성 있게 대처할 수 있다. • 상대방의 깊은 심리 상태를 알아낼 수 있다. • 교육 정도가 낮은 피조사자일지라도 조사가 가능하다. • 주위 상황도 고려할 수 있다.

※ 질문지법의 장점은 면접법에서는 기대하기 어려우며, 또한 면접법의 장점은 질문지법에서는 기대하기 어렵다는 한계가 있다.

(2) 유아 조사법의 유의 사항

첫째, 유아는 독해력이나 쓰기능력이 부족하기 때문에 질문지법으로 연구하기 어려우며, 개별 면접에 의한 조사가 바람직하다. 이를 위해 조용하고 아늑한 면접 장소의 확보와 유아와 조사자와의 친밀한 관계 형성이 사전에 필요하다.

둘째, 질문에 대해 유아가 판단하고 이해하기 쉽도록, 그리고 흥미를 갖고 조사자의 질문에 대해 대답할 수 있도록 하기 위해 조사 내용에 관련된 그림이나 사진을 준비하는 것이 좋다.

셋째, 유아의 언어능력과 연구 목적을 고려한 질문 방법을 사전에 구체적으로 정해 놓는다. 왜냐하면 유아는 질문 내용이 조금만 달라도 반응이 달라질 수 있으므로 누구에게나 일정한 질문을 해야 한다.

4) 사례연구법

(1) 사례연구법의 의의

사례연구법(case study method)은 특정 개인을 대상으로 그 개인의 특성이나 문제를 명확히 밝히는 데 필요한 자료를 수집하고, 그것을 종합적으로 분석·해석하여 그 개인에 대한 이해나 적절한 대응을 하는 데 필요한 정보를 얻는 데 적합한 연구법이다.

사례연구법의 필요성의 배경에는 '인간은 행동의 일반적인 원리나 법칙만으로는 설명할 수 없는 독자적 개성을 지닌 존재'라는 사실과 '인간의 행동은 여러 가지 요인이 복잡하게 얽혀서 결정되기 때문에 개인을 전체적으로 이해해야 하며, 이를 위해 인간 이해는 다면적, 유기적, 역동적 관점에서 파악해야 한다.'는 인식이 깔려 있다.

영유아 이해를 대상으로 한 사례연구는 특정의 유아를 장기간에 걸쳐서 종단적으로 추적 관찰·조사함으로써 그 아이의 특성을 이해하는 데 필요한 자료나 발달 과정을 규정하는 요인을 명확히 하는 데 상당히 효과적이다.

사례연구법은 사례 아동에 관련된 자료의 종합적 해석이 적절하게 진행되도록 필요하고 충분한 정보가 수집되어야 하며, 수집(조사)되어야 할 정보의 기본적인 항목은 생육사(生育史), 교육 경력, 친구 관계, 신체적 상태, 가족 관계 및 이웃 관계, 부모의 양육 태도, 심리 검사의 결과 등이다. 이런 자료를 전체적으로 검토하고 종합적으로 해석하여 문제의 진상 혹은 원인을 규명하고 진단한다. 여기서 해당 아동을 대상으로 한 진상 혹은 원인에 대한 진단이 타당성의 조건을 갖추기 위해서는 연구자 사이에 자료에 대한 해석에 있어 일치된 판단이 나와야 한다. 일반적으로 임상적 사례

연구에서는 교사, 심리학자, 의사 등의 전문가로 구성된 사례 회의에서 해당 아동에 대한 객관적 진단, 즉 타당성이 있는 종합적 해석을 내리게 된다.

(2) 사례연구법의 한계점

사례연구법은 특정 개인에 대한 종합적 이해를 위해서는 가장 이상적 연구법이지만, 그 실천에 있어서는 다음과 같은 단점이 있다.

첫째, 일반적으로 사례연구는 종단적 연구의 형태를 띠기 때문에 시간과 노력이 많이 든다.

둘째, 수집된 자료가 너무 방대하기 때문에 이를 토대로 특정 개인에 대한 진단 혹은 가설을 세우는 데 어려움이 많다.

셋째, 사례연구를 통한 진단 결과나 해석은 조사자의 선입관이나 이론적 입장에 의한 영향을 받기 쉬워 과학적 객관성이 결여되고 주관성이 개입되기 쉽다.

넷째, 개개인의 행동에 관한 법칙이나 규칙을 이끌어 내어 그 아이의 행동을 이해하고 예측할 수 있으나, 인간 행동의 일반에게 적용하기는 어렵다.

CHAPTER 04

출생 전의 발달

1 출생과정

최근의 발달심리학에서는 관찰 및 측정도구나 연구 방법의 개발을 통하 태아기에 대한 연구가 왕성하게 이루어지고 있다. 태아기 연구를 통해서 밝혀진 사실은 '태아기에 일어나는 결정적 변화는 생후 학습의 준비 상태를 만들어 준다.'라는 것이다.

수정부터 출생까지의 발달과정은 전배아기(0~10일), 배아기(10일~8주), 태아기(9주~출생)로 나뉜다. 전배아기는 난자의 수정에 의해 난세포가 형성되고 이것이 자궁으로 이동하여 착상하는 시점까지를 말한다. 수정 후 2주째부터는 배아기가 시작된다. 이 시기의 기본 요소는 신경배(神經胚)의 형성이다. 신경배의 형성과 함께 배아기의 특징은 5주째부터 나타나는 형태적 발생의 가속이다.

임신 8주 정도가 되면 손발의 윤곽이 보이기 시작한다. 신체로부터 머리가 나뉘지고 코, 눈, 입도 알아볼 수 있을 정도로 진행된다. 이처럼 배아는 기본적 형태를 만들면서 인간의 해부학적 특징을 갖추어 나간다. 이러한 현상은 배아기에서 태아기로 이행하는 과정에서의 중요한 특징이다. 일반적으로 수정 후 3개월부터는 태아라고 부른다.

태아의 발달에는 2가지의 기본적 특징이 있다. 하나는 중추신경계가 성장, 분화를 계속하는 것이며, 또 하나는 환경에 대해 최초의 반응 현상이 나타나는 것이다. 출생 전의 이러한 반응은 신생아의 행동 기초가 되기 때문에 매우 중요한 반응이라고 할 수 있다.

인간의 생명은 정자와 난자의 수정에 의해 시작되며, 태아는 모체의 태내에서 순간순간 환경의 영향을 받으며 성장한다. 수정은 여성의 하복부 좌우에 하나씩 있는 난소 가운데 한쪽에서 한 개의 난자가 배란되는 것으로 시작된다. 정자는 질에서 자궁을 통과하여 난관으로 향한다. 여기서 정자와 난자가 만나서 수정이 이루어진다. 이런 과정에 걸리는 시간은 5분 정도이다. 정자가 난자 속으로 들어감으로써 수정이 성립된다. 이때 '동일종(同一種)' 인식 현상(난자가 자신의 종과 동일종의 정자만을 받아들이는 현상)이 진행된다.

수정에서 착상까지의 과정은 '배란 → 난관으로 이동 → 사정 → 정자가 난관으로 진입 → 난자 속으로 정자가 진입 → 수정란이 자궁으로 이동 → 착상'으로 진행된다(그림 4-1 참조).

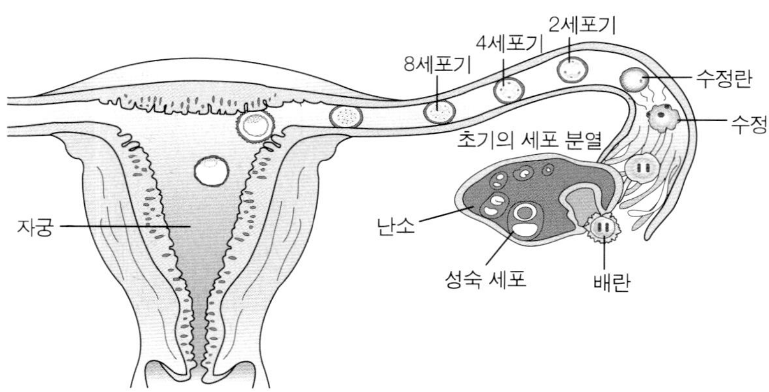

[그림 4-1] **배란에서 착상까지**

자료: 石原, 1998.

수정란은 세포분열을 반복하면서 동시에 천천히 회전운동을 하며 자궁으로 향한다. 만일 한 개의 수정란이 분열 개시 후 2개의 배아로 나뉘게 되면 일란성 쌍생아가 되며 이 경우의 쌍생아는 동일한 유전 정보를 갖게 된다.

수정 후 5~8일이 되면 배반포(胚盤胞)는 자궁의 자궁내막에 접착한다. 이것을 착상이라고 하며, 수정 후 약 10일까지 진행된다. 세포의 일부가 점점 두꺼워지게 되면서 배아가 되어 자궁내막에 들어가 태반이 된다. 태반은 임신을 지속하기 위해 각종 호르몬을 분비하거나 산소와 영양소를 모체에서 태아로 공급하고, 노폐물을 태아에서 모체로 나르는 역할을 한다. 태아는 양수 안에서 떠 있는 상태에서 성장해 나간다. 이 단계에서는 어느 세포가 어떤 기관이 될 것인지는 아직 결정되어 있지 않다.

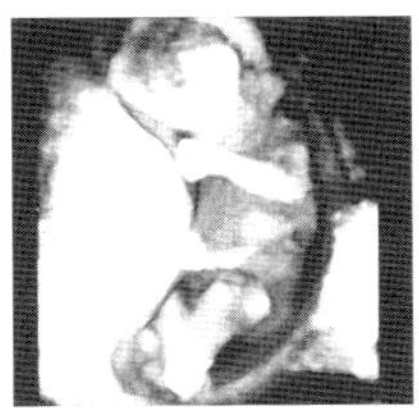

임신 13주
(입체 사진)

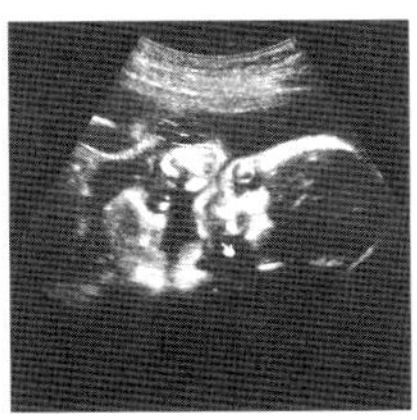

임신 25주

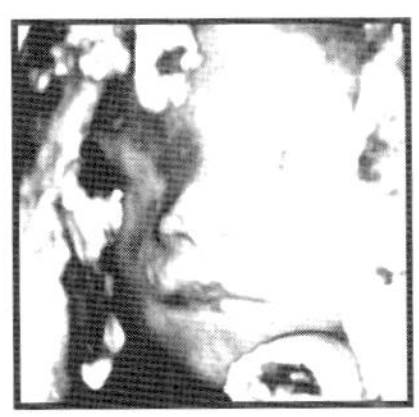

임신 25주
(태아의 얼굴)

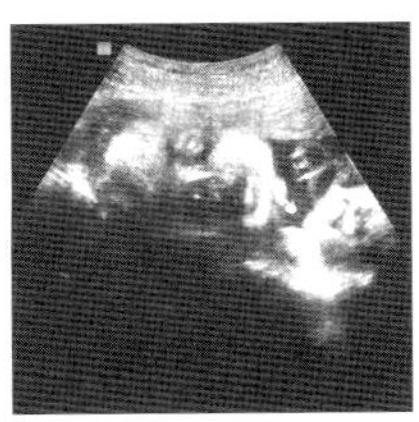

임신 30주

[그림 4-2] 출생 전의 발달 : 수정 후부터 태아의 상태를 나타냄

2 감각 기관의 발달

시각을 제외한 다른 감각 기관은 출생 전에 이미 기능적으로 성숙한 상태인 것으로 밝혀져 있다. 감각 기관의 발달 순서는 '촉각 → 후각, 미각 → 청각 → 시각'의 순으로 알려져 있으며, 이 순서는 척추동물에서 공통적으로 보이는 현상이기도 하다.

1) 촉각

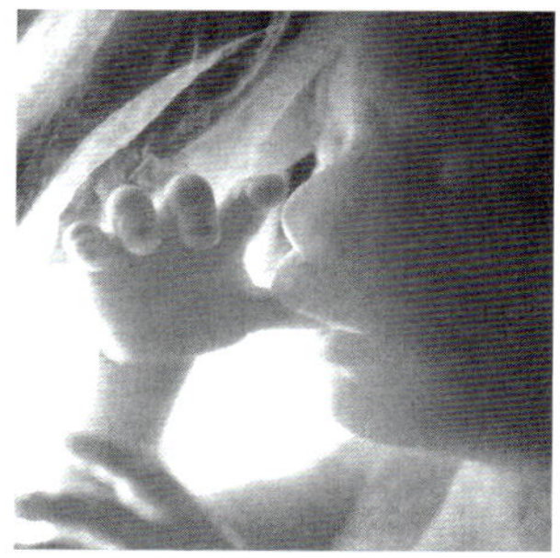
[그림 4-3] 태아기의 모습
자료: Bukatko & Daehler, 1995.

촉각 자극에 대한 반응은 다른 감각 기간에 비해 매우 빨리 나타난다. 수정 후 8주째 이후가 되면 신체 각 부분이 촉각 자극에 대해 점차적으로 반응하게 된다. 촉각 자극에 대해 감수성이 높다는 실험적 증거는 유산된 태아에게 탐침(探針) 같은 것으로 입 주위나 손발을 가볍게 갖다 대는 자극을 주면 반응이 나타난다는 사실을 통해서 알 수 있다. 데브리스와 그의 공동 연구자들(DeVries, Visser & Prechtl, 1985)은 수정 후 8~9주가 되는 태아를 대상으로 초음파를 이용한 동영상 관찰에서 태아가 13분 이상 움직이지 않고 가만히 있는 경우는 거의 없다는 사실을 발견하였다.

피부 감각은 모체의 신체적 움직임이나 태아 자신의 움직임에 의해 나타나는 촉각적 상호작용을 빈번히 경험함으로써 발달해 나간다. 자궁-태반의 벽과의 접촉이나 자신의 신체 부분끼리의 접촉이 빠는 행동을 시작하게 만들기도 한다. 예를 들어, 수정 후 15주째 이후가 되면 '태아가 자신의 엄지손가락을 빠는 모습'을 관찰할 수 있다(Hepper, Shahidullah & White, 1991).

2) 후각, 미각

후각과 미각을 담당하는 신경조직은 수정 후 14주경부터 그 기능이 나타나기 시작한다. 어머니의 영양과 관련된 냄새나 맛은 모체의 혈액시스템을 통해 양수와 태아의 혈액에 전달된다. 셜 박사 연구팀(Schaal, Orgeur & Rognon, 1995)은 양수 안에 있는 120종류의 냄새 성분을 발견하고, 이것을 태아의 코와 입과 혈액시스템의 3군데에서 확인하였다. 예를 들어, 태아의 콧구멍은 수정 후 4개월이 지나면 이제까지 콧구멍을 막고 있던 조직이 없어지면서 태아는 양수를 빨아들이며 동시에 그것을 삼키게 된다. 이때부터 태아는 냄새와 맛을 체험하게 된다.

태아는 일반적으로 신생아와 동일하게 매운맛보다는 단맛을 좋아한다. 특정 맛에 대한 선호(選好)나 감지능력은 유전적으로 결정되어 있을 가능성이 크지만, 다른 맛에 대한 선호는 태아기 때 학습된 것인지도 모른다. 예를 들어, 어머니가 알코올을 섭취하게 되면 태아도 그것을 다량으로 섭취하는 것이 되어, 출생 후 성인이 되었을 때 알코올에 대한 기호(嗜好)를 높이는 가능성이 있다는 연구가 보고된다(Molina, Chotro & Dominguez, 1995). 모유 냄새에 대한 신생아의 구별능력은 태아기에 일어나는 것과 동일한 학습 메커니즘에 의한 것으로 이해할 수 있다.

3) 청각

태아기의 청각능력은 청각 자극에 대한 태아의 심장박동이나 운동 반응, '경악'과 같은 반사 운동, 뇌 반응 등의 다양한 지표를 사용하여 그 과학적 근거를 얻을 수 있다. 주요 청각 기관인 귀는 수정 후 24주경이 되면 어느 정도 기능을 하게 되며, 27주경 이후가 되면 외부의 소리에 대해서도 반응하게 된다. 최근 연구에서 공기로 부풀어진 봉지를 임신부의 배에 갖다 대고 봉지에 연결된 튜브를 외부의 음원에 연결하여 "뽀-, 뽀-, 뽀-" 소리가 들리는 기계적 음을 제시하였다. 이후 동일한 음이 규칙적으로 계속되는 가운데 가끔씩 중간에 "삐-"라고 하는 다른 음을 제시하였다. 그러자 태아의 뇌는 이 새로운 소리에 반응하였다. 이 실험에서 이미 태아의 70%가 수정 28주부터 소리에 대한 반응이 있음을 확인하고 있다(Draganova et al., 2007).

소리에 대한 태아의 반응은 언어 자극에 대해서도 동일하게 나타난다. 르카뉘에와 그의 공동 연구자들(Lecanuet et al., 1987)은 태아를 대상으로 'babi'와 'biba'와 같은 언어 자극의 차이에 따른 심장 소리의 변화를 확인하였다. 태아는 외부의 특정 자극을 구별할 수 있다. 예를 들어, 노래 소리와 문을 열고 닫을 때의 소리에 따라 태아의 반응 차이가 나타났다. 그런데 태아는 양수를 통해 소리를 듣기 때문에 소리 자극을 어떻게 처리하는지에 대해서 과학적으로 규명하기란 쉽지 않다는 문제가 있다.

태아는 자궁 내 배경음이라고 하는 매우 특수한 소리 환경에 놓여 있다. 이 환경에서는 어머니의 심장이나 혈류 소리, 소화 기관에서 들리는 소리 등 많은 소리가 혼재되어 있어 자궁 내의 소리환경은 상당히 시끄러운 환경이라고 할 수 있다. 이 시끄러운 소리의 크기는 75dB 정도로 이는 운행중인 승용차 내의 소리 크기와 같은 정도이다(Lecanuet et al., 1987).

태아에게 들리는 소리는 3가지로 나눌 수 있다. 첫째는 모체에서 생성되는 소리이다. 여기에는 대표적으로 창자에서 음식물의 움직임에 의한 소리나 심장박동소리 등이 있다. 둘째는 외부의 소리이다. 외부 환경에서 전달되는 소리는 태아의 귀에 도달하기까지 어머니의 피부, 자궁벽, 그리고 양수를 통과해야 하기 때문에 우리가 듣는 것보다 소리의 크기나 주파수가 다르게 들릴 것이다. 셋째는 어머니 자신의 소리로 이 소리는 공기 중을 통과하여 환경의 소리로서 전해질 뿐만 아니라 어머니 몸의 진동을 통해 직접 전달되기 때문에, 즉 2개의 경로를 통해 태아의 귀에 전달되기 때문에 3가지 종류의 소리 자극 가운데 가장 크게 들릴 것으로 추정된다.

최근 태아기 때부터 어머니의 소리와 다른 여성의 소리를 구별할 수 있다는 연구 보고도 있다(Kisilevsky et al., 2003). 태아 38주가 되는 시점에서 어머니의 목소리를 들려주면 다른 여성의 목소리를 들려줄 때보다 [그림 4-4]에서 알 수 있듯이 심장박동 수가 증가하였다. 심장박동수만이 아니라, 입의 움직임도 변화한다는 사실을 보고한 연구도 있다(明和, 2009). 초음파 검사기기의 발달로 임신중의 태아 움직임을 볼 수 있게 되면서 이제는 어머니의 뱃속에서 입을 우물거리거나 입을 벌리는 태아의

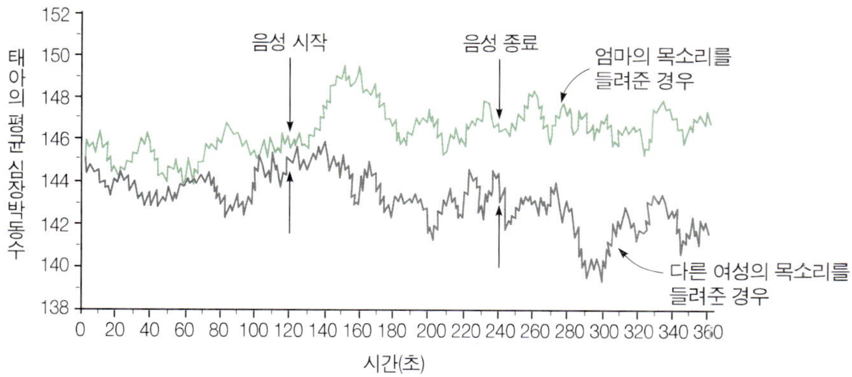

[그림 4-4] 태아의 심장박동수의 변화

자료 : Kisilevsky et al., 2003.

모습을 분명하게 관찰할 수 있다. 임신 23~33주가 되는 태아에게 어머니의 목소리를 들려주면 입을 벌리는 횟수가 증가하지만, 다른 여성의 목소리에 대해서는 입을 벌리는 행동의 변화가 나타나지 않았다.

4) 시각

해부학적으로 시각능력은 다른 감각 기관에 비해 가장 늦게 발달하는 것으로 알려졌다. 안구를 움직이는 근육의 완성은 수정 후 6개월경이 지나야 하며, 눈을 움직일 수 있는 상태는 그 이후 몇 주가 지나야 가능해지지만, 태아가 시각 체험을 어떻게 하는지에 대해서는 아직 거의 밝혀진 사실은 없다.

임신 7개월경에 태어난 조산아(早産兒)에게 플래시 빛을 비추켠 시각 피질의 활동에 변화가 나타나는 것으로 볼 때, 측정 방법이나 도구의 개발을 통해서 이제까지 확인하지 못했던 태아의 시각능력을 발견할 수 있을지도 모른다고 하겠다. 최근의 연구(Kiuchi et al., 2000)는 태아기의 종반부(36~40주)에 들어서면 모체의 배벽을 통해 들어온 강한 빛에 대해 뇌 활동의 변화가 측정되고 있음을 확인하고 있다. 이 사실을 통해서 이 시기의 태아는 외부의 시각 자극을 감지한다고 추정해 볼 수 있다

3 태아의 학습능력

태아의 학습능력에 대해서 신경학자나 발달심리학자는 태아기의 감각 경험이 출생 전의 학습 가능성과 이러한 학습이 출생 후 특정 행동의 출현에 미치는 영향의 가능성에 대해서 연구해 왔다. 이와 관련된 연구의 하나가 모체의 심장박동소리와 신생아의 심리적 안정과의 관련성에 관한 연구이다.

발달심리학자 살크(Salk, 1962)는 신생아의 기분에 영향을 미치는 심장소리의 효과에 대해서 연구한 결과, 어머니의 심장소리는 신생아를 안심시키는 효과가 있다고 주장하였다. 그리고 신생아는 다른 여성보다 어머니의 음성을 더 선호(選好)한다는 사실을 밝힌 연구도 있다(DeCasper & Fifer, 1980; Mehler et al., 1988). 이들 연구는 생후 4일 미만의 신생아가 다른 여성의 목소리보다 어머니의 소리에 더 관심을 보이는 반응을 보였으며, 이러한 선호 행동은 아마 언어에 포함되어 있는 리듬이나 억양과 같은 프로소디(prosody)—말을 할 때의 억양, 어조, 리듬, 시간적 간격 등의 측면—의 인지와 관련되어 있다고 보았다. 이런 연구 결과를 통해서 볼 때, 태아기의 경험이 신생아의 구별능력에 영향을 미친다는 가정을 해 볼 수 있다.

태아기 때의 어머니 목소리에 대한 학습이 출생 후의 행동에 어떤 형태로든 관련이 있다고 주장하는 연구 보고서가 있다(DeCasper & Spence, 1986). 이 연구 보고서에서는 산모에게 출생 전까지의 12주간, 매일 2회씩 특정 동화책『모자를 쓴 고양이』—이 책은 당시 미국 아이들에게 가장 널리 알려지고 읽혀진 동화책—를 큰 소리로 읽도록 하였다. 신생아는 출생 전까지 총 3시간 반을 이 동화책의 이야기를 들었다. 생후 2, 3일째에 연구자는 실험용 공갈젖꼭지를 빠는 반응의 조건형성을 다음과 같이 조작하였다. 먼저 공갈젖꼭지를 제공하여 2분간 자발적으로 빠는 행동의 발생빈도를 측정하였다. 그 다음에 신생아의 머리에 헤드폰을 장착하고, 신생아가 평소보다 빠는 행동이 더 많이 나타나면 신생아에게 태내에서 들었던 문장을 들려주었다. 빠는 행동이 줄어들면 문장 가운데 등장했던 단어를 새로운 다른 단어로 바꾸었다. 단, 문장을 들려주는 시간의 길이는 같게 하였다. 그러나 주요 음(音)이나 프로소디의 면에서는 차이가 있었다. 이 실험에 참여한 모든 신생아는 새로운 문장보다는 익숙한 문장을 들으려고 빠는 행동을 더 많이 보이는 반응을 보였다. 이런 선호 행동은 다른 여성의 음성으로 들려주었을 때에도 동일하게 나타났다. 이 연구 결과는 신생아는 이미 태아기 때 어머니에 의해 제공된 소리에 학습되어 있으며, 이 학습은 이후 소리의 선호 행동에 영향을 미친다는 사실을 말해 준다.

그런데 자궁 내에서 익숙했던 소리 자극을 생후에도 동일한 소리 자극에 대해 선호 반응을 보였다는 사실은 매우 흥미로운 현상이지만, 여기에서 유의해야 할 점은 이것이 생후 발달(예 : 언어 발달)에 영향을 줄 수 있다고 해석하는 것은 매우 비약적이며 성급한 판단이라는 것이다.

4 음주와 흡연이 태아에게 미치는 영향

임신중의 음주와 흡연은 출생 전의 정상적인 발달에 부정적 영향을 주며, 신체적 기형이나 기능 및 행동 장애 등의 구조적 문제를 발생할 위험이 크다. 임신중의 시기에 따라 음주와 흡연이 태아에게 미치는 영향의 정도와 유형은 다르다. 임신 초기에는 기형이 나타날 위험이 높으며, 임신 후반기에는 행동 장애가 나타날 위험이 크다.

1) 음주의 영향

모체에 섭취된 알코올은 쉽게 태반에 전달되어 태아까지 노출된다. 임신중 과도한 음주는 태아의 발달에 몇 가지의 위험성, 예를 들어 조산(早産)이나 출생 시의 체중 저하(평균적으로 80~160g 정도 감소), 태아성 알코올증후군(Fetal Alcohol Syndrome : FAS) 등의 위험성에 노출되기 쉽다. FAS가 나타날 확률은 통계적으로 1,000명당 미국은 1.5명, 프랑스는 1.3명으로 결코 무시할 수 없는 수치이다. FAS는 조산이나 저출생체중의 원인 가운데 1/3을 차지하는 것으로 알려져 있다. FAS증세의 발달적 문제는 얼굴 기형, 발육 및 지적 발달의 지체현상, 주의력 결핍장애 등이 거론된다(Abel, 1987).

2) 흡연의 영향

임신기간 중의 흡연은 태아에게 직접적으로 영향을 주는 것으로 알려져 있으며, 유산이나 조산, 사산(死産), 호흡기 장애, 심장혈관계의 기능 장애 등의 위험성이 있다. 담배의 주성분인 니코틴은 혈관을 수축시켜 태반의 원활한 혈액순환에 나쁜 영향을 준다. 이로 인해 나타나는 대표적인 문제로는 신생아의 체중 감소이다. 〈표 4-1〉은 흡연 양과 출생 시의 체중과의 관계를 나타내는 표이다(Haste et al., 1991).

저체중 문제 이외에도 흡연은 돌연사증후군의 위험성을 2~3배 정도 높이는 것으로 알려져 있다(Golding, 1997). 니코틴은 모체의 혈관을 통해 태아에 전달되며 태아의 니코틴 수용체는 임신기간을 통해 지속적으로 활성화한다. 이 활성화는 수면 시 호흡 반사나 각성 반응의 저하를 초래하여 영아 돌연사의 위험성을 높이게 된다. 그러므로 흡연은 신생아나 영아의 돌연사증후군의 발생 잠재인자라고 할 수 있다. 어머니가 흡연을 하지 않더라도 흡연 환경에 있는 것만으로도 태아의 발달, 특히 체중 감소에 미치는 영향은 무시할 수 없는 것으로 알려져 있다(Windham et al., 1999).

〈표 4-1〉 흡연 양과 출생 시의 체중

흡연 양	출생 시의 평균 체중
전혀 없음	3.4kg
하루 평균 1~20개비	3.2kg
하루 평균 20개비 이상	3.0kg

자료 : Haste et al., 1991.

CHAPTER 05

신생아의 발달

1 수면의 발달

수면에는 램수면과 비램수면이 있다. 램(Rapid Eye Movement : REM)이란 안구(眼球)가 빠르게 움직이는 상태를 말한다. 램수면 상태에서는 눈꺼풀 안쪽에서 안구가 빠르게 움직이는 현상이 나타나지만, 비램(non-REM) 수면 상태에서는 이런 안구운동이 보이지 않는다. 램 상태라고 하는 것은 신체는 비활성화 상태이지만 뇌는 활발하게 활동을 하고 있어 눈을 뜨고 있는 각성 상태와 같은 뇌파현상이 나타난다.

인간 생활의 기반은 수면과 각성의 교차리듬이라고 할 수 있다. 태아기는 모체(母體) 밖에서의 사건과의 효과적인 작용이 어렵기 때문에 수면과 각성의 리듬은 신체에 내장되어 있는 생물시계에 의해 통제되어 있다. 출생 후에는 지구의 자전에서 유래하는 낮과 밤의 교차를 기반으로 한 인간 생활의 리듬에 익숙해지면서 그 리듬에 맞게 스스로 자신의 리듬 구조를 신속하게 바꾸어 나간다. 이 리듬의 변화가 심리 및 신체발달의 큰 지지대가 된다.

그러나 아직 신생아기에는 수면과 각성의 교차리듬이 성인과는 크게 다르다. 신생아의 수면을 분석해 보면 거의 3~4시간 정도의 긴 수면 상태를 보이다가 짧은 시간의 각성을 보이는 흐름으로 수면-각성의 교차리듬이 나타난다. 생후 2개월이 되면 낮에는 각성 시간이, 밤에는 수면 시간이 훨씬 길어진다. 이후 중추신경계의 성숙과 외부 자극으로 인해 영아의 수면-각성의 리듬은 성인의 생활리듬의 형태로 점차 바뀌어 간다.

로프와그 박사 연구팀(Roffwarg, Muzio & Dement, 1966)이 제시한 유명한 수면 발달곡선[그림 5-1]을 보면 태어난 지 얼마 되지 않는 시기에는 수면 시간이 하루의 2/3 정도를 나타낸다. 그리고 수면 시간의 반 정도는 성인과 달리 램수면 상태, 나머지 반은 비램수면 상태를 나타낸다. 즉, 램수면과 비램수면의 비율이 거의 같다. 이후 연령 증가와 함께 하루의 수면 시간이 점차 감소하지만, 이와 병행해서 전체 수면 가운데 램수면이 차지하는 비율도 점점 낮아진다. 성인이 되면 전체 수면 가운데 램수면이 차지하는 비율은 약 20%까지 떨어진다.

신생아기나 영아기의 수면에서 램수면이 차지하는 비율이 성인에 비해 상대적으로 높은 이유는 무엇인가? 신생아기나 영아기에 수면 시간이 길고 외부 자극에

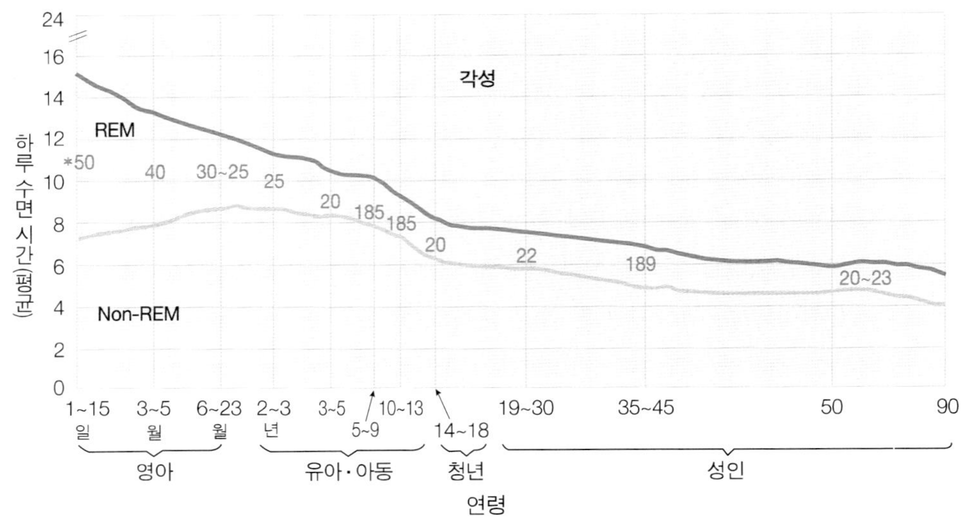

[그림 5-1] 수면의 발달

자료: Roffwarg et al.,1966.

의해 영향을 받을 만한 각성 시간이 짧다는 것은 뇌의 발달이 가장 현저한 이 시기로서는 이해하기 어려운 현상이다. 이에 대해 로프와그(1966)는 "램수면 상태에서는 뇌는 각성 뇌파에 가까운 뇌파를 감지할 수 있는 활동을 하고 있으며, 이를 통해 뇌 자체의 발달에 필요한 자극을 공급한다."고 설명한다.

이처럼 신생아의 뇌는 수면 상태일지라도 외부 자극의 입력을 완전히 차단하는 것은 아니다. 수면 중의 신생아에게 언어 자극을 제시하여 뇌의 혈류량을 측정해 보면 언어 중추 영역의 혈류량이 증가한다는 사실을 확인할 수 있다. 그러나 잡음과 같은 언어 이외의 소리 자극에 대해서는 혈류량의 증가가 나타나지 않았다. 이러한 현상은 수면 상태에서도 신생아의 뇌가 언어음과 다른 음을 선별적으로 구별하며, 언어음에 대해서는 뇌가 활발하게 반응하고 있다는 사실을 말해 준다.

2 감각 기관의 발달

신생아는 자신의 세계를 어떻게 느끼는 것일까? 무엇을 보고, 듣는 것일까? 어머니의 얼굴이나 음성은 인식할 수 있는가? 지각(知覺)능력은 생득적인가, 아니면 학습에 의해 형성되는 것인가? 신생아의 감각이나 지각능력에 대해 신뢰할 수 있는 자료가 소개되기 시작한 시기는 20세기 중반부터이다.

1) 미각 발달

미각을 담당하는 세포는 상당히 일찍부터 존재한다는 사실은 태아 연구에서 밝혀졌다. 미각 계통의 조직은 수정 후 11주경이 되면 성숙 상태이며, 신생아는 출생 전의 경험을 통해서 다양한 맛에 반응할 수 있는 상태가 된다. 신생아의 혀 위에 설탕물을 조금 묻히면 만족스런 표정을 짓고, 레몬즙을 떨어트리면 얼굴을 찡그리는 반응을 보인다. 이러한 감수성은 호흡수나 심장박동수의 변화를 통해서도 관찰할 수 있다. 신생아는 3종류의 기본적 맛(단맛, 쓴맛, 신맛)에 대해 반응한다. 이러한 반응(미각, 얼굴 반사)은 생후 직후부터 명확히 관찰할 수 있기 때문에 자동적 반응의 표출로서 검토할 수 있다(Steiner, 1974).

크루크(Crook, 1978)는 공갈젖꼭지를 빨 때마다 나오는 설탕물 농도의 차이에 따라 신생아의 빠는 행동의 변화를 관찰하였다. 실험에서 신생아가 공갈젖꼭지를 빨 때마다 0.2cc의 설탕물이 나오도록 설정되어 있었다. 설탕물의 농도를 5%, 10%, 15%로 변화시키면, 즉 설탕물의 농도가 진할수록 빠는 행동의 빈도가 높아지고, 그 간격도 짧아졌다. 빠는 행동의 변화는 신생아가 설탕물 농도의 차이를 안다는 것을 의미하며, 이 사실은 단맛에 대한 선호 행동은 일찍부터 나타난다는 것을 말한다.

2) 후각 발달

출생 직후부터 신생아는 냄새를 구별하고 냄새에 대한 감수성이 생후 수일 내에 점차 민감해진다는 사실은 잘 알려져 있다(Engen et al., 1963; Lipsitt et al., 1963). 슈타이너(Steiner, 1977)는 신생아에게 버터, 바나나, 바닐라, 새우, 상한 계란의 냄새를 제시하여 각 냄새 자극에 대한 표정을 사진으로 촬영하였다. 그리고 각 표정을 수용 표정(냄새를 좋아함), 중립 표정, 거부 표정(냄새를 싫어함)의 3가지로 분류하였다. 전체적으로 버터, 바나나, 바닐라에 대해서는 수용 표정을, 새우나 상한 계란 냄새에 대해서는 거부 표정이 많았다. 특히 상한 계란 냄새에 대해서는 모든 신생아가 혐오 반응을 보였다. 슈타이너 박사는 이런 반응 자료를 근거로 신생아는 신선하고 영양적으로 중요한 요소를 함유한 음식물의 냄새와 성인도 싫어하는 음식물의 냄새를 구별하는 생득적인 '쾌(快)의 모니터(hedonic monitor)'능력을 갖추고 있다고 보았다.

맥팔레인 박사(Macfarlane, 1975, 1977)는 어머니 냄새에 대한 신생아 반응을 체계적으로 실험한 최초의 연구자로서 유명하다. 그는 생후 1주 전후의 신생아를 대상으로 냄새를 묻힌 거즈를 얼굴의 좌우에 제시하여 신생아의 얼굴이 어느 쪽으로 향하는지에 대한 실험, 즉 신생아의 후각 구별능력에 대한 검토를 하였다. 실험 대상이 되었던 신생아는 모두 모유 수유(breast-feeding)를 하고 있었다. 실험 결과, 어머니의 유방에 접촉된 거즈와 일반 거즈와의 비교, 그리고 어머니 유방 접촉 거즈와 다른 여성 유방 접촉 거즈와의 비교에서 신생아는 모두 어머니 유방 접촉 거즈 쪽으로 얼굴을 돌리는 빈도가 높았다. 이 결과는 신생아는 어머니의 유두(乳頭) 부분의 냄새를 학습하여 선호하는 능력을 갖고 있음을 보여 준다. 모유 수유를 하는 신생아는 어머니의 냄새를 접할 기회가 많기 때문에 어머니의 냄새를 지각하는 능력을 발달시킨 결과라고 이해할 수 있다.

3) 청각 발달

신생아가 청각능력을 갖고 있다는 것은 이미 알려진 사실이다. 생후 1주 이내의 신생아를 대상으로 소리 자극을 제시한 후의 심장박동수를 측정해 보면 소리 자극의 강도에 따라 심장박동수의 변화를 확인할 수 있다(Bartoshuk, 1964). 인간의 청각능력은 이미 태아기 때부터 갖고 있는 능력임을 밝힌 연구도 있다(Kisilevsky et al., 2003).

또한, 음원(音源)의 방향을 인식하는 신생아의 능력에 대해서도 밝힌 연구가 있다. 웰트하이머(Wertheimer, 1961)는 출생 후 10분밖에 지나지 않은 신생아를 대상으로 음원의 방향에 대한 지각능력을 테스트한 결과, 좌우 음원의 위치를 바꾸는 것에 따라 머리의 위치가 달라지는 것을 확인하였다. 음원의 위치를 정확히 파악하는 능력은 시각능력을 사용하지 않는 상황에서도 동일하게 확인되었다. 예를 들어, 눈앞에 아무것도 보이지 않는 어두운 방에서도 신생아는 음원의 방향으로 정확하게 고개를 돌리는 행동이 나타났다(Mendelson & Haith, 1976).

신생아는 다른 여성보다는 어머니의 소리를 선호하는 반응을 보이며, 이런 경향은 출생 전부터 보인다(DeCasper & Spence, 1986). 어머니 소리에 대한 이런 인식능력은 태아기의 학습과 관련이 있을 가능성이 높다. 메레르 박사 연구팀(Mehler et al., 1988)은 생후 4일째 되는 신생아가 어머니가 말하는 언어(프랑스어)

와 외국어(러시아어)를 구별한다는 사실을 밝혀냈다. 실험에서 신생아는 바이링걸(bilingual) 여성이 읽는 문장을 녹음한 것을 들었다. 이 실험에서 사용된 지표는 신생아의 빠는 행동의 발생빈도였다. 실험 결과, 신생아는 러시아어보다는 어머니의 언어인 프랑스어에 대해 높은 빈도의 빠는 행동을 보였다. 이 결과는 이제까지 들은 적도 없는 언어보다는 어머니의 언어가 신생아의 선호 행동에 영향을 미친다는 사실을 말한다. 나아가 이 연구자들은 리듬이나 억양 등의 프로소디 정보는 바꾸지 않고 기본적인 음운 정보만을 없앤 문장을 신생아에게 들려주었다. 그 결과, 프로소디 정보만으로도 언어를 구별할 수 있다는 사실을 발견하였다.

라뮤 박사 연구팀(Ramus et al., 2000)은 실험용 공갈젖꼭지를 이용하여 생후 2~5일이 되는 프랑스권의 신생아를 대상으로 실험을 하였다. 실험의 목적은 이제까지 전혀 들은 적이 없는 네덜란드어와 일본어를 읽어 주었을 때 이 두 언어를 구별할 수 있는가에 대한 것이었다. 신생아에게 먼저 한쪽 언어의 문장을 몇 번이나 들려주고, 그 다음에 다른 언어를 들려주었다. 그리고 이번에는 동일한 언어로 목소리만 변화시켜 문장을 들려주었다. 즉, 다른 사람이 문장을 읽어 주는 조건을 설정하였다. 그 결과, 언어가 변화한 경우가 목소리가 변화한 경우보다도 빠는 행동의 빈도가 높게 나타났다. 이 사실은 신생아는 문장을 읽어 주는 사람에 관계없이 2개의 언어를 구별할 수 있음을 보여 주었다.

신생아이의 이런 놀라운 외국어 구별능력은 생후 1년경이 되면 사라지는 것으로 알려져 있다. 워커(Werker, 1995)는 다양한 연령의 영아를 대상으로 언어 구별능력에 대해서 실험한 결과, 외국어의 음소(音素)를 구별할 수 있는 능력은 생후 10개월을 기점으로 점점 저하되면서, 12개월이 되면 사라지는 것으로 확인되었다. 이런 현상에 대한 일반적 해석은 다음과 같다. 인간은 태어나면서부터 언어 발달에 있어 하나의 보편적 능력을 가지며, 그것은 어떤 언어에 대해서도 구별할 수 있는 감수성을 갖고 있다. 그러나 이후 인간은 자신이 처한 문화환경에 적응하기 위해서 자신의 문화환경에서 중요하지 않는 언어의 감수성은 약화되고, 자신의 문화에 적합한 언어를 처리하는 능력은 보다 전문화하는 과정을 밟게 된다.

4) 시각 발달

예전에는 태어난 지 얼마 되지 않는 아기는 눈으로 볼 수 없다고 생각해 왔지만, 실제로는 신생아의 시각계(視覺系)는 출생 시 이미 기능적 역할을 한다. 신생아기에는 망막의 중심에 있는 세포층이 아직 완전하게 성숙한 상태가 아니기 때문에 성인의 수준만큼 물체의 세밀함을 볼 수 없다. 세포의 밀도는 생후 1년 반에 걸쳐 높아지며, 이런 세포의 변화는 시력이나 형태의 지각발달에 영향을 미친다. 신생아의 동공은 작고, 시각을 관장하는 뇌의 중추신경계도 아직 미성숙한 상태이다.

시력이란 물체가 어느 정도 자세하게 보이는가를 의미한다. 카레지 박사와 아담스 박사(Courage & Adams, 1990)는 신생아의 시력에 대한 측정을 위해 선호(選好) 주시법을 사용하였다. 신생아에게 제시된 그림 자극은 [그림 5-2]와 같이 줄무늬가 수직으로 그려져 있거나 무늬가 없는 회색 바탕만으로 되어 있는 그림이다.

신생아는 일반적으로 회색 자극보다는 흑색 줄무늬의 그림을 더 오랫동안 주시하는 경향을 보였다[그림 5-2 (a)]. 이번에는 공간주파수(줄무늬의 간격을 의미함)가 서로 다른 2개의 자극을 제시하였다[그림 5-2 (b), (c)]. 공간주파수가 높아질수록 흑색 줄무늬의 간격이 좁다. 그러므로 공간주파수가 높은 자극, 즉 줄무늬의 간격이 촘촘한 자극이 보일수록 시력이 좋다고 할 수 있다. 이런 방법을 사용하면 생후 4주 후부터의 시력을 측정할 수 있다. 이 연구를 통해 신생아의 시력은 성인 시력의 1/4 정도의

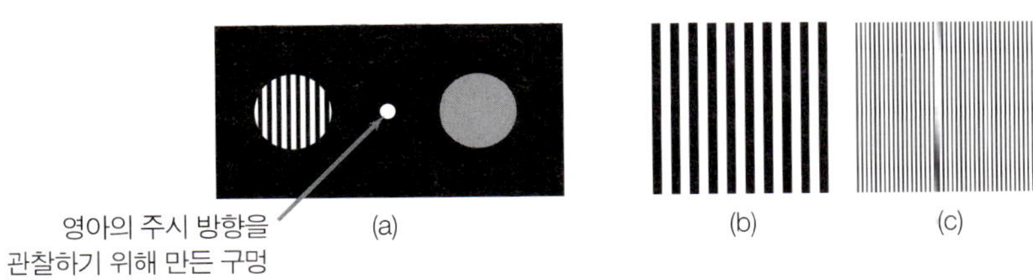

[그림 5-2] 영아 시력측정에 사용된 자극

* (a)는 생후 1개월 영아의 시력 측정에 사용된 선호 주시법 자극의 예, (b)는 낮은 공간주파수, (c)는 높은 공간주파수의 예를 나타냄

자료 : Courage & Adams, 1990.

[그림 5-3] 신생아와 어른의 시력

자료 : Slater, 1990.

수준인 것으로 나타났다(그림 5-3 참조). 이런 정도의 시력이라도 자신의 신체 주변에서 움직이는 물체를 지각하는 데는 충분하다.

얼굴 자극은 아이의 생활 가운데 매우 중요한 사회적 자극이다. 특히 중요한 것은 신생아의 입장에서는 어머니의 얼굴 자극이다. 인간의 얼굴은 자극으로써는 매우 복잡한 형태이다. 두 개의 눈, 입, 코, 머리카락, 눈썹이라고 하는 불변의 특징을 가지며, 이 밖에도 표정의 변화나 정서 상태에 따른 변화가 있다. 여기에 사람의 얼굴은 모두 각각 독창적이다.

고렌 박사 연구팀(Goren, Sarty & Wu, 1975)은 신생아를 대상으로 [그림 5-4]와 같이 사람 얼굴과 비슷하게 단순히 모형화한 그림(2개의 눈, 코, 입), 그리고 동일한 요소가 얼굴의 배치구조와 다르게 배열된 그림을 제시한 결과, 얼굴 배치도와 동일한 그림을 응시하는 시간이 보다 길게 나타났다.

[그림 5-4] 얼굴인지 실험에 사용된 자극의 예

자료 : Goren et al., 1975.

파스카리스와 그의 공동연구자들(Pascalis et al., 1995)은 선호 주시법을 사용하여 생후 78시간밖에 되지 않은 신생아일지라도 어머니 얼굴과 처음 보는 얼굴을 구별한다는 사실을 발견하였다. 신생아의 입장에서 어머니 얼굴은 생후 가장 먼저 접하는 얼굴이며, 가장 가까이 하는 얼굴이기도 하다. 이러한 경험에 의해 신생아는 우리가 생각하는 이상으로 빠르게 어머니의 얼굴 인식을 인식해 나간다. 월튼 박사 연구팀(Walton et al., 1998)은 이 사실을 실험을 통해 확인했다. 이들은 생후 7~24시간밖에 지나지 않는 신생아를 대상으로 5개의 얼굴을 각각 극히 짧은 시간(하나당 0.8초) 동안 연속적으로 제시하였다. 그 결과, 신생아는 가장 먼저 제시한 얼굴을 가장 오랫동안 주시하였다. 이 반응은 가장 먼저 제시한 얼굴이 가장 익숙한 자극으로 간주됨을 의미한다. 이처럼 얼굴 인식은 최소한의 경험일지라도 학습될 수 있으며, 이러한 학습은 출생 직후부터 나타나는 것을 알 수 있다.

3 신생아의 공감각능력

영국의 경험주의 철학자 존 로크는 지각적 인식은 경험 없이는 불가능하다는 이해를 하고 있었다. 이 관점에서는 시각에 의한 이해는 시각적 경험이 필요하며, 촉각에 의한 이해는 반드시 촉각적 경험이 필요하다는 논리가 된다. 시각, 청각, 촉각 등의 감각 기관은 각각 그 기능이 독립적이며, 정보의 전이(轉移) 현상이 일어나지 않는다고 보는 이론을 'uni-modality이론'이라 한다. 이 이론의 관점에서는, 예를 들어 영아가 눈으로 본 물체의 표면 상태를 이해하기 위해서는 반드시 손을 뻗어서 그 대상에 접촉하는 경험이 필요하다.

그러나 우리는 대개 어떤 물체를 직접 만져 보지 않아도, 단지 그 물체에 대한 시각적 정보만으로도 그 물건의 표면 상태가 부드러운지, 딱딱한지를 알 수 있다. 그렇다면 그 물건에 직접 손으로 접촉하지 않아도 그 물체의 표면 상태를 알 수 있는 이유는 무엇일까? 시각 정보만으로도 촉각 정보를 알 수 있는 이유는 무엇일까? 지각의 세계는 상호 무관계의 감각 기관이 모여진 것이 아니라, 하나의 감각 기관을 통해서 얻은 정보는 다른 감각 기관에서도 이용 가능한 공유 정보로써 기능하게 된다는 것이다. 이런 주장을 'multi-modality이론'이라 한다. 이 이론적 입장에서는 시각, 촉각, 청각 등의 감각 기관의 기능은 각각 독립적으로 작동하는 것이 아니라, 서로 다른 감각 기관 간에 정보를 공유하는 시스템을 갖추고 있다고 본다. 또한, 감각 기관 간에 정보를 공유하는 이런 시스템, 즉 공감각능력은 인간의 생득적 능력이라는 사실이 다음과 같은 실험을 통해서 확인되었다. 멜조프와 보튼(Meltzoff & Borton, 1979)은 신생아를 대상으로 다음과 같은 실험을 하였다. 먼저 신생아가 공갈젖꼭지를 눈으로 볼 수 없도록 방을 어둡게 하고 2종류의 공갈젖꼭지(그림 5-5 참조) 가운데 어느 한 쪽을 신생아가 충분이 입 안에서 빨게 하였다. 이후 불을 켜서 방을 밝게 한 후 2종류의 공갈젖꼭지를 보여 주면서 각각의 공갈젖꼭지에 대한 주시 시간을 측정하였다. 그 결과, 입 안에 넣었던 공갈젖꼭지에 대한 주시 시간이 상대적으로 더 길게 나타났다. 대상에 따른 주시 시간의 차이는 신생아가 입을 통해 얻은 정보를 시각적으로 판단할 때도 이용할 수 있는 공동(共同)의 정보로 변환했기 때문에 나타난 현상이라고 할 수 있다. 이런 현상을 '정보전이'라고 한다. 이 연구 결과는 출생 직후의 신생아의 촉각과 시각 감각 기관 간에 정보 공유의 가능성을 말해 주며, 이는 인간에게는 어릴 때부터 하나의 감각 기관에서 얻은 정보는 다른 감각 기관에서도 경험하지 않아도 이해할 수 있는 공동의 정보인 표상(表象)을 만들 수 있는 기능이 있음을 보여 준다.

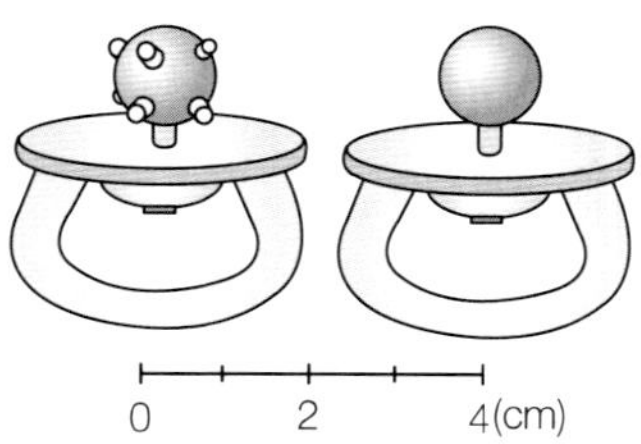

[그림 5-5] 공갈젖꼭지 실험

자료 : Meltzoff & Borton, 1979.

4 깊이에 대한 지각

영아의 깊이 지각 능력에 대해 실험한 대표적인 연구로는 깁슨과 워크(Gibson & Walk, 1960)가 고안한 시각적 절벽실험이 있다. 실험 장치는 [그림 5-6]에서 알 수 있듯이 탁자 위에 올려놓는 투명한 유리판 위에 영아가 기어 다닐 수 있도록 되어 있으며, 탁자의 반은 얕게, 나머지 반은 깊이가 있는 것으로 착각하도록 되어 있었다. 영아가 깊이에 대한 착각이 들도록 하기 위해 탁자의 한쪽 면은 유리판 바로 밑에 바둑판 모양이 보이도록 하였지만, 나머지 반쪽은 1m 50cm 정도의 깊이에 바둑판 모양이 보이도록 하였다. 때문에 시각적으로는 한쪽이 절벽이라는 느낌이 들도록 하여 영아가 이쪽으로 이동하게 되면 순간 시각적으로 떨어질 수 있다는 공포를 느낄 수 있는 장치였다.

이 실험의 목적은 영아가 깊이에 대한 지각을 언제쯤 획득하는가를 검토하기 위해 고안된 장치이다. 연구자는 만일 영아가 깊이에 대한 지각이 가능하다면 깊은 쪽으로 이동하지 않고, 얕은 쪽에 머물게 될 것이라고 가설을 세웠다. 캄포스와 공동

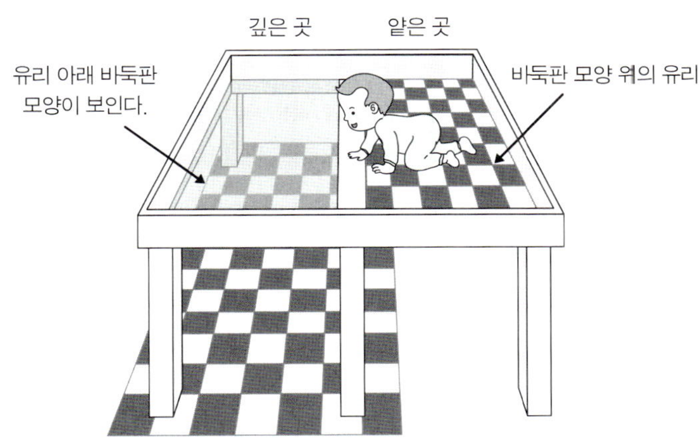

[그림 5-6] 시각적 절벽 실험 장치

자료 : Gibson & Walk, 1960.

연구자들(Campos et al., 1970)은 생후 1개월 된 신생아를 탁자 위에 엎드린 자세로 눕혀놓고 심장박동수를 측정하였다. 심장박동수의 증가는 일반적으로 정서적 반응, 특히 공포 반응과 밀접한 관련성이 있기 때문에 만일 얕은 곳과 깊은 곳 사이에 심장박동수의 차이가 나타나면 아이는 깊이에 대한 차이를 인식하고 있다는 이야기가 된다. 실험 결과, 신생아는 깊이에 따른 심장박동수의 차이가 나타나지 않았다. 아직 이 시기의 아이는 깊이에 대한 지각능력이 없음을 보여 준다. 한편, 생후 6개월 이후의 영아는 깊이에 따른 반응의 차이가 나타났다. 이 시기 이후의 영아는 얕은 곳까지는 주저 없이 기어가지만, 깊은 곳에 이르렀을 때에는 접근을 주저하거나 긴장된 표정을 지었다. 이 사실은 생후 후반부터는 깊이에 대한 변별능력을 소유하고 있음을 말해 준다.

클리너트 박사 연구팀(Klinnert et al., 1983)은 시각적 절벽 장치를 이용하여 영아의 사회적 정보 활용에 관한 문제를 검토하였다. 시각적 절벽 실험은 영아가 애매모호한 상황을 해석할 때, 타인의 감정을 참고로 하는 능력이 있는지를 검토하고자 할 때도 사용된다. 아이는 일반적으로 불확실하고, 애매모호한 상황, 또는 위험스럽게 보이는 상황에서 어떻게 이해하고 행동할 것인가를 판단할 때 성인의 반응, 즉 성인의 표정이나 동작, 목소리 등의 사회적 정보를 참조한다. 연구자는 만 1세 영아를 대상으로 탁자의 깊이가 깊은 쪽의 한편에서 어머니가 즐거운 표정 또는 공포의 표정으로 서 있는 경우에 각각 영아의 반응을 관찰하였다. 그 결과, 즐거운 표정의 경우에는 74%의 영아가 깊은 곳으로 가로질러 어머니 쪽으로 향했다. 그러나 어머니가 공포의 표정으로 서 있는 경우에는 어머니 쪽으로 이동하지 않았다.

CHAPTER 06

신체와 운동 발달

1 신체 발달

1) 신체 조직의 발달

신체 발달은 모든 행동의 기초이며, 정신 발달과 밀접한 관련성이 있다. 신체 발달의 진행에 대해서는 [그림 6-1]에 제시되어 있는 스캬몬(Scammon, 1930)의 발달곡선이 일반적으로 많이 인용된다. 그래프는 신체를 4개의 부위로 나누어서 각 부위에 속하는 모든 기관이 20년이 되는 시점을 100으로 하여 생후부터 20세까지의 변화를 나타냈다.

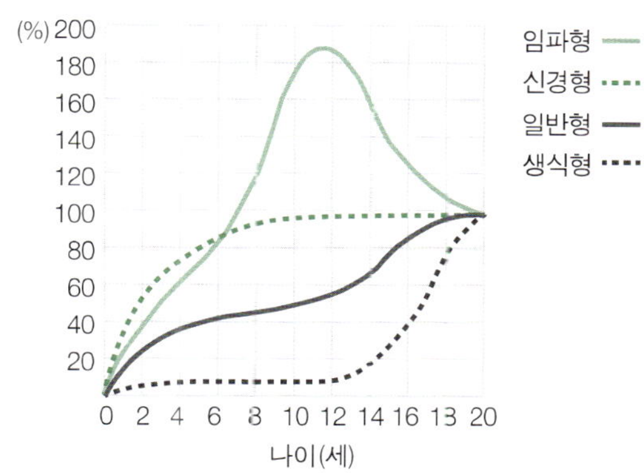

[그림 6-1] 스캬몬의 발달곡선

자료 : Scammon, 1930.

(1) 일반계의 발달

일반계의 발달은 골격, 근육 등 운동과 관련된 전반적 신체조직의 발달을 말하며, 신장(身長)이나 체중의 발달과 밀접한 관련이 있다. 발달의 양상은 영아기에 급속히 진행되다가 유아기에서 아동기에 걸쳐서는 대체로 발달의 속도가 완만하게 진행된다. 그러다가 14세경의 사춘기에 이르면 다시 급속도로 발달이 진행된다.

[그림 6-2]는 수정에서부터 출생, 성인에 이르기까지의 신장의 발육과정 형태를 나타낸 것이다. 그림 (a)는 각 연령의 신장발육곡선을 나타낸 것이며, 그림 (b)는 연간 증가량을 나타내는 발육속도곡선이다. 두 그림을 통해서 알 수 있듯이 신장의 급속한 증가를 나타내는 시기가 2군데가 있다. 제1차는 태아기 후반부터 영아기 초기에 걸쳐 나타나며, 이를 제1차 성장기라고 한다. 제2차 성장기는 사춘기에 나타나며 대개 남자보다 여자가 2년 정도 빠르다.

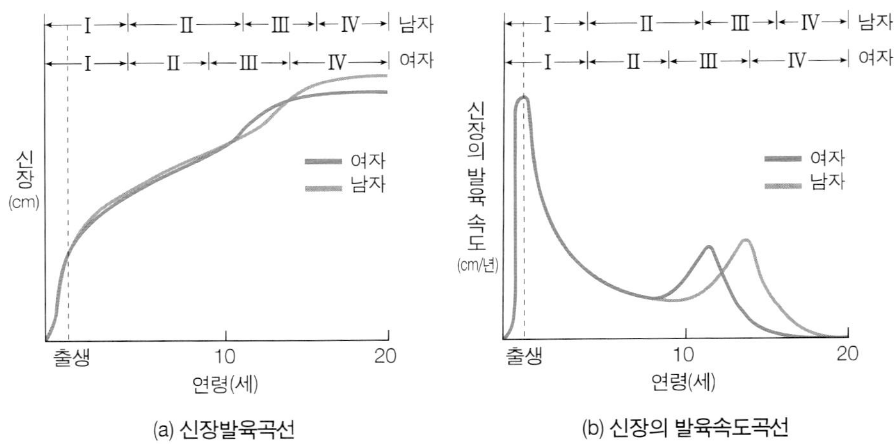

[그림 6-2] 신장(身長) 발달의 남녀 차이

자료 : 多田, 1992.

(2) 신경계의 발달

신경계에는 중추신경계와 말초(末梢)신경계가 있다. 중추신경계는 뇌와 척수(脊

髓)의 뉴런 전체를 의미한다. 여기서는 뇌의 발달을 중심으로 살펴보면 먼저 대뇌 피질의 신경세포 수는 출생 시 140~150억 개 정도이다-피질(皮質)이란 뇌의 표층 부분만이 아니라 내측(內側)의 부분도 포함하며, 모든 정신활동을 담당하는 영역이다-. 신경세포의 수는 이후 거의 증가하지 않지만, 그 구조는 신경회로의 발달로 인해 복잡해지고 이후 정리되어 간다. 신경회로 형성의 기본은 주로 신경세포의 분화, 시냅스의 형성, 신경전달물질의 분비이다.

한편, 뇌의 중량은 출생 후 급격히 증가한다. 출생 시의 뇌 중량은 370~400g으로 이는 체중의 약 10%에 해당한다. 성인의 경우는 뇌 중량이 체중의 2%에 지나지 않는다는 것을 생각해 볼 때, 그 비율이 얼마나 큰지를 알 수 있다. 뇌 중량의 발달은 생후 1년이 되면 성인의 50%, 3년은 75%, 6~7세가 되면 성인 중량의 약 90%까지 도달한다(그림 6-3 참조).

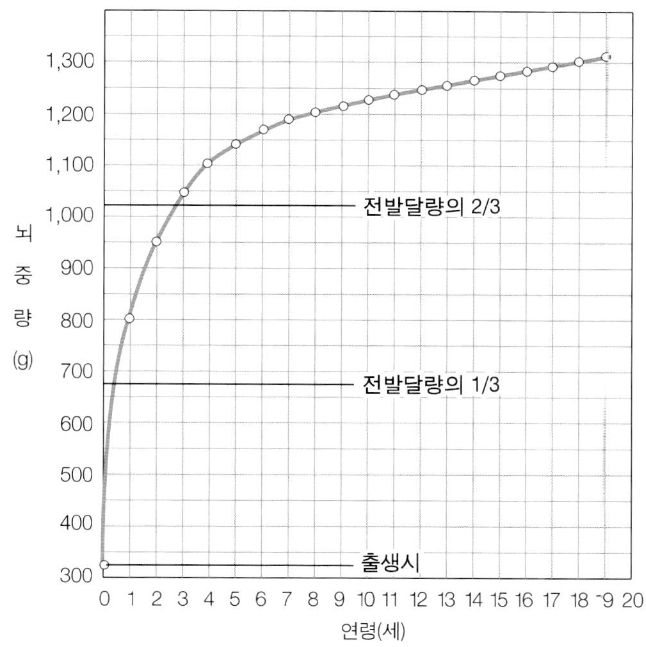

[그림 6-3] 뷰러의 뇌 중량발달

(3) 임파계의 발달

임파계는 편도선, 임파선, 아데노이드 등의 분비조직에 해당한다. 임파선이나 흉선은 2차 성장기의 발달을 촉진하는 작용을 맡고 있기 때문에 6세가 되면 이미 성인의 수준에 도달하고, 11세경이 되면 성인의 2배 가까이 되지만 그 이후는 점점 축소되어 마침내 다시 성인의 수준에 머물게 된다. 이처럼 임파계 조직의 발달은 영유아기보다 특히 아동기에 발달이 두드러지며, 편도선, 아데노이드 등의 비대화 문제가 발생하기도 한다.

(4) 생식계의 발달

생식계는 난소, 자궁 등의 생식(生殖) 기관을 말한다. 생식계의 발달은 영유아기에는 거의 이루어지지 않고, 청년기에 들어서면 발달이 두드러지게 이루어지기 때문에 신경계와는 대조적인 발달곡선을 나타낸다.

2) 신체의 발달과정

(1) 태아기의 발달

수정에서 출생에 이르기까지의 과정을 태아기라고 부르며, 다음과 같이 크게 3가지의 단계로 나눌 수 있다.

① 1단계 : 수정~2주

수정란이 자궁벽에 안전하게 착상하기까지의 기간이다.

② 2단계 : 2~8주

출생 시 갖추어야 할 모든 신체 기관이 이 시기에 분화된다. 이 시기에 이상이 생기면 장기(臟器)의 발달에 장애가 되어 기형이 될 위험성이 있다. 약물 오용이나 풍진(風疹) 감염의 영향에 의한 기형 발생이 보고되고 있다.

③ 3단계 : 9주~출산까지

조직이나 기관이 형태적, 기능적으로 성숙해진다. 통상적으로 분만은 수정 후 260~270일, 최종 월경 제 1일부터 계산해서 40주 전후이다. 이 시기는 태아의 체중이 약 3,000g, 신장은 약 50cm가 되며, 자궁 밖의 생활에 충분히 적응할 수 있는 상태가 된다.

(2) 미숙아 · 저체중아

최근 미숙아에 대한 의료 기술의 발달로 출생체중 500g 전후, 임신 24~25주의 미숙아의 생존율이 높아졌다. 더군다나 24주 미만의 미숙아일지라도 생존 가능성의 사례가 보고됨에 따라 인공 임신중절이 가능한 기간, 즉 태아가 자궁 외에서 생명을 유지할 수 없는 기간을 임신 22주까지로 본다.

체중으로 판단한 형태적 크기와 기관의 기능적 발달은 반드시 일치하는 것은 아니다. 체중만을 보았을 때 2,500g 미만은 저체중아로 분류된다. 한편, 미숙아란 신체 각 기관의 기능이 성숙하지 못한 채 출생한 아이를 말한다. [그림 6-4]에서 알 수 있듯이 동일한 저체중아일지라도 2종류로 나누어진다. SFD(small-for-date) 아이란

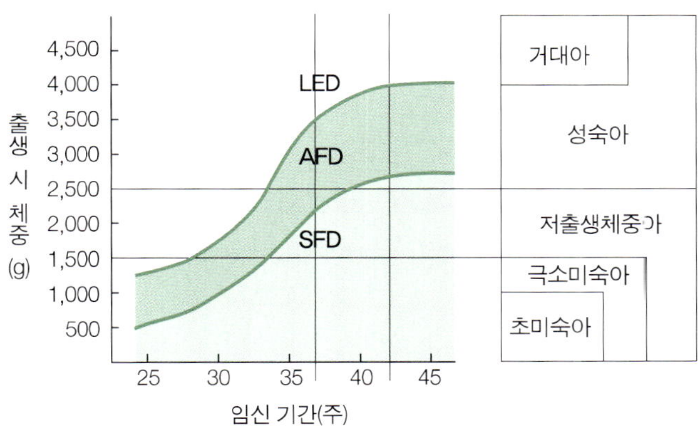

[그림 6-4] 출생체중과 임신 기간에 의한 신생아의 분류

자료 : 多田, 1992.

임신 기간은 길지만 모체로부터의 영양 공급 부족 등으로 인해 체중이 떨어지는 경우를 말한다. 체내에 축척되어 있는 영양이 충분하지 않기 때문에 생후 저혈당 이상(異常)이 발생하기 쉽지만 호흡 기관 등의 발달은 어느 정도 진행되어 있는 상태이기 때문에 자궁 외의 생활에 적응하기 쉽다.

한편, AFD(appropriate-for-date) 아이란 임신 기간이 짧기 때문에 체중이 기준 이하인 아이를 말한다. 체중만이 아니라, 각 신체 기관의 기능도 미숙한 상태이기 때문에 자궁 밖에서의 생활도 쉽지 않다. 특히 출생체중 1,000g 미만인 초미숙아의 경우는 위험한 요인이 상당히 많기 때문에 신체 및 심리적 측면의 발달에 있어 장기적인 보살핌이 필요하다.

(3) 체형의 발달

연령 증가에 따른 체형의 변화를 보면 신체 각 부분이 동일한 비율로 발달하지 않음을 알 수 있다. 인간 체형의 발달에 대해서 다룬 스타쯔 박사(Stratz, 1922)의 연구에 의하면 태아의 경우, 임신 2개월이 되면 2등신, 5개월에 3등신, 10개월에 4등신이 되어 태어난다고 한다. 생후 2년이 되면 5등신, 6년에 6등신, 12년에 7등신, 그리고 25년이 되었을 때 8등신이 된다(그림 6-5 참조).

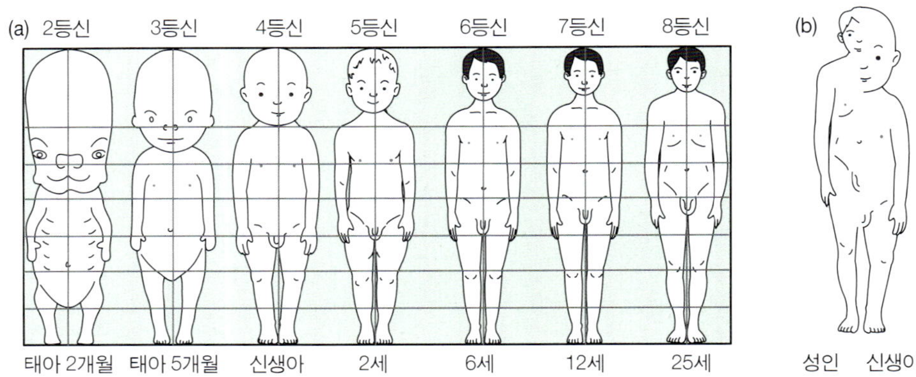

[그림 6-5] (a) 신체 각 부분의 발달비율 (b) 신생아와 성인의 신체비율의 비교

자료 : Stratz, 1922.

이처럼 영유아기의 신체 각 부분의 비율은 성인과 달라서 신장에 대한 머리의 비율이 신생아는 1/4 정도 되지만, 성장과 함께 그 비율이 점차 감소하여 성인기는 1/8 정도밖에 되지 않는다. 머리의 발달이 다른 부위보다 발달속도가 빠른 이유는 앞에서 언급한 뇌신경계의 발달과의 관련성 때문이다.

(4) 미성숙한 출생에 감추어진 큰 가능성

[그림 6-5]의 (b)에서 알 수 있듯이 신생아의 신체발육 비율은 성인의 신체와 비교하면 확연하게 다르다. 신생아의 몸통, 팔, 다리의 발육 비율이 성인에 비해 훨씬 작고 머리만 유난히 크다. 이렇게 보면 [그림 6-6]에서 알 수 있듯이 성체(成體)의 축소판의 형태를 하고 있는 다른 동물과는 달리 인간의 아기의 신체적 형태는 어른의 축소판이라고 할 수 없다.

또한, 인간의 아기는 다른 동물과 달리 출생 초기에 운동 기능과 감각 기능이 성숙한 상태가 아니지만, 대신 복잡한 학습을 가능하게 하는 큰 다 뇌를 갖춘 형태로 태어난다. 이 사실은 영아는 점차적으로 발달하는 신체와 운동 기능의 성숙에 맞추어서 환경의 변화에 따라 행동을 형성할 수 있는 유연성을 갖고 있다는 말이 되기도 한다. 한편, 운동 기능이 미성숙하다는 것은 생명 유지에 관해서는 전적으로

[그림 6-6] 새끼와 부모 체형의 유사성

부모의 보호를 필요로 하는 상황에 있다는 말이기도 하다. 이 사실은 다른 동물에서는 볼 수 없는 정도로 생후 장기간 모자간에 밀접한 관계가 필요하다는 것을 의미하며, 이것은 결과적으로는 부모를 매개로 다양한 학습의 가능성을 시사한다.

(5) 신체 발달에 영향을 미치는 요인

신체 발달은 유전과 환경의 상호작용에 의한 결과이지만, 지능이나 사회성 등의 정신 발달보다는 유전적인 영향이 크다. 비록 유전적 영향이 크다고는 하지만, 신체 부위에 따라서는 그 영향의 정도가 각각 달라서, 예를 들어 체중이나 가슴둘레는 신장에 비해 영양이나 생활양식 등 환경적인 요인에 의해 많이 좌우된다. 신체 발달에 영향을 주는 환경적인 요인은 다음과 같다.

첫째, 영양의 문제이다. 신체 발달에 있어 가장 중요한 환경 요인은 영양섭취이다. 특히 발달이 두드러지는 영유아기의 영양결핍 현상은 신체 발달을 저하시킨다. 영양문제는 단순한 영양학상의 문제뿐만 아니라, 수유(授乳 : feeding) 방법, 이유(離乳 : weaning)의 시기, 식습관, 편식 등도 있다. 요즘은 영양결핍의 문제보다는 편식이나 과식에 의한 비만아의 문제가 심각하다.

둘째, 질병이나 사고(事故)의 문제이다. 일시적인 병이나 사고에 의해 신체 발달이 방해를 받기도 하지만 호메오스타시스(homeostasis) 기능에 의해 나중에 거의 회복이 가능하다. 그러나 발달이 현저한 시기에 심각한 병에 걸리거나 만성적인 질병을 앓는 경우, 정상적인 발달에 심각한 장애가 초래되기도 하고, 신장 발달에도 영향을 줄 수 있다.

셋째, 수면과 휴식이다. 피로 회복을 위한 충분한 수면과 휴식은 성장기에 매우 중요하다. 피로의 축적은 신진대사의 이상 현상을 일으켜 신체 발달을 저해하기도 한다.

이 밖에도 신체적 운동, 부모의 양육 태도, 사회·문화적 환경 요인 등 여러 후천적 요인에 의해 영향을 받기도 한다. 이것은 신체 발달을 결정짓는 뇌하수체를 비롯한 성장호르몬의 분비를 활성화시키는 데 영향을 미치는 요인으로 작용한다.

2 뇌의 발달

1) 뇌의 변화

신경계에는 중추신경계와 말초(末梢)신경계가 있고, 중추신경은 뇌와 척수(脊髓)로 나뉜다. 그리고 뇌는 그 해부학적 형태에서 대뇌(大腦), 소뇌(小腦), 뇌간(腦幹)으로 구성되어 있다. 대뇌는 뇌의 85%를 차지하며 인지나 감정 등의 기능을 맡고 있다. 소뇌는 약 10%를 차지하며 자세의 조절이나 운동 기능 등의 역할을 한다. 나머지는 뇌관이며 여기서는 생명유지에 필요한 역할을 담당한다.

여기서 인지 기능을 담당하는 대뇌를 중심으로 살펴보면 대뇌피질은 크게 4개의 영역으로 나뉜다. 대략적으로 간단하게 기술하면 후두엽(後頭葉)은 시간에 관련된 정보를, 측두엽(側頭葉)은 청각 정보나 사회적 정보를, 두정엽(頭頂葉)은 전신의 피부와 근육 수용기부터의 자극에 반응하는 체성(體性) 감각 정보를, 전두엽(前頭葉)은 실행 기능 등에 관련된 정보처리를 하는 것으로 알려져 있다(그림 6-7 참조).

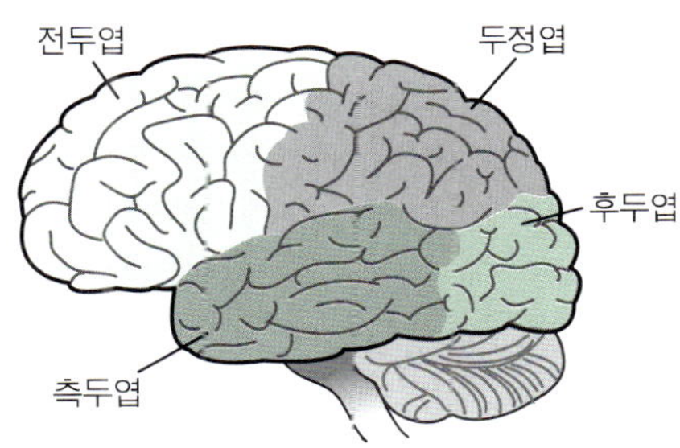

[그림 6-7] 대뇌 피질

출생 후 뇌의 발달에 대해서 살펴보면 먼저 출생 시 400g 정도에 지나지 않았던 뇌가 2세 정도가 되면 1,000g 정도가 되며, 6~7세경이 되면 성인의 90% 수준까지 커진다. 언뜻 보면 영아기를 거쳐 유아기에 뇌의 발달이 거의 완성되는 것처럼 생

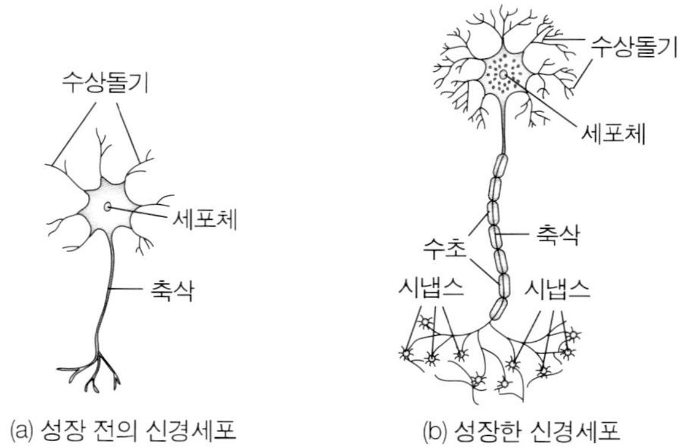

[그림 6-8] 신경세포(뉴런)와 시냅스

각할 수 있으나, 실제로는 뇌의 무게나 크기의 측면이 아닌, 뇌의 내부에서의 변화를 보면 성인이 될 때까지, 그리고 성인 이후에도 끊임없이 변화가 일어나고 있다.

[그림 6-8]은 신경세포와 시냅스를 나타낸 것이다. 신경세포란 일명 뉴런(neuron)이라고 부르며, 다음과 같이 3가지로 구성되어 있다. ① 세포핵을 포함한 뉴런의 물질대사의 중심이 되는 '세포체', ② 세포체로부터 방사선상으로 뻗어 다른 세포로부터의 자극을 받아들이는 역할을 하는 '수상돌기', ③ 다른 세포에 신호를 보내는 '축삭'이다.

그리고 신경말단에서 다른 신경세포의 수상돌기나 세포체에 신호를 보내는 접합부를 '시냅스'라고 하며, 여기에서 신경전달물질이 왕래한다. 뇌의 구조적 변화와 기능적 변화에 대해서 알아보자.

(1) 뇌의 구조적 변화

뇌의 발달이란 간단히 말하면 뇌의 신경회로(network)의 변화를 의미한다. 즉, 신경세포와 신경세포를 연결하는 시냅스의 형성과 변화과정을 말한다. 뇌 안에 신경세포(neuron)가 생성되고 그 수가 증가하면서 다른 신경세포와 결합한다. 시냅스 연결망의 밀도(密度)는 출생 후 급속도로 증가하면서 광범위한 네트워크를 형성해 나간다. 예를 들어, 시각 영역의 시냅스 밀도는 생후 8개월경에는 최대치를 나타내며, 이 수준은 성인의 1.5~2배나 된다. 그런데 그 이후 시냅스의 밀도가 점차 낮아지는 현상이 나타나면서 생후 8개월경까지 급속도로 증가하던 시냅스의 밀도가 10세경을 지나면 성인의 수준으로 감소한다(Huttenlocher, 1990).

일반적으로 대뇌 피질에 있어 시냅스의 결합은 임신 6개월경부터 시작되지만, 그 대부분은 출생 후 급속도로 이루어지며, 출생 후 6개월경까지의 시냅스의 결합이 성인의 몇 배나 증가하다가 12개월경 이후부터는 점차 감소한다. 이와 같이 뇌의 발달과정은 '과(過)형성기'에서 '정리기(가지치기)'로의 변화과정을 거친다.

뇌의 발달과정에서 필요 이상으로 시냅스를 많이 만들어 두었다가 나중에 없애 버리는 현상을 어떻게 이해하면 될까? 어떻게 보면 비효율적인 발달과정이라고 할 수 있는 이 현상은 영유아 발달에 있어 매우 필요한 현상으로 여긴다. 그 이유는 뇌의 중추신경계에 무언가의 문제가 발생하였을 경우, 손상 받은 시냅스를 대신할 수 있는 예비 시냅스를 미리 만들어 두어야 하기 때문이다. 그러나 이후 성장과정에서 유전적인 요인과 함께 이제까지 거의 사용되지 않았던 불필요한 시냅스는 정리해 나갈 필요가 있으며, 이후 환경과의 경험에 의해 기능적으로 불필요한 신경결합을 선택적으로 없애가는 현상이 나타난다.

이처럼 뇌의 신경회로는 환경으로부터의 자극에 의해, 한편으로는 환경에 대해 능동적으로 작용함으로써 발달한다. 이러한 발달과정은 특히 영아기에 현저하게 나타나며, 유아기 이후가 되면 감소의 정도는 그렇게 크지 않다. 초기 발달에서 나타나는 뇌의 성장은 환경과의 상호작용이나 경험에 의해 영향을 받으며, 미리 설정된 유전적 프로그램에 의해 단순하게 환원되는 것은 아니다(Elman et al., 1996).

(2) 뇌의 기능적 변화

뇌 구조의 발달이 그대로 행동이나 인지의 발달에 영향을 주는 것은 아니다. 뇌 구조가 어떻게 기능하는가를 이해하려면 구조와 기능의 관계에 대해서 알아야 한다. 여기에는 크게 2가지 이론이 있다(Gottlieb, 2007). 하나는 유전자에 의해 뇌의 구조가 만들어지고, 이것에 따라 뇌가 기능하고 경험이 생성된다는 이론이다. 이 이론에 따르면 뇌의 발달은 유전자에 기록된 정보를 발현시키는 과정이며, 경험이란 유전자가 만들어 낸 세계에 지나지 않는다. 다른 하나의 이론은 유전자, 뇌의 구조, 뇌의 기능 및 경험의 3요소가 상호작용한다는 주장이다. 예를 들어, 뇌의 구조에 의해 뇌 기능이 결정되기도, 뇌의 기능에 의해 뇌의 구조가 변화하기도 하므로 두 요소가 상호 영향을 주고받으면서 발달해 나간다. 뇌 발달에는 가역성(可逆性)이 있다는 것을 생각한다면 후자의 주장이 보다 타당하다고 할 수 있다.

오늘날 뇌의 기능적 발달연구에 있어 가장 중요한 논점 중에 하나는 뇌 영역 간의 관련이 전체로서 어떻게 발달하고 있는가이다. 인간의 뇌는 각각의 기능이 각각의 뇌 영역으로 분산되어 있다는 '뇌의 국소화(局所化)'를 주장하는 이론이 있다. 성인의 뇌에는 기능의 국소화가 나타나지만, 이것이 발달의 초기 단계부터 나타나는가에 대해서는 논쟁이 계속되고 있다. 이와 관련해서 발달인지 신경과학자인 존슨 박사(Johnson, 2011)는 뇌의 기능적 발달에 대해 다음과 같이 대표적인 2가지의 주장을 소개하였다.

하나는 오늘날의 많은 학자가 채택하고 있는 것으로 '성숙설'이다. 이 이론에 따르면 뇌의 각 영역의 구조적 발달이 그대로 기능적 발달로 연결된다는 것이다. 즉, 뇌의 기능적 국소화는 발달 초기부터 진행되며, 유전자의 발현에 의해 뇌의 각 영역이 각각의 적기(타이밍)에 발달하여 각각 정해진 기능을 발휘한다는 것이다. 여기서는 뇌의 각 영역은 독립적으로 발달하며, 뇌 영역 간의 관련은 그다지 없다고 이해하고 있다. 이 이론의 입장에서 뇌를 이해하면, 뇌의 발달 초기에 특정 영역이 손상을 입으면 그 영역이 담당하는 기능은 영원히 그 역할을 상실하게 된다는 논리가 된다. 예를 들어, 시각 정보를 처리하는 뇌의 영역이 손상을 받으면 시각 정보를 처리하는 데 문제가 발생한다는 것이다.

다른 하나의 이론은 '상호작용설'이다. 이 이론에서는 뇌의 각 영역은 단독으로 활동하는 것이 아니라, 다른 영역과 연결망을 구축하여 함께 활동한다고 본다. 이 이론에 따르면 대뇌피질의 몇 개 영역이 서로 상호작용하고 경합하는 가운데, 기능이 특정 영역으로 특화(特化) 혹은 전문화된다고 본다. 그래서 발달 초기에 뇌는 비교적 기능이 특화되어 있지 않으며, 또한 한 영역이 모든 정보에 대해서 관여하지만, 발달과 함께 특화되어 가면서 특정 정보에 대해서만 처리하게 된다. 그리고 이러한 특화는 그 뇌 영역이 다른 어느 영역과 연결되어 있는가에 따라 결정된다. 예를 들어, A와 B라고 하는 영역이 처음에는 색깔과 운동이라고 하는 2가지 정보를 처리하는 데 관여하고 있다고 가정하자. 그런데 A와 B 영역은 각각 다른 뇌 영역과의 사이에서 다른 연결망을 갖고 있어서 연령증가와 함께 A는 색깔 정보를, B는 운동 정보를 처리하는 영역으로 특화되어 간 것이다. 그리고 이런 특화의 과정에서 뇌의 국소화가 나타났다는 것이다. 뇌 어떤 영역이 특정 정보에 대해서 특화한다는 것은 그 뇌 영역의 기능이 국소화된다는 것을 의미하기도 한다. 그래서 뇌가 특화하기 전에 특정 영역이 손상을 입어도 뇌의 재편성이 이루어지지만, 뇌의 특화가 끝난 후에 손상을 입으면 뇌의 재편성은 일어나지 않게 된다.

2) 뇌의 발달과 교육

뇌의 발달은 간단히 말하면 출생 후 다양한 네트워크를 미리 만들어 두었다가 이후 필요한 만큼만 남겨 두는 과정이라 할 수 있다. 이 사실은 영아가 어떤 자극이나 과제에 대해 성인과는 다른 뇌 영역을 활용하여 정보처리를 한다는 것을 의미한다. 이는 곧 영아의 심리 세계는 성인과는 다른 세계 속에 살아가는 존재이며, 성인이 소유하지 않는 능력이나 인식을 하고 있다는 가능성을 시사하고 있다. 이와 관련된 연구를 소개한다.

(1) 음성(音聲) 인식의 가지치기

우리나라 사람은 일반적으로 영어의 'L'과 'R' 발음의 구별이 쉽지 않다. 그 이유는 한국어가 L과 R을 구별해서 발음하지 않기 때문이다. 그런데 흥미로운 것은 영아는 이 발음의 구별이 가능하다는 것이다. 영아는 생후 직후브터 6개월경까지는 어떤 국가의 언어 음(音)일지라도 음성 카테고리에 의해 구분할 수 있는 능력을 갖고 있다는 것이다. 그러나 생후 1년 정도가 되면 이런 능력이 사라지면서 영아는 이제 자신의 양육환경에서 접하는 언어 이외의 소리에 대한 구별능력을 상실하게 된다(Ruffman et al., 2001). 즉, 이제 한국 아이들은 'L'과 'R' 발음을 구별할 수 없게 되는 것이다.

태어날 때는 어떤 음성에 대해서도 구분할 수 있는 청각능력을 갖고 있었지만, 생후 경험에 의해 자신의 환경에 필요한 언어에만 적응해 나가는 현상은 뇌의 가지치기 과정을 보여 주는 좋은 일례(一例)라고 할 수 있다. 처음에는 광범위한 신경회로를 만들어 어떤 언어에 대해서도 대응할 수 있도록 준비해 두었다가 자신의 환경에 적합한 언어에 적응하기 위해 점차 필요 없는 신경회로를 정리해 나가는 가지치기를 하는 것이다. 영어권의 영아에게 힌두어의 언어음에 대한 구별능력을 알아보기 위해 실험한 결과, 영어권의 성인의 경우에는 구별하기 어려운 음이지만 생후 6개월 이전의 영아는 구별이 가능했다. 그러나 이러한 능력도 생후 1년 정도가 되면 사라지고 언어음의 구별능력은 모국어로 한정되어 나갔다.

워커 박사와 티스 박사(Werker & Tees, 1984)는 영아를 대상으로 먼저 스피커를 통해서 연속음을 제시하다가 때로는 중간에 다른 음을 제시하기도 하였다. 이러한 방법을 통해서 처음 제시된 음과 도중에 바뀐 음을 구별할 수 있는지에 대한 실험을 하였다. 실험 결과, 생후 6개월 정도 되는 영아는 모국어 이외의 음에 대해서도 구별할 수 있었지만, 6~12개월 사이에는 구별능력이 사라지는 것으로 나타났다. 생후 6~12개월 사이에는 모국어 이외의 언어에 대해서는 감수성이 낮아지지만, 반면 모국어에 대한 감수성은 상대적으로 높아지는 것으로 나타났다. 이러한 뇌의 발달과정에서 나타나는 음성 인식 가지치기 현상은 언어교육이라고 하는 것은 기본적으로 먼저 모국어에 대한 충분한 학습을 바탕으로 해 나가야 한다는 것을 말해 주고 있다.

생후 7개월 된 영아를 대상으로 이 시점에서의 외국어의 언어음 구별능력이 이후의 언어능력에 대해서 검토한 연구가 있다. 이들이 만 2세가 되었을 때의 언어능력, 예를 들어 언어 표현능력, 어휘능력, 문장의 복잡성 등에 대해서 검토한 결과,

외국어 언어음 구별능력을 갖고 있었던 영아에게서 언어능력의 지체현상이 나타났다. 반대로 외국어 언어음 구별능력이 낮을수록 모국어 언어능력은 우수했다. 이 연구 결과는 언어 발달의 본질을 이해하지 못한 외국어 조기교육은 위험하다는 메시지를 던져 준다고 할 수 있다.

일본의 교토대학 영장류 연구로 유명한 마사타카 박사(正高信男, 1999)는 자신의 일련의 연구를 통해 언어 조기교육에 대해서 다음과 같은 주장을 한다－인간의 뇌는 최초로 습득하는 언어를 기초로 제 2외국어를 학습해 나가는 구조로 되어 있다. 모국어조차 제대로 구사할 수 없는 단계에서 다른 언어를 병행해서 가르치면 뇌를 혼란하게 할 뿐이며 두 언어 모두 발달의 지체 현상을 보인다.

(2) 얼굴 인식의 가지치기

우리나라는 우리 문화권과 비슷한 유형의 얼굴을 하고 있는 일본인이나 중국인을 소개받으면, 이후 다른 장소에서 그 사람을 또 만난다고 할지라도 이전에 보았던 사람이라는 인식을 쉽게 할 수 있다. 하지만 미국인과 같이 우리와는 많이 다른 유형의 얼굴을 하고 있는 문화권의 사람을 소개받고, 이후에 또 그 사람을 만나면 처음 보는 사람으로 인식하는 경우가 많을 것이다. 왜 이런 현상이 일어나는 것일까? 그 이유는 얼굴 인식은 일반적으로 자신에게 익숙한 카테고리인 경우에는 강하지만, 익숙하지 않는 카테고리에서는 약하다는 특성이 있기 때문이다. 이러한 현상도 결국 뇌의 가지치기의 결과라고 할 수 있다.

파스카리스 박사 연구팀(Pascalis et al., 2002; Pascalis et al., 2005)은 미국 과학전문 잡지에 발달심리학계에서 충격적인 연구 결과로 받아들일 수 있는 내용을 발표하였다. 연구 방법은 6개월 영아와 9개월 영아를 대상으로 원숭이 사진 한 장을 보여 주었다. 그리고 원숭이 사진에 익숙해질 만큼 충분히 보여 준 다음, 즉 둔감 상태를 만든 후 이번에는 새로운 원숭이 사진을 추가적으로 제시하였다. 실험자는 익숙한 원숭이 사진과 새로운 원숭이 사진이 동시에 제시된 상황에서 영아의 주시 시간을 관찰하였다. 만일 영아가 원숭이 얼굴을 구별할 수 있다면 새로운 원숭이 사

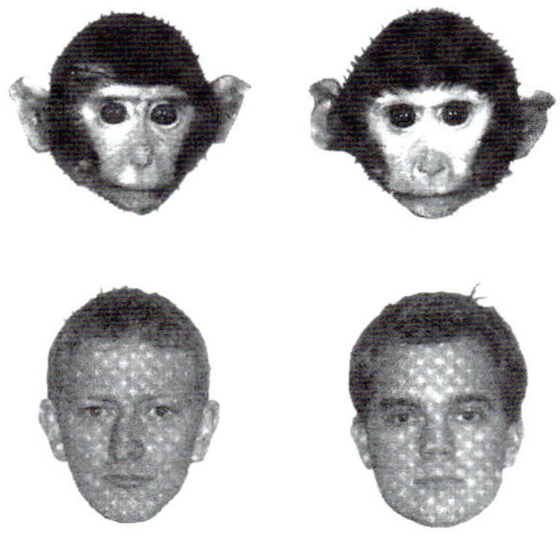

[그림 6-9] 원숭이의 얼굴, 사람의 얼굴

자료 : Pascalis et al., 2002.

진을 더 오랫동안 주시할 것이다(그림 6-9 참조).

이번에는 동일한 방법으로 사람의 얼굴 사진도 제시하여 영아의 주시 시간을 측정하여 보았다. 측정 결과, 6개월 영아는 제시된 사진이 원숭이든 사람이든 관계없이 새로운 얼굴 사진을 보다 오랫동안 주시하였다. 그러나 9개월 영아는 사람 얼굴 조건에서는 새로운 얼굴 사진을 오랫동안 주시하였지만, 원숭이 얼굴 조건에서는 두 사진에 대한 주시 시간의 차이가 나타나지 않았다. 이 현상은 6개월 영아는 원숭이 얼굴을 구별할 수 있는 능력을 갖고 있지만, 9개월 영아는 이전의 구별능력이 상실되었음을 의미한다고 할 수 있다. 이처럼 생후 6개월경까지는 인간 이외의 얼굴도 구별할 수 있는 능력을 갖고 있지만, 이후 뇌의 가지치기 현상에 의해 사람의 얼굴에 대해서만 구별할 수 있는 능력으로 한정되어 간다.

이번에는 다양한 인종의 얼굴에 대한 실험에서도 동일한 반응이 발견되었다. 케리 박사 연구팀(Kelly et al., 2007)은 세 집단의 백인 영아(3, 6, 9개월)를 대상으로 아프리카, 중동, 중국, 백인의 성인 사진을 제시하여 원숭이 사진 실험과 동일한 방법으로 얼굴의 구별능력을 검토하였다. 그 결과, 3개월 영아는 어떤 인종의 얼굴일지라도 구별할 있는 구별능력을 보여 주었지만, 6개월 영아의 경우는 중국인과 백인 얼굴을, 9개월 영아는 백인 얼굴만을 구별할 수 있었다. 이 결과는 생후 9개월경까지의 뇌의 가지치기 과정을 보여 주는 현상이라고 할 수 있다.

그러므로 영아의 얼굴 인식과정은 이렇게 설명할 수 있다. 먼저 자신이 속한 문화권의 인종과의 접촉을 통해 인간의 얼굴 자극에 대한 선호 욕구가 생성되면서 얼굴 자극에 대해 주시하는 빈도가 많아진다. 그러면서 다른 인종과의 차이도 구별할 수 있는 능력을 갖추게 된다. 이후 다양한 얼굴 자극의 구별능력을 갖고 있는 상태에서 점차 자신이 속한 문화권 얼굴을 보는 경험의 축척에 의해 영아는 자신이 속한 인종의 얼굴에 대한 인식으로 한정되어 가는 것이다.

(3) 뇌의 발달과 조기교육

신경세포 간의 전기적 자극(정보)의 교환은 시냅스(synapse)라고 하는 연결체를 통해 이루어진다. 그런데 하나의 신경세포에는 이 시냅스의 연결체가 1,000개 이상이나 되며, 게다가 뇌 뇌신경세포 수는 140억 개 이상이나 되기 때문에 전기적 자극이 뇌의 회로를 통해 전달하는 방법은 거의 무한하다고 할 수 있다. 그러므로 140억 개 이상의 뇌신경세포가 각각 1,000개 이상의 시냅스라고 하는 연결망으로 구성된 집단인 뇌를 연구하여 그 움직임과 그 결과로서 나타나는 운동이나 정신 기능을 파악한다는 것은 현실적으로 매우 어려운 일이다. 그래서 오늘날 뇌 과학에서 어느 정도 밝혀진 영역은 시각 기능이나 언어 영역 등에 한정되어 있다. 조기 교육론자가 주장하는 지능과 같은 고차원적인 인지 기능에 대해서는 아직 과학적으로 검증된 것은 거의 없는 실정이다.

한편, 뇌 기능의 발달을 생각하는 데 있어서 중요한 개념으로는 임계기(臨界期)와 민감기(敏感期)라는 용어에 대한 이해이다. 먼저 임계기란 '개체의 일생 가운데 특정 경험의 효과가 다른 시기에는 볼 수 없을 정도로 크고 영속적이며 비가역적(이후 개선이나 회복이 어려움)인 시기'를 의미한다. 이 개념을 제안한 학자는 동물행동연구로 유명한 로렌츠 박사(Lorenz, 1950)이다. 그는 조류를 대상으로 한 연구를 통해서 생후 극히 초기의 학습이나 경험이 이후의 행동에 지속적으로 영향을 준다는 '각인 현상(imprinting)'을 발달 개념으로 제안하였다(그림 6-10 참조).

[그림 6-10] 로렌츠의 각인 현상

자료 : Lorenz, 1950.

그러나 이런 임계기의 관점에서 발달을 이해하면 특정 시기의 발달에 문제가 발생하는 경우 이후에는 회복이 어렵다는 논리가 되기 때문에 역동적인 인간 발달을 이해하는 데 있어서 타당하지 않다는 비판을 받았다. 오늘날 인간 발달을 이해하는 데 있어서는 '민감기(敏感期)'의 적용이 보다 적절하다는 견해가 강하다. 민감기는 임계기만큼 기간이 한정적이지 않으며 특정 시기는 다른 시기에 비해 상대적으로 영향이 크다고 하지만, 그 시기의 영향력은 영속적이거나 비가역적이지 않다는 의미가 있다.

그런데 조기교육론자는 발달의 임계에 대한 이야기를 인용하면서 조기교육의 중요성을 주장한다. 그러나 앞에서 언급하였듯이 뇌의 기능적 발달의 관점에서 보면 인간의 뇌는 고도로 발달한 이 사회에 적응하기 위해서 자신의 잠재적 능력을 발달시켜 자신이 속한 문화에 적응해 나갈 수 있는 능력을 가졌음을 알 수 있다. 그러므로 영유아기의 바람직한 교육을 위한 성인의 역할은 영유아의 잠재적인 발달능력에 대한 신뢰와 이 능력의 표출을 지켜보면서, 이들의 세계가 더욱 확장될 수 있도록 다양한 환경물을 제공하여 타인과의 관계의 즐거움을 맛볼 수 있도록 하는 것만으로도 충분하다고 할 수 있다.

3 운동 발달

1) 반사 운동

(1) 반사의 종류

신생아는 생후 직후부터 '원시 반사'라고 불리는 하나의 능력을 갖고 태어난다. 원시 반사는 특정 감각 자극의 작용에 대해 나타나는 불수의적이면서 즉각적으로 생성되는 몸의 움직임이다. 이러한 움직임은 대뇌피질 이전부터 있는 신경구조에 의해 나타나는 현상이다. 원시 반사는 일정 기간 나타나다가 사라지거나 보다 복잡한 행동으로 통합되기도 한다. 〈표 6-1〉에서 신체적, 심리적 발달에 있어 주요 반사를 중심으로 정리하였다.

〈표 6-1〉 주요 반사의 종류

반사 종류	내 용	출현 시기
① 빨기 반사 (sucking reflex)	입이나 입술에 뭔가 닿게 되면 빠는 행동을 보인다.	생후 4~6개월까지
② 입술탐색 반사 (rooting reflex)	입술 주위에 뭔가 닿게 되면 그 방향으로 입술을 움직인다.	생후 9~12개월까지
③ 파악 반사 (grasping reflex)	손가락의 안쪽 면이나 손바닥을 자극하면 손가락을 꽉 쥔다.	생후 4개월까지
④ 모로 반사 (moro reflex)	큰소리가 나거나 몸을 갑자기 상하로 움직이는 것과 같은 자세의 급격한 변화에 대해 아기는 팔과 다리를 벌리고 손가락을 밖으로 펼쳤다가 무엇을 껴안듯이 다시 몸 쪽으로 팔과 다리를 움츠린다.	생후 3~4개월까지
⑤ 자동보행 반사 (stepping reflex)	상체를 잡고 몸을 세우고 발바닥을 지면에 닿게 하면 아기는 마치 보행하는 것처럼 다리를 교차로 움직인다.	생후 3~4개월까지
⑥ 바빈스키 반사 (babinski reflex)	아기의 발바닥을 간지럽게 하면 발가락을 발등 위쪽으로 부챗살처럼 편다.	생후 9~12개월까지

'① 빨기 반사'와 '② 입술탐색 반사'는 수유(授乳)를 가능하게 하는 행동이기 때문에 생명 유지에 꼭 필요한 반사라고 할 수 있다. 아기가 어머니의 젖을 먹는 행위는 극히 단순하게 보이나 실은 입술탐색 반사와 빨기 반사 운동이 조화롭게 이루어질 때 비로소 성공적으로 어머니의 젖을 먹을 수 있을 정도로 대단히 복잡한 과정을 거쳐야 가능하다.

입술탐색 반사의 경우는 아기가 어머니의 젖꼭지를 찾고, 젖을 먹을 수 있도록 도와준다. 빨기 반사는 대단히 복잡한 과정으로 이루어지는데, 일반적으로 10~20초 동안 20회 정도 빨고 나서 4~15초 동안은 휴식 시간을 갖는다. 빠는 행동은 삼키기와 호흡을 동시에 수행해야 하기 때문에 상당히 힘들다. 우선 신생아는 입술로 젖꼭지 주위를 밀폐하고 턱을 움직여 입 속을 진공 상태로 만든다(진공 상태는 젖 빠는 행동을 도와준다). 동시에 신생아는 젖꼭지에서 젖을 짜나 고 위쪽 뒤편으로

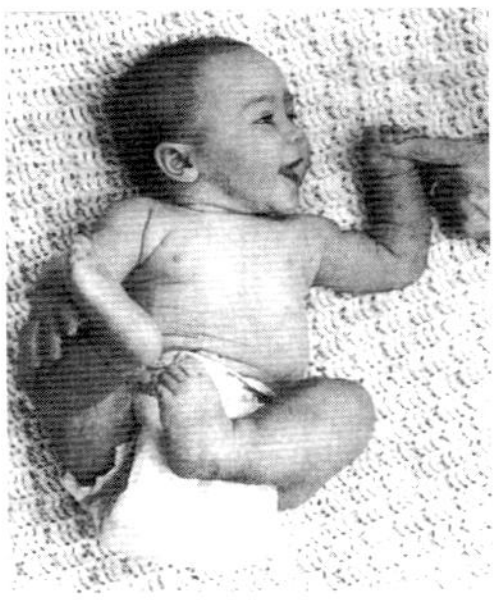

[그림 6-11] 영아의 반사

젖을 빨아 당기기 위해 혀를 사용한다. 신생아는 젖을 빨면서 공기를 들이마시고 그 사이에 젖을 삼킨다. 보통 정상적인 신생아는 출생 후 1~2주경이면 능숙하게 젖을 빨고 삼킬 수 있게 된다.

이외에도 신생아의 생명 유지와 관련된 중요한 반사에는 빛의 양을 조절하는 동공 반사(pupillary reflex), 갑작스럽고 강한 자극에 대해 눈을 깜박거리는 눈깜박 반사(blink reflex) 등이 있다.

'③ 파악 반사'는 강력해서 손가락을 꽉 쥔 아이의 힘은 자신의 체중을 실어도 괜찮을 정도이다.

'④ 모로 반사'와 '⑥ 바빈스키 반사'는 영아의 신경 기능에 문제가 없는지를 평가하는 데 중요한 지표가 된다. 그래서 이들 반사는 일정 기간이 지나면 소멸하지만 이후에 소멸하지 않고 계속 나타나는 경우에는 신경계의 이상을 의심하게 된다.

'⑤ 자동보행 반사'는 출생 시부터 보이다가 대뇌피질의 성숙에 의해 생후 3~4개월경이 되면 사라진다.

(2) 원시 반사의 소멸 의미

원시 반사는 출생 직후부터 일정 기간 나타나다가 소멸하는 이유는 무엇일까? 원시 반사의 소멸은 척수(脊髓)와 뇌간(腦幹)의 수초화(髓鞘化)와 깊은 관련이 있다. 수초화란 축삭(軸索)의 안을 통과하는 전기신호가 밖으로 새어 나가지 않도록 축삭의 주위를 감싸는 피막이 층상(層狀)으로 감싸는 단계를 말한다(그림 6-8 참조). 수초화가 진행되면 전기신호는 보다 빨리 누수 없이 전달된다.

척수나 뇌간이 수초화가 되는 것은 출생 직후부터 늦어도 생후 1년까지이지만, 3~7개월경이 되면 더 높은 차원의 신경계(대뇌와 중뇌)가 수초화되어 반사 기능이 억제되면서 원시 반사가 소멸한다. 그리고 이로 인해 의식적인 수의 운동이 가능해진다. 즉, 원시 반사의 출현과 소멸, 그리고 수의 운동의 출현은 중추신경의 성숙 정도를 나타내며, 원시 반사의 소멸은 척수나 뇌간의 수초화가 완료된 것을 의미한다. 그러므로 원시 반사가 나타나지 않거나 소멸해야 하는 시기에 계속적으로 반사 반응이 나타나는 경우는 대뇌의 미성숙이나 뇌장애 등, 중추신경에 문제가 있는 경우가 많다. 때문에 원시 반사의 출현과 소멸은 발달지체 현상이나 뇌성다비 등의 조기 발견의 유효 지표로 삼을 수 있다.

(3) 반사가 이후의 발달에 미치는 영향

자동보행 반사는 발달에 있어 반사 역할에 대한 해석을 어렵게 하고 있다. 즉, 이 반사가 이후의 수의 운동을 촉진시키는 역할을 하는지, 아니면 반대로 방해가 되는지에 대한 문제이다. 여기에는 다음과 같이 2가지의 타입을 생각할 수 있다.

제 1의 타입은 반사가 그 이후의 운동 활동에 기초가 된다는 것이다. 그 이유는 연구를 통해 생후 2~8주까지 자동보행 반사를 반복적으로 연습한 결과, 보행 시기가 평균적 시기보다 수 주간 빨라졌다는 점을 확인하였다. 이처럼 몇몇 반사는 이후의 운동 발달을 촉진하는 기능을 하고 있다(Zelazo et al., 1972; Zelazo, 1983).

제 2의 타입에서는 반사는 수의 운동의 출현을 억제한다. 즉, 어떤 반사 반응은 수의 운동을 확립하기 위해서 소멸되어야 한다. 예를 들어, 바빈스키 반사는 아이가 서서 걸을 수 있기 위해서 소멸되어야 하는 반사이다. 만일 이 반사가 지속적으로 나타나면 직립자세를 취하는 것이 늦어진다.

2) 운동능력의 발달

(1) 운동능력 발달의 2가지 법칙

운동능력의 발달속도는 개인차가 심하지만 발달의 전개과정은 시간적 혹은 계통적으로 일정한 순서가 있다. 다음과 같이 크게 2가지 법칙에 의해 진행된다.

첫째, 두미(頭尾) 법칙으로 머리 부분에서 다리 방향으로 진행된다. 머리 운동, 목 운동, 눈과 손의 협응 동작 등이 먼저 발달하고 그 다음으로 상반신, 하반신의 순으로 발달하며 다리 운동이 가장 늦게 발달한다.

둘째, 근원(近遠) 법칙으로 중심부에서 주변 방향으로 발달이 진행된다. 즉, 신체의 중앙 부분에서 그 주변 방향으로, 그리고 팔, 다리 등과 같은 말초 부분으로 발달이 진행된다. 신체의 대근육이 먼저 발달하고, 그 다음으로 소근육이 발달함으로써 미분화된 전신 운동에서 점차적으로 분화된 부분적인 운동이 가능해진다.

이 원칙에 따라 운동 발달은 목, 어깨, 팔, 몸통, 허리, 손, 발의 순으로 진행되며, 그 모습을 [그림 6-12]와 같이 나타낼 수 있다. 이동 운동을 위한 최저 조건인 목을 세우는 시기는 대략 생후 3개월 정도면 가능하고, 약 6개월이 지나면 앉을 수 있게 된다. 그 이후 혼자 설 수 있는 시기를 거쳐 일반적으로 1년 2~3개월이 되면 혼자 보행을 할 수 있게 된다.

[그림 6-12] **운동 발달의 순서**

3) 운동 발달의 주요 내용

운동능력은 광범위하게 걸쳐 있지만, 대개 다음 3가지 능력, ① 이동능력, ② 앉아서 자세를 바로 잡는 능력, ③ 파악(把握)과 관련된 손의 조작능력으로 나눌 수 있다.

운동능력 발달에서 이해해야 할 점은 하나의 발달이 다른 발달에 영향을 준다는 사실, 그리고 운동능력은 다양한 활동으로 구성되어 있다는 점이다. 예를 들어, 이동 운동능력의 발달은 율동적 반복 운동의 존재와 연결되어 있다. 율동적 반복운동은 발차기, 다리를 좌우로 흔듦, 양다리를 버둥대는 행동, 페달을 밟듯이 움직이는 동작 등 일정한 움직임의 반복을 말한다. 이러한 반복에 대해 테렌 박사(Thelen, 1987)는 반복의 빈도가 아이가 기어 다니는 시기의 직전에 많아진다는 것을 발견하였다. 이 사실은 새로운 운동 기능이 갑자기 출현하는 것이 아니라는 것을 보여 준다. 각각의 새로운 기능은 다른 다양한 감각 기능이나 운동능력의 협응으로부터 생성된다. 예를 들어, 밥을 먹을 때 숟가락의 사용은 몇 개의 동작이나 감각에 관여하는 여러 근육 시스템을 사용함으로써 성립될 수 있다. 즉, 손과 손목의 근육발달, 숟가락을 입으로 가져가기 위한 눈의 방향과 손의 협응, 그리고 이러한 모든 움직임에 맞게 적절한 순간에 입을 벌리는 행위 등을 포함한다.

4) 보행능력의 발달

보행의 과정은 3가지의 주요 단계인 '기어 다니기(crawling) → 손과 발로 이동하기(creeping) → 직립 보행'이다. 기어 다니기는 영아가 사용하는 최초의 이동운동 방법이다. 엎드린 자세로 움직이는 이동 방법은 생후 6개월부터 나타나기 시작한다. 8개월경이 되면 손과 발로 이동하는 행동이 나타난다. 배를 들어 올리고 손과 발을 각각 교차로 움직이면서 앞으로 진행한다. 다만 모든 영아가 이 단계를 거치는 것은 아니다. 일어서는 것은 9개월경에 나타나지만, 두 다리로 보행하는 행동이 출현하는 시기는 10개월경이다. 양손을 잡아서 받쳐주면 처음으로 걷기 행동이 가능해진다. 1세경이 되면 한쪽 손만 잡아줘도 보행이 가능하며, 그 이후 수개월이

[그림 6-13] **영아의 보행**

지나면 자기 스스로 걸을 수 있게 된다.

초기의 보행 운동은 어색한 움직임이다. 자동화되지 않는 움직임을 눈으로 보면서 통제해야 하기 때문에 시선을 아래로 향한다. 착지는 발끝이나 발뒤꿈치, 발바닥으로 할 수 있으며, 마치 눈앞의 장애물을 넘어가는 것처럼 높이 들어올린다. 영아기의 보행은 신체적 성숙이 완전한 상태가 아니기 때문에 아직 불안정하며(그림 6-13 참조), 성인 수준의 보행에 근접하기까지는 신체 각 부분의 발달이나 조정력, 평행력 등의 발달이 병행되어야 하기 때문에 유아기까지 기다려야 한다.

최근에는 영아의 보행 발달과정에서 보행기 사용이 일반화되었다(그림 6-14 참조). '보행기 사용 집단 영아'와 '보행기 미사용 집단 영아'를 대상으로 이들의 이후 운동능력(1~2.5세)과의 관련성에 관해서 검토한 연구를 보면, 보행기 미사용 집단의 영아가 보행기 사용 영아보다 운동능력 향상이 발견되었다. 보행을 시작하기 전까지 기어 다니기와 손과 발로 이동하기의 충분한 경험이 이후의 운동 발달에 얼마나 중요한가를 보여 주는 결과라고 할 수 있다.

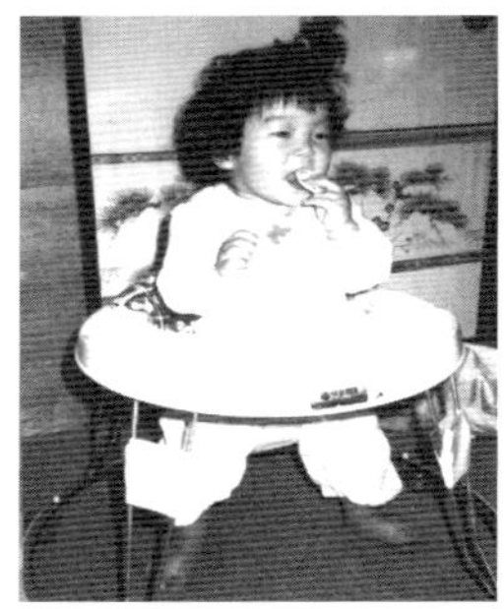

[그림 6-14] **영아의 보행기 사용**

5) 손의 기능 발달

파악 반사가 소멸이 되는 생후 4개월 이후가 되면 물건에 손을 뻗어서(reaching) 잡는 행동이 나타나는데, 이는 다양하고 복잡한 과정을 거친다(Bideaud et al., 1993). 손을 뻗는 행위(이하 '리칭')는 다음과 같은 과정을 거쳐 정교한 동작으로 발전한다.

먼저 처음에는 긁는 동작과 같은 리칭이다. 이 행동의 특징은 손은 움직이지 않고 팔꿈치를 굽혀서 뻗어 포물선을 그리는 리칭이다. 8개월경이 되면 최종적으로 직접 리칭하는 행동이 나타난다. 이때 어깨가 앞으로 향하면서 팔을 뻗어, 물건에 손이 닿는 행동이 가능해진다. 이후 손목의 역할이 나타나면서 손으로 정확하게 물건을 잡을 수 있게 된다.

그 다음 단계는 물건을 손으로 쥐는 파악 동작의 단계이다. 파악 반사의 발달은 손의 외측 부분(새끼손가락 부분)부터 내측 부분(엄지손가락 부분)으로 진행된다. 최초의 발달은 손목 부근의 손바닥 아랫부분에서 나타난다. 6~7개월경에는 손으로 물건에 완전하게 접촉할 수 있게 된다. 8~9개월경에는 잡는 행동이 엄지손가락과 집게손가락으로 한정되었던 것이 이후 다른 손가락으로도 잡을 수 있게 된다. 1세경에는 엄지손가락과 집게손가락의 손끝마디 부분으로 집을 수 있게 되며, 마침내 최종적으로는 손끝으로 잡을 수 있게 된다. 이 행동은 손끝의 파악 동작이 된다. 신체중심에서 가까운 손목, 손바닥, 그리고 손가락으로 발달이 순차적으로 진행되는 것을 통해 중심부에서 주변부로 발달하는 신체 발달의 원리를 재확인할 수 있다(그림 6-15 참조).

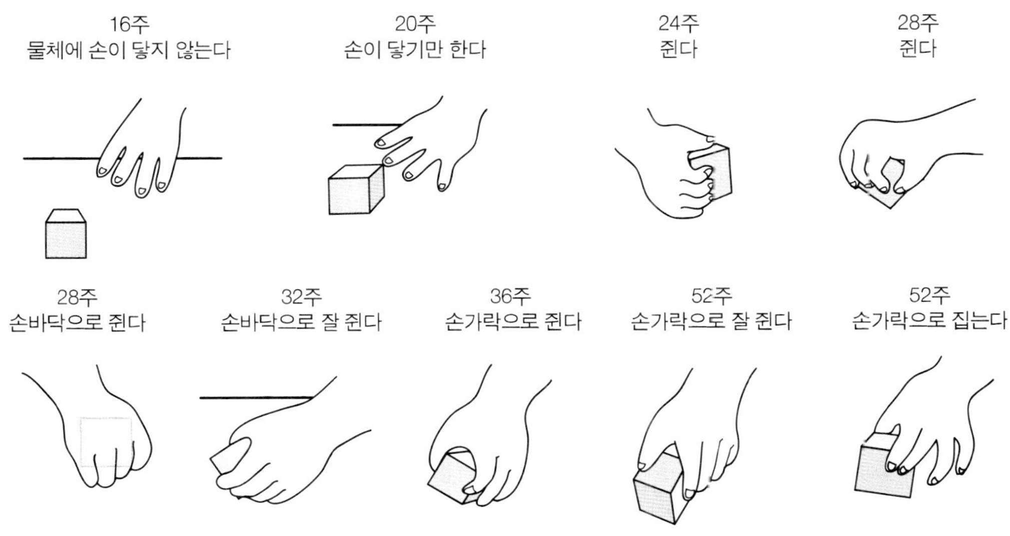

[그림 6-15] 손의 기능 발달

자료 : Halverson, 1932.

생후 9개월경부터 영아는 숟가락 사용이나 블록 쌓기와 같은 복잡하고 연속적인 동작을 해야 하는 경우 파악 동작을 조직적으로 활용하게 된다. 부슈넬 박사와 부드로 박사(Bushnell & Boudreau, 1993)는 관찰을 통해 이 과정을 다음 3가지의 주요 단계로 설명한다. 생후 3개월경까지는 영아는 파악 반사에 의해 물건을 잡으며, 이 시기에는 물건을 집어서 입으로 가져간다. 4~10개월경까지는 율동적 반복 운동이 나타난다. 이것은 물건을 반복적으로 문지르거나 두드리거나 한쪽 손에서 다른 쪽 손으로 건네는 등, 손가락과 손의 움직임이 나타난다. 10개월경이 되면 양손으로 보완적 운동이 나타난다. 한쪽 손으로 물건을 집고 또 다른 손으로 그것을 만져 보는 등 양손을 사용하여 조작한다. 물건에 대한 리칭능력 수준, 파악과 조작 방법에 대해 것을 〈표 6-2〉에 정리하였다.

이러한 운동을 기초로 이후 매끄럽고 정확한 운동으로 분화되어 일상생활에 필요한 고도의 통합된 운동, 예를 들어 단추 잠그기, 젓가락 사용하기, 연필이나 크레용으로 그림그리기, 가위 사용 등이 가능해진다.

〈표 6-2〉 파악 동작의 발달과정

연령	리칭 수준	파악의 방법	조작 방법
3개월경까지	파악 반사		율동적 반복 운동
6~7개월경까지	긁는 동작과 같은 리칭	손바닥의 아랫부분으로 잡는다.	
6~7개월 이후	포물선을 그리는 리칭	손바닥의 윗부분과 손가락으로 잡는다.	
8~9개월경까지	직접적인 리칭	손가락으로 잡는다.	
10개월 이후	양손으로 보완적 활동		

CHAPTER 07

감정과 욕구의 발달

1 감정이란?

인간은 모든 생명체 가운데서 가장 지적인 동물일 뿐만 아니라, 가장 감정이 풍부한 동물이기도 하다. 인간이라는 동물은 지성과 감정이라고 하는 2가지 점에서는 다른 생명체와는 크게 다른 존재이다. 그러나 이제까지의 심리학에서 정서에 관한 연구가 지성에 비해 소홀히 다루어져 온 것은 사실이다.

감정이란 '주관적인 느낌의 변화', '생리적 변화', '표출'이라는 요소로 구성된다. 먼저 마음속에 생성되는 변화로서 즐거움이나 슬픔 등의 주관적인 감정이 있으며, 무서워서 공포를 느낄 때나 심장이 두근거리거나 분노를 느낄 때 혈압이 올라가는 등의 생리적 변화, 그리고 즐거울 때 입가에 미소를 띠거나 슬플 때 눈물을 흘리는 등 얼굴의 표정이나 목소리를 통하여 다양한 감정을 표현하기도 한다. 이처럼 감정이란 어떤 경험으로 생성되는 주관적인 느낌, 신체적 생리적 변화, 표출의 3가지 측면에서의 변화를 의미한다. 이 세 가지 측면의 변화는 각각 관련이 있으며, 특히 이 가운데 주관적 느낌의 변화를 '감정'이라고 부른다. 하나의 경험으로부터 어떠한 종류의 감정이 생성될 것인지는 그 사람이 그 경험을 어떻게 받아들이고 해석하는가에 달려 있다.

'감정'을 표현하는 용어에는 영어로 'feeling, emotion, mood, affect' 등 다양한 단어가 있다. 본서에서 사용하는 감정의 의미는 즐거움, 분노, 슬픔, 두려움, 혐오, 놀라움 등 표정이나 행동에 표출되는 기분의 움직임을 보다 강하게 뜻하는 'emotion'에 가깝다.

2 감정의 생성과정

시험을 볼 때 너무 긴장한 나머지 심장이 두근거리거나 식은땀이 나는 등의 신체적 반응을 경험하는 사람이 적지 않을 것이다. 이것은 감정이 정신만이 아니라, 신체적 측면에도 관련되어 있다는 것을 의미한다. 그렇다면 우리가 체험하는 감정은 어떠한 과정으로 발생되는 것일까?

여기에는 두 가지 주장인 '말초기원설'과 '중추기원설'이 있다. 말초기원설이란 어떤 상황을 지각하게 되면 신체적 변화가 나타나고 이로 인해 주관적인 감정 체험을 한다는 주장이다. 예를 들어, '나는 곰을 본다 → 무섭다 → 도망가려고 한다'의 과정이 아니라 '나는 곰을 본다 → 몸이 도망가려는 자세를 취한다 → 무섭다'의 과정에 의해 감정을 체험한다고 보았다. 즉, 내장이나 근육의 말초 부분에서 일어난 활동이나 신경생리학적인 변화가 중추로 보내져 감정을 촉발한다는 이론이다. 이 주장은 제임스(James)와 란게(Lange)에 의해 제안되었으며, 이들의 이름을 붙어 '제임스-란게설'이라 부르기도 한다. 이 주장에 의하면 인간은 슬프기 때문에 울고 즐겁기 때문에 기뻐하는 것이 아니라, 울기 때문에 슬퍼지며 기뻐하기 때문에 즐거워진다는 논리이다.

[그림 7-1] 감정 발생의 메커니즘에 관한 2가지 주장

한편, '중추기원설'은 캐넌(Cannon)에 의해 처음으로 제안되었다. 그는 대뇌와 내장 사이의 신경조직이 절단된 동물도 감정이 존재한다는 것을 실험을 통해 확인하였다. 전기 자극을 대뇌의 시상부(視床部)에 직접 자극함으로써 감정을 발생시킬 수 있음을 입증하여 '말초기원설'에 대한 반론을 제기했다. 이런 주장이 비슷한 시기에 바드(Bard)에 의해서도 확인되었다고 해서 '캐넌 - 바드설'이라 부르기도 한다. 중추기원설은 감각 자극이 시상(視床)으로 불리는 대뇌의 부분에 전달되어 이것이 대뇌피질로까지 이어져 감정을 생성한다고 본다. 이 두 가지의 주장을 도식으로 나타내면 [그림 7-1]과 같다.

3 커뮤니케이션의 수단으로서의 감정발달

출생 후 비교적 일찍부터 영아는 어머니의 표정에 대응하는 반응을 나타낼 수 있다는 것이 밝혀졌다. 생후 2.5개월 영아를 대상으로 연구한 하빌랜드 박사와 레루비카 박사(Haviland & Lelwica, 1987)의 연구는 어머니의 행복한 표정이나 발성, 화난 표정이나 발성에 대한 영아의 반응이 각각 다르게 나타난다는 사실을 보고했다.

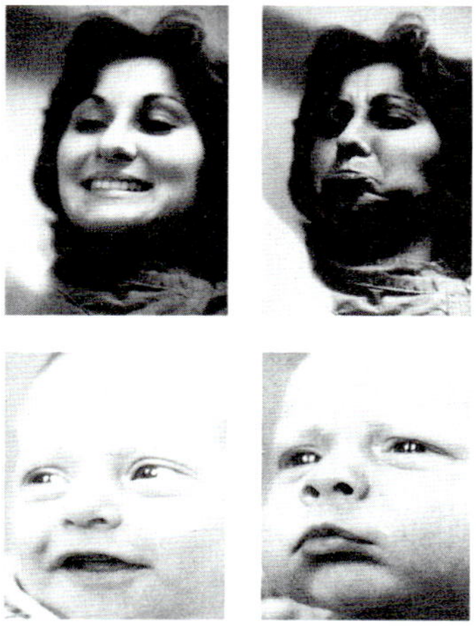

[그림 7-2] 어머니와 아기의 표정

자료 : Berk, 1994.

이 사실은 2.5개월 영아일지라도 어머니의 감정을 변별할 수 있으며, 감정이 커뮤니케이션의 도구로서의 기능을 할 수 있는 기본적인 능력을 갖고 있다고 말한다.

한편, 신생아는 울음 이외에의 방법으로도 감정을 표출할 수 있다는 사실을 간쵸로 박사 연구팀(Ganchrow et al., 1983)은 밝혀냈다. 이들은 생후 1개월 영아를 둔 어머니를 대상으로 아이의 감정표현의 종류에 대해서 조사하였다. 그 결과 대부분의 어머니는 자녀의 분노, 즐거움, 놀라움, 흥미와 같은 감정을 나타내고 있다는 사실을 보고하였다. 이는 영아가 생후 일찍부터 감정이라는 수단을 이용하여 어머니와의 커뮤니케이션을 할 수 있음을 보여 준다(그림 7-2 참조).

발달심리학자 클리너트 박사(Klinnert, 1984)는 영아가 어머니의 감정을 변별할 뿐만 아니라, 감정의 의미를 해석할 수도 있음을 보여 주는 실험을 소개하였다. 생후 12개월 영아와 그의 어머니를 [그림 7-3]과 [그림 7-4]와 같이 어머니는 실험실의 한쪽에 놓여 있는 의자에 앉히고, 영아는 다른 한쪽에 앉혔다. 그리고 아이가 기분 나쁘게 느낄 수 있는 장난감(소리를 내면서 빙글빙글 움직이는 시커먼 거미 인형)을 등장시켰다. 이때 아이가 처음 접하는 3종류의 장난감을 준비하여 이것을 하나하나씩 제시하였다. 그리고 장난감이 등장할 때마다 어머니는 '미소, 두려움, 무표정' 가운데 하나의 표정을 지었다. 영아는 장난감이 등장하면 처음에는 관심을 보이지만, 조금은 기분 나쁜 모양을 하고 있기 때문에 접근해서 만져도 되는지 망설이는 행동을 보인다.

이때 실험자는 영아가 어머니의 표정 정보를 파악하여 어떤 행동을 취하는지를 관찰하였다. 관찰 결과, 어머니의 표정 차이에 따라 영아의 반응 행동은 다음과 같이 다르게 나타났다. 어머니가 미소 표정을 지을 때는 영아는 비교적 어머니와 떨어

[그림 7-3] 클리너트의 실험

자료: Klinnert, 1984.

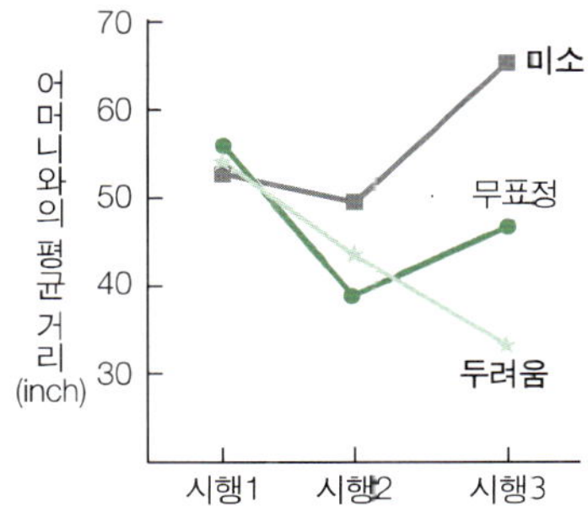

[그림 7-4] 다양한 표정에 따른 어머니와의 거리

자료: Klinnert, 1984.

져서 장난감을 만지면서 놀지만, 어머니가 두려운 표정을 지으면 어머니에게 접근하는 반응을 보였다. 이 결과는 영아는 표정 정보에서 어머니로부터의 메시지를 파악하여 자신의 행동에 반영하는 것을 보여 준다.

4 감정의 발달

감정발달이론은 전통적으로 브리지스(Bridges, 1932)의 이론이 지배적이었다. 이 이론은 신생아기에는 정서가 완전히 미분화된 흥분 상태이며, 이 상태가 생후 2~3개월이 되면 '쾌-불쾌'로 분화되고, 다시 쾌에서는 기쁨·애정·자신감으로, 불쾌에서는 분노·혐오·공포로 각각 분화되면서 2세경이 되면 기본적인 정서를 갖추게 된다고 보았다. 발달 초기에는 [그림 7-5]와 같이 자극에 대해 흥분 반응만을 보였던 영아가 연령 증가와 함께 각 자극에 대응하는 특유의 감정을 표현할 수 있는 능력을 갖추게 된다.

그러나 오늘날에는 브리지스의 감정발달이론을 지지하는 발달심리학자는 거의 없을 것이다. 이후 감정발달연구로 그 명성을 인정받았던 이자드 박사(Izard, 1979)는 신생아가 관심, 혐오, 불쾌감이라고 하는 감정 이외에 놀라움의 전조(前兆)로 볼 수 있는 감정도 표현한다고 보았다. 스루프 박사(Sroufe, 1979)도 신생아기에는 적어도 이 3가지의 감정 표현의 전조가 나타난다고 보았다. 레비스(Lewis, 1993, 2008)는 브리지스 이론을 부정하면서 신생아일지라도 적어도 '쾌', '불쾌', '흥미'라고 하는 3가지의 감정이 처음부터 개별적으로 생성되어 분화된다고 보았다. 또한, 그는 브리지스가 주장하는 시기보다 훨씬 일찍, 즉 생후 수개월 사이에 기본적인 감정(기쁨, 분노, 공포, 슬픔, 놀라움)의 표현이 가능하다고 보았다(그림 7-6 참조). 쾌의 감정을 의미하는 미소, 불쾌 감정을 의미하는 울음의 발달에 대해서 알아보자.

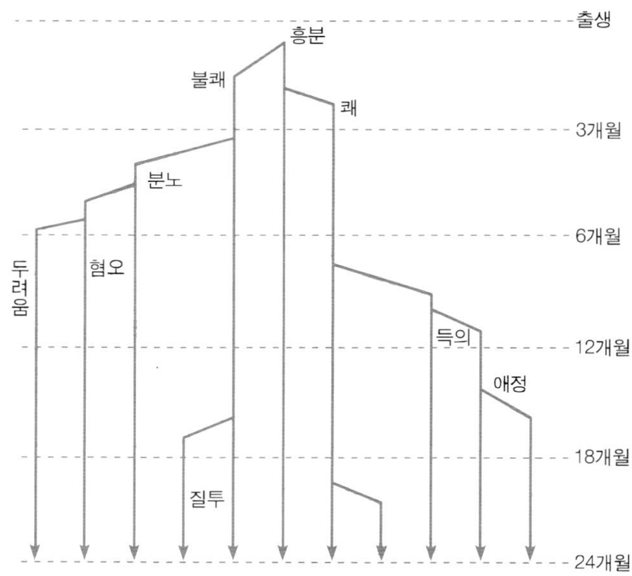

[그림 7-5] 정서 발달

자료 : Bridges, 1932.

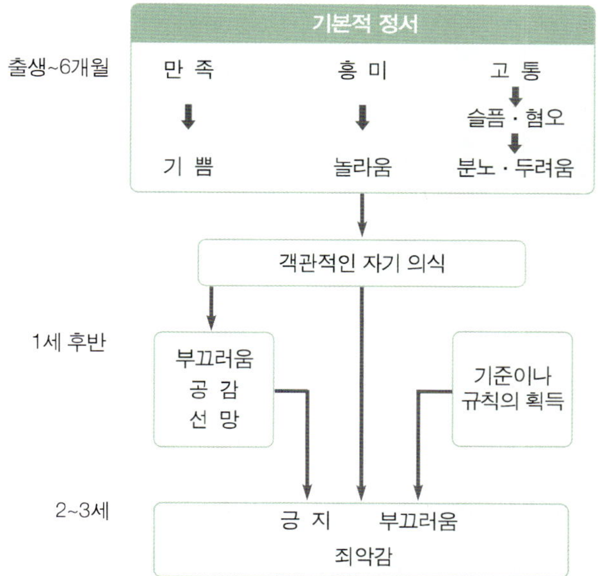

[그림 7-6] 생후 3년간의 감정 발달

자료 : Lewis, 2008.

1) 쾌의 감정(미소)의 발달

(1) 미소의 변화

미소의 출현은 이미 태아기 때부터 나타난다고 알려져 있으며, 최근 연구에서는 임신 23주째 되는 태아에게 미소 행동이 나타나는 것으로 확인된다. 출생 직후나 수면 중에 나타나는 신생아의 미소 행동은 외부 자극에 의해 유발된 반응이 아니라, 신생아의 신체적 내부에서 자연발생적으로 나타나는 생리적인 '자발적 미소'이다(그림 7-7 참조).

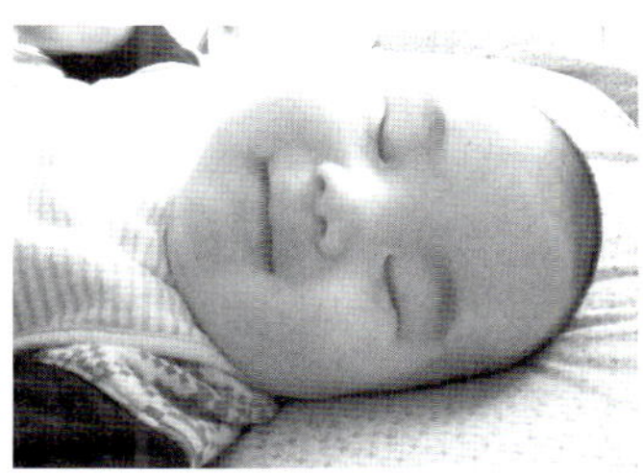

[그림 7-7] 수면 중의 영아 미소

이런 생리적 미소는 일반적으로 램 상태의 수면 중에 나타나거나 겉잠 들 때도 종종 보인다. 신생아의 생리적 미소는 출생 후 곧바로 사라지지 않고, 생후 1년에 걸쳐 점차적으로 감소한다. 생리적 미소는 생후 수개월이 지나면 명확한 각성 상태에서 외부 자극으로 유발되는 '사회적 미소'로 변화한다. 사회적 미소는 타인과의 교류하는 데 중요한 역할을 하는 정서 표현의 기능을 갖는다. 이 때문에 사회적 미소는 타인과의 관계 형성을 원만하게 하는 가장 효과적인 수단이 된다.

(2) 사회적 미소의 효과

생후 1개월 정도가 지나면 영아는 점차 어머니의 얼굴을 응시하면서 미소를 보내게 된다. 이때 어머니도 아기의 미소에 반응하여 점차 미소가 증가하는 현상이 나타난다. 영아의 미소에 대한 어머니의 쾌(快) 감정은 나아가 영아에게도 쾌의 감정을 유발해 더욱 영아의 미소를 생성하게 하여 영아의 기분을 좋게 하는 심리적 상태를 만든다. 기분 좋고 심리적으로 안정된 상태는 영아의 탐색욕구를 동기화시켜 외부 세계에 대한 관심과 작용을 강화한다. 이처럼 영아의 사회적 미소는 심리 발달을 촉진하는 원동력이 된다.

사회적 미소의 발생은 처음에는 사람의 소리 자극에 의해 유발되기 쉬운 것으로 알려졌다. 신생아기에는 각성 상태에서도 아직 시각 자극보다는 소리 자극(특히 음성)에 의한 영향을 더 강하게 받는다. 그러나 생후 2개월 이후가 되면 소리 자극보다는 얼굴 자극에 대해 보다 많은 미소를 보낸다. 울프 박사(Wolff, 1987)의 연구에서 이러한 사실을 확인할 수 있다(그림 7-8 참조).

생후 후반경이 되면 낯가림 현상이 나타난다. 즉, 상대방이 자신의 마음에 명확히 그려져 있는 어머니의 이미지와 일치하지 않으면 강한 불안을 느끼는 시기를 맞이한다. 정확히 이 시기는 엉금엉금 기어 다니기 시작하면서 어머니로부터 물리적 거리를 두기 시작하는 운동능력이 발달하는 시기이기도 하다. 어쩌면 낯가림 현상은 어머니로부터 너무 떨어지지 않도록, 그리고 낯선 사람이 자신을 데리고 가지 않도록 영아가 자신의 안전을 스스로 지키기 위한 지혜로운 행동일지도 모른다. 이 현상은 자신이 안전한 상태로 있을 수 있는 기지(基地)를 확보하려고 하는 것이며,

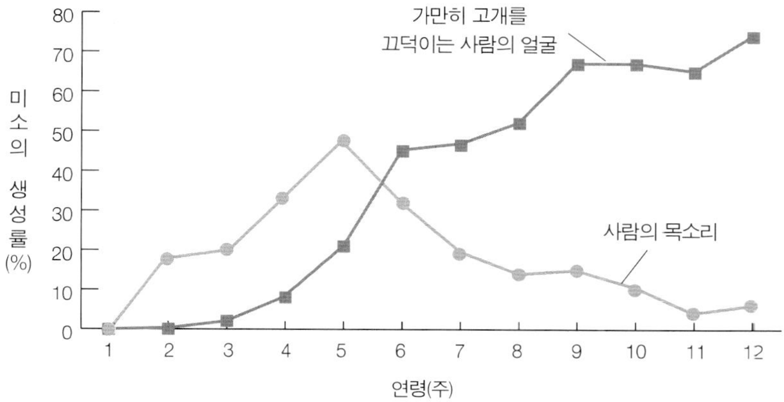

[그림 7-8] **사람 목소리와 얼굴 자극에 대한 사회적 미소**

자료 : Wolff, 1987.

이는 곧 어머니와의 사이에 마음이 연결되었다는 증거이기도 하다. 이런 모습은 이후 어머니와의 사이에 형성되는 애착 형성의 출발점이 된다.

2) 불쾌 감정(울음)의 발달

(1) 울음의 발달

인간은 출생 직후부터 외부에 대해 자신의 욕구나 상태를 알리는 신호를 보내는데, 그 대표적인 신호 혹은 표현 행위가 울음이다. 출생 시 나타나는 울음을 '산성(産聲)'이라 한다. 이 울음은 신생아가 처음으로 폐로 호흡을 시작함과 동시에 나타나는 현상이다.

대개 울음을 그친 후에는 각성 상태에 놓인다. [그림 7-9]는 만기 출산 신생아를 대상으로 생후 0일, 2일, 5일째에 외부 자극이 제시되지 않는 상태에서 울음 이후에 나타나는 행동 상태의 발생빈도를 나타냈다. 생후 0일에는 수면이 많고 각성 상태가 적지만, 생후 5일이 되면 반전되어 울음을 그친 이후 각성이 잦은 대신 수면이 줄어드는 것을 알 수 있다. 즉, 신생아는 생후 1주일도 지나지 않아 행동 상태의 발달적 변화를 보이면서 울음을 그친 이후에 각성 상태를 보이는 비율이 많아지는 것이다.

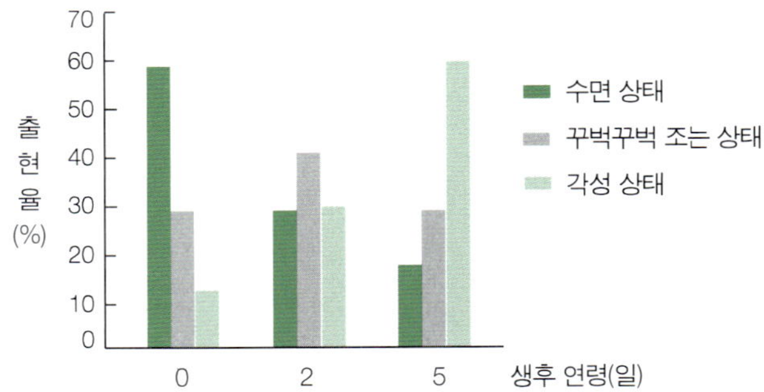

[그림 7-9] 울음 후의 상태

자료 : Oyabu et al., 1982.

신생아는 거의 1주일 사이에 스스로 울음을 진정시켜 각성 상태를 유지하면서 최적의 상태에서 양육자를 만나는 시스템을 몸에 익히게 된다. 신생아가 획득하는 이런 시스템은 어머니와의 관계 형성을 촉진하는 효과가 있다. 아기로서는 울음 직후에 자기 스스로 각성 상태를 유지하는 시스템을 갖춤으로써 울음을 통해 어머니를 자신 옆으로 불러들여 상호작용을 하게 하는 효율성을 높일 수 있다. 아기는 울음을 통해 어머니의 위로 자극을 유도하고, 이로서 각성 상태가 더욱 유지되면서 어머니와의 교류 기회를 한층 늘릴 수 있기 때문이다. 이처럼 울음은 양육자를 자신의 곁으로 불러와 자신과의 교류를 늘려 부모와의 애정적인 모자 관계를 구축하는 데 효과적인 수단이 된다. 한편, 어머니의 입장에서는 아기의 울음을 진정시켜 아기와의 상호작용을 경험하기 때문에 어머니 자신의 양육능력에 대한 자신감을 강화시키는 효과도 있다.

(2) 울음 시간의 발달적 변화

울음 시간의 발달적 변화를 보면 출생 후 점차적으로 증가하다가 생후 2개월이 되면 그 정도가 정점에 달한다(그림 7-10 참조). 대개 이 시기에 어머니는 아기의 울음을 진정시키지 못하는 자신의 육아방식에 문제가 있는 것인지 걱정하면서 육아에

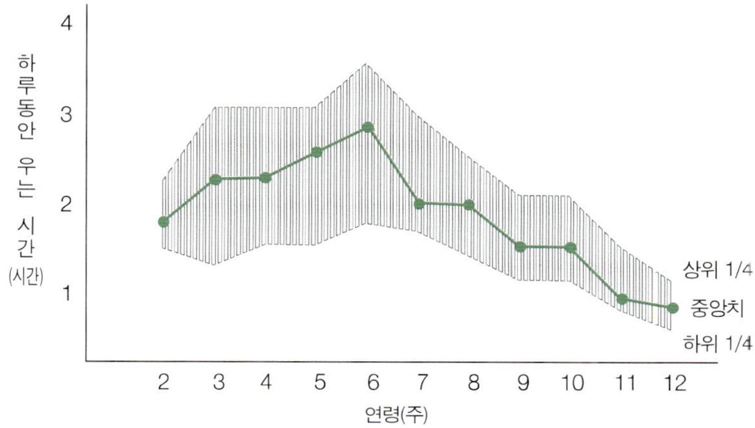

[그림 7-10] 울음의 변화

자료 : Brazelton, 1985.

대한 자신감을 상실하기도 한다. 브레질튼(Brazelton, 1985)의 연구는 부모의 이런 생각은 기우(杞憂)에 불과하다고 주장한다. 생후 2개월이 되면 각성 시간이 길어지면서 자연스럽게 주위 사물에 대한 주시 시간도 길어진다. 주시 시간이 연장되면 주위에서 일어나고 있는 현상이나 물체에 대해 더욱 민감해지고 더 많은 정보를 왕성하게 입력하는 상황이 된다. 또한, 양육자와의 사이에서도 이전보다 더 많은 미소나 소리 자극 등의 정보를 입력하게 된다. 이러한 행동이 가능하다는 것은 그만큼 영아의 뇌가 발달했다는 것을 의미한다.

그러나 아무리 이전보다 뇌가 발달했다고 할지라도 이 시기는 각성 시간의 연장으로 인해 입력되는 방대한 정보를 신속하고 적절하게 처리할 수 있는 수준은 아니다. 그래서 이 시기의 뇌는 과부하가 걸린 상태에 놓인다. 이 시기의 울음 증가는 뇌의 과부하 현상으로 뇌의 피로 현상이 나타나고, 이로 인해 뇌가 심리적 안정을 유지할 수 있는 억제력을 상실하면서 나타나는 현상이라는 해석이 가능하다. 이처럼 생후 2개월 영아의 뇌는 갑자기 증가한 외부로부터의 방대한 정보량에 의해 과중한 부담을 느끼고, 이로 인해 뇌의 유연성과 억제력이 상실되면서 나타나는 현상이라고 할 수 있다. 그러므로 이 시기의 영아 울음 증가의 원인을 양육자 자신의 책임으로 생각할 필요는 없는 것이다.

한편, 울음은 과부하에 걸린 뇌의 피로를 회복시켜 주는 효과도 있어서 울음을 그친 후에는 영아의 기분이나 반응이 원래 상태로 회복된다. 이처럼 영아의 울음은 뇌의 혼란 상태로 인해 나타나는 현상이기도 하지만, 동시에 안정된 상태로 회복시키는 효과도 동시에 있기 때문에 부정적인 현상으로만 해석할 수 없다.

생리적 울음의 증가 시기가 지나면 이후 점차 감소하다가 생후 6개월 정도가 되면 다시 증가하는 현상이 나타난다. 이 시기는 발달적으로 낯가림 현상이 나타나는 시기로써 이때의 울음은 낯선 사람에 대한 불안 반응으로 이해할 수 있다. 생후 1년 6개월에서 생후 2년부터의 울음은 대개 자신의 욕구나 주장이 억제나 방해를 받았을 때 나타나는 반응이다. 이처럼 울음 현상의 발달적 변화를 보면 울음이라는 행동은 부정적인 행동이 아니라, 발달과정에서 다음 단계로 도약할 때 나타내는 적응적 행동이라고 할 수 있다.

육아에 대한 우리의 일반적 상식은 아이의 울음은 불쾌 상태의 표현이기 때문에 양육자는 민감하게 반응하여 즉각적으로 쾌의 상태로 회복시켜 주는 것을 부모의 육아능력으로 인식한다. 그래서 양육자가 아무리 달래고 안아줘도 아이의 울음이 진정되지 않는 경우 육아 스트레스나 불안을 느끼는 경우가 적지 않다. 부모 가운데는 심지어 아이에 대한 분노나 증오감마저 느끼는 사람도 있다. 이런 부모는 울음 연구를 통해서 얻을 수 있는 다음 5가지 사실에 대한 이해가 필요하다고 할 수 있다. 첫째, 생후 2개월경에는 울음 발생의 빈도가 높아진다는 사실, 둘째는 이후 1~2개월이 지나면 영아의 뇌가 발달하여 울음의 발생빈도는 점차 자연스럽게 감소한다는 사실, 셋째는 아이의 울음에는 부모를 불안하게 하는 음(音)이 포함되어 있다는 사실, 넷째는 아이의 심한 울음을 지속적으로 듣게 되면 누구나 아이에 대해 부정적인 기분을 느끼게 된다는 사실, 다섯째는 이러한 부정적 감정을 느끼게 되는 것은 부모로서의 자격 상실이나 육아방식의 문제와 연결시키는 것은 바람직하지 않다는 것이다.

영아의 불쾌 감정표현 중에는 울음 이외에도 두려움이나 공포 감정도 있다. 공포나 두려움은 자신에게 위험이나 해를 입히는 자극을 경험하였을 때 생성되는 정서이다. 두려움의 표출이 가장 명확하게 보이는 시기는 대개 생후 6, 7개월경이며, 낯가림 현상이나 분리 불안 등의 모습을 통해 알 수 있다. 이 모습은 양육자와의 사이에 명확한 애착이 형성되었을 때 나타나는 현상이기 때문에 이 현상을 통해 영아가 부모와 타인을 명확히 구별하는지 알 수 있다.

(3) 감정의 언어화

생후 1년 반경이 되면 대상을 이미지화하는 능력, 즉 표상능력을 갖추게 된다. 이를 계기로 아이의 정서 세계에 큰 변화가 나타난다. 표상능력을 획득하고 자기의식이 싹트면 아이는 자신의 모습이 타인에게 어떻게 비치는지, 그 사람이 나에게 무엇을 기대하는지, 무엇이 바람직하고 무엇이 바람직하지 않는지를 의식하기 시작한다. 그러면서 '수줍음, 죄악감, 긍지, 공감' 등의 새로운 종류의 정서가 나타난다. 레비스(Lewis, 1993)는 이러한 정서를 '자기 의식적 정서'라고 불렀다. 이 가운데 가장 먼저 나타나는 것은 수줍음이나 공감이다.

2세경이 되면 선악의 구분과 사회적 규칙이나 기준을 이해하기 시작한다. 이에 따라 죄악감이나 창피, 긍지의 정서가 나타나기 시작한다. 창피함이나 죄악감, 공감이라고 하는 감정 발달은 유아의 도덕성 발달과 밀접한 관계가 있다. 아이는 일상생활에서 '해서는 안 되는 일, 해도 좋은 일, 해야만 하는 일'을 부모나 교사와의 관계을 통해 배워 나간다. 이를 통해 아이는 무엇을 하면 좋은지, 무엇을 해서는 안 되는지를 알게 된다. 그래서 칭찬을 들었을 때의 즐거운 기분은 자부심이나 긍지라고 하는 감정을, 꾸중을 들었을 때의 불쾌감이나 아픔은 죄악감이나 창피라고 하는 감정을 생성한다. 이런 과정 가운데 아이는 마침내 주위로부터 이런 저런 이야기를 듣지 않고서도 자신의 마음속에 자리 잡은 선악의 기준에 따라 자신의 행동을 주체적으로 통제하게 된다.

표상능력에 의해 자신의 마음 상태를 객관적으로 볼 수 있게 되면 아이는 언어를 사용하여 자신의 감정을 표현할 수 있게 된다. 1세반 이후가 되면 자신의 신체 상태(아픔, 더위, 공복 등)나 감정을 언어로 표현하기 시작한다. 그 이후는 타인의 신체나 감정의 상태를 추측하여 언어로 표현하게 된다. 2세를 넘어서면 기억력이나 언어능력 등의 발달과 함께 '그때 그 장소'에서의 감정 경험뿐만 아니라, 상징놀이를 할 때 감정에 대해서 표현하거나 과거에 자신이 경험한 감정을 이야기하게 된다. 또한, 3세경에는 자신이 왜 그런 감정을 갖게 되었는지 그 원인에 대해서도 이야기할 수 있게 된다.

감정을 언어로 표현할 수 있다는 것은 영유아 발달에 있어 다음과 같은 의미가 있다.

첫째, 언어라는 수단으로 감정을 타인에게 전달하고 공유할 수 있게 된다. 사실, 아이의 문제 행동은 자신의 감정이나 욕구를 언어로 잘 전달할 수 없기 때문에 생기는 경우가 많다. 때문에 자신의 감정을 언어로 표현할 수 있다는 것은 적응적 행동에 있어 매우 중요하다.

둘째, 언어 사용으로 인해 정서, 그 자체에 대한 이해가 깊어진다. 특히 감정에 대해서 타인과의 의사 교류를 통해 다양한 정서의 원인이나 그 영향, 정서의 통제 방법, 타인의 정서 등에 대해 많은 것을 알게 된다.

셋째, 감정을 언어로 표현하는 것은 감정의 통제와 밀접한 관련이 있다. 감정을 언어로 표현하는 것은 고조된 감정이 일단 자기 자신에게서 벗어나 자신의 감정을 객관적으로 바라보게 하는 효과가 있거나, 자신의 감정을 직접 통제하는 효과가 있다.

5 욕구의 발달

1) 욕구의 발달

갖고 싶은 장난감이나 과자를 사 주지 않으면 보채기도 하고 울기도 하는 아이의 모습을 흔히 발견할 수 있듯이 아이의 정서는 그들의 욕구와 깊은 관련이 있다. 영유아의 행동을 자극하는 것은 욕구이며 그 욕구의 충족 여부가 정서 상태를 거의 결정한다. 기쁨, 자신감, 애정 등은 욕구 충족에 의해 생성되는 것이지만 분노, 공포, 불안 등은 욕구가 충족되지 않을 때 경험하는 것이다.

한편, 정서는 욕구에 의해 규정될 뿐만 아니라 동기로써 행동의 원동력이 되기도 한다. 예를 들어, 공포심은 도망가려는 행동을 환기시키고, 분노는 공격이라고 하는 행동의 동기로 작용한다. 이처럼 정서와 욕구는 행동을 유발하는 원동력(동기화)이라는 공통의 특성을 지닌다고 할 수 있다.

반대로 정서가 욕구를 환기시킨다고 할 수도 있다. 공포나 분노라고 하는 감정은 안전에 위협을 받거나 목표를 향하는 과정에서 방해를 받거나 하는 등의 욕구 불만에 의해 생성되지만, 동시에 '그 자리를 피하고 싶다', '방해하는 대상을 없애고 싶다'라는 욕구를 불러일으키기도 한다. 그러므로 정서와 욕구는 각각 독립적인 것이 아니라, 상호 밀접한 관련성을 지닌 것으로 보아야 한다. 특히 애정이라는 정서는 그 자체가 가장 기본적인 욕구라고 할 수 있다.

이처럼 정서와 밀접한 관련이 있는 욕구는 '동기화된 상태'라고 볼 수 있다. 동기화된 상태란 생리적·심리적으로 균형을 상실한 상태이다. 그래서 균형의 회복이라는 목적을 추구하게 되고, 그 결과 에너지의 변화가 일어나 욕구는 균형을 회복하려는 노력과 그 목표를 향해 행동을 유지하려는 힘을 가지게 된다.

태어난 지 얼마 안 되는 신생아일지라도 몇 가지의 기본적 욕구를 갖고 있다. 공복이나 갈증 해소의 욕구, 유해한 자극으로부터의 보호 욕구 등이 있는데, 이 욕구는 자신의 생명을 유지하기 위해 필수불가결한 것이다. 신생아기에 생리적 균형이 깨지면 균형을 회복하기 위해 필요한 적절한 행동을 자극하는 메커니즘이 생득적으로 작동하게 된다. 이 활동은 생리적인 균형이 회복되어 정상적인 상태가 될 때까지 지속된다. 이러한 활동을 동기화하는 메커니즘을 '생리적 욕구'라 부르는데, 이 욕구는 영유아의 행동에 변화를 주는 원동력이 된다.

성장과 함께 아이의 사회적 상호작용자의 수도 증가하게 되면서 이들과의 관계를 통해 다양한 종류의 욕구를 획득하게 되는데, 이 욕구를 소위 '사회적 욕구'라 한다. 이처럼 신생아의 단순한 욕구체계는 발달과 함께 분화되면서 욕구의 수, 종류, 복잡성에 있어 급속도로 변화한다.

영아기에는 부모의 보호라는 경험을 통해 강한 의존 욕구를 학습하는데, 여기에는 애정이라는 감정이 수반된다. 영아는 언제나 부모에게 신체적 접근이나 접촉을 갈망하거나 자신에 대한 보호를 기대하면서 동시에 언어를 통해 어머니와의 정신적 접촉을 시도하려고 한다. 이런 행위를 '애착(attachment)'이라 부르는데, 부모(주로 어머니)에 대한 애착은 8, 9개월경의 '낯가림' 현상으로 나타나기 시작하면서 점차 강화된다.

3세경이 되면 착의(着衣)나 탈의(脫衣) 행동, 식습관 등 기본적 생활 습관과 관련된 행동이 어느 정도 가능해지면 의존 욕구는 점차 감소하지만, 자립에 대한 욕구는 증가한다. 그런데 이런 자립에 대한 욕구가 부모에 의해 방해를 받게 되면 욕구불만이 생성되면서 '반항기'로 볼 수 있는 행동이 나타나는데, 이런 행동은 문제 행동이라기보다 부모로부터의 심리적 자립을 위한 노력으로 이해해야 할 것이다.

3세 이후가 되면 집단 소속의 욕구가 생성되면서 친구에 대한 관심이나 친구와의 관계를 중요시하는 경향이 강해진다. 그래서 이 시기에는 또래로부터의 수용 욕구가 생성되기도 하고, 또래와의 집단놀이를 즐기게 된다.

5세가 되면 실로 많은 종류의 다양한 사회적 욕구를 소유하게 되면서 상당히 복잡한 욕구체계로 발전한다. 다양하고 복잡한 욕구체계는 지금까지 많은 학자가 그 분류를 시도해 왔는데, 한 예를 〈표 7-1〉에 제시한다. 욕구를 몇 개의 카테고리로 분류하는 것은 아동의 행동을 이해하거나 보육하는 데 도움이 될 수 있다.

〈표 7-1〉 욕구의 분류

<table>
<tr><td rowspan="4">욕
구</td><td rowspan="2">생리적 욕구</td><td>기본적 욕구(생득적 욕구)</td><td>음식물, 물 등의 결핍을 충족하기 위한 욕구, 성적 욕구, 배설 욕구, 휴식 욕구 등</td></tr>
<tr><td>부차적 욕구(습득된 욕구)</td><td>보다 좋은 조건에서 기본적인 생리적 욕구를 충족시키려는 욕구</td></tr>
<tr><td rowspan="2">사회적 욕구</td><td>기본적 욕구(간접적으로는 생득적이지만, 습득된 욕구)</td><td>애정, 집단 소속, 성취, 공격, 방위 등에 관련된 욕구</td></tr>
<tr><td>부차적 욕구(습득된 욕구)</td><td>문화적 차이, 개인적 차이에서 인정되는 여러 가지 욕구</td></tr>
</table>

2) 욕구의 사회화

3세경까지는 자신의 욕구를 여과 없이 표현한다. 그래서 이 시기의 아이는 배고플 때 가게에 진열되어 있는 과자를 마음대로 집어 먹으려고 하거나, 잠이 오면 때와 장소를 가리지 않고 자려고 하거나, 갖고 싶은 장난감은 모두 자기 것인 양 집어 드는 모습을 쉽게 발견할 수 있다. 이처럼 대개 3세경까지는 주위의 시선에 아랑곳하지 않고 먹고 싶거나, 갖고 싶을 때는 즉시 그 욕구를 충족하기 위한 행동을 취하는 등 쾌락원칙에 따른 충동적 행동을 보인다. 그러나 이런 행동 경향성은 부모로부터의 금지나 꾸중 등을 경험하면서 '지금 갖고 싶은 것도 나중까지 기다려야 한다, 지금 하고 싶은 놀이도 참아야 한다.' 등을 이해하게 된다. 아이는 '만일 그렇게 하지 않으면 자신에게 있어 가장 소중한 존재인 부모로부터 사랑을 받을 수 없을지도 모른다.'는 두려움 때문에 욕구 충족이라는 유혹에 대해 저항을 하게 된다. 이처럼 아이의 행동은 발달과 함께 쾌락원칙에 의한 행동에서 현실원칙에 충실한 행동으로 바뀌는 것이다. 이것을 '욕구의 사회화'라고 한다. 이것은 부모의 지도나 행동을 통해 학습하기도 하지만 또래와의 놀이를 통해서도 욕구의 사회화를 형성해 나간다.

CHAPTER 08

언어 발달

1 언어를 기억한다는 것

아직 어린아이가 어른의 말을 잘 이해하고 능숙하게 언어를 구사하는 모습에 놀란 적이 많이 있을 것이다. 우리는 중·고등학교 6년 동안 영어를 배웠어도 자유롭게 영어를 구사하지 못할뿐더러 간단한 인사조차 하기 힘들지만, 유아는 공부하지 않아도 능숙하게 언어를 구사한다. 그런데 유아가 언어를 기억하고 사용하는 것이 우리의 눈에는 간단하게 보일지는 모르나 실은 상당히 복잡한 과정에 의해 학습이 이루어진다. 본장에서는 발달과정에서 아이가 언어를 어떻게 기억하고, 기억하기 위해 무엇이 필요한지를 중심으로 알아본다.

2 말이 나오기까지

1) 발성 행동의 변화

갓난아기는 태어나면서부터 울음소리를 낸다. 이 소리는 호흡과 함께 규칙적인 리듬으로 기계적으로 나는 소리이다. 이 소리를 '규환발성(叫喚發聲)'이라 하며, 생후 2~3개월이 되면 점차 감소하면서 대신 '비규환발성'이 증가한다. 비규환발성은 울음소리보다는 약하고 부드러우며 여러 종류의 소리가 나는 발성이다. 비규환발성은 언어에 있어서 음성의 기초가 되며, 이 시기는 어른의 부름에 대해 응답성으로 보이는 발성도 나타난다. 비규환발성 이후에 나타나는 발성은 옹알이(babbling)이다. 이 소리는 영아의 발성 가운데 가장 중요한 것으로 생후 3~4개월경부터 보이기 시작해서 7~8개월경이 되면 절정에 달하고, 첫 단어가 나오기까지 계속된다. 옹알이는 무언가를 전하려는 의도로 내는 소리가 아니라 언어음(言語音)(/a/, /i/, /u/ 등)을 내기 위한 연습이라 볼 수 있다. 영아는 소리를 내면서 입 모양이나 혀 위치 등을 바꾸어 가면서 어떤 음이 나오는가를 듣는다. 특히 다양한 옹알이 가운데 '맘마, 엄마' 등에 가까운 발음을 하면 부모는 좋아서 미소를 보내거나 복창하거나 대상물을 가리키는 등 여러 형태로 아기에 대한 반응을 보여 주는데, 이러한 모자간의 상호작용으로 영아의 언어능력은 점차 향상되며 첫 단어의 출현으로 이어진다.

2) 인식 활동

영아는 특별하게 단어를 중심으로 암기하지는 않는다. 이들은 주위에 존재하는 여러 사물, 인간, 사물과 사물, 인간과 인간과의 관계를 보거나 들으면서 주위 환경을 이해해 나간다. 이러한 활동을 인식(인지)이라 하며, 이러한 인식 발달은 언어발달과 깊은 관계가 있다. 언어는 상대방에게 자신의 의사(意思)를 전달하고 사물이나 어떤 현상을 표현하거나 그것을 하나의 개념으로 정리하는 기능을 갖고 있다.

그러므로 영아가 언어를 기억하는 과정에서 자기 주위에 존재하는 사물이 무엇이며 어떠한 특징을 지니는지에 대한 이해(인식)를 하지 못하면 언어로 표현할 수 없다. 영아기에는 입이나 손을 사용한 조작 기능을 통해 주위 사물을 이해하고 그들의 관계를 인식하게 되는데, 이런 인식 활동은 언어 발생의 전제조건이 되며, 상호 밀접한 관련이 있다.

3) 영아의 커뮤니케이션

언어 습득에 있어 또 하나의 중요한 요소는 양육자와의 정서적 관계와 커뮤니케이션이다. 아기를 바라보는 어머니의 모습을 생각해 보면 부드러운 목소리와 미소, 행복한 표정 등을 쉽게 연상할 수 있다. 또한, 어머니가 아직 언어를 제대로 이해하지 못하는 아기에게 끝없이 말을 거는 모습을 볼 수 있다. '아마 내 말을 못 알아들으니까 이야기를 하지 말자.'라고 생각하는 어머니는 없을 것이다. 어머니의 이러한 자극에 대해 아기는 미소를 보내거나 소리를 내거나 어머니를 계속 응시하는 등 다양한 반응을 나타낸다. 이러한 어머니와 영아와의 상호작용으로 두 사람 사이에 정서적 관계가 형성되면서 커뮤니케이션이 이루어지는 것이다.

부모와의 상호작용에서 언어 습득과 관련된 중요한 행동 가운데 공명동작(共鳴動作)을 들 수 있다. 생후 1개월도 채 안 되는 아기를 대상으로 30~40cm의 거리에서 마주 보고 입을 벌리거나 혀를 내밀면 아기도 상대방과 동일한 행동 반응을 보인다. 세상에 태어난 지 한 달도 채 안 되는 아기가 어떻게 자기 자신이 상대방과 동일한 얼굴을 하며, 어떻게 상대방의 입에서 내미는 혀와 동일한 혀를 자기도 가졌다는 사실을 인식할 수 있을까? 그리고 상대방처럼 혀를 내미는 기술은 언제 배웠을까? 생후 1개월도 채 안 되는 아기가 이러한 것을 학습했다고는 도저히 생각할 수 없는 이러한 행동은 인간이 눈앞의 대상을 자신과 일체화하고 상대방과 대화하고자 하는 욕구, 소위 커뮤니케이션의 근본이라고 볼 수 있는 기능을 생득적으로 갖추고 태어난다고 밖에 해석할 수 없는 현상이다.

한편, 영아의 커뮤니케이션능력과 관련된 또 하나의 행동으로 엔트레인먼트(entrainment) 현상을 들 수 있다. 엔트레인먼트란 두 사람의 대화 장면에서 이야기하는 사람이 신체를 움직이면 듣는 사람도 상대방의 언동(言動)에 맞추어 신체 일부분을 아주 작게나마 움직이면서 듣는 현상(신체 운동에 의한 동조 행동)을 말한다. 이에 관한 연구에 의하면 생후 12시간밖에 되지 않는 신생아에게 대화식 언어(영어나 중국어), 모음만으로 구성된 언어, 규칙적으로 무언가를 두드리는 소리를 각각 제시한 결과 대화식 언어 자극에 대해서만 정확히 엔트레인먼트 반응이 보였다. 이처럼 대화식 언어에 대해서 반응을 보이고 다른 소리 자극에 대해서 반응을 보이지 않았다는 사실은 신생아가 단순한 청각 자극에는 반응하지 않는다는 것을 의미한다. 또한, 영어나 중국어에 상관없이 대화식 언어에 반응을 보였다는 것은 '대화식 언어'라는 소리 자극이 가지는 고유의 구조에 대해 신생아가 동조 행동을 보였다는 것을 의미하기 때문에, 이 실험 결과는 인간 언어에 의한 대화가 신생아의 반응을 유도하는 고유의 구조를 가지고 있다는 것을 알 수 있다. 즉, 신생아는 인간의 언어에 반응하는 생득적 반응 체계를 선천적으로 가지며, 이는 커뮤니케이션의 기초 능력을 인간이 출생 시점부터 이미 소유하고 있다는 것을 말한다.

3 영유아의 언어 발달

1) 첫 언어의 출현

대개 생후 약 10~12개월경이 되면 처음으로 의미 있는 단어로 평가할 수 있는 언어가 나타난다. 첫 언어로는 발음하기 쉬운 음인 모음과 /m/, /p/, /b/, /d/ 등의 자음이 많이 사용되는데, 우리나라에서는 '맘마, 엄마, 아빠' 등이 초기 단어로 많이 나타난다. 〈표 8-1〉은 첫 언어와 그 의미를 나타낸 것으로 생활 주변의 대상물을 발음하기 쉬운 음으로 표현하는 것을 알 수 있다.

〈표 8-1〉 첫 단어와 그 의미

의 미	형 식					
	m	n	p	b	t	d
1. 어머니	mama					
2. 보모	amma	nana		baba	tete	deda
숙모	munme				ta(n)te	
조모	amma			baba		
3. 음식	mum	nana	pap	bap		
4. 침대·잠		nana		bye-bye	tete	dodo
5. 자기				baby		
6. 아버지			papa	baba	tata	dada
7. 놀이 : 공				ba		
시계					titta	didda
인사					ta	da
안녕히 가세요.(계세요)					tata	ada

자료 : Lewis, 1975.

그러나 실제 영아와의 상호작용에 있어 첫 단어가 언제 나왔는지를 명확히 구명하기란 쉽지 않다. 그 이유는 첫 단어가 나오기 이전에 영아가 어른의 발음을 모방하는 시기라는 것에 관계가 있다. 어머니가 '맘마'라고 말하면 영아도 앵무새처럼 '맘마'라고 흉내를 내는 모습을 볼 수 있는데, 영아는 이러한 과정을 반복하는 가운데 점차 자기 스스로 필요에 따라 적절한 단어를 구사하기 때문에 실제 어디까지가 모방이고 어디까지가 자발적인 표현인가를 구분하기란 쉽지 않기 때문이다.

또 하나의 이유는 영아가 표현하는 언어의 의미가 부모 이외에는 알 수 없는 경우가 대부분인 점이다. 부모는 영아의 언어를 호의적으로 확대 해석하는 경향이 있기 때문에 영아의 언어가 자기 의사 표현인지, 아니면 우연히 비슷한 발음을 하게 된 것인지에 대한 구분이 쉽지 않다. 그러므로 영아가 언제부터 언어를 사용할 수 있는지는 자전거를 탈 수 있거나 수영을 할 수 있는 시기처럼 명확하게 그 시기를 구분할 수는 없지만, 대개 10~12개월경부터 점차적으로 모방에서 자발적 언어로 변화해 간다고 보는 것이 일반적이다.

2) 단일 단어 시기

초기의 언어는 '맘마, 엄마'와 같이 단일 단어로 구성된 표현을 사용한다. 성인도 언어 사용에 있어 단일 단어로 표현하는 경우가 많은데, 이는 다른 문장을 생략하였기 때문이다. 그러나 영아의 경우는 문장 생략이 아니라 아직 두 단어 이상의 문장으로 표현할 수 있는 언어능력을 갖추지 못했기 때문이다. 그러므로 초기의 단일 단어는 사물을 명명하기 위한 행위 혹은 단순한 모방 행위에 지나지 않는다고 볼 수 있다.

어떤 연구에 따르면 영아는 단일 단어를 다양한 억양으로 발음하기도 하고 의문이나 감탄 등의 의도에 따라 억양이 변한다는 사실을 근거로, 단일 단어일지라도 문장으로써의 내용을 포함한다고 하여 단일 단어문(one-word sentence)으로 보는 학자도 있다. 그러나 브룸(Bloom, 1973)은 영아의 단일 단어는 단지 개념을 표현한 것에 지나지 않는다고 보았다. 이처럼 영아의 단일 단어 사용의 의미에 대해서는 학자 간의 의견이 일치하지 않는다.

3) 두 단어 조합의 시기와 문법 표현

(1) 두 단어 조합 시기

생후 18개월경부터 24개월경에 걸쳐 영아는 '음마(엄마), 바이 바이'나 '아파(아빠), 부-부-' 등과 같이 두 단어를 연결해서 표현하기 시작한다. 브룸 박사(1973)는 이것을 'successive one-word utterance'라 불렀다. 이것은 형태상으로는 두 단어가 나란히 어울려 문장의 형태인 것처럼 보이나, 아직 두 단어 사이에는 확실한 문법 관계가 없고 단지 두 개의 사물이나 사실을 나열한 것에 지나지 않는다. 그러나 이러한 표현은 2세를 전후로 하여 급격히 조직화되면서 확실한 구조를 지닌 문장으로 나타나기 시작한다. 그리고 다양한 단어를 사용하여 상황이나 의도를 표현할 수 있게 된다.

브룸 박사(Bloom, 1970)는 영아의 언어 행동을 생후 21개월부터 관찰한 결과, 두 단어 사이에는 여러 관계가 있음을 발견했다. 예를 들어, 'Mommy sock'이라는 표현이 '어머니의 양말을 가리키는 경우', '어머니가 자기에게 양말을 신겨 주는 경우' 등 동일한 표현일지라도 여러 상황에서 다양하게 사용되는 것을 발견하였다. 또한, 두 단어 사이에는 어떤 확실한 관계가 있다는 사실도 발견했다. 그는 유아의 명사 + 명사로 표현한 두 단어 사이에는 ① 접속, ② 속성, ③ 소유, ④ 주어 - 장소, ⑤ 주어 - 목적어의 구조 관계가 있다는 것을 발견했다. 이 밖에도 〈표 8-2〉와 같이 다른 연구에서도 유아의 두 단어 사이에는 여러 가지 의미 관계가 존재한다는 것을 밝혀냈다.

〈표 8-2〉 **두 단어의 의미 관계**

Bloom (1970)	Brown (1973)	Bowerman (1973)	宮原 (1973)
1. 접 속	1. 행위자 - 행위	1. 동사 - 행위자	1. 주어 - 행위자
2. 속 성	2. 행위 - 대상물	2. 동사 - 대상물	2. 주어 - '여기'
3. 소 유	3. 행위자 - 대상물	3. 동사 - 위치격	3. 주어 - 술어(명사)
4. 주어 - 장소	4. 행위 - 위치	4. 동사 - 여격	4. 목적어 - 타동사
5. 주어 - 목적어	5. 실체 - 위치	5. 동사 - 행위	5. 위치 - 언어
	6. 소유자 - 소유물	6. 행위자 - 대상물	6. 착 점(着点)
	7. 실체 - 속성	7. 위치격 - 대상물	7. 접 속
	8. 예시 - 실체	8. 여격 - 대상물	8. 속 성
		9. 대상물 - 경험자	9. 소 유
			10. Wh - 의문
			11. 그 외

이처럼 두 단어 시기는 단어와 단어를 규칙적으로 조합하여 보다 복잡한 개념으로 만들어서 표현하는 것이기 때문에 이 두 단어 조합 시기가 본격적으로 문법이 시작되는 시기라고 볼 수 있다. 또한, 문장의 길이도 두 단어 조합 이후에는 급속도로 향상되면서 연령 증가와 더불어 언어 표현은 양과 질에서 모두 비약적으로 발달한다. 그래서 3세경이 되면 복수의 문장을 연결하여 표현하기도 하고, 어떤 사실이나 상황에 대한 설명도 가능하게 된다. 예를 들어, "엄마랑 아빠랑 롯데월드에 갔다 왔어요. 미키마우스가 있었어요." 등의 표현이 가능해진다.

또한, 어떤 사실에 대한 원인도 알고 싶어 하게 되면서 "왜?", "어째서?" 등의 질문 공세를 하기 시작한다. 4~5세경이 되면 문법적으로 정확하게 단어를 연결하여 문장을 만들 뿐만 아니라, 접속사를 사용하여 문장으로 말을 할 수 있게 된다. 예를 들어, "있잖아요. 토요일에 엄마랑 아빠랑 롯데월드에 갔다 왔어요. 거기서요, 회전목마도 타고요. 미키마우스도 보았어요."와 같이 문장과 문장을 연결하여 표현할 수 있게 된다.

(2) 단어의 의미 발달

유아가 사용하는 단어는 성인과 동일한 의미를 가지지 않는 경우가 많다. 단어의 의미는 주로 유아 각 개인의 특유한, 또는 사물을 바라보는 관점을 특징적으로 반영한 내용이다. 예를 들어, '멍멍'은 개뿐만 아니라 말, 소를 포함해서 네 발 달린 동물의 일반을 표현하기도 한다. 이처럼 유아가 사용하는 단어의 의미는 그 범위가 상당히 크다. 이를 과도확장(過渡擴張)이라 부르는데, 이러한 현상은 연령 증가와 더불어 점차 성인이 사용하는 의미로 재구조화(restructuring)되어 간다. 〈표 8-3〉은 단어의 의미가 과도확장되어 가는 것을 나타낸 것이다.

〈표 8-3〉 과도확장과 재구조화의 예

	언 어	의미 영역	추정되는 기준적 특성
단계 I	bow-wow	개	형 태
단계 II	bow-wow	개, 소, 말, 양 고양이	형 태
단계 III	(a) bow-wow (b) moo	개, 고양이, 말, 양 소	 소리(뿔?)
단계 IV	(a) bow-wow (b) moo (c) gee-gee	개, 고양이, 양 소 말	 소 리 크기(꼬리?)
단계 V	(a) bow-wow/doggie (b) moo (c) gee-gee/horsie (d) baa	고양이, 개 소 말 양	크 기 소 리
단계 VI	(a) doggie (b) moo (c) gee-gee horsie (d) baa lamb (e) kitty	개 소 말 양 고양이	 형태, 소리

자료 : Clark, 1973

4 언어와 사고, 커뮤니케이션

1) 자기중심적 언어와 사회적 언어

언어를 커뮤니케이션의 도구로 볼 경우 유아의 언어는 어떠한 기능을 지닐까? 3세경의 유아가 종이접기놀이를 하면서 "여기를 접어야지."라든가, 4세 아이가 그림을 색칠하면서 "여기는 노란색으로 해야지. 해바라기니까."라는 표현을 사용하는 등 유아가 놀이 세계에서 혼잣말을 하는 모습을 많이 발견할 수 있다.

피아제(Piaget, 1954)는 6세의 언어를 관찰·분석한 결과, 언어에는 자기중심적 언어(egocentric speech)와 사회적 언어(socialized speech)로 나눌 수 있다고 보았다. 자기중심적 언어에는 상대방에게 무언가를 전하려고 하는 표현이 아닌 같은 말을 반복하거나 혼자 중얼거리는 말이 많고, 사회적 언어에는 상대방에게 무언가를 전하려고 하는 것을 목적으로 한 표현으로서 보고(報告), 명령, 요구, 질문 등이 많다. 그는 발달적으로 볼 때 3~7세의 언어에는 자기중심적 언어가 많지만, 7~8세를 경계로 점차 사회적인 언어가 많아진다고 보았다. 이는 연령 증가와 더불어 사회화가 되어 가는 과정을 반영한 것이라고 볼 수 있다.

2) 내재적 언어와 외재적 언어

언어가 유아의 행동 조정에 중요한 역할을 한다고 하는 것에 주목한 사람이 러시아의 언어심리학자인 비고츠키(Vygotsky, 1962)이다. 그는 피아제의 견해에 대해 다소 비판적인 입장을 취하면서 유아의 언어는 원래 사회적 기능을 갖고 있으며, 이것이 점차 사고나 논리 조작의 수단으로써 내재적 언어(inner speech)로 변한다고 보았다. 그는 유아의 혼잣말은 타인에게 향하는 것이 아니라 자기 자신의 관심을 현재 진행 중인 작업이나 놀이에 집중시켜, 계통화라는 행동 조정의 기능을 가진다고 보았다. 이와 같은 자기 자신을 위한 언어 표현은 마침내 자신 안에서 내재화되면서 아동기에는 언어 표현을 수반하지 않고서도 사고나 행동을 자기 조정할 수 있게 된다고 본다.

개인적 언어 표현이 내재화된 것을 내재적 언어라고 부르며, 이에 대해 타인과의 커뮤니케이션의 기능을 가진 언어 표현을 외재적 언어라고 부른다. 루리아(Luria, 1961)에 의하면 내재화된 언어, 즉 내재적 언어는 소위 사고의 도구이며 이것이 행동을 통제할 수 있는 시기는 대략 5세경으로 본다. 사실 성인의 경우도 일상생활에서 스트레스를 받거나 수행해야 할 과제가 복잡할 때에는 혼잣말로 중얼거리거나 머릿속으로 단계를 생각하면서 행동하는 경우가 있다. 즉, 우리는 외재적 언어와 내재적 언어라는 언어의 두 가지 측면의 기능을 일상생활에서 활용하면서 살고 있는 것이다.

3) 언어와 사고

언어와 사고의 관계는 오랫동안 논쟁의 대상이 되어 왔다. 즉, 사고 발달과 언어 발달의 관계에서 어느 것이 선행하는가에 대한 문제를 둘러싸고 심리학자나 문화인류학자 사이에서 논쟁이 되면서, 언어가 사고를 형성한다는 견해와, 반대로 사고력이 언어 발달을 촉진시킨다는 견해로 나뉘었다. 오늘날은 사고와 언어가 일방적이 아닌 쌍방향으로 영향을 주고받으면서 발달해 간다고 보는 견해가 지배적이다. 예를 들어, [그림 8-1]에서 보여 주듯이 비고츠키는 발달의 초기 단계에는 언어와 사고가 상호 관련성이 없이 진행되지만, 그 이후는 점차 관련을 맺으면서 언어적 사고 단계에 도달한다. 언어가 아이의 사고에 미치는 영향은 이미 앞에서 언급한 행동 조정만이 아니라, 기억이나 분류 등의 정보처리 면에도 영향을 준다.

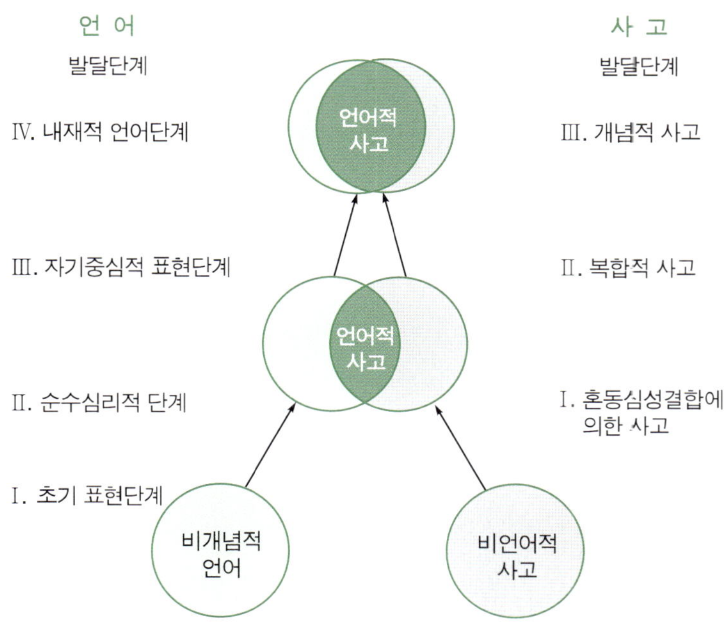

[그림 8-1] 비고츠키의 모델 : 사고와 언어의 관계

자료 : Thomas, 1979.

4) 언어와 조기교육

이미 오래전부터 유아기의 조기교육이 하나의 유행처럼 되면서 오늘날 대다수의 유치원이나 어린이집에서는 문자 교육을 중심으로 한 다양한 조기교육을 실시하고 있다. 문자 교육은 원래 초등학교에 들어가서 배우는 것이 원칙이지만 요즘은 대부분의 유아가 읽기, 쓰기 등의 기초적 학습을 이미 취학 전에 익히고 초등학교에 진학한다. 그래서 유아기의 자녀를 둔 부모는 자신의 자녀가 다른 아이에 비해 학습속도가 느리거나 공부에 관심을 보이지 않으면 학교 공부를 제대로 할 수 있을까라는 생각에 불안해하기도 한다.

사실 지금까지 언어 학습의 조기교육과 관련된 지금까지의 연구 결과는 하나같이 앞에서 언급한 부모의 걱정이나 불안이 기우에 불과하다는 것을 말해 준다. 중요한 것은 부모나 교사의 일방적인 지도나 개입보다 유아에게 언어 사용이나 문자 표현의 즐거움을 충분히 느낄 수 있도록 얼마나 자율적이며 주체적인 교육환경을 배려하는가에 달려 있다고 하겠다. 왜냐하면 문자에 대한 관심이나 흥미는 읽기나 쓰기능력의 발달에 기초가 되기 때문이다. 물론 개인이나 남녀에 따라 언어 학습의 능력이나 관심의 정도가 다르기 때문에 일찍부터 언어에 대한 관심을 가지고 문자 학습의 속도가 빠른 아이가 있는 반면, 문자 이외의 활동에만 관심을 갖는 아이도 있다. 그러나 우찌다(内田, 1989)의 종단적 연구는 초등학교 입학 전의 시점에서 보였던 읽기, 쓰기능력의 개인차나 성차(性差)는 입학 후 1학년 2학기에 들어서면 거의 없어진다고 보고한다. 즉, 초등학교 입학 전에 읽기와 쓰기에 대한 학습을 어느 정도 했는지가 입학 초기에는 영향을 줄 수 있을지는 모르나 그 효과는 1년도 채 지나지 않아서 사라진다는 것이다. 초등학교에 들어가서 처음 문자를 대하고 문자를 배우고 쓰는 즐거움을 터득한 아이는 어른이 걱정하는 이상으로 훨씬 빠르게 읽기나 쓰기능력을 갖추어 나간다.

5 말더듬 현상에 대한 이해와 지도

말더듬 현상은 언어의 리듬 장애라고 말할 수 있으며, 유아기 때부터 나타나기 시작하여 초등학교 입학 시기에 많이 보였다가도 성인이 되어서는 사라지는 것이 일반적이다. 유아기 때의 말더듬 현상은 그 증상이 초기이기 때문에 경미한 경우가 많다.

유아의 말더듬 현상은 이것을 악화시키는 외부의 자극이 없는 한 대부분은 사라지는 것이 일반적이다. 그러나 아동의 말더듬에 대한 이해가 부족한 어른의 그릇된 대응 때문에 오히려 말더듬 현상이 서서히 악화되는 경우가 있다. 유아기의 말더듬 현상의 지도는 대개 장애 그 자체에 대한 지도보다는 그 아이를 둘러싼 언어적 환경과 심리적 안정을 위한 환경 조성에 초점을 맞추는 것이 일반적이다. 이 문제에 대한 유의점을 살펴보면 다음과 같다.

(1) 말더듬 현상에 대해 주의를 주지 않는다

"침착하게 천천히 말해야지."라고 하는 등의 지도는 충고의 효과보다는 유아의 자기 표현을 중단시켜 버리고, 표현의 즐거움을 상실하게 만든다. 언어로 직접적인 지적을 하지 않더라도 난처한 표정이나 거부적 태도를 취하는 것도 아이에게는 동일한 의미로 전달되기 때문에 바람직하지 않다.

(2) 무리하게 말을 시키지 않는다

말을 더듬는 아이에게 매끄럽게 말할 수 있게 해야 한다는 의도로 조금이라도 말을 시키는 훈련을 통해 아이에게 이런 저런 말을 물어보는 경우가 많다. "어제는 무엇을 했지?"라고 질문을 받으면, 여러 가지 일이 있었지만 하나하나 이야기하기가 쉽지도 않고 모두 기억하고 있지 않기 때문에 대강 "즐거웠다."라고 대답을 하게 된다. 이때에 "무엇이?"라고 다시 집요하게 질문을 하면 아이는 표현에 대한 긴장감이 강화되면서 언어의 리듬이 깨져 버린다.

유아의 말더듬은 대개 현저하게 나타나는 시기가 있기도 하고 사라지는 시기도 있는 등 그 흐름이 있다. 말더듬 현상이 두드러지게 나타나는 시기에는 무리하게 말을 시키지 않는 것이 중요하다. 말을 더듬는 아이일지라도 혼자서 무언가 중얼거릴 때는 더듬거리지 않고 매끄럽게 표현하는 것을 볼 수 있다. 이때는 방해를 하지 말고, 충분히 허용해 주는 분위기를 만들어 준다.

(3) 꾸중을 줄인다

"안 돼!", "그만둬!"의 거부적 의미를 담고 있는 어른의 표현은 아이에게 욕구 불만이나 심리적 불안감을 증대시켜 아이의 말더듬 현상이 악화되기도 한다. "자녀의 말더듬 현상에 대해 너무 예민하게 반응하고 간섭을 많이 했다."라고 반성하는 부모가 자신의 태도 변화를 통해 아이의 말더듬 현상이 상당히 호전되었다고 하는 사례가 드물지 않게 보고되고 있다. 그러므로 말더듬는 아동이 무엇보다도 일상생활에서 욕구 불만이나 심리적 긴장감을 느끼지 않도록 부모나 교사의 애정과 사려 깊은 대응이 필요하다.

(4) 즐겁게 말한다

지금까지 언급했듯이 말더듬 아이에 대한 지도는 첫째, 매끄럽지 못한 언어의 리듬에 대한 심리적 압박을 줄이는 것이며, 둘째, 애정과 신뢰 관계에 의한 안정과 자신감을 갖도록 하는 것이다. 대개 말더듬 현상의 시작이 동생의 출생이나 유치원·초등학교의 입학 시기에 보이거나 엄격한 부모의 양육 태도 등과 관련이 있는 경우가 많기 때문에 이 현상에는 아동의 심리적 긴장이 깊게 관여하기도 한다. 그러므로 아이가 안심하고 자기표현을 마음껏 할 수 있도록 배려하고 아이의 말더듬 현상에 대해 예민하게 반응하지 않으며, 서로 즐겁게 이야기를 나누는 기회를 많이 가지는 것이 중요하다.

CHAPTER 09

인지와 사고의 발달

1 피아제 이론의 기초

우리 주위에 제공되는 정보를 처리하는 정신적 기능, 즉 지각, 사고, 지능, 언어 기능을 통틀어서 '인지(cognition)'라고 한다. 다양한 정보를 종합적으로 분석, 해석, 이해하고 적절하게 대응하는 인지 활동을 통해 인간은 자신이 처한 여러 상황을 효과적이면서 적절하게 대처할 수 있게 된다. 이러한 인지의 세계를 영아는 어떻게 획득해 나가는가에 대해 규명한 대표적인 연구자는 피아제(Piaget, 1936)이다. 그의 이론적 정립은 자신의 자녀 3명(아들 1명, 딸 2명)을 대상으로 관찰한 자료를 바탕으로 한다. 그는 실험실이라고 하는 통제된 환경이 아니라, 일상생활 장면에서 보여 주는 아이의 자발적인 행동이나 일정 자극에 대해 나타나는 반응을 관찰하여 이론화를 구축해 나갔다. 이러한 임상적 방식으로 연구한 자료를 프랑스어로 정리한 3권의 저서는 1930~1940년대에 걸쳐 출판되었다. 여기에는 창조적이고 흥미로운 다양한 관찰 자료가 수록되어 있다. 비록 피아제의 관찰 자료는 통제된 실험실에서의 연구가 아니기 때문에 타당성과 신뢰성, 샘플의 대표성 등의 연구 방법론적인 문제를 안고 있지만, 그가 수집한 데이터와 해석은 발달심리학자의 연구 욕구를

[그림 9-1] 피아제

자극하여 이후 심리학계의 발달에 미친 영향력은 크다고 할 수 있다.

피아제 이론의 기본적 원리는 "아이는 자신의 세계에 대해 지식을 정밀화해 나가는 과정에 있어서 능동적으로 역할을 하고 있다."라는 것이다. 아이는 주위 사물에 대해 적극적으로 작용하여 그 결과로써 나타나는 사물의 반응을 관찰하여 지식을 습득해 나간다. 그는 인지적 활동에 관여하는 사고의 틀로 쉐마(schema)라는 개념을 제안하였다. 그는 쉐마의 개념을 유사한 환경에서의 반복을 통해 일반화된 행동의 조직화나 심적 구조라고 정의하였다. 인간의 행동과 사고의 궁극적인 목적은 보다 효과적으로 환경에 적응해 나가는 데 있으며, 인간은 쉐마를 활용하여 자신이 처한 환경에 효과적으로 적응해 나가게 된다. 그러므로 인지 발달은 곧 쉐마의 발달과 깊은 관련이 있다고 할 수 있다.

피아제 이론의 독자성의 하나는 인간의 지능이 주위 환경에 보다 효율적으로 적응하기 위해 계통적 발생을 통해 진화해 왔으며, 이는 개체 발생을 통해 변화한다는 것이다. 그러므로 생물학적 관점에서 지능은 개체가 환경에 적응하기 위한 도구라고 할 수 있다. 지능에 생물학적 기초가 있다고 한다면 지능은 생명체의 시스템 안에 작동하고 있는 메커니즘에 의해 기능한다고 할 수 있다. 이러한 메커니즘은 '동화(assimilation)'와 '조절(accommodation)'이라고 하는 2가지의 과정이다.

동화란 지각한 대상의 특징을 기존에 있는 쉐마와의 조화를 통해 그 대상을 수용하고 이해하는 과정이며, 이는 새로운 물체나 현상을 기존의 쉐마에 통합하는 것을 의미한다. 예를 들어, 영아가 장난감을 손으로 잡는 행위는 파악(把握) 쉐마로의 동화라고 할 수 있다. 한편, 동화할 수 없는 대상을 이해하고 적응하기 위해서 현존하는 쉐마를 수정하는 과정은 '조절'이라 한다. 예를 들어, 이전의 방식으로 장난감을 쥐는 것이 아니라 장난감의 크기나 무게, 형태에 따라 잡는 행동을 효과적으로 바꿔 나간다.

출생 시의 쉐마는 '반사(反射) 쉐마'에서 시작하지만, 이것이 동화와 조절의 과정을 통해 수정·통합되는 가운데 인간은 외부 세계에 적응하게 된다. 갓 태어난 신생아의 쉐마는 일반적으로 빨기 반사나 하품, 재채기 등의 원시적 반사 운동을 통해 환경에 적응한다. 그러나 이후 뇌신경이나 감각운동능력이 발달하면 상징적 행동을 거쳐 좀 더 복잡한 조작능력으로 발전해 간다.

피아제에 의하면 지능은 환경 가운데 경험하는 타인, 물건, 상황에 적응하여 새로운 문제를 해결하는 과정에서 생성되는 것으로 이해하였다. 여기서 말하는 적응이란 발달을 통해 새로운 물건을 기존에 있는 쉐마에 동화하는 것, 이 쉐마를 물건의 새로운 특성에 맞게 적용하는 것, 그리고 조절만으로 불충분한 경우에는 보다 복잡한 쉐마를 만드는 것이다. 새로운 쉐마의 창조는 기존 쉐마 간의 협응을 토대로 진행되며, 이것이 행위의 구조를 점차 복잡하게 만든다.

피아제는 영아의 놀이 활동을 설명할 때도 동화와 조절을 기초 개념으로 사용하면서 동화가 조절에 대해 우위에 있을 때를 놀이 활동으로, 조절이 동화보다 우위를 차지할 때를 모방 행위로 보았다. 소꿉장난이나 의사놀이 등의 상징놀이는 현실 세계를 자신의 쉐마에 동화시킴으로써 성립되는 활동이라 할 수 있다. 왜냐하면 이런 놀이의 세계에서는 자동차가 하늘을 날아다니기도 하고, 인형이 사람처럼 말을 하기도 하기 때문이다.

2 인지발달단계

피아제는 인간 발달의 4가지 기본적 요소로 내적 성숙(유전), 신체적 경험, 사회적 전달, 그리고 균형으로 보았다. 또한, 내적 성숙은 발달을 촉진하는 데 반드시 필요하지만, 이것만으로는 충분하지 않다고 보았다. 사물이나 현상 등을 이해하기 위해서는 직접 그 대상을 조작이나 관찰을 하거나 소리를 듣거나 냄새를 맡는 등의 탐색 행위, 즉 신체적 경험도 필요하며, 동시에 사회적 전달, 즉 넓은 의미에서 교육적 행위도 필요하다고 보았다. 그리고 내적 성숙, 신체적 경험, 사회적 전달이 잘 조화되어 균형 상태를 유지하는 가운데 일반적 논리 또는 사물의 성질이나 기능 등의 지식을 획득해 나갈 수 있게 된다. 정신 쉐마에 있어서 획득하는 지식의 종류나 획득 시기는 모두 이 4가지 요소에 의해 결정되고 이것에 의해 인지발달의 단계가 조정 혹은 설정된다.

발달은 상호 질적으로 다른 일련의 스텝으로 본다. 피아제는 출생에서 청년기까지의 발달을 특징짓는 4가지의 시기를 다음과 같이 구분한다. '감각운동기 → 전조작기 → 구체적 조작기 → 형식적 조작기'이다. 이 가운데 피아제는 영아기를 감각운동기로 분류하면서 〈표 9-1〉과 같이 6가지의 하위 단계로 세분화하여 설명한다.

1) 감각 운동기

우리는 '생각한다.'고 할 때 머리를 사용하지만 영아의 경우는 신체를 사용한다. 이 시기의 아이는 주위 사물을 보고, 만지고, 빨고, 두드리는 등의 감각 기능(시각, 청각, 촉각, 미각, 후각)을 통하여 그 대상을 이해해 나간다. 피아제는 이런 방식으로 대상을 이해하는 것을 '감각운동적 지능'이라고 하면서 6가지의 단계로 세분화하였다.

〈표 9-1〉은 각 단계와 이것이 출현하는 연령, 각 단계의 발달특징에 대한 내용이다. 여기서 피아제의 연령 구분은 다음 2가지 이유에서 신중하게 접근할 필요가 있다. 하나는 피아제가 연구를 통해 제시한 연령 구분은 단지 3명의 아이를 대상으로 관찰한 자료만을 근거로 한다는 점이다. 또 하나의 이유는 피아제가 젊은 아버지였던 시대(1935~1940년) 이후 자녀 양육 방식과 문화가 오늘날 크게 변화했다는 점이다. 생활양식이나 교육 방식이 다르고, 그림 동화책이나 TV, 인터넷, 비디오 등을 접할 수 있는 오늘날의 문화는 분명히 피아제의 시대와는 많이 다르다는 것이다. 그러므로 오늘날의 아이들은 피아제 시대의 아이들보다는 각 단계의 특징을 획득하는 시기가 전체적으로 빠르다는 점에 유의할 필요가 있다. 하지만 행동 특징의 출현 순서는 거의 다르지 않다는 점은 주목할 필요가 있다.

〈표 9-1〉 감각 운동지능의 발달단계

단 계	연 령	주요 특징
제 1단계	출생~1개월	반사 중심적 운동
제 2단계	1~4개월	제 1차 순환 반응
제 3단계	4~8개월	제 2차 순환 반응
제 4단계	8~12개월	제 2차 순환 반응 간의 협응
제 5단계	12~18개월	제 3차 순환 반응
제 6단계	18~24개월	심적 표상

(1) 제 1단계 : 반사 운동기(출생~1개월)

이 시기의 활동은 빨기 반사나 파악 반사와 같은 대개 반사활동에서 시작된다. 피아제는 이런 반사가 동화와 조절의 과정을 거쳐 복잡해지면서 영아가 직면하는 환경 내에서의 사물에 적응해 나가는 시기라고 보았다. 처음에는 단순한 반사에 지나지 않았던 행동이 점차 능동적이고 적응의 형태로 발전한다. 예를 들어, 빨기 반사를 통하여 어머니의 젖을 효과적으로 빨기도 하고, 파악 반사를 통하여 물건을 능숙하게 잡는 방법을 터득하기도 한다. 이처럼 생후 1개월 사이에 빨기 반사의 쉐마와 파지 반사의 쉐마를 각각 분화해 나간다.

(2) 제 2단계 : 제 1차 순환 반응기(생후 1~4개월)

이 단계는 제 1차 순환 반응기이다. 제 1차 순환 반응은 반사 행동의 지속적 연습으로 인해 이제까지 독립적이었던 반사 간에 조합적인 관계가 나타난다. 잡기 행동, 보는 행동, 듣기 행동, 빨기 행동 등의 단순한 동작이 우연히 연결되면서 순환 반응이 생성된다. 예를 들어, '목에서 소리를 낸다', '귀로 듣는다'라고 하는 두 동작이 연결되었을 때, 아기는 이런 행동을 반복해서 몇 번이고 소리를 들으려고 한다. 자신의 손이 우연히 입에 닿자 영아는 그런 새로운 행동을 재현하고자 한다(그림 9-2 참조). 예를 들어, 장난감을 한 손으로 집어 들고는 그것을 입으로 가져간다. 이

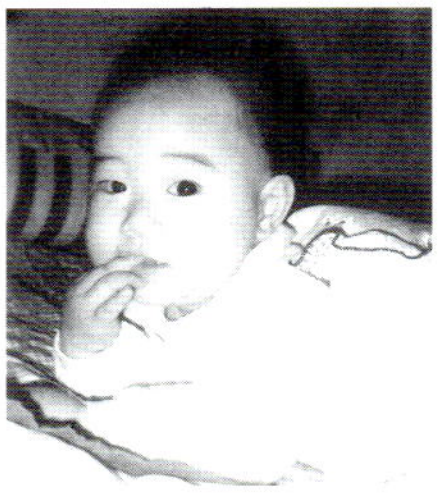

자신의 손가락을 입으로 가져가 빨기도 하고 손을 입에서 떼어 보기도 하고 다시 입에 넣어 빨아 보기도 하고 있다. (생후 3개월)

[그림 9-2] 제 1차 순환 반응기

단계에서는 영아는 자신에게 흥미 있는 활동을 반복해서 만들어 가지만(순환성의 측면), 그 행위는 자신의 신체에 한정되어 있다(제 1차적 측면). 이 단계의 영아에게 딸랑이를 주면 쉴 새 없이 딸랑이의 잡는 방법을 바꾸기도 하고, 입으로 가져가서 빨기도 하는 등의 행동이 보인다. 그러나 이 시기의 영아는 물건에 관심을 갖고 반복적으로 행동하는 것이 아니라, 장난감과 일체화된 자신의 신체활동, 그 자체에 관심을 보이는 시기이다.

그러므로 이 단계에서 나타나는 반사 쉐마는 더 이상 최초의 생물학적 반사의 형태가 아니라, 영아가 의도적으로 바꿀 수 있는 통제 가능한 것으로 나타난다. 그리고 순환 반응이 보인다고 하는 것은 영아가 능동적으로 환경에 적응하고 있음을 의미하기도 한다.

(3) 제 3단계 : 제 2차 순환 반응기(생후 4~8개월)

이 단계가 되면 자신의 신체 이외의 대상, 즉 사물이 등장하게 된다. 눈과 손의 협응 동작이 성립되면서 사물을 눈으로 보고 손으로 쥐어서 입으로 가져오는 동작을 할 수 있게 된다. 지금까지는 행위 그 자체를 즐겼지만, 이제는 행위의 결과, 즉 행위에 의해 생성되는 외부 세계의 변화에 대한 관심을 갖게 된다. 이 시기는 자기 자신이 아니라, 자신이 조작하는 대상의 변화가 흥미로워서 그 활동을 반복적으로 하게 된다. 이런 활동 쉐마를 제 2차 순환 반응이라고 한다(그림 9-3 참조).

딸랑이를 집어 들어 움직이자 소리가 난다. 아이는 이후 계속 흔든다. (생후 7개월)

[그림 9-3] 제 2차 순환 반응기

어쩌다가 손을 펴는 순간 쥐고 있던 물건이 떨어지면 한 번 더 떨어뜨리려고 한다든지 쥐고 있던 딸랑이에서 딸랑딸랑 소리가 나는 것을 알게 되면서 몇 번이고 흔들어 재현하는 행동을 시도한다. 이처럼 이 시기는 자신과 사물을 구분하기 시작하면서 자신의 행위에 의해 수반되는 반응을 이해하기 시작한다. 제 2차 순환 반응은 자신의 활동과 자신의 외부 환경이 다르다는 것을 인식하게 하는 효과가 있다.

(4) 제 4단계 : 제 2차 순환 반응의 협응기(생후 8~12개월)

이 단계에서는 제 2차 순환 반응 간에 협응의 형태가 나타난다. 물체와 관련해서 순환 반응 간에 협응을 하기 때문에 수단과 목적의 분화가 시작된다. 그래서 이제까지 획득한 다양한 순환 반응 형태를 협응하여 목적을 달성하고자 하기 때문에 어떤 물건을 손에 넣기 위해(목적), 다른 물건을 수단으로 이용하는 행동을 보인다. 예를 들어, 인형이 의자 밑에 숨어 있는 것을 발견한 영아는 그것을 손에 넣기 위해 의자를 옮기기도 하고, 방석 위에 있는 장난감을 취하기 위해 방석을 잡아당겨서 장난감을 잡는 등, 목적을 달성하기 위해 쉐마의 협응을 수단으로 사용한다.

이전 단계에서는 자신의 행위에 의한 우연한 결과에 흥미를 느끼면서 그것을 재현하는 가운데 자신의 행위와 환경의 반응과의 관련성을 이해했지만, 이 단계에서는 경험 이전에 이미 수단과 목적이 분화되어 어떤 결과를 기대하면서 의도적으로 행동하는 지적 활동이 나타난다.

(5) 제 5단계 : 제 3차 순환 반응기(12~18개월)

이 시기의 영아는 물체의 새로운 특성을 자신이 탐색하면서 새로운 방식으로 그 대상에 접근해 나간다. 그래서 목표를 달성하기 위해 다양한 방법을 사용하여 가장 효과적인 방법을 선택하는 행동을 보인다. 예를 들어, 손을 뻗어도 닿지 않는 장난감이 있으면 막대기를 사용하여 가까이 가져 오는 등 시행착오를 통하여 새로운 수단이나 방법을 터득한다. 이 시기는 단순한 행동의 반복을

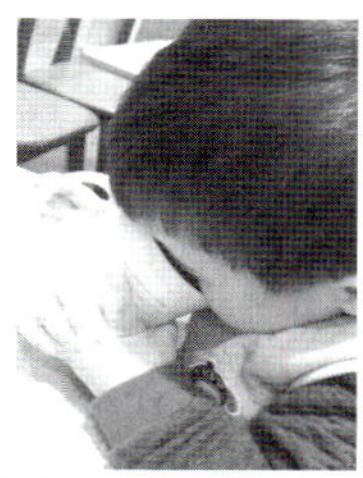

효과적으로 물을 마시기 위해 양손을 이용한다. (생후14개월)

[그림 9-4] 제 3차 순환 반응기

통한 만족이 아니라, 새로운 현상에 대해 적극적인 관심을 가지면서 기존 쉐마의 적극적인 조절을 통하여 문제를 풀어 나간다(그림 9-4 참조). 우연히 나타난 결과를 단순히 재생하는 것에 만족하지 않고 새로운 결과를 창조하게 된다. 그래서 피아제는 이 시기를 '능동적 실험을 통한 새로운 수단을 발견하는 시기'이며, 감각 운동적 지능이 거의 완성되는 시기라고 보았다.

(6) 제 6단계 : 심적 표상기(18~24개월)

이 단계는 마음속에서 쉐마의 조합이 이루어진다. 지금 여기 눈에 보이지 않는 물체나 활동을 마음속에서 표상으로 확실하게 생각할 수 있는 단계이다. 이 시기에는 표상능력의 발달로 인해 영아는 이전에는 자신의 신체를 사용하여 실제적으로 해야 했던 동작을 이제는 경험하지 않고도 머릿속에서 효과적인 방법을 생각할 수 있게 된다. 즉, 머릿속에서 몇 개의 동작을 그려봄으로써 주어진 상황에 적합한 행동이 무엇인지를 판단한다(그림 9-5 참조).

[그림 9-5] 영아의 문제 해결능력(생후 16개월)

표상능력이 획득되면 다양한 새로운 행동이 나타난다. 예를 들어, 눈앞에 모델이 없을지라도 표상능력이 있다면 그 행동을 머릿속으로 재현할 수 있기 때문에 지연 모방이 가능해진다. 화장대에서 엄마처럼 화장을 하고 싶어 입 주위에 립스틱을 바르는 영아의 행동을 관찰할 수 있다. 이런 모방놀이는 모두 표상능력에 기초한다.

2) 전조작기(2~7세)

이 시기의 인지발달은 언어가 중심적 역할을 한다. 언어 발달은 2단계로 나눌 수 있는데, 2~4세는 자기중심적 언어 사용이 일반적이다. 즉, 이 시기의 아이는 상대방에게 무언가를 전하려고 하거나 자기표현보다는 자기 자신에게 말을 하거나 같은 말을 반복하거나 혼잣말로 중얼거리는 등의 언어 수준에 머물고 있다. 5세 이후가 되면 상대방에게 무언가를 전하는 것을 목적으로 한 표현이나 요구 사항, 질문,

부탁 등 커뮤니케이션 기능을 갖춘 언어를 사용하기 시작한다.

언어나 이미지능력의 발달로 표상적 사고가 가능하기 때문에 비록 눈앞에 보이지 않는 대상일지라도 그 대상을 머릿속에서 생각해 내거나 관련짓는 등의 정신적 작용이 가능하다. 이제는 신체나 감각을 대신해서 이미지나 언어를 사용하여 생각할 수 있게 된다. 그래서 이 시기는 특정의 사물을 다른 사물(물건, 이미지, 언어 등)로 바꾸어 표현하는 상징 기능의 발달로 소꿉놀이나 가게놀이 등의 상징놀이가 나타나기 시작한다. 어머니를 흉내 내기도 하고, 나뭇잎을 반찬으로 작은 돌을 밥으로 생각하며 놀기도 한다.

이 시기에서 볼 수 있는 또 하나의 특징은 직관적 사고이다. 어떤 시각 자극이 제시되면 그 자극의 한 부분만을 주목하여 그것을 그 자극의 본질인 것으로 착각하는 현상을 보이기도 하고, 모든 것을 자신의 관점에서 외계(外界)를 인지하는 자기중심적 사고를 보이기도 하다.

3) 구체적 조작기(7~11, 12세)

이 시기의 특징은 크게 2가지이다. 하나는 전조작기에서 보였던 직관적 사고로부터의 탈피이다. 직관적 사고의 탈피란 자기중심적 사고의 탈피와 사물은 형태가 바뀌어도 그 본질은 변하지 않는다는 것, 즉 보존 개념의 획득을 의미한다.

보존 개념의 획득은 곧 가역성의 개념(원래대로 하면 이전과 동일하다.)과 상보성의 개념(물의 수면이 올라갔지만 이전보다 컵의 폭이 좁아졌다.), 동일성의 개념(더 넣거나 빼거나 하지 않았기 때문에 같다.)의 획득을 의미하기도 한다.

[그림 9-6] 돌이 들어 있는 컵을 바라보고 있는 아이(11세)

또 하나의 특징은 이 시기부터 인과 관계의 개념 획득으로 원인과 결과의 관계를 이해하기 시작한다. 예를 들어, 이전의 단계에서는 물 컵에 돌을 넣으면 돌이 무겁기 때문에 수면이 올라간다고 생각했지만, 이 단계에 들어서면 돌이 부피를 차지하기 때문에 수면이 올라간다고 올바른 인식을 한다(그림 9-6 참조).

4) 형식적 조작기(12세 이후)

이 시기에 들어서면 가설 연역적 사고가 가능하게 되면서 사물이나 상황을 직접 보거나 듣거나 접촉하지 않아도 머릿속으로 과제를 생각하면서 가설을 세워 논리적으로 문제를 풀어 나간다. 예를 들어, '강물이 언덕 위로 올라온다고 생각해 보자. 그러면 우리 마을이 어떻게 될까?'라고 가정하면서 현실적으로 있을 수 있는 이런 저런 상상을 한다.

또한, 이 시기부터는 고도의 논리적인 사고가 가능해진다. 예를 들어, 'A는 B보다 키가 크다. 그러나 A는 C보다 키가 작다.'는 사실을 알게 되면 B와 C의 관계에 대한 언급이 없어도 'B는 C보다 키가 작다.'는 사실을 유추할 수 있는 능력, 즉 'transitivity'의 사고력을 갖추게 된다.

3 대상 영속성의 발달

피아제는 감각 운동기에 있어 인지 발달의 변화를 '불변성'의 확립에 의해 나타난다고 보았다. 또한, 불변성의 개념과 함께 영속적인 사물의 존재에 대한 인식도 중요하다고 보았다. 영속적인 사물에 대한 인식은 시간과 공간을 구조화하고 사물 간의 인과 관계를 구조화하는 데 있어 불가결하다고 보기 때문이다. 대상 영속성의 개념 획득이란 사물이 보이지 않아도 계속 존재한다는 것을 아는 것을 의미하며, 영아가 대상 영속성을 이해하고 있다는 사실은 심적 표상을 계속 유지할 수 있다는 말이 된다. 피아제는 대상 영속성의 확립과정을 〈표 9-2〉에 제시한 6단계로 보고, 이 단계는 감각 운동기의 하위 6단계와 대응한다.

〈표 9-2〉 대상 영속성의 개념획득단계

단 계	연 령	주요 반응
제 1단계	출생~2개월	눈에서 사라진 대상에 대해 반응하지 않는다.
제 2단계	2~3개월	실망한 표정이나 울음을 보이나 더 이상 찾지는 않는다.
제 3단계	4~8개월	행위에 관계되는 실제적 영속성(기대)을 보이면서 근처에서 탐색한다.
제 4단계	8~12개월	완전히 숨겨진 대상을 찾는다. A not B error
제 5단계	12~18개월	눈으로 보이는 사물의 이동을 안다.
제 6단계	18~24개월	눈에 보이지 않는 사물의 이동을 안다.

실험을 통해서 다음과 같이 영아의 대상 영속성 개념 획득 여브를 간단히 확인할 수 있다. 실험자는 생후 4~8개월 영아가 보는 앞에서 그 아이가 흥미를 끌 수 있는 장난감을 [그림 9-7]과 같이 천천히 종이로 가린다. 영아는 놀란 표정을 지으면서 실험자를 쳐다보지만, 장난감을 찾기 위해 방해물(종이)을 걷어내려고 하지 않는다. 이 시기의 영아는 눈에 보이지 않는 대상은 더 이상 존재하지 않는 것처럼 행동한다. 이러한 행동은 이 시기의 영아가 관여할 수 있는 세계는 보이는 세계에 한정되어 있다는 것을 보여 준다. 그래서 피아제는 이 시기의 영아가 인식할 수 있는 세계는 자신의 신체활동과 직결되어 있다고 보았다.

[그림 9-7] 물체의 탐색(감각 운동기의 3단계)

제 4단계 이후의 영아는 숨겨진 물체를 찾는 행동이 보인다. 그러나 어떤 상황에서도 눈앞에서 사라진 물체를 찾는 행동이 나타나는 것은 아니다. 실험자가 제 4단계에 해당하는 영아를 대상으로 손 안에 물건을 숨기는 행동을 몇 번이고 보여 주었다. 영아는 일관해서 그곳을 탐색해서 물건을 찾는다. 만일 실험자가 손이 아니라 모자에 그 물건을 숨겨도 영아는 여전히 실험자의 손에서, 즉 실제로 숨긴 장소가 아니라 이제까지 몇 번이나 찾아낸 장소를 계속 찾는 행동을 보인다(그림 9-8 참조). 이러한 오류를 '제 4단계 특유의 오류', 또는 'A-not-B error'라고 부른다. 과제가 새로운 장소로 이동되면 그 과제를 해결했던 이전의 장소에 집착하여 물건을 찾는 행동을 반복하는 것은 아직 사물이 그 아이 자신의 행위와 독립해서 존재하고 있지 않음을 의미한다. 즉, 영아의 찾는 행동이 특정 장소에서의 활동에만 국한되어 있는 것은 아직 이 단계에서의 영아의 표상능력은 매우 약하다고 할 수 있다. 왜냐하면

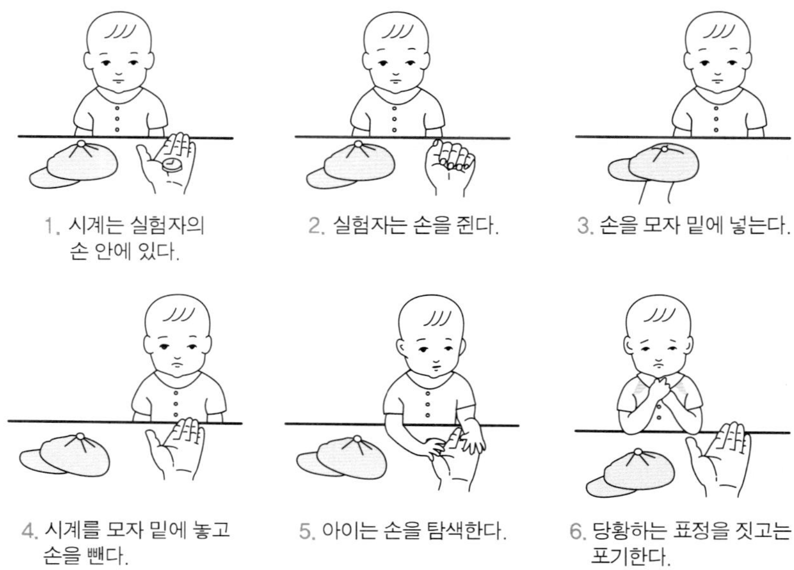

[그림 9-8] 대상의 이중 이동에 대한 영아의 반응

자료 : Bower, 1974.

모자 아래 장난감이 존재하고 있음을 이해하기 위해서는 모자 속으로 이동된 물체의 존재를 머릿속에서 떠올릴 필요가 있기 때문이다.

제 5단계에 들어서면 'A-not-B error' 상태에 놓이게 되어도 B장소(모자)에서 물건을 찾는 행동을 보인다. 이제는 물건이 어디에 숨겨져도 그것이 이동한 곳에 계속 존재한다는 사실, 물건은 자기 자신의 활동과는 독립된 장소에 있다는 사실을 이해하게 된다.

그러나 이 시기의 전반기까지는 아직 대상 영속성에 대한 이해가 불완전한 상태이다. 예를 들어, 물건을 불투명한 용기에 넣어서 그것을 그대로 큰 수건 아래로 이동시킨다. 그리고 수건 아래에서 물건을 끄집어내어 수건 밑에 그대로 두고 용기만을 수건 밖으로 끄집어내어 보여 준다. 그러면 이 단계의 영아는 용기만을 탐색하는 행동을 보인다. 사물이 다른 장소로 이동했다는 것을 눈으로 보지 않으면 영아는 대상 영속성의 능력을 발휘할 수 없다.

본격적인 영속성 개념의 획득은 감각운동기의 마지막 단계(6단계)에 들어서야 획득하게 된다. 영속성의 개념은 숨겨진 물건을 찾는 활동과 관련된 다른 쉐마를 마음속에서 조합하는 능력이 요구된다. 이 능력은 사물이 보이지 않는 상황에서 이동했다고 할지라도 그것을 찾아내는 새로운 능력인 것이다.

4 사고의 발달

1) 보이는 세계에 충실한 사고

피아제는 영유아기에서 볼 수 있는 '보이는 세계'로 인한 착오 행위, 즉 대상에 대한 이해가 시각적으로 보이는 것에 현혹되어 범하는 실수 행위에 대해 다음과 같이 체계적인 실험연구를 통하여 설명한다.

(1) 보존(conservation) 실험

[그림 9-9]에서 [A]의 (a)처럼 구슬을 한 줄로 늘어놓은 다음, 유아에게도 구슬을 주면서 똑같이 한 줄로 늘어놓도록 요구한다. 5, 6세가 되면 대체로 (b)와 같이 1 : 1 대응이 되도록 같은 수의 구슬을 놓을 수 있게 된다. (a)와 (b)가 같은 갯수임을 확인시킨 후, 그 아이가 보는 앞에서 (b)의 폭을 좁혀 (b′)의 형태로 늘어놓은 다음, (a)와 (b′)를 비교시켜 보면 유아는 (b′)보다 (a)의 구슬이 많다고 대답한다. 그들은 (b)에서 (b′)로 공간이 축소된 형태에 현혹되어 1 : 1 대응이라는 수의 개념을 보존할 수 없었던 것이다. 피아제는 이러한 '수에 대한 비보존성 반응'은 6세까지 지속된다고 보았다. '보이는 세계의 변화'에 의해 초래되는 유아의 이런 착오 행위는 수와 같은 비연속적인 양에만 한정되지 않고, 액체의 양이나 무게 등 연속적 양에 관한 실험에서도 '보이는 세계'가 주는 착각에 쉽게 빠진다는 것을 알 수 있다.

[그림 9-9]의 [B] 실험에서는 (a)와 (b) 액체의 양이 같음을 확인시켰음에도 불구하고 (b)의 액체를 가늘고 긴 용기인 (b′)로 옮겨 담으면 (b′) 액체의 양이 (a)보다 많다고 대답한다. [C]의 실험에서는 (a)와 (b)의 점토가 같은 무게임을 확인시킨 후, (b)의 점토를 표면적이 커진 (b′)의 형태로 변형시키면 (b′)의 점토가 (a)보다 더 무겁다고 대답한다. 실제 (a)와 (b′)의 점토를 양 손바닥에 얹어 주면 (b′)의 손이 (a)를 얹은 손보다 무거워하며 아래로 내려간다(Bower, 1974). 이 두 실험도 '보이는 세계'의 변화에 현혹되어 양과 무게의 개념이 상황 변화를 넘어서 보존할 수 없는 데에서 생기는 착오 행위, 즉 '보이는 세계'를 벗어나지 못하는 유아의 사고체계의 한계를 여실히 보여 준다. 피아제를 중심으로 한 주네브 학파의 연구에서는 양의 개념은 8~10세, 무게의 개념은 9~11세가 되어야 보존 반응이 가능하다고 보았다.

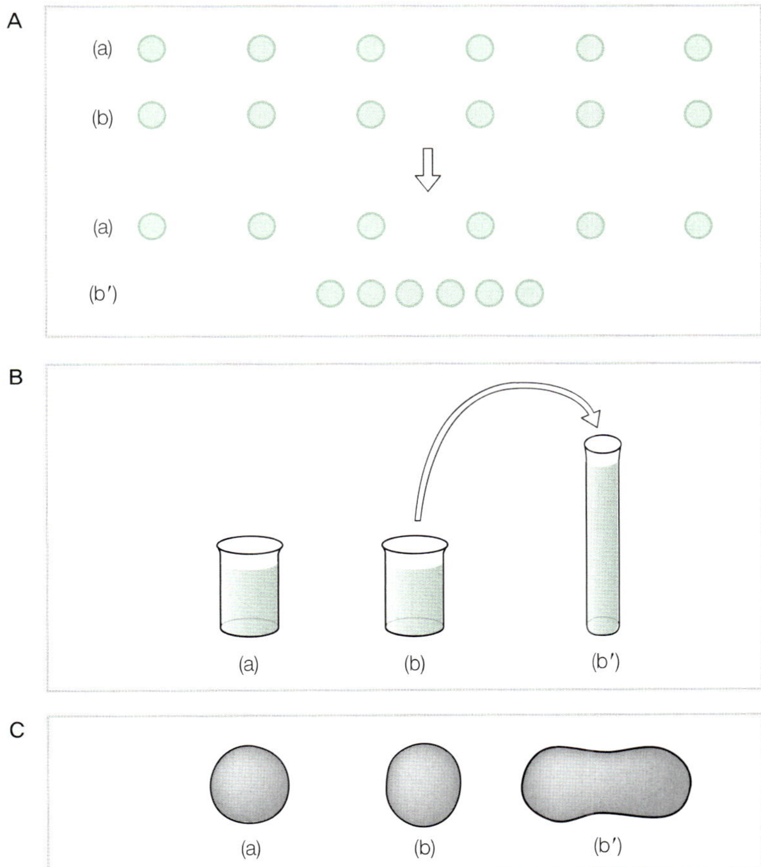

[그림 9-9] 피아제의 여러 가지 '보존' 실험 과제

(2) '보이는 세계'에 대한 집착 : 3개의 산에 대한 문제

두 명의 남자아이(A, B)가 책상 위에 놓여진 3개의 입체적인 산 모형물을 가운데 두고 [그림 9-10]과 같이 마주 보고 앉아 있다. 등이 보이는 A는 중앙에 있는 산 위의 집을 볼 수 있지만, 맞은편에 앉아 있는 B에게는 보이지 않는다. 그러나 그림과 같은 위치에 앉기 전에 A, B는 모형 산 주위를 한 번 둘러보았기 때문에 A는 맞은편에

[그림 9-10] 피아제의 3개의 산에 관한 문제

앉아 있는 B가 어떤 정경을 보고 있는지 알 수 있다. 이러한 실험 장치 및 과정을 거친 후, A에게 여러 위치에서 찍은 모형 산의 사진을 몇 장 보여 주면서 B가 보고 있는 것으로 판단되는 모형 산을 선택하도록 했다. 그 결과 자신 쪽에서 보이는 모형 산 사진을 선택했다. 유아는 상대방이 보고 있는 산의 모양은 자신이 바라보고 있는 산의 모양과 다르지 않다고 생각하는 것 같다. 6~7세가 되면 상대방과 자신의 위치에서는 각각 산의 모양이 다르게 보인다는 사실을 깨닫기 시작하지만 아직 여전히 오답의 확률이 높았으며, 9~10세 정도가 되어서야 정확한 반응을 보였다. 피아제는 유아의 사고 세계에서 볼 수 있는 '보이는 세계'에 대한 이러한 집착을 '자기중심성(egocentrism)'이라 불렀다.

한편, 데브리스 박사(Devries, 1969)는 피아제의 이런 주장을 실제적인 현상을 통해 증명하고자 3~6세를 대상으로 다음과 같은 흥미로운 실험을 했다. 먼저 실험자가 유아에게 얌전한 고양이 한 마리를 보여 준다. 유아는 고양이의 몸을 쓰다듬어 주기도 하고 안아 주기도 하면서 논다. 이어서 실험자는 "잠시만 고양이 얼굴을 가릴게요. 자! 이젠 다르게 보일 거예요. 고양이 꼬리를 잘 보고 있어요."라고 하면서 고양이의 머리 부분과 앞발을 가리개로 가리고 뒤에서 고양이 얼굴에 고무로 만들어진 '개' 또는 '토끼' 가면을 씌운다. 그 후 가리개를 없애고 '개' 또는 '토끼' 가면을 한 고양이를 유아에게 보여 준다. 실험자는 "잘 보아요. 개(토끼) 얼굴을 하고 있는 이

동물은 무슨 동물일까요?"라고 묻는다. 실험 결과 5, 6세 아이의 대부분은 "개(토끼) 마스크를 하고 있지만, 실제는 고양이이다."라고 대답했으며, 무서운 표정을 짓고 있는 개의 마스크를 쓴 고양이를 주저 없이 만지거나 껴안아 주기도 했다. 그러나 3세의 경우는 '고양이'라고 대답하는 경우는 별로 없고 실험자가 "실제로 무슨 동물일까?"라고 몇 번이고 물어도 마스크의 동물 그대로 개 또는 토끼라고 대답하였다. 또한, "물리면 큰일 난다."고 하면서 개의 마스크를 한 고양이를 무서워하며 손을 갖다 대지 못하거나 피하기도 했다. 데브리스의 실험은 동물의 몸 일부분에 나타난 '보이는 세계(appearance)'의 변화가 그 동물이 실제 무엇인가라는 '실존 인식'에 혼란을 야기한 현상, 즉 '보이는 것(개, 토끼의 가면)'이 '실존(고양이)'으로 바뀌어 버리는 영유아기 사고(思考) 특징의 하나를 잘 나타내고 있다. 성인은 비록 현실적인 꿈을 꾸었다 할지라도 잠에서 깨어나면 그것이 실제가 아님을 잘 알기 때문에 감각적 체험에 의해 사물의 실제 모습을 놓쳐 버리는 경우는 드물다. 오히려 '실존의 세계(reality)'에서 볼 수 없는 현상을 '보이는 세계'를 통해 보여 주는 마술을 즐기기도 한다. 영유아기에는 이러한 '보이는 세계'와 '실존의 세계'의 분리가 충분하지 않기 때문에 '보이는 세계'의 변화를 '실존의 세계'의 변화로 착각하는 실수 행위를 많이 발견할 수 있다.

2) '알고 있는 것(실존 인식)'에 의한 착오

앞에서는 '보이는 세계'와 '실존의 세계'의 분화가 불충분하기 대문에 전자에 의해 후자가 왜곡되어 인식되는 영유아의 사고 세계에 대한 예를 들어 보았다. 이와는 반대로 영유아의 착오 행위에는 '실존 인식'에 의해 '보이는 세계'가 오히려 왜곡되는 경우도 있다. 영유아의 '실존 인식'으로 인해 '보이는 세계'가 왜곡되는 경우에는 대표적으로 영유아의 그림을 통해서 알 수 있다.

[그림 9-11] 3세아가 그린 기하학적 그림

[그림 9-12] 4세아가 그린 '지적 리얼리즘' 그림

그림의 발달은 다음과 같이 크게 3단계로 나눌 수 있다(Luquet, 1927). ① 긁적거리기(scribble), ② 지적 리얼리즘(intellectual realism), ③ 시각적 리얼리즘(visual realism). 2~4세 아이의 그림은 필요 없는 부분까지 마구 칠해졌거나 갈겨서 그려져 있는 경우가 많다. 특히 [그림 9-11]과 같이 정방형, 원형, 삼각형, 십자형, 경사진 십자형 등의 선묘사 표현이 많이 보인다.

5세 이후가 되면 뤼케(Luquet)가 말하는 지적 리얼리즘기에 속하는 그림이 등장한다. 그림이란 기본적으로 원근법에 바탕을 둔 시각적 리얼리즘을 최대한 살린 즉, '보이는 것'에 충실한 표현을 하게 된다. 그러나 지적 리얼리즘(5~9세)의 그림은 '보이는 것'보다는 '실존 인식'에 충실한 내용을 담고 있다. 한 예로 [그림 9-12]와 같이 그들의 지식 세계를 묘사한 것이다.

유아기 그림의 특징을 실험적으로 검토한 프리만 박사 연구팀(Freeman & Janikoun, 1972)은 [그림 9-13]의 (a), (b)와 같이 꽃 모양 그림과 손잡이가 달려 있는 컵을 5~9세 아이에게 제시하면서 정면에서 바라본 컵의 모양[그림 9-14의 (a)]을 동일하게 그리도록 요구했다. 그 결과, 정면에서 '보이는 부분'의 재현을 요구했음에도 불구하고, 5~7세의 그림에서는 대부분 '보이는 꽃'보다는 '보이지 않는 손잡이'가 그려져 있었다. 또는 [그림 9-13]의 (c)와 같이 정면과 측면에서 보이는 형태를 혼합시킨 그림이 보였다.

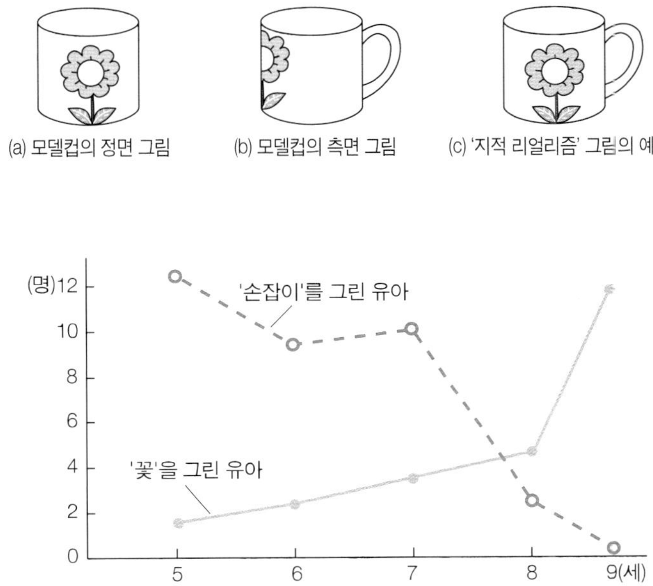

[그림 9-13] 지적 리얼리즘 그림에 관한 실험

자료 : Freeman et al., 1972.

유아의 그림에서 보이는 지적 리얼리즘 현상은 앞에서 소개한 '보존'이나 '3개의 산'에 관한 실험에서 볼 수 있는 현상과는 정반대로 '실존 인식'이 '보이는 세계'에 대한 정확한 이해를 방해한 경우라고 할 수 있다.

이제까지 본 것처럼 유아의 착오 행위에는 '보존'이나 '3개의 산'에 관한 문제처럼 특정의 개념이나 지식을 기초로 한 반응이 요구되는 상황에서 '보이는 것'에 충실한 나머지 범하는 오류와, 반대로 '보이는 것'에 대한 충실한 재현이 요구되는 상황에서 지식이나 실존 인식으로 인해 범하는 오류로 구분할 수 있다. 이러한 유아의 오류 행위는 그들의 사고 세계가 '보이는 세계'와 '실존의 세계'가 명확히 구분되어 있지 않고 혼재(混在)되어 있는 상태라는 것을 말해 준다.

3) 애니미즘적 사고

주관(主觀)과 객관(客觀)의 미분화로 인해 생성되는 자기중심적 사고의 표현에는 영유아의 애니미즘(animism)적 사고(물활론 : 物活論)도 들 수 있다. 영유아의 애니미즘적 사고란 돌이나 인형 등의 무생물에도 자신과 동일하게 생명이나 감정, 의식 등이 있다고 인식하는 것을 말한다. 돌이나 인형도 자신과 똑같이 슬픔이나 아픔을 느낄 수 있다는 인식에서 영유아의 미분화된 사고의 경향을 발견할 수 있다. 영유아의 지각은 정서나 욕구와 미분화의 상태이기 때문에 사물을 의인화하여 지각하는 경우가 많다. 예를 들어, 붉은 석양을 보고는 "해님이 부끄러워하고 있어." 라고 말하거나 바람에 흔들리는 잎사귀를 "나뭇잎이 달리기를 하고 있어요."라고 표현하기도 한다. 이러한 인식을 '상모적 지각'이라고 한다.

5 피아제 이론에 대한 재검토

피아제 이론은 상세한 관찰과 분석에 기초한 자료이며 영유아의 일상적 모습과 일치되는 내용을 담고 있어 널리 소개되고 있다. 이런 의미에서 피아제의 연구는 가치가 있다고 할 수 있다. 그러나 오늘날 피아제 이론은 다음 몇 가지 비판을 받고 있으며, 대표적인 지적은 영유아의 능력을 너무 과소평가했다는 점이다. 피아제는 영유아는 유능하지는 않지만, 주위 환경에 대해 능동적이며, 활동적으로 탐색하는 존재라는 인식을 갖고 있었다. 그러나 20세기 후반부터 피아제가 사용한 연구법으로는 영유아의 능력을 충분히 측정할 수 없다는 비판이 계속 제기되어 왔다. 즉, 피아제의 실험법에는 실험 전개과정의 오류가 있으며, 실험과정이 복잡하고, 영유아의 흥미를 유도하기 힘든 실험 과제, 그리고 영유아의 실생활과 동떨어진 과제 등의 문제가 제기되었다. 이런 문제를 개선한다면 영유아는 피아제의 주장하는 시기보다 훨씬 일찍 다양한 인지능력을 갖고 있는 유능한 존재라는 사실을 알 수 있다는 것이다. 이와 관련된 대표적인 연구를 소개하면 다음과 같다.

1) 대상 영속성에 대한 재검토

대상 영속성의 발달은 6단계의 긴 기간에 걸쳐 나타난다. 피아제 이론에 의하면 장애물 뒤에 숨겨진 물건을 능동적으로 탐색하는 능력은 생후 8개월 이후가 되어야 한다. 오늘날 발달심리학자는 피아제가 말하는 시기보다 훨씬 이전부터 영아는 대상 영속성의 개념을 획득하고 있다고 본다. 즉, 피아제가 생각하는 이상으로 일찍부터 영아는 사물이 보이지 않아도 여전히 존재하고 있다는 사실을 알고 있다는 것이다. 이는 곧 영아가 상당히 일찍부터 심적 표상능력을 갖고 있다는 것을 의미하기 때문에 인지 발달적으로 매우 중요하다.

대상 영속성에 대한 고전적 실험은 다음과 같다. 생후 6~7개월 된 영아의 눈앞에 있는 탁자 위에 '장난감을 놓아둔다 → 영아는 바로 장난감을 집으려고 한다 → 칸막이로 장난감이 보이지 않게 막아 버린다 → 영아는 더 이상 장난감에 주목하지 않고 흥미를 보이지 않는다'이다. 이런 고전적 실험을 통해 얻은 영아의 영속성 개념 발달에 대해 처음으로 의문을 제기한 학자는 바워 박사와 위샤트 박사(Bower & Wishart, 1972)이다. 이들은 생후 5개월 영아를 대상으로 눈앞에 있는 탁자 위에 장난감을 올려놓고 곧바로 주위를 컴컴하게 하여, 장난감이 눈앞에서 보이지 않게 하였다. 그러자 영아는 장난감이 있는 쪽으로 손을 뻗어서 장난감을 잡으려고 하는 반응을 보였다. 이 현상은 비록 5개월 영아일지라도 여전히 장난감이 거기에 존재하고 있다는 인식을 하고 있다는 것을 의미한다.

베이야르존(Baillargeon, 1987)은 생후 3.5~4.5개월 영아를 대상으로 '있을 수 있는 현상'과 '있을 수 없는 현상'을 제시하여 주시 시간을 비교하는 실험을 하였다. 이 실험은 물체B가 놓여 있는 장소에 물체A는 그 장소로 움직여 갈 수 없다는 사실을 과연 영아가 이해하는가에 관한 것이다. 만일 영아가 이에 관해 정확하게 이해한다면 '있을 수 없는 현상'이 나타났을 때의 주시 시간은 '있을 수 있는 현상'보다 더 길어지는 반응을 보일 것이다.

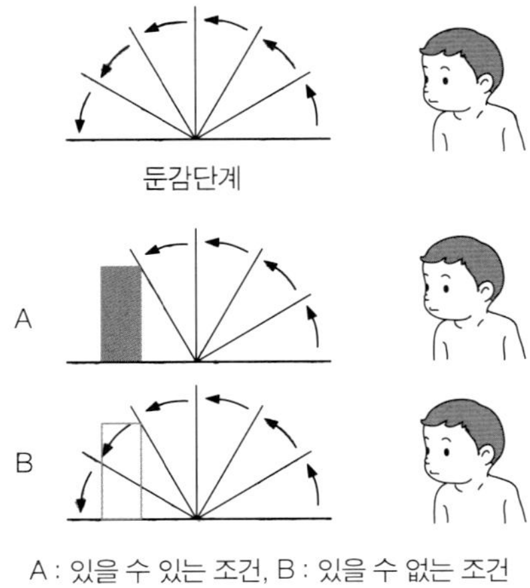

[그림 9-14] 대상 영속성 실험

자료: Baillargeon, 1987.

먼저 실험 장면은 [그림 9-14]와 같이 영아의 정면에 종이 박스를 잘라서 만든 널빤지로 0도에서 시작하여 90도까지 일으켜 세워 이후 180도까지 넘어지는 장면이다. 실험 절차는 다음과 같다. 먼저 영아에게 본 과제에 대한 익숙한 상황을 경험하도록 하기 위해 실험자는 널빤지가 0도에서 시작하여 180도로 넘어지는 장면을 몇 번이고 반복해서 보여준다. 영아가 익숙함의 기준에 도달했다고 판단되면(영아가 더 이상 관심을 보이지 않는 상태 : 둔감상태), 방해물(상자)을 널빤지가 0~180도 움직이는 궤적 선상에 놓아둔다.

그리고 난 다음 2종류의 현상을 번갈아가며 각각 4번씩 시행한다. 2종류의 현상이란 하나는 널빤지가 112도의 위치에 있는 방해물에 부딪혀 정지하는 상황, 즉 '있을 수 있는 현상'을 말하며, 또 하나는 널빤지가 방해물에 부딪혀 멈추어야 함에도 불구하고 180도까지 넘어지는 현상, 즉 '있을 수 없는 현상'을 말한다. 후자의 현상에 대한 실험적인 조작은 널빤지가 넘어지는 과정에서 실험자는 영아가 알아차리지 못하게 몰래 방해물을 제거하여 180도까지 넘어지게 조작하였다(그림 9-14의 B 참조).

실험 결과, 영아는 '있을 수 있는 현상'보다 '있을 수 없는 현상'에 대한 주시 시간이 보다 길게 나타났다. 1차 시행의 평균 주시 시간은 '있을 수 있는 현상' 조건에서는 약 20초였지만, '있을 수 없는 현상' 조건에서는 약 30초 정도로 나타났다. 영아가 널빤지가 장애물에 의해 도중에 멈추지 않고 180도까지 회전하는 현상(있을 수 없는 현상)에 대해 더 관심을 보인다는 사실은 널빤지가 회전하다가 방해물에 부딪혔을 때 멈출 것이라고 예상했기 때문일 것이다. 이런 예상을 하기 위해서는 영아는 널빤지 뒤에 가려진 방해물의 존재를 알고 있어야만 한다. 즉, 더 이상 눈에 보이지 않는 방해물을 마음속으로 표상할 수 있어야 한다.

베이야르존은 이러한 사실을 확인하기 위해—영아가 180도 회전이 112도 회전보다 더 흥미롭기 때문에 더 오랫동안 주시하는 것이 아니라는 사실을 확인하기 위해— 다음과 같이 실험하였다. 이번에는 앞의 연구와는 동일한 실험 장치이지만, 연구 대상은 동일 연령의 다른 영아 집단을 대상으로 방해물을 사용하지 않고 동일한 실험을 하였다. 그 결과 회전 각도가 112도이든 180도이든 영아의 주시 시간에는 차이가 나타나지 않았다.

이 실험은 실험 대상 연령이 생후 3.5~4.5개월 영아를 대상으로 하였으며, 이들 가운데는 총 8회 시행을 끝내기도 전에 익숙함(둔감 상태)에 도달한 영아, 즉 익숙함의 속도가 빠른 영아의 경우는 '있을 수 없는 현상'에 대해 놀라워하거나 의외라는 표정을 짓기도 했다. 이 실험은 영아가 비록 숨겨진 물체를 찾으려고 하지는 않았지만 그 물건이 계속 존재하고 있다는 것을 인식하며, 그것을 더릿속으로 표상할 수 있다는 것을 보여 준다. 이처럼 대상 영속성의 개념 획득은 피아제가 생각하는 연령보다 훨씬 일찍부터 시작된다고 할 수 있다.

2) 비보존 개념적 사고에 대한 재검토

지금까지는 영유아의 사고 세계를 규명하기 위하여 주로 추상적인 실험 과제와 인공적인 실험 장면을 도입해 왔다. 또한, 이런 식의 연구 방법이 신뢰성이 있고 과학적인 것으로 믿어 왔다. 그러나 영유아의 일상생활과 동떨어진 실험 장면이나 생태학적 타당성(ecological validity)이 결여된 조건에서 얻어진 실험 결과에 대해 의문을 제기한 연구가 있다. 대표적인 것이 [그림 9-15]와 같은 장면을 설정해서 '수의 보존'에 관한 실험을 실시한 우에노(上野, 1983)의 연구이다.

피아제의 실험에서는 같은 수로 나열된 두 줄의 구슬을 보여 준 후, 아무런 설명도 없이 한 줄의 구슬 간격을 축소시켰다. 우에노 박사의 연구는 곰과 토끼를 등장시켜 그들의 대화 속에 '수의 보존'에 관한 질문을 교묘히 삽입했다. 먼저 실험자는 유아가 보는 앞에서 흰색과 검은색 바둑알을 같은 수만큼 각각 늘어놓는다. 1 : 1 대응이 된 흰 것과 검은 것이 동일한 개수임을 확인시킨 후 다음과 같은 이야기를

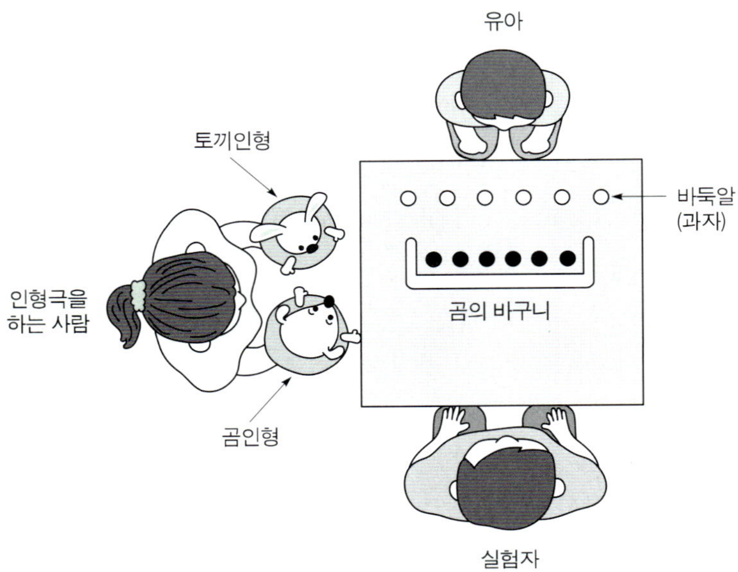

[그림 9–15] 우에노의 보존 실험 장면

자료 : 上野, 1983.

전개한다. 곰 인형이 자기 것을 바구니에 넣어서(바구니에 담겨져 있는 바둑알의 간격은 이전의 형태보다 좁혀져 있다.) 집에 가려고 한다. 곰은 자기 것과 토끼 것을 번갈아 쳐다보더니, "야! 내 과자가 너보다 더 적잖아, 너무해!"라고 불평한다. 이때 토끼는 "아냐, 똑같잖아."라고 주장한다. 여기서 유아에게 누구의 주장이 옳은지를 묻는 것이다.

실험에 참가한 4세아 14명 중에 9명이 토끼의 주장이 옳다는 보존 반응을 보였다. 이 연구 결과는 6세가 되어야만 보존 반응이 가능하다는 피아제 파의 연구 결과와는 큰 차이가 있다. 보존 실험에 있어서 영유아에게 의미 있는 대상물이 등장할 경우 4세라도 보존 반응이 가능하다는 것을 보여 준 우에노 박사의 연구는 영유아의 사고 세계를 풍부하게 만드는 또 하나의 가능성을 말해 주고 있으며, 동시에 영유아의 사고 세계는 일상생활의 구체적인 경험과 동떨어진 상황에서는 자신의 기능을 충분히 발휘할 수 없다는 것도 보여 준다. 이처럼 영유아의 사고 세계는 특유한 한계가 있지만, 그것은 결코 고정적인 것이 아니며 상황과 경험에 따라 놀라울 정도로 유연성과 역동성을 지닐 수 있다는 것을 보여 주었다.

3) 애니미즘적 사고에 대한 재검토

피아제는 주관과 객관의 미분화로 인해 생성되는 자기중심적 사고 형태의 하나로 영유아의 애니미즘적 사고를 소개했다. 그러나 고스기 박사 연구팀(Kosugi et al., 2003)은 비록 영아기의 아이일지라도 생물과 무생물의 근본적인 본질의 차이를 인지하고 있음을 실증적으로 보여 주기 위해, 다음과 같은 실험으로 피아제의 주장에 대해 의문을 제기하였다.

이들의 첫 번째 실험에서는 공이 등장하여 어떤 원인에 의해서 인지는 명확하지는 않지만 움직이는 상황을 이용하여 인과성(因果性)의 이해에 대해서 검토하였다(그림 9-16 참조). 먼저 둔감 상태 이후 다음과 같은 3가지의 장면이 제시되었다. 첫 번째 장면은 손이 등장하여 공을 굴리는 장면, 두 번째 장면은 손이 등장하지만 공에 닿지는 않는 장면, 세 번째 장면은 손이 등장하지 않는 장면이다(그림 9-16의 B 참조). 만일 영아가 둔감단계에서 공을 움직이게 하는 작용인(作用因)에 대해서 추론이 가능하다면, 작용인에 존재하지 않는 경우나 손이 공에 접촉하지 않는 경우에는 작용인이 확실하게 개입되는 현상보다 놀라운 표정을 지으면서 주시 시간이 길어질 것으로 예상했다. 실험 결과, 예상한 대로 생후 10개월 영아는 외부의 작용인에 의해 공이 움직이는 장면(있을 수 있는 현상)보다는 외부의 작용인이 존재하지 않음에도 불구하고 움직이는 공(있을 수 없는 현상)을 주시하는 시간이 길게 나타났다. 이 실험은 영아가 인과적인 현상과 그렇지 않는 현상을 구분할 수 있는 인지능력을 갖고 있음을 보여 준다.

이번에는 고스기 박사 연구팀(2003)은 생후 10개월 영아를 대상으로 한 후속 실험에서 공 대신에 사람이 등장하는 실험을 실시하였다. 실험의 전개과정은 첫 번째 실험과 동일하였다(그림 9-17 참조). [그림 9-17]의 B단계와 같은 3가지 장면 테스트에서의 영아의 주시 시간을 측정하였다. 그 결과, 여기에서의 3가지 장면 간에 주시 시간의 차이가 나타나지 않았다.

이 두 실험을 통해 생후 10개월 영아는 사람의 경우 직접적인 물리적 접촉이 없거나 외적 작용인이 존재하지 않아도 스스로 움직일 수 있고, 공의 경우는 스스로 움직일 수 없다고 인식하는 것을 알 수 있었다. 결론적으로 생후 10개월 영아일지라도 사람과 물체의 근본적인 차이를 이해하고, 사람은 무생물과 근본적으로 달라서 스스로 의도를 갖고 움직일 수 있는 존재라는 점을 정확히 인식하고 있음을 보여 준다.

[그림 9-16] 무생물의 경우

자료 : Kosugi et al., 2003.

[그림 9-17] 사람의 경우

자료 : Kosugi et al., 2003.

CHAPTER 10

기억의 발달

1 기억의 종류

우리는 과연 어릴 때의 경험을 어느 시기까지 거슬러 올라가서 기억할 수 있을까? 아마 2~3세 이전의 경험을 아직도 기억하고 있는 사람은 그리 많지 않을 것이다. 그렇다면 도대체 기억능력이란 그 이전에는 존재하지 않는 것일까, 만일 존재한다면 어느 시기부터인가? 영유아기에 경험했던 것이 우리의 머릿속 어딘가 아직도 기억으로 남아 있을까? 기억 발달에 대해서 생각한다면 자연스럽게 이러한 의문이 생긴다.

기억(memory)이란 '경험한 것을 잊지 않고 유지해 나가면서 나중에 필요할 때 그 경험에 대한 정보를 끄집어내어 재현하는 과정의 전체'를 말한다. 20세기 중반 이후 컴퓨터의 발전과 보급에 의해 인간을 컴퓨터로 비유하여 기억을 해명하는 접근이 주류를 이루었다. 그 결과, 이제까지 다양한 기억 모델이 제안되었는데, 이것을 소위 기억정보처리모델이라 부른다. 이 가운데 특히 가장 알려진 모델은 이중저장모델이다(Atkinson & Shiffrin, 1968). 이 모델은 단기 기억(short-term memory : STM)과 장기 기억(long-term memory : LTM)이라고 하는 정보 저장 시간이 서로 다른 두 종류의 기억을 추정하고 있다. 각각의 정보 저장고는 장기 저장고와 단기 저장고로 부르는데, 이 모델의 개요는 다음과 같다(그림 10-1 참조).

그런데 단기 기억과 장기 기억의 두 기억으로 분류한 이유는 무엇일까? 이것은 다음과 같은 실험 결과에 기인한다. 예를 들어, 실험 대상에게 단어 리스트를 암기시켜 재생하였을 때, 대개는 초두 효과(단어 리스트 가운데 앞부분의 단어에 대한 재생률이 높은 현상)나 신근 효과(단어 리스트 가운데 뒷부분의 단어에 대한 재생률이 높은 현상)가 나타난다. 그러나 암기 직후에 짧은 시간의 계산 과제를 수행하도록 한 후에 재생시킨 결과, 신근 효과는 사라지고 초두 효과만 나타났다. 이 현

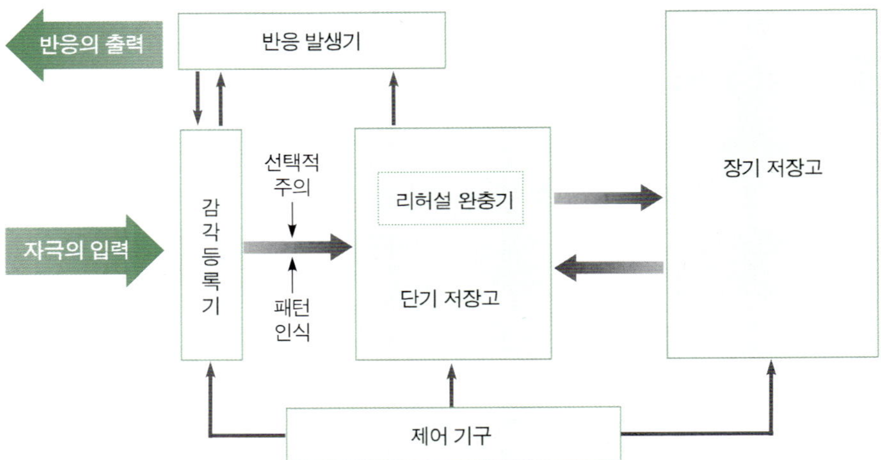

1. 외부로부터의 정보는 감각 등록기(지각 과정)에 극히 짧은 시간 머물면서 단기 저장고에 보내진다.
2. 단기 저장고에 보내어진 정보는 일시적으로 이곳에 머물면서 장기 저장고에 축적되어 있는 지식에 의해 처리된다(언어 이해, 문장 이해, 추론, 의사 결정 등).
3. 처리된 정보는 반응 발생기를 통하여 외부에 반응으로 출력된다.
4. 단기 저장고에서 리허설이라고 불리는 처리 과정을 거친 정보는 장기 저장고에 보내져서 장기간에 걸쳐 보존된다.

[그림 10-1] 이중 저장 모델

자료 : Atkinson & Shiffrin, 1968.

상은 리스트 앞부분의 단어는 몇 번이나 반복해서 복창(復唱)하는 연습을 머릿속이나 입으로 하기 때문에 장기 기억에 보내져 장기간 보존이 가능한 상태가 되지만, 리스트 뒷부분의 단어는 반복해서 복창하는 연습이 충분하지 않기 때문에 계산 문제를 푸는 동안에 소멸되어 버렸다고 볼 수 있다.

일상생활에 있어서 기억능력은 필수불가결한 능력이다. 왜냐하면 기억능력은 인간의 모든 다양한 행동이나 사고, 학습의 기반이 되기 때문이다. 그렇다면 인간은 언제부터 기억능력을 갖게 되는 것일까? 특히 영아의 기억능력은 어느 정도일까? 영아의 기억능력에 관한 최근의 연구는 우리가 예상하는 이상의 결과를 보고한다.

2 감각 자극의 기억

1) 청각 자극의 기억

청각은 시각에 비해 발달이 일찍 진행된다. 임신 20주가 지나면 태아의 청력은 성인 수준 가까이 도달하는 것으로 알려져 있다. 심장박동수의 측정을 통해 태아의 기억능력을 검토한 연구가 있다. 이 연구는 태아가 자궁 내의 소리를 듣고 그것을 기억할 수 있는가에 관하여 실험을 통해 밝히고자 했다. 먼저 임신부에게 임신 33주부터 매일 4주간에 걸쳐 특정의 운율(韻律)을 소리 내서 읽도록 하고 이때의 태아 심장박동수를 측정하였다. 그 결과, 익숙한 운율을 들려주었을 때는 심장박동수의 저하가 나타났지만, 처음 듣는 운율에 대해서는 이런 현상이 나타나지 않았다(Chi et al., 1989). 이 실험 결과는 태아가 익숙한 운율과 처음 듣는 운율을 구분하고 있다는 사실, 즉 이전에 들었던 운율을 기억하고 있음을 보여 준다. 이후 태아기 때 자궁 내에서 들었던 소리를 출생 후에도 기억하고 있는지를 검토하였다. 자궁 내의 환경은 모체에서 발생되는 심장 소리나 혈류 소리 등 다양한 소리가 나는 곳이다. 연구에서 태아는 모체의 척수를 통해 전달되는 어머니의 소리를 다른 소리와 구별하여 그것을 기억하고 있다는 사실이 밝혀졌다(Drummy & Newcombe, 2002).

2) 시각 자극의 기억

고스와미 박사(Gosuwami, 1998)는 시각 자극에 대한 영아의 기억능력을 알아보기 위해 다음과 같은 실험을 하였다. 5~6개월 영아를 대상으로 기하학적 모양이 그려져 있는 그림판[그림 10-2]를 2개씩 한 쌍으로 20초간 제시하였다. 2일 후 다시 실험실에서 모든 그림판을 짧은 시간 제시하였다. 그리고 난 다음 2일 전에 제시하였던 그림판과 처음 보는 그림판을 2개씩 한 쌍으로 동시에 제시하여 어느 쪽의 그림판을 더 오랫동안 주시하는가에 대해 측정하였다. 그 결과, 영아는 처음 보는 그림판을 보다 오랫동안 주시하는 일관된 행동 경향성을 보였다.

생후 6개월 영아가 한 번밖에 경험하지 못한 현상이지만 2년 후에도 기억해 낼 수 있다는 사실을 보여 주는 실험도 있다(Drummy & Newcombe, 2002; Harley & Reese, 1999). 실험 방법은 생후 6개월 영아를 대상으로 소리가 나는 비둘기 장난감에

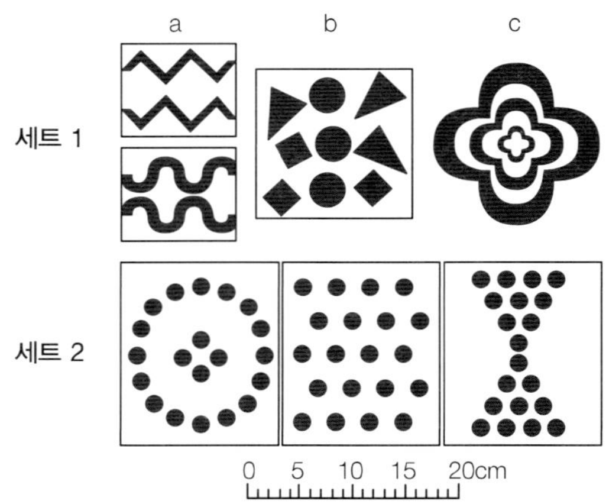

[그림 10-2] 영아 기억 실험에 사용된 그림판

손을 뻗어서 갖고 노는 경험을 하도록 하였다. 2년 후 다시 이전의 실험실에서 2년 전과 동일한 상황을 만들어 아이의 행동을 관찰하였다. 단, 이때는 2년 전에 동일한 경험을 한 집단(실험 집단)과 한 번도 실험실에 온 적이 없는 집단(통제 집단)을 대상으로 두 집단의 행동 차이를 비교하였다. 그 결과, 실험 집단의 아이는 이제부터 어떤 현상이 일어날 것인가에 대해 설명을 듣지 않았음에도 불구하고 앞으로 일어날 현상에 대해 아는 것처럼, 소리가 나는 쪽으로 손을 뻗는 행동의 발생빈도가 통제 집단에 비해 훨씬 많이 나타났다. 이 사실은 생후 6개월 시점에서의 경험이 2년 후에도 그 정보가 영아의 머릿속에 보존되고 있다는 것을 말한다. 한 번의 경험만으로 2년 후에도 재생할 수 있는 영아의 놀라운 기억능력은 인과성(因果性)의 지향이라고 하는 영아의 심리와도 깊은 관련성이 있는 것으로 알려져 있다.

3 인과성이 높은 현상에 대한 기억

영아가 하나의 현상을 기억하는 능력이 있다고는 하지만, 이 시기의 기억능력은 그 현상을 유발하는 인과성의 정도에 따라 달라진다. 즉, 명확한 인과적 관계에 의해 발생되는 현상일수록 그 현상에 대한 정보의 보존이 오랫동안 지속된다는 것이다. 하나의 현상이 인과적으로 명확한 경우에는 생후 3개월 영아라도 그 현상을 기억할 수 있다는 것을 실험적으로 증명한 연구가 있다. 생후 2~6개월 영아를 대상으로 [그림 10-3]과 같이 침대에 눕혀 놓고 '발로 찬다 → 모빌이 움직인다'의 인과성이 높은 현상을 기억할 수 있는지에 대한 실험을 하였다.

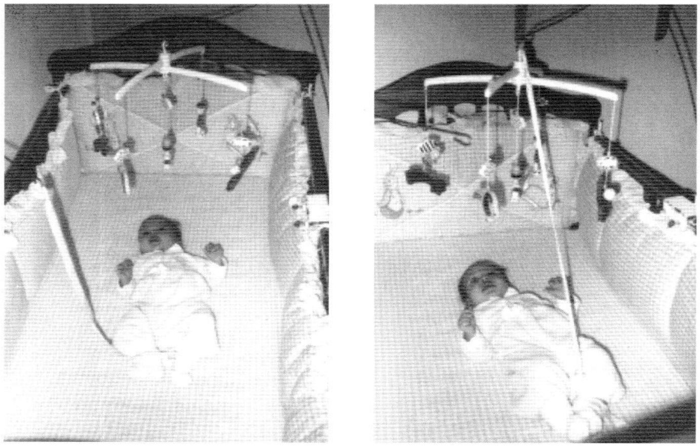

(a) (b)

[그림 10-3] 영아 기억 실험에 사용된 장치

자료 : http://bernard.pitzer.edu/~dmoore/psych199s03articles/R-Collier_memory.pdf

먼저, 발과 끈을 연결하지 않은 상태에서 영아가 3분 동안 몇 회 발차기를 하는지를 측정하였다(경험 전). 그 이후 발에 끈을 매어 [그림 10-3(b) : 발차기를 한다 → 눈앞의 모빌이 움직인다] 현상을 9분 동안 경험하도록 하였다. 그 이후 이제는 다리와 모빌이 연결되지 않은 상태[그림 10-3(a)]에서 3분 동안 몇 회 발차기를 하는지를 측정하였다(경험 후). 이 실험에서의 측정내용은 '발로 찬다 → 모빌이 움직인다'라고 하는 현상의 경험 전후에 발차기 횟수가 어느 정도 변화하는가를 보는 것이다. 만일 경험 후에 발차기 횟수가 증가한다면 영아는 '발로 찬다 → 모빌이 움직인다'라고 하는 인과성의 현상을 기억한다는 이야기가 된다. 실험 결과, 예상한 대로 인과성을 경험한 후에는 발차기의 횟수가 이전보다 증가하였다. 연령별로 보면 2개월 영아는 1~3일 정도, 3개월 영아는 7일 정도, 6개월 영아는 14일 정도 후에도 기억하고 있었다. 이처럼 생후 3개월 정도의 영아일지라도 인과성이 높은 현상의 경우에는 그 정보를 기억하고 있으며, 그 능력은 연령 증가와 함께 향상되어 간다는 것을 알 수 있다.

(a) 인과성이 있는 현상 (b) 인과성이 없는 현상

[그림 10-4] **인과성이 있는 현상과 없는 현상**

한편, 인과성이 낮은 현상에 대해서는 기억에 오래 남지 않는 것으로 나타났다. 맨들러 박사 팀(Mandler et al., 1995)은 생후 11개월 영아를 대상으로 인과성이 높은 현상과 낮은 현상에 대한 기억능력을 검토하였다(그림 10-4 참조). 실험 절차는 먼저 영아에게 다음과 같은 2가지 동작으로 이어지는 내용을 보여 준다. 하나는 '상자의 구멍에 단추를 집어넣는다 → 상자를 흔들자 소리가 난다', 또 하나는 '토끼의 머리에 모자를 얹어놓는다 → 토끼에게 먹이를 준다'의 내용이다. 전자의 경우는 단추를 집어넣지 않으면 소리가 나지 않기 때문에 두 행위는 인과적으로 수반되는 현상이다. 반면, 후자의 경우는 모자를 씌우는 것이 먹이를 주는 행동의 원인은 아니기 때문에 인과성과는 거리가 멀다. 실험자는 이러한 두 경우를 보여 준 후 다음 3시점(時點), 즉 실험 직후, 24시간 후, 3개월 후의 각각의 시점에서 영아의 기억능력을 검토하였다. 이 세 시점에서 영아가 각각 이전에 보았던 내용을 어느 정도 재현할 수 있는가를 조사한 결과, 인과성이 없는 과제에 대해서는 실험 직후에는 재현할 수 있었지만 24시간 이후에는 기억해 낼 수 없었다. 그러나 인과성이 있는 현상에 대해서는 실험 직후만이 아니라, 24시간 후, 나아가 3개월 후에도 그 기억을 유지하고 있었다.

4 에피소드 기억

과거의 개인적인 경험에 대한 기억을 에피소드 기억이라고 한다. 이에 대한 최근 연구에는 3, 4세 이전에도 에피소드 기억이 가능하다는 것을 보여 주는 연구가 있다(Fivush et al., 1987; Hammond & Fivush, 1991). 휘바슈 박사 연구팀은 2년 5개월~2년 11개월 영아를 대상으로 놀이공원에서 인상에 남은 경험에 대해 이야기하도록 하는 방식을 통해 과거 경험에 대한 기억을 조사하였다. "○○에 갔을 때 무엇을 했어?" 식으로 질문을 하고, 질문에 대해 대답을 하지 못하는 경우에는 "거기에서 무엇을 보았어?", "무엇을 탔어?" 등의 질문을 통해 아이가 대답하기 쉽도록 유도하였다. 경험한지 3개월 이내와 3개월 이후 각각 기억해 내는 정보량에 대해 비교한 결과, 큰 차이가 나타나지 않았다.

에피소드 기억의 발달에는 스크립트(script) 형성이 중요한 것으로 알려져 있다. 스크립트란 특정 상황에 있어서 발생한 일이 어떤 시간적 순서에 의해 발생하였는지에 대해서 정리된 일반적 지식 구조를 말한다. 예를 들어, 레스토랑에 가서 식사를 하였을 때 일어난 일을 시간적 계열로 나타낸다면 '레스토랑 스크립트'라고 할 수 있다. 넬슨과 그루엔델(Nelson & Gruendel, 1981)은 2, 3세 아이일지라도 일상적 내용 가운데서 경험하는 내용을 물으면, 예를 들어 패스트푸드점에 갔을 때 어떤 일이 일어났는가를 질문할 경우, 스크립트 형식으로 재생할 수 있음을 보여 준다. 스크립트가 형성되면 이것을 활용하여 특정 시기에서의 경험, 예를 들어 '생일날 레스토랑에서 식사만이 아니라 생일 케이크도 먹었고, 생일 선물도 받았다.' 등의 경험을 에피소드 기억으로서 체계화할 수 있다.

5 언어 발달과 기억능력

생후 1년 반이 지나는 시점에 영아의 어휘량이 폭발적으로 늘어나는 현상이 나타난다. 이 사실은 기억능력은 언어 발달과 밀접한 관련이 있기 때문에 영아도 성인 수준, 또는 그 이상의 기억능력을 갖추고 있다고 가정해 볼 수 있다.

에피소드 기억 가운데 자기 자신이 개인적으로 체험했다고 하는 강한 확신과 함께 자신의 생활 경험 가운데 의미가 있는 기억을 자전적(自傳的) 기억이라고 한다. 자전적 기억의 성립에는 언어 발달이 깊게 관여하고 있다. 하나의 현상이나 사건을 경험한 시점에 영아가 어느 정도 언어능력을 갖고 있는 경우에는 몇 년이 경과한 이후에도 그때의 일을 재생할 수 있지만, 그렇지 않는 경우에는 재생이 어렵다.

피터슨과 라이드아웃(Peterson & Rideout, 1998)의 연구에서는 신체적 상처로 인해 긴급의료를 받은 1, 2세 영아를 대상으로 면접 조사를 실시하였다. 사고가 난 시점에서 자신의 경험에 대해 언어 보고가 가능했던 아이는 2년 후에도 당시의 상황을 정확히 재생할 수 있었다. 언어는 경험한 사실을 의미 있는 하나의 정리된 내용으로 조직화하여, 이후 다시 재생을 용이하게 하는 효과가 있다. 이처럼 에피소드 기억이나 자전적 기억 등 추억과 같은 형태의 내용은 독자적으로 발달해 가는 것이 아니라, 사회, 문화적 영향과 함께 인지, 언어적 측면의 발달과 밀접하게 얽혀 있다.

6 유아기 망각

기억능력에 대한 연구를 통해서 알 수 있듯이 영아기의 아이일지라도 행동이나 과거의 에피소드에 대해 기억하는 능력을 갖고 있다. 그런데 왜 성인이 되면 대부분 3~5세 이전에 경험했던 에피소드나 현상을 기억해 내지 못하는 것일까? 이러한 현상을 '유아기 망각(childhood amnesia)'이라 한다(Freud, 1901, 1960). 유아기 망각에 대한 문제는 오래부터 심리학에서 관심이 있는 연구 주제였다. 그러나 기억해낼 수 있는 가장 오래된 경험이 언제의 경험인가에 대한 문제는 과학적으로 밝혀내기가 매우 어렵다. 자신이 기억하고 있는 가장 오래된 경험의 내용이 3세일 때였다고 할지라도 그 경험적 사실이 정말로 생후 3세 때의 경험이었는지, 또한 정말로 그때 본인이 그런 경험을 하였는지를 명확히 검증하는 것이 어렵기 때문이다. 심리학 실험에서도 객관적으로 유아기 건망의 종료 시기를 명확히 밝힌 연구는 그렇게 많지 않다.

기억 보고를 실증적으로 증명할 수 있는 엄격한 실험 절차를 밟아 실시한 최근의 연구에서는 2세 후반기에 경험한 인상적인 일(예 : 언니의 생일날)이라고 한다면 성인이 되어도 그때의 일을 기억하고 있다는 보고가 있다(Eacott & Crawley, 1998). 그러나 대부분의 연구에서는 유아기 망각의 종료 시기를 3~5세로 보며, 이 연령 때에 특별히 의미 있는 경험이나 흥미로운 에피소드는 이후 기억으로 남게 되는 것으로 알려져 있다.

그런데 영아가 행동이나 사물의 현상에 관해 기억하는 능력을 갖고 있음에도 불구하고 성인이 되면 왜 3~5세 이전의 경험은 기억해 낼 수 없는 것일까? 이에 대해 카일 박사(Kail, 1990)는 다음 3가지 가설로 설명한다.

첫째, 검색 실패설이다. 성인일지라도 3~5세 이전의 일을 기억하고 있지만, 그 기억 정보를 잘 검색할 수 없기 때문이다.

둘째, 부적절 학습설이다. 경험한 내용을 처음부터 명확히 기억하고 있지 않기 때문이다.

셋째, 기억유지 방해설이다. 3~5세 이전에 경험한 내용을 처음에는 기억하고 있었지만, 그 이후 발달과정에서 그 기억이 방해 또는 소실되어 버렸기 때문이다.

이외에도 기억과 관련된 뇌 기능의 발달적 변화를 유아기 건망의 원인이라고 보는 주장도 있다(Mckee & Squire, 1993).

7 기억과 지식

1) 지식과 기억의 발달

개인이 이미 소유하고 있는 지식이 기억에 영향을 준다는 사실은 누구나 인정한다. 그래서 지식의 발달이 곧 기억 발달에 영향을 미치는 중요한 변인이 될 수 있다. 지식과 기억의 밀접한 관련성을 강조한 사람은 피아제와 인헬더(Piaget & Inhelder, 1973)이다. 이들은 유아의 지식은 발달과 함께 변한다고 보며, 이 변화는 단순한 양적 변화만이 아니라 몇 개의 단계를 거친 질적 변화도 포함한다고 본다. 더욱이 피아제는 기억은 결코 외부 세계의 충실한 반영이 아니며 인간은 외부 세계에 대한 정보를 외부 세계와의 상호작용을 통해 현재 소유하고 있는 지식에 적합한 형태로 받아들인다고 보았다. 이 주장은 지식 수준의 차이에 의해 기억의 변화가 가능하다는 가설을 세울 수 있다는 논리가 된다.

이 가설을 검증하기 위해 이들은 다음과 같은 실험을 실시하였다. 3~8세를 대상으로 길이가 조금씩 다른 10개의 막대기 계열을 보여 주면서 기억을 요구했다. 그 다음 2회(1주일 후와 8개월 후)에 걸쳐 막대기 계열을 그림으로 재생하도록 요구하는 기억 과제를 제시했다. 또한, 1회째 기억 과제 테스트를 실시하고 난 다음, 실제로 10개의 막대기를 순서 없이 제시하여 이것을 순서에 따라 늘어놓도록 요구했다. 이 요구 장면은 사물을 하나의 순서로 늘어놓는 지식, 즉 계열화 조작능력을 보기 위해 설정되었다. 실험 결과 1회째의 기억 성적과 계열화 조작의 발달 수준과의 사이에 밀접한 관련성이 보였다. 즉, 계열화 조작 수준이 높을수록 기억 성적이 좋았다. 또한, 흥미로운 내용은 1회째의 기억 성적보다 2회째의 기억 성적이 좋은 아이는 전체의 74%나 된다는 사실이다. 이 결과는 8개월 동안 계열화 조작의 발달이 진행되어 그에 따라 기억력도 향상되었다는 것을 말한다. 이 실험 결과는 지식수준의 차이에 의해 기억의 변화가 가능하다는 가설을 지지해 주고 있다.

2) 기억의 재구성

유아에게 재미있는 동화를 들려준 후, 내용을 재생시켜 보면 이야기의 중심이 되는 부분은 정확히 기억하고 있으면서도 이야기에 포함되어 있지 않는 내용이 언급되기도 한다. 이처럼 기억의 내용이 개인의 지식이나 욕구, 흥미라고 하는 틀에 의하여 변형되면서 그 개인에 있어 의미 있는 내용으로 변하는 것을 '기억에 있어 재구성 과정'이라 부른다. 재구성 과정이 일어나는 원인 중 하나는 자기가 들은 문장을 자기 나름대로 추론하기 때문이다. 패리스 박사와 업튼 박사(Paris & Upton, 1976)는 연령 발달과 함께 추론능력이 향상되며, 추론능력의 발달은 기억 발달에 영향을 준다는 사실을 발견했다. 이들은 5세, 8세, 10세를 대상으로 짧은 동화를 들려준 후, 동화 이야기 가운데 언급된 내용에 대한 기억을 확인하는 질문과 이야기에 대한 직접적인 언급은 없었지만, 이야기 내용의 전개과정으로 볼 때 충분히 추론이 가능한 내용에 대하여 질문을 하였다. 그리고 마지막에는 동화 내용을 최대한 많이 재생하도록 요구하였다. 이 연구에서 주목할 만한 결과로는 재생능력과 추론능력은 상호 밀접한 관련성이 있다는 것이다. 또한, 이 관련성은 연장자일수록 강해서 10세는 5세보다 두 배 가까이 된다는 사실이 밝혀졌다. 이 결과는 이야기의 이면 속에 포함되어 있는 의미를 이해하는 능력이 연령과 함께 발달한다는 사실, 그리고 의미를 이해하는 능력이 문장 기억력과 밀접한 관련성이 있다는 사실을 말한다. 그러므로 결국 기억력이라고 하는 것은 기억해야 하는 내용을 얼마나 자기 범주에 합치되도록 내부적으로 재구성을 잘 하는지의 문제와 깊은 관련성이 있다고 할 수 있다.

CHAPTER 11

자기인식의 발달

타인인식과 밀접하게 관련된 발달내용은 자기인식이다. 여기에서 말하는 자기(自己)란 생각하는 주체로서의 자기가 아니라, 대상화된 자기 자신 또는 자기개념이라고도 표현할 수 있다. 자기인식에 대해서 철학에서는 긴 역사를 갖고 있지만, 최근에는 뇌 과학 영역이 발전하면서 자기인식에 대한 새로운 설명이 소개되고 있다. 여기서는 발달심리학의 연구를 통해 발견된 영유아의 자기인식의 형성과정을 중심으로 알아보고자 한다.

1 원초적 자기인식

인간의 마음의 가장 큰 특징은 무엇보다도 자기라고 하는 존재를 깊이 있게 인식하는 것이라고 할 수 있다. 이 인식은 곧 자기 자신이라는 존재를 마치 타인을 보는 것처럼 바라볼 수 있다는 것을 말한다. 인간은 항상 자신이 어떤 인간인가라는 것을 인식하면서 살아가는 존재이다.

인간은 언제부터 자기 자신을 인식할 수 있을까? 고전적 발달심리학에서는 생후

2세 전까지는 자기인식은 어렵다고 보았다. 이처럼 영아에 대한 고전적인 이해는 심리학자이며 철학자인 윌리엄 제임스(James, W.)가 말한 것처럼 영아기의 아이는 자신과 세계가 미분화되어 있어 자기인식은 어렵다고 보았다. 그러나 최근 영아의 자기인식능력에 대한 연구가 활발하게 이루어지면서 영아의 자기인식능력에 대한 새로운 견해가 발표되었다. 심지어 신생아일지라도 자기 신체에 대한 자기인식이 가능할 수 있다는 현상을 보고하고 있다. 예를 들어, 신생아일지라도 시각적 대상에 대해 손을 내미는 행동을 보이는데, 이런 행동은 자신의 신체와 대상이 어떠한 공간적 관계에 있는가를 이해할 수 없다면 나타날 수 없는 행동이다.

신생아를 대상으로 한 연구(Rochar & Hespos, 1997)를 보면 신생아는 자신의 입가에 자신의 손이 닿을 때와 실험자의 손이 닿을 때를 구별하고 있음을 알 수 있다. 실험에서 자신의 손이 입가에 닿은 경우와 타인의 손이 입가에 닿는 경우를 비교해 보면 후자의 경우에 그 사람의 손 쪽으로 얼굴이 향하는 빈도가 훨씬 많이 나타났다. 그리고 흥미로운 현상은 자신의 손이 입가에 접근하면 손이 입에 닿기도 전에 입을 벌리는 행동을 보였다. 이 사실은 신생아는 자신의 신체에 자기 자신이 접촉하는 감각과 타인이 접촉하는 감각의 차이를 인식하는 것을 말한다. 동시에 자신의 신체 움직임 자체에 대해서도 인식하고 있기 때문에 자신의 손이 입에 닿기도 전에 입을 벌려서 기다리는 것이다.

2 신체를 통해 느끼는 자기인식

출생 직후부터 아기는 끝없이 자신의 신체를 움직인다. 자신의 손과 발을 마치 장난감처럼 쉴 새 없이 만지작거리거나 빨고 있는 모습을 볼 수 있다. 또한, 자신의 신체를 몇 번이고 반복하면서 움직이는 모습을 볼 수 있다. 피아제는 이런 반복적인 운동을 '순환 반응'이라고 보고, 외부 세계에 대한 이해를 위한 수단적 행동으로 해석하였다. 그러나 아이는 자신의 신체적 움직임을 자기수용 감각으로 느낄 수 있기 때문에 순환 반응을 자신을 이해하기 위한 수단이라는 관점으로도 해석할 수 있다. 영아는 특정 신체 특유의 감각을 그 신체 움직임의 반복을 통해 축적한다.

발달적으로 보면 생후 2개월경이 지나면 영아는 자신의 신체적 동작을 인식할 수 있다. 로샤 박사와 모건 박사(Rochar & Morgan, 1995)는 이 사실을 다음과 같은 실험을 통해 확인하였다. 먼저 아이의 다리에 자신의 다리 움직임을 잘 인식할 수 있도록 흑백 줄무늬가 그려져 있는 양말을 신겼다. 그리고 [그림 11-1]과 같이 아이를 눕혔다. 다리의 움직임을 아이의 얼굴 위에 있는 카메라와 다리 아래에 설치되어 있는 카메라로 각각 촬영하였다. 그리고 이 두 카메라로 촬영한 동영상을 그대로 실시간 영상으로 TV화면의 좌우 화면에 동시에 보여 주었다. 그러자 아이는 발아래에 설치되어 있는 카메라로 촬영한 영상을 더 오랫동안 주시하였다. 화면에 나타난 2개의 영상은 모두 실시간 영상이기 때문에 자신의 다리 움직임과 화면상의 다리 움직임은 시간적으로 일치한다. 그러나 다리 움직임의 방향은 각각 다르게 나타난다. 머리 쪽에 달려 있는 카메라로 촬영한 영상에서 보는 다리 움직임은 아이가 직접 신체로 느끼는 다리의 움직임과 위치, 운동의 방향이 일치한다. 우측 다리를 우측으로 움직이면 영상에서도 우측 다리가 우측으로 움직인다. 그러나 다리 쪽에서 촬영한 영상에서는 다리의 위치도 운동의 방향도 일치하지 않는다. 우측 다리를 우측으로 움직이면 영상에서는 좌측 다리가 좌측으로 움직이는 것처럼 보인다.

영아는 자신의 신체를 파악하고 있으며 그런 자신의 신체가 어떻게 움직이는가에 대해 기대를 갖고 있다고 한다면, 자신의 동작과 다른 움직임을 보인 영상을 더 오랫동안 주시하게 될 것이다. 그러므로 영아가 발아래에 설치되어 있는 카메라로 촬영한 영상을 더 오랫동안 주시하였던 이유는 영상에 비친 다리의 움직임이 자신의 다리 움직임과 달라서 기묘하게 느껴졌기 때문이라고 이해할 수 있다. 이 실험 결과는 생후 2개월 이후가 되면 영아는 자신의 신체 움직임으로부터 직접 느끼는 정보와 화면에 나타난 신체의 움직임에서 제공되는 시각적 정보를 비교하여 거기서 발생하는 움직임의 차이를 알아내는 신체 감각을 갖고 있다는 것을 보여 준다.

그런데 이 시기에 신체로 느끼는 이러한 자기 자신은 신체가 직접 느끼는 것이며, 우리가 마음에서 느끼는 그런 자기 자신은 아니다. 자신의 다리가 움직이는 영상을 보고, 이후 움직이는 방향의 차이를 깨닫고 그 영상을 더 오랫동안 응시하는 것은 영아가 그 영상에 비친 다리가 마음속으로 자신의 다리라고 인식하고 있다는 것을 의미하는 현상은 아니다. 신체에서 느끼는 자기 자신에 대한 인식에서 영상에 비친 모습이 자기 자신이라고 인식하기까지는 좀 더 오랜 시간이 필요하다. 그러나 신체적 움직임을 통해 느끼는 자기라고 하는 감각은 자기라는 존재를 인식하는 데 있어 하나의 의미 있는 단계라고 할 수 있다. 영상에 비친 신체를 자기 자신이라고 인식하는 성숙한 자기인식의 수준이 아닌, 신체를 통해 느끼는 자기인식을 '생태학적 자기'에 대한 인식이라고 한다(Neisser, 1991). 생태학적 자기란 환경 가운데 분화된 자기로서 주위에 영향을 미치는 존재로서의 자기 자신을 말하며, 개념적 또는 표상적인 자기가 아닌 지각적인 자기를 의미한다.

로샤 박사는 생후 2개월경이 되면 생태학적 자기와 같은 지각 레벨의 자기인식에서 거울에 나타난 모습을 자기 자신이라고 인식할 수 있는 표상적 자기인식으로

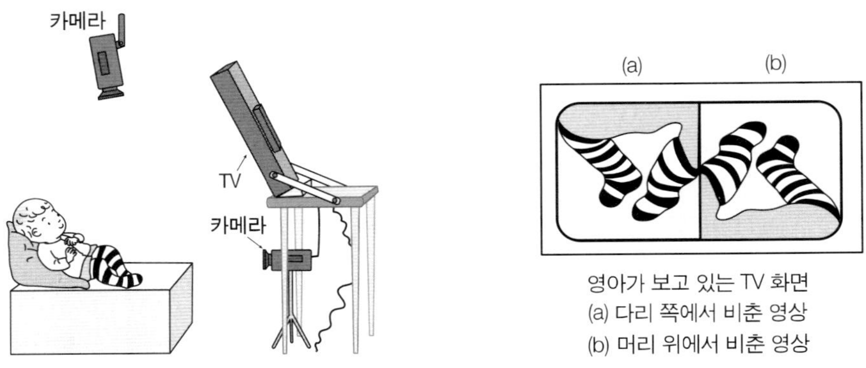

[그림 11-1] 다리의 움직임에 대한 선호 주시 실험

자료 : Rochar, 2001.

그는 영아의 신체적인 반복 행동을 '자기모방'이라고 표현하면서 2개월경 영아는 자기모방을 통해 어떤 행동이 어떤 결과를 보여 주는가를 반복적으로 경험함으로써 목표에 도달하기 위한 수단의 성격을 띤 자기감각을 획득한다고 보았다. 예를 들어, 영아는 자신의 다리를 움직여 그 움직임을 시각적으로 봄으로써 행위와 결과의 연결고리를 학습한다. 이러한 행동을 여러 번 반복하고 다양한 조합을 시도해 봄으로써 영아는 하나의 수단이 특정 목표에 도달하는 것과 연결된다는 사실을 이해하게 된다. 그 결과, 특정 목표를 위해 수단을 선택하는 소위 의도적 행동, 계획적 행동이 가능하게 된다.

로샤 박사는 생후 2개월경에 나타나는 이러한 의도적 행동의 출현이 의미하는 발달적 현상에 주목하였고, 이 현상을 '2개월 혁명'이라고 명명하였다. 생후 9개월경이 되면 타인인식이 시작되며 이를 두고 토마세로 박사는 '9개월 혁명'이라 불렀는데, 로샤는 이에 대응하는 용어로서 자기인식의 시작이 2개월경이라고 보았기 때문에 '2개월 혁명'이라는 용어를 사용하였다. 물론, 학자에 따라서 2개월 혁명의 의미를 다르게 해석하기도 하지만, 2개월경에 원초적 자기인식이라고 할 수 있는 신체적 수준의 의도적인 행동이 나타난다는 사실, 그리고 이후 점차 자기 자신을 대상화하여 이해한다는 사실은 발달적으로 매우 의미 있는 현상이라고 할 수 있다. 이러한 자기상이 이후 거울 속에 비친 자기 모습을 자기 자신이라고 인식할 수 있게 된다.

3 거울에 비친 자기

발달심리학에서 자기인식의 발달에 대한 연구는 일반적으로 거울을 이용한 실험을 통해 검토해 왔다. 우리는 타인의 얼굴은 볼 수 있지만, 자신의 얼굴은 볼 수 없다. 그래서 거울을 통해 자신의 얼굴을 보기 때문에 거울은 자신의 외모를 볼 수

[그림 11-2] 침팬치의 자기인식 실험

있는 기회를 제공하는 하나의 수단이 된다. 거울에 비친 자신의 모습이 자기 자신이라는 인식은 언제부터 가능할까?

이에 대한 연구는 침팬지를 대상으로 한 연구에서 시작되었다. 갤럽 박사(Gallup, 1971)는 거울을 본적이 없는 침팬지에게 거울을 보여 주면서 침팬지의 행동을 관찰하였다(그림 11-2 참조). 침팬지는 처음에는 거울에 비친 자신의 모습을 위협하는 등 타인으로 이해하는 듯한 행동을 취했다. 그러나 이러한 행동은 이후 5일만 지나면 사라지고 이제는 거울을 이용하여 이빨 사이에 낀 음식물을 제거하는 등 자신의 신체를 다듬는 행동을 보였다. 이번에는 침팬지가 마취되어 있는 동안에 이마나 귀 부분에 빨간 염료를 발라두었다. 그리고 마취에서 깨어난 후 침팬지가 어떤 행동을 취하는지를 관찰하였다. 그 결과, 거울을 보여 주기 전까지는 침팬지는 빨간 염료가 묻어 있는 부분에 손이 가지 않았지만, 거울을 본 이후에는 빈번하게 그 부분에 손이 닿은 행동이 관찰되었다. 거울에 비친 모습을 통해서 자기 자신에게 행동을 취한 침팬지의 행동은 거울에 나타난 대상이 다름 아닌 나 자신의 모습을 비춘 것이라고 하는 자기인식의 개념 확립을 의미한다.

그렇다면 인간은 언제부터 자기를 인식할 수 있을까? 자기인식의 발달에 대한 연구로는 자조 박사(Zazzo, 1993)의 유명한 립스틱 과제 연구가 일반적으로 소개된다. 립스틱 과제란 아이 모르게 얼굴에 살짝 빨간 립스틱을 묻혀 놓고 아이에게 거울에 비친 자신의 모습을 보여 주었을 때의 행동에 대한 검토를 통해 거울에 비친 사람을 자기 자신이라고 인식할 수 있는가를 검토하는 과제를 말한다. 실험 결과, 생후 12개월 전까지의 영아는 거울에 비친 자기를 보면서도 자신의 얼굴을 향해 손가락으로 가리키거나 립스틱이 묻은 부분을 확인하고자 손으로 거울을 비벼대거나 두드리는 행동이 나타났다. 마치 영아는 거울 속에 비친 자기 자신의 모습을 보고는 또 한 명의 다른 사람이 저쪽에 있는 것으로 이해하고 있는 듯한 행동을 보였다.

[그림 11-3] 거울을 통해 자신의 모습을 응시하는 영아 (생후 15개월)

그러나 생후 1년 6개월경이 되면 거울에 비친 자기상을 보고는 자신의 얼굴에 묻은 립스틱을 닦으려고 자신의 얼굴에 손이 향하는 모습을 발견할 수 있다. 생후 24개월경이 되면 대부분의 영아는 립스틱 과제를 통과한다. 즉, 거울 속의 자기 모습은 실제의 자기가 아니며, 자신을 비춘 모습인 것을 이해하게 된다. 립스틱 과제를 통과했다는 사실은 이 시기의 영아는 거울에 비친 아이가 '자기'라는 사실, 그러나 '실제적인 자기'는 거울 속에 있는 아이가 아니라 '여기에 있는 자기'라는 인식을 하고 있음을 말한다. 자기인식의 발달과 관련된 연구를 종합적으로 정리하면 생후 18~24개월의 시기가 자기발달의 중요한 시기라고 할 수 있다(Werker et al., 1981).

이런 자기인식의 발달로 인해 이 시기의 유아는 부끄러운 표정을 짓는 등 자기와 관련된 감정을 표시하기도 한다. 타인이 있는 상황에서 자기 자신이 어떻게 해야 할지 몰라 당황하거나 부끄러워하는 행동을 한다는 것은 이제는 자기 자신을 거울이 있는 쪽에서 자신을 바라보는 시점, 즉 자신의 외부에서 자기 자신을 바라보는 관점을 갖게 되었다는 것을 의미한다. 이는 자기라는 시점을 자신의 신체로부터 분리하여 옮길 수 있는 능력을 의미하며, 이 능력으로 인해 인간은 이후 타인을 의식하면서 살아가는 존재가 되는 것이다. 거울에 비친 자기가 자기 자신이라고 인식하는 마음은 자기와 타인과의 관계의 문제, 또한 자기를 바라보는 자기와의 관계의 문제를 강하게 의식하는 관점을 갖는 마음이라고 할 수 있다. 이 때문에 이런 마음의 세계는 때로는 영아를 부끄러워하거나 당황스런 표정을 짓게 만든다.

4 과거의 자기와 미래의 자기에 대한 인식

흥미로운 것은 립스틱 과제를 통과한 2세라고 할지라도 '과거의 자기'에 대한 인식능력은 아직 이르다는 것이다. 즉, 사진이나 영상에 녹화된 자신의 모습을 봤을 때, 영아는 이 사람이 자기 자신이라고 인식을 하지 못한다는 것이다(Brooks-Gunn & Lewis, 1984). 이 사실은 거울 속의 모습을 자기 자신으로 인식할 수 있다고 해서 자신의 얼굴이나 모습을 상세하게 인식하고 있지는 않다는 것을 말한다. 또한, 거울 속의 자기상의 인지가 사진이나 영상보다 일찍 형성되는 이유는 지금 여기에서의 자신의 신체적 움직임이 거울 속에서는 동시에 일어나는, 즉 '시간적 동시성(同時性) 현상' 때문이라고 이해할 수 있다.

3세경이 되면 사진이나 녹화 영상에 등장하는 과거의 자기를 보고 '자기'라고 인식이 가능해진다. 그러나 여기에 등장하는 자기를 현재와의 자기와 연결 짓는 것은 그렇게 간단하지는 않다. 성인의 경우는, 예를 들어 비만으로 고민하는 사람이 자신의 모습이 담긴 사진이나 영상을 보면 다이어트를 해야겠다고 생각하면서 운동을 하는 등 결심이나 행동을 취한다. 이런 행동은 과거의 자기와 현재의 자기(present self)를 연결지어, 미래의 자기로 관련지을 수 있기 때문에 나타날 수 있는 모습, 다른 말로 하면 과거, 현재, 미래로 이어지는 시간적으로 연속적인 존재로서 자기를 이해하기 때문이다.

비교인지 심리학자인 포비네리 박사 연구팀(Povinelli et al., 1996)은 다음과 같이 립스틱 과제 실험을 하였다. 연구팀은 영유아가 알아차리지 못하게 머리에 스티커를 붙이고 이 모습을 비디오로 촬영하였다. 그리고 난 다음 수 분 후 연구팀은 영유아와 함께 녹화된 영상을 보았다. 아이는 영상에서 자신의 머리에 스티커가 붙어 있는 장면을 보게 된다. 이 실험에서 3년 6개월 이후 유아의 경우는 영상을 본 후 자신의 머리에 붙어 있는 스티커를 떼어 내는 행동을 보였다. 이 실험 결과는 영아기는 '지금, 여기'에서의 자기 모습에 대한 인식은 가능하지만, 과거나 미래라고 하는 시간적 측면을 포함한 자기인식은 아직 충분하지 않다는 것을 말한다. 발달적으로 보면 3세경에서 4세에 걸쳐 과거의 자기와 미래의 자기를 인식할 수 있게 된다.

5 유아기의 자기개념

자신의 성격이나 능력, 신체적 특징 등에 관한 비교적 영속적인 자신에 대한 생각을 자기개념이라고 말한다. 자기개념은 인간의 행동이나 인지에 적지 않는 영향을 미친다. 유아기의 자기개념은 객관성이 떨어지고 비현실적인 특징을 갖고 있지만, 이러한 자기개념은 오히려 다양한 발달적 측면에 도움이 된다고 할 수 있다. 그 대표적인 특징으로 유아는 일반적으로 현재의 자기를 긍정적으로 이해할 뿐만 아니라, 미래에 대한 이해에 있어서도 낙관적주의 성향이 강하다는 것이다. 대개 어른은 몇 번이고 자신의 욕구가 좌절되면 자신감이 상실되면서 포기하지만, 유아는 반복되는 실패에도 불구하고 쉽게 좌절하지 않는 심리적 특징을 갖고 있다. 즉, 유아기의 아이는 오늘은 실패했지만, 내일을 기대하는 심리적 특성을 갖고 있다는 것이다. 미국 예일대학의 로크하트 박사(Lockhart et al., 2008)는 유아의 이런 낙천적 성향을 '소박한 낙천주의'라고 불렀다. 이런 소박한 낙천주의 성향은 문화에 관계없이 유아기 아이에게 나타나는 보편적인 현상으로 알려져 있다.

한편, 아동기에 들어서면 노력이나 연습을 하면 바람직한 결과를 얻을 수 있다고 하는 '노력 의존형 낙천주의'로 이행(移行)한다. 이러한 이행에는 다양한 측면의 인지 발달적 요소 이외에 초등학교에서의 학교 교육환경(시험이나 평가 등)의 영향이 개입되기 때문이라고 할 수 있다. 중요한 것은 유아기의 이런 낙천주의적 경향은 타인보다는 자기에 대해서 더욱 강하게 나타난다는 것이다(Diesendruck & Lindenbaum, 2009). 즉, 유아는 일반적으로 '보다 좋은 방향으로 변화하는 자신의 모습'이라고 하는 미래에 대한 낙천적인 자기상을 강하게 갖고 있는 것이다. 이러한 유아의 낙천성은 사회비교능력의 결여(Ruble & Dweck, 1995), 메타인지능력의 결핍(자신의 인지과정에 대한 지식 및 자신의 인지과정을 감시, 평가, 통제하는 능력) 등 다양한 인지적 문제에서 유래한다고 볼 수 있다(Yussen & Levy, 1975).

그러나 자신의 능력을 과대평가는 유아의 낙천주의적 성향은 유아의 발달을 지원하는 기능을 갖고 있다고 할 수 있다. 로크하트 박사(Lockhart et al., 2002)는 유아의 낙천주의적 사고가 '자기 방위적(self protective) 기능'을 갖고 있다고 보았다. 유아의 낙천주의적 사고는 자기 스스로 할 수 없는 일이 많고 실패 경험을 많이 할 수밖에 없는 이 시기의 아이에게 무력감이나 절망적 사고에 빠지지 않도록 해 주는 방위적 기능을 하고 있다는 것이다.

이러한 유아의 심리현상은 육아 및 교육에 있어 시사하는 바가 크다고 할 수 있다. 유아기의 낙천주의는 경험이나 환경에 의해 좌우되는 것이 아니라, 원래 아이가 갖고 있는 성향이기 때문에 실패나 충격으로부터 아이를 지켜주는 기능을 갖고 있다는 것이다. 이 사실을 통해서 이야기할 수 있는 것은 유아의 실패나 어려움에 대해 너무 민감하게 반응할 필요가 없다는 것이다. 오늘날 영유아 교육이나 보육의 현실은 아이의 실패를 두려워하면서 가능하다면 성공 경험을 보장해 주는 환경 제공이 바람직한 것으로 이해하고 있다. 이런 의식은 아이의 성장력을 과소평가하는 인식에서 비롯된 것이라고 할 수 있다.

6 자기통제 기능의 발달

자기의식이 발달함에 따라 유아는 자신의 자존감정이 상했을 때, 항의하거나 자신이 갖고 싶은 물건을 확실하게 의사표시를 하기도 한다. 이와 같이 자신의 의견이나 욕구를 타인에게 전하는 자기주장은 [그림 11-4]에서 알 수 있듯이 5세경까지 급속도로 증가하며, 그 이후가 되면 큰 변화가 없다. 이것은 자기주장을 하기 시작하는 시기에 가정에서나 집단생활에서 주로 양육지도가 시작되는 것과 관계 있다고 볼 수 있다.

"이젠 형이 되었으니까 참아야지.", "친구가 끝날 때까지 기다려야 해." 등의 지도에 의해 말을 잘 듣게 되면 부모나 교사로부터 소위 '착한 아이'라는 긍정적 평가를 받는다. 이러한 지도가 아이의 마음에 내재화되면 그네 타는 순서를 지키기도 하고 놀고 싶은 장난감을 동생에게 양보하기도 한다. 이와 같이 자신에게 불쾌하고 고통을 수반하는 것일지라도 다른 사람이나 집단을 위해 참거나 기다려 주는 자기 통제력은 3~7세에 걸쳐 일관되게 발달되어 간다. 이렇게 발달된 자기행동의 통제력에 의해 아이는 주위 사람과 '어떻게 하면 좋은 관계를 맺어나갈 수 있을까?'라고 하는 대인 관계의 룰을 학습해 나간다.

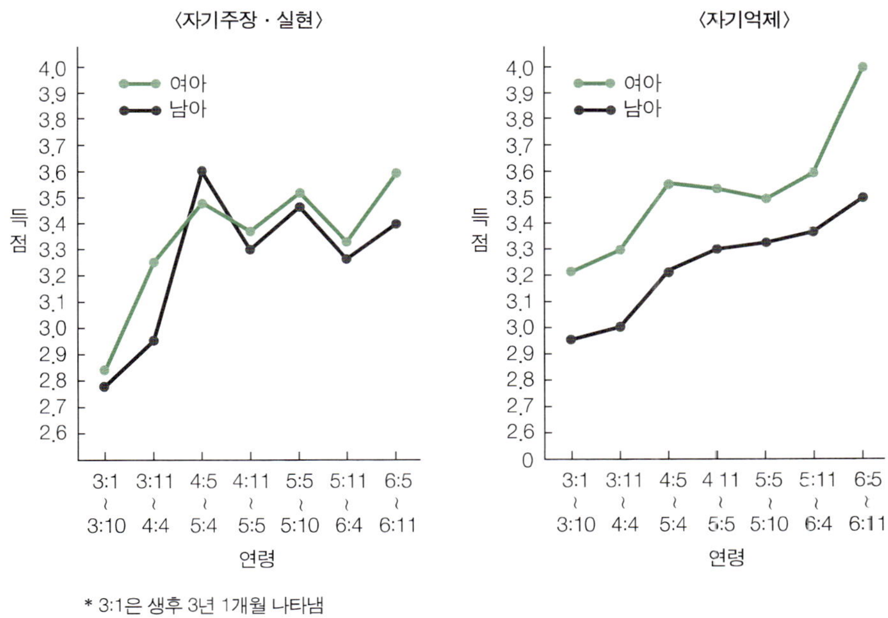

[그림 11-4] 자기통제 기능의 발달

자료 : 柏木, 1988.

아동은 자기주장과 자기통제라고 하는 2가지의 자기제어 기능을 잘 사용하면서 집단에서의 바람직한 자기의 모습을 확인해 나간다. 그런데 카시와끼(柏木, 1988)의 연구에 의하면 어머니가 자기주장과 자기통제의 어느 쪽을 아이에게 기대하는가에 따라 아동의 자기제어 기능의 발달이 달라진다는 사실을 알 수 있다. 순종적인 태도보다는 확실하게 자신의 의견을 말하는 것을 부모가 기대하면 아동의 자기주장의 발생빈도가 많아지지만, 반대로 항상 솔직하고 어른의 말에 순종하는 태도를 중요시하는 부모에 의해 양육된 아이는 자기 통제적 행동을 보다 많이 보이는 것을 알 수 있다. 이처럼 아동의 자기제어 기능의 발달은 연령의 증가와 함께 자연스럽게 표출되는 것이 아닌, 부모나 교사가 아이에게 어떠한 발달이나 대인 관계를 기대하는가의 발달기대나, 아이가 실제적으로 어떻게 대응하는지에 따라 2가지의 자기제어 기능 중 어느 한쪽이 보다 발달하게 된다.

자신의 능력이나 욕구에 대해 이해하게 되면 이와 함께 유아는 이상과 현실 간의 차이에 당황하면서 때로는 떼를 쓰기도 하고, 다리를 구르며 울면서 보채어보기도 한다. 이러한 방법으로 아이는 자신의 욕구불만의 상태를 어떻게 해서든 부모에게 전달하려고 애를 쓴다. 그러나 이런 행동도 언어 발달이 현저한 3세경을 넘어서면 점차 감소하면서 그 대신 언어로 자신의 분노를 표현하는 빈도가 많아진다. 그런데 이런 가운데 아이가 혼자서 스스로 할 수 있는 일임에도 불구하고 부모가 대신해 주거나 아이가 원하는 것이라면 무엇이든 제공하는 등 소위 아이가 인내나 노력을 하지 않아도 되는 환경에서만 자라면, 욕구불만을 억제하고 참는 힘, 즉 욕구불만내성을 학습할 수 없다. 그 결과, 기분에 내키지 않는 일이 생기면 바로 폭력적인 방법으로 문제해결을 시도하려고 하거나, 반대로 조금이라도 힘든 일에 부딪히면 노력하려는 모습도 전혀 보이지 않고 바로 포기해 버리기도 한다.

오늘날 비행 청소년의 사회적 문제는 욕구불만의 통제력과 깊은 관련성이 있으며, 비행 청소년은 대개 유아기 시절에 적당한 욕구불만의 내성을 학습하지 못한 것에 기인한다는 사실에 많은 발달심리학자가 주목하고 있다. 유아기시절 친구 사이에 흔히 일어나는 실랑이나 싸움을 통해 아이는 사회적 규칙이나 자기제어의 방법을 학습해 나간다. 그러므로 이 시기에는 아이가 다른 아이와 충분히 상호작용을 할 수 있는 환경을 만들어 주는 것이 매우 중요하다. 이와 함께 부모나 교사는 아이 사이에 발생하는 실랑이나 싸움에 개입하거나 해결을 해 주는 방법이 아니라 아이 자신이 스스로 자신의 노력으로 해결책을 찾을 수 있도록 〈아이를 지켜보는 보육〉이 필요하며, 부모나 교사의 이런 대응을 통해 아이의 자기제어 기능은 발달되어 간다. 놀이장면에서도 교사의 어설픈 개입으로 유아의 놀이 흐름이 끊어지고 중단되는 경우가 흔히 있다.

어디까지나 유아가 놀이세계에서의 행동의 주체자는 다름 아닌 자기 자신이라는 감각을 느낄 수 있도록 교사의 배려가 중요하며, 이를 통해 아이는 또 다른 놀이에 대한 흥미나 욕구를 느끼면서 다양한 경험을 스스로 학습하게 된다. 그러므로 부모나 교사는 유아의 행동을 자신의 생각대로 통제하지 말고 그들의 욕구나 감정을 최대한 존중하고, 동시에 부정적인 언어보다는 긍정적인 언어 사용을 통해 유아의 자아발달이 촉진될 수 있도록 도와주어야 할 것이다.

CHAPTER 12

타인인식의 발달 : 마음의 이론

1 마음의 이론이란?

마음에 대한 이해라고 하면 일반적으로 기분이나 감정의 세계로 이해하기 쉬우나, 여기서 말하는 마음이란 마인드(mind)에 관한 이해이다. 영어에서 마인드란 감정이나 정서보다는 의지, 의도, 사고, 지성을 뜻한다. 감정과 같은 '느끼는 마음'이 아니라, 의도나 의지와 같은 '생각하는 마음'을 말한다. '사람들은 도두 의지를 갖고 있으며, 이에 따라 행동을 하게 된다'는 사실을 아이는 언제부터 이해할 수 있을까? 발달심리학에서는 이러한 문제를 이론적으로 정립한 것을 '마음의 이론(theory of mind)'이라 부른다.

마음의 이론은 타인의 행동을 통해 그 사람의 심적 상태를 추측하고, 이후의 행동을 예측하는 문제를 다룬다. 그 사람의 심적 상태란 그 사람의 지식, 의도, 욕구, 신념 등을 말한다. 일반적으로 우리는 상대방의 생각을 추측할 수 있게 되면 그 사람의 행동의 의미를 이해하게 되고, 이후 그 사람이 무엇을 할 것인가를 예측하여 적절하게 대응할 수 있게 된다. '마음의 이론'에 대한 연구는 영장류 학자인 프리맥 박사의 연구팀(Premack & Woodruff)에 의해 시작되었다. 이 연구팀은 『침팬지의 세계는 마음의 이론이 존재하는가?』라고 하는 제목의 논문을 발표하였다(Premack &

Woodruff, 1978). 이후 이들은 다른 동물로 확대하면서 마음의 이론에 대한 연구를 확장시켰지만, 발달심리학에서는 주로 영아와 자폐증 아동을 대상으로 한 연구가 1980년대 이후 왕성하게 이루어졌다. 본서에서는 영유아의 '마음의 이론'에 대한 연구와 이와 관련된 타인의 심리 이해능력을 발달적으로 살펴보고자 한다.

2 오류 신념의 이해

'마음의 이론'에 대한 연구는 발달심리학에서 오류 신념과제를 중심으로 전개되어 왔다. 이 과제를 고안한 학자는 위머 박사와 페너 박사(Wimmer & Perner, 1983)이며, 이들은 '마음을 이해한다.'고 하는 것은 마음이 현실을 비추는 것, 즉 표상으로써의 성질을 이해하는 것이라고 보았다. 마음속에 '신념(belief)'이 있다고 할 경우, 그 신념은 반드시 현실 그 자체에 대응하는 것은 아니다. 예를 들어, A는 냉장고 안에 사과가 있다는 것을 알게 된 이후 '냉장고 안에 사과가 있다.'는 신념을 갖게 된다면 이 신념은 현실에 대응하는 옳은 신념이라고 할 수 있다. 그런데 A가 잠시 밖으로 나간 사이에 B가 들어와서 냉장고 안의 사과를 먹어버렸고, 그 사실을 A가 모른다고 한다면 이 상황에서 A의 신념, 즉 '냉장고 안에 사과가 있다'고 생각하는 것은 그릇된 신념(오류 신념)이 되는 것이다. A는 여전히 사과는 냉장고 안에 있다고 생각하고 있지만, 현실은 이미 B의 배속에 들어 있는 상태이다.

발달심리학의 오류 신념과제는 자기와 타인, 또는 현재의 자기와 과거의 자기가 하나의 현실에 대해 다른 표상을 갖는 것을 이해할 수 있는가를 보고 있다. 어떤 사람이 갖고 있는 표상은 옳은 신념(현실 세계와 대응하고 있음)이지만, 다른 사람이 갖고 있는 표상은 그릇된 신념이라고 하는 사실, 즉 틀린 생각을 하고 있다는 것을 이해할 수 있는가를 보는 것이다. 오류 신념과제 연구에서는 다양한 실험과제가 등장하지만 본서에서는 가장 일반적으로 인용되는 세리와 앤 과제를 소개하고자 한다(그림 12-1 참조).

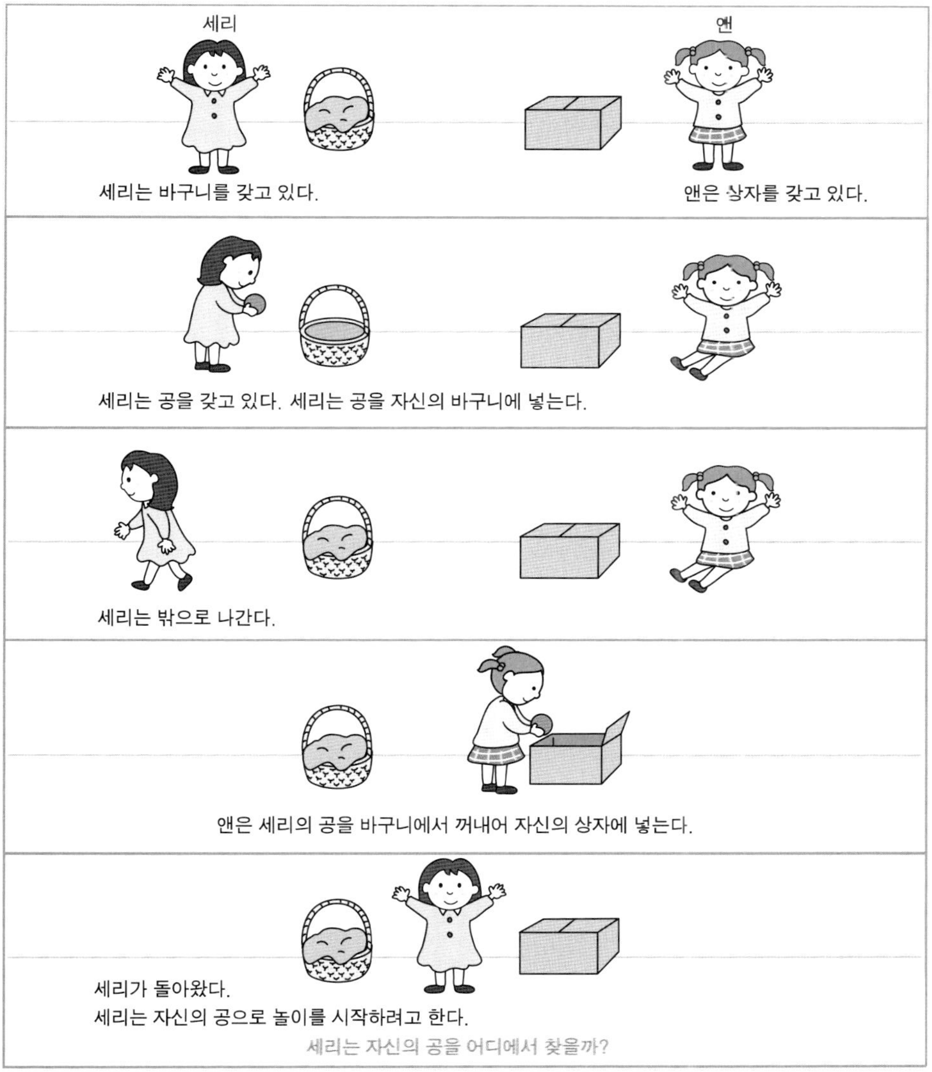

[그림 12-1] **세리와 앤의 과제**

이 실험 과제의 내용은 다음과 같다. 먼저 '세리'라는 인물이 등장하여 공을 바구니 안에 넣고는 바로 자리를 뜬다. 그 사이에 앤이라는 인물이 등장하여 바구니 속의 공을 꺼내어 옆에 있는 종이 상자 안에 바꿔 넣고는 가버린다. 이후 세리가 다시 등장하여 공을 찾는다. 실험자는 이런 전개과정을 인형극을 통해 보여 주면서 유아에게 다음과 같은 질문을 던진다. "세리는 공을 바구니와 상자 가운데 어디에서 찾을까요?" 이 질문에 대한 옳은 대답을 하기 위해서는 세리의 지식 상태나 신념 상태를 알아야 한다. 세리는 앤이 공을 바꿔 넣어버렸다는 사실을 모르고 있기 때문에 공이 바구니에 들어 있다고 생각할 것이며, 바구니에서 공을 찾을 것이라고 예상할 수 있다. 그런데 이 실험에서 3세 유아는 "상자에서 공을 찾을 것이다."라고 하는 반응을 보였다. 이 반응은 3세 유아는 세리가 갖고 있는 신념을 아직 이해하지 못하고 있는 단계라는 것을 보여 준다. 아이는 단지 지금 현재 상자 안에 공이 들어 있기 때문에 이런 대답을 하는 것이다. 이 테스트를 통과하는 시기는 4세 반경 이후라고 본다(Wellman et al., 2001).

3 마음의 이론의 획득

마음의 이론은 어떤 과정을 통해 획득되는 것일까? 이에 대한 것으로는 일반적으로 웰만과 리우 박사(Wellman & Liu, 2004)의 이론이 많이 인용된다. 본서에는 마음의 이론은 다음 3단계를 거쳐 발달한다고 주장하는 이들의 이론을 중심으로 소개하고자 한다.

먼저 1단계에서 아이는 욕구 심리학에 기초한 이론을 갖고 있다고 본다. 발달적으로 아이는 먼저 사람마다 선호(選好)하는 대상이 다르다는 것을 이해하게 된다. 예를 들어, A라는 사람은 매운 음식을 좋아하지만, B는 반대로 덜 매운 음식을 좋아한다는 식으로 사람에 따라 갖고 있는 욕구는 다를 수 있다는 것을 이해하는 것을 말한다.

[그림 12-2] 타인의 선호에 대한 영아의 반응 실험

이러한 이해는 생후 18개월경이 되면 가능하다고 본다. 이런 사실을 고프닉 박사와 레파촐리 박사(Gopnik & Repacholi, 1997)는 영아를 대상으로 다음과 같은 실험을 통해 확인하였다(그림 12-2 참조). 먼저 실험자가 과자와 브로콜리를 각각 접시에 담아 아이 앞에 놓아두고는 어느 것을 먹고 싶은지를 물어본다. 이 경우 아이는 대부분 과자를 선택한다. 그 다음 장면에서 실험자는 아이의 선택과는 다르게 브로콜리가 담긴 접시를 자기 쪽으로 당겨서 미소 지으며 맛있게 먹는 모습을 보여 준다. 그리고 난 다음, 아이 앞에 과자와 브로콜리가 담긴 접시를 다시 제시한다. 그리고 실험자는 아이에게 "먹을 거 하나 주세요."라고 부탁한다. 실험자는 아이에게 접시에 담겨 있는 과자나 브로콜리를 하나 달라고 요구한 것이다. 만일 이 상황에서 영아가 상대방은 자신과 다른 것(브로콜리)을 좋아한다는 것을 이해한다면 실험자에게 브로콜리를 건네줄 것이다. 실험 결과, 생후 18개월 이후의 영아는 정확하게 상대방이 좋아하는 모습을 보였던 브로콜리를 건네주었다.

2단계에서는 타인의 욕구 및 신념을 고려할 수 있는 모습을 보여 준다. 그러나 아직 신념에 대한 이해는 충분하지 않는 수준이다. 이 단계의 모습에 대한 설명을 하나의 실험을 통해 소개하면 다음과 같다. 유아를 대상으로 "에이미는 책이 선반 위에 있고, 상자 안에는 없다고 생각하고 있습니다. 그러면 에이미가 책을 읽고 싶을 때, 어디에서 책을 찾을까요?"라고 하는 질문을 던진다. 이 질문에 대해 올바른 대답을 하기 위해서는 에이미의 신념에 대한 이해가 필요하다. 즉, 어이미는 선반 위에 책이 있다고 생각하고 있기 때문에 선반 위에서 찾게 될 것이라고 대답하는 것이 옳다. 이 질문에 대해 3세 유아는 대부분 옳은 반응을 보였다. 이처럼 2단계에 들어서면 타인의 신념도 어느 정도 이해할 수 있게 된다.

그렇다면 2단계와 오류 신념과제를 통과할 수 있는 3단계와의 차이는 무엇일까? 이에 대한 웰만 박사의 설명은 다음과 같다. 제2단계 수준의 아이는 타인의 신념이 현실 세계를 그대로 반영한 것과 비슷하다고 이해한다. 즉, 에이미의 신념 자체는 옳은 것이며, 그 옳은 신념이 행동으로 연결된다. 하지만 오류 신념과제에서는 세리의 신념은 현실을 그대로 반영한 것이 아니다. 즉, 세리가 찾는 공이 실제로는 상자 안에 있지만, 세리는 그릇된 신념(공은 바구니 안에 있다.)을 갖고 있는 것이다. 그러므로 오류 신념과제에서 필요한 마음의 이론은 신념이란 현실세계를 그대로 반영한 것이 아니라 현실세계에 대한 하나의 해석이라고 이해할 수 있다.

웰만 박사는 마음의 이론의 발달과정이 타인에 대한 욕구 이해부터 시작하는 이유는 타인의 신념 이해보다 비교적 단순한 인식능력이 요구되기 때문에 먼저 욕구 이론이 형성되는 것이며, 이 이론으로 설명할 수 없는 사례를 접했을 때는 이론을 수정하여 최종적으로 오류 신념 이해를 하게 된다고 보았다.

4 마음의 이론의 태동

표준적인 오류 신념과제에서는 그 실험 방법이 유아의 언어 반응을 통해서 마음의 이론을 발달적으로 규명해 나갔다. 이 때문에 3세 이하의 아이를 대상으로 한 오류 신념과제 연구는 거의 찾아볼 수 없었다. 그러나 이후 비언어적 방법을 사용한 실험법의 개선을 통해 3세 이하의 아이를 대상으로 마음의 이론에 대한 연구가 이루어지면서 '마음의 이론'을 획득하는 과정에서 그 바탕이나 기초가 되는 심리현상을 알 수 있게 되었다. 여기서 이에 대한 연구를 중심으로 소개하고자 한다.

1) 영아의 오류 신념의 이해

오니시 박사와 베이야르존 박사(Onishi & Baillargeon, 2005)는 '기대위반'이라고 하는 연구법을 사용하여 생후 15개월 영아의 오류 신념에 대한 문제를 검토하였다. 실험과정은 다음과 같다. [그림 12-3]과 같이 등장인물 앞에 황색 상자와 녹색 상자가 놓여 있다. 등장인물은 사과를 몇 초 동안 갖고 있다가 그것을 녹색 상자에 집어 넣는다. 영아는 처음에는 이 장면을 몇 초 동안 바라본다. 실험자는 영아가 더 이상 녹색 상자를 바라보지 않는 상태, 즉 둔감 상태가 되었다고 판단되면 등장인물과 두 개의 상자 사이에 막을 쳐서 등장인물이 두 개의 상자를 볼 수 없는 상태로 만든다. 그 사이에 녹색 상자에 들어 있던 사과가 황색 상자로 이동한다. 그리고 난 이후 등장인물 앞에 내리워졌던 막이 올라가고 등장인물이 다시 영아의 눈에 보이면서 테스트가 실시된다. 테스트에서는 등장인물이 녹색 상자에서 사과를 찾는 조건과 황색 상자에서 찾는 조건이 제시된다. 등장인물은 사과가 황색 상자로 이동했다는 것을 모르는 상태이기 때문에 영아는 등장인물이 녹색 상자에서 사과를 찾을 것이라고 예측할 것이다. 이 실험은 통제 집단을 설정하여 실험 집단과 비교, 검토하였다. 그 결과, 황색 상자에서 사과를 찾는 조건이 녹색 상자에서 찾는 조건보다도 영아의 주시하는 시간이 더 길게 나타났다. 즉, 영아는 등장인물이 황색 상자에서 장난감을 찾는 행동에 대해 놀라워한 것이다. 이 현상은 영아는 타인의 오류 신념에 대한 감수성이 존재한다는 것을 말해 주는 결과라고 할 수 있다.

영아의 타인인식능력에 대한 연구는 생후 12~24개월을 대상으로 실험한 다른 연구에서도 확인되고 있다. 최근 연구에서는 실험 방법의 개선을 통해서 생후 7개월 영아일지라도 타인의 오류 신념에 대한 감수성이 존재할 가능성이 있다고 주장하는

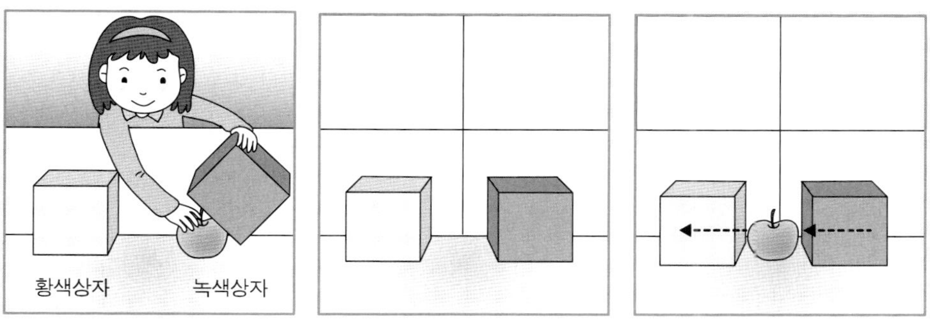

[그림 12-3] 영아의 오류 신념 과제

자료 : Onishi & Baillargeon, 2005.

연구도 있다(Kovács et al., 2010). 이 주장을 얼마나 신뢰할 수 있는가에 대한 논쟁은 있지만, 자신의 생각을 언어로 표현하기 힘든 영아기의 아이를 대상으로 언어 반응이 아닌 주시 시간의 차이를 통해서 타인의 오류 신념에 대한 암묵적 이해능력을 밝히려고 했다는 점은 평가할만하다.

2) 사회적 수반성(隨伴性)

타인인식능력은 발달적으로 '사회적 수반성'에 대한 인식에서 시작된다. 우리는 상대방에게 언어나 비언어적 메시지를 보내면 그 사람으로부터 어떤 형태로든 반응이 돌아온다는 것을 알고 있다. 예를 들어, 상대방에게 미소를 보내면 그 사람도 나에게 미소로 반응할 것이라고 예상한다. 이와 같이 자신의 행위에 의해 발생되는 상대방의 반응을 '사회적 수반성'이라 한다. 그런데 이런 사회적 수반 현상이 반드시 나타나는 것은 아니며, 때로는 불완전한 모습을 보이기도 한다. 자신을 미워하는 사람에게 미소를 보내는 경우는 그 사람으로부터 미소 반응을 기대하기란 쉽지 않기 때문이다.

하지만 물리적인 현상이라고 한다면 수반성은 거의 완전하다고 할 수 있다. 예를 들어, 벽을 향해 공을 던지면 공은 벽에 부딪히면서 반드시 자기 쪽으로 돌아온다. 동일한 실험을 반복할지라도 거의 동일한 반응을 기대할 수 있을 것이다. 인간과 물체의 근본적인 차이가 수반성의 현상에도 그대로 반영되고 있는 것이다. 그런데 여기서 흥미로운 것은 영아는 완전한 수반성을 유도하는 자극보다는 불완전한 수반성을 유도하는 자극을 더 선호한다는 것이다(Watson, 1985). 이 사실은 영아는 물리적인 작용에 의해 나타나는 기계적인 현상보다는 인간과의 상호작용에서 나타나는 역동성 현상에 더 관심이 많다는 것을 보여 준다.

사회적 수반성에 대한 인식은 생후 2~3개월 영아일지라도 가능하다는 것을 실험을 통해서 확인할 수 있다. 실험은 정지된 얼굴 패러다임(still face paradigm)에 대한 영아의 반응이다. 처음에는 영아가 소리를 내면 어머니도 소리를 내면서 응답하고, 미소를 보내면 어머니도 미소로 반응하는 등 서로 자극을 주고받다가 이번에는 어머니가 정지된 얼굴로 대응한다. 만일 영아가 상대방이 자신의 행동에 대해 반응해 주는 존재라고 하는 인식을 하고 있다면 어머니가 정지된 얼굴로 반응할 경우, 영아는 그 변화를 인식하고 어머니의 무응답에 대해 당황하거나 불안한 표정을 지어 보일 것이라고 예상해 볼 수 있다. 실험 결과, 예상대로 영아는 정지된 어머니의 얼굴에 대해 얼굴의 방향을 돌리거나 부(負)의 정서를 표출하는 반응을 보였다(Toda & Fogel, 1993). 이 연구를 통해 발달적으로 생후 2~3개월부터 사회적 수반성에 대한 감수성이 나타난다는 것을 알 수 있으며, 이는 곧 어린 영아라도 상대방과의 관계에 있어서 그 사람의 주관적인 세계를 파악할 수 있는 인식능력을 갖추고 있다는 것을 의미하기도 한다.

3) 타인의 목표이해

생후 6개월경이 되면 타인의 행동이 목표 지향적이라는 것을 이해하게 된다. 타인의 목표 지향성에 대한 이해는 타인의 행동을 이해하는 데 가장 기초적인 요소이기 때문에 최근 이에 대한 연구가 왕성하게 이루어지고 있다(D'Andrade, 1987). 인간의 행동은 일반적으로 막연하지 않고 무언가 목표를 향해 움직인다. 그래서 손을 뻗는 상대방의 모습과 그쪽에 놓여 있는 책을 보게 되면 우리는 그 사람이 책을 취하기 위해 손을 뻗었다고 이해하게 된다. 즉, 그 사람의 행위가 목표 지향적이라는 것을 이해하게 된다. 그런데 여기서 타인인식에 있어 중요한 점은 타인의 행동 그 자체가 아니라, 그 행동 이전의 목표를 알고 있다는 점이다.

우드워드 박사(Woodward, 1998)는 다음과 같은 실험을 통해 생후 6개월 이후가 되면 영아는 타인의 목표에 대한 이해가 가능하다는 것을 보여 주었다. 탁자 위에 공과 인형을 각각 올려놓고, 실험자는 이 두 물체 가운데 한쪽 물체에만 계속 손으로 가리키는 행동을 취했다(그림 12-4 참조). 예를 들어, 실험자가 공 쪽으로 손을 뻗는 행동을 몇 번이고 반복한다. 그러면 이 모습을 응시하고 있던 영아는 나중에

[그림 12-4] 타인의 목표 이해

는 싫증을 내면서 둔감 상태에 이르게 된다. 이런 상태가 되면 실험자는 이번에는 공과 인형의 위치를 바꿔서 다음 2가지 테스트를 실시하였다.

하나는 둔감 시행 때와 동일하게 실험자는 공이 있는 쪽으로 손을 뻗었다. 즉, 공이 있는 자리는 바뀌었지만, 공을 향해 손을 내밀었다는 점에서는 둔감 시행과 동일하다. 이 경우를 '장소변경 자극'이라고 하자. 또 하나의 테스트는 이번에는 실험자가 인형이 있는 쪽으로 손을 뻗었다. 이 경우는 둔감 시행 때와는 동일한 방향이지만 그곳에 놓여 있는 물체는 다르다. 이 경우를 '물체변경 자극'이라 하자. 만일 영아가 물체 위치의 변경에 민감하다면 장소변경 자극에 대한 주시 시간이 길어질 것이고, 만일 영아가 실험자의 목표 변화에 민감하다면 물체변경 자극에 대한 주시 시간이 길어질 것이다. 실험 결과, 영아는 물체변경 자극을 보다 오랫동안 주시하였다. 영아는 실험자의 목표가 바뀐 것에 대해 놀랐던 것이다. 흥미로운 것은 사람의 손 대신에 매직핸드(magic hand)를 사용한 경우에는 탈(脫) 둔감 반응이 나타나지 않았다.

5 9개월 혁명

인간은 생후 수 시간 이내에 타인의 표정을 모방하고 생후 2개월이 되면 다른 자극보다 사람의 얼굴에 관심을 보인다. 이러한 사실은 아이가 상당히 일찍부터 인간에 관한 특별한 관심을 가진다는 말이며, 이러한 경향은 '마음의 이론'의 토대가 된다. 그런데 생후 9개월경이 되면 하나의 전기(轉機)가 도래하며, 그것은 타인과의 관계에서 공동 주시, 사회적 참조 등의 큰 변화가 나타난다.

[그림 12-5] 타인의 의도 이해(9개월 영아)

공동 주시(注視)란 두 사람이 동일하게 한 대상을 바라보면서 그것을 공유하는 것을 말한다. 예를 들어, 어머니가 강아지를 쳐다보고 있으면 영아도 어머니와 함께 강아지를 쳐다보면서 그 강아지를 공유하는 것이다. 이때 손가락으로 가리키는 행동이나 시선 추종(追從)이 나타난다(그림 12-5 참조). 이제까지의 연구에서 보면 12개월경의 영아에게서 물체를 향해 손가락으로 가리키는 행동의 출현이 보고되고 있다(Tomasello et al., 2007). 그리고 타인의 시선을 추종하는 행동도 생후 8~10개월 영아의 70% 이상 보였으며(Scaife & Bruner, 1975), 12개월이 되면 거의 대부분의 영아는 타인의 시선을 추종할 수 있게 된다(Butterworth & Jarrett, 1991). 공동 주시가 가능해진다는 것은 그 배경에는 3항 관계의 성립을 의미한다. 3항 관계란 '나 - 대상 - 당신'의 관계를 말한다(그림 12-6 참조).

생후 9개월경 이전의 영아는 타인이나 사물에 대한 관계가 '나 - 당신' 또는 '나 - 대상'의 양자 관계에 한정되어 있었다. 이것은 영아 - 타인(대상)의 1 : 1의 관계를 말하며, 서로가 무언가를 공유하는 관계는 아니다. 그래서 이 관계에서 영아는 '오렌지'가 눈에 보이면 그 대상에 접근하여 만져 보기도 하고 입 안에 넣어보기도 하여 오렌지의 특성을 이해해 나간다. 그러나 3항 관계가 성립되면 자신이 오렌지에

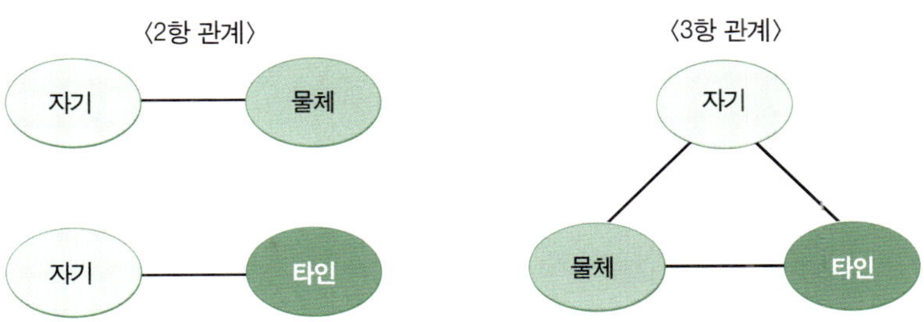

[그림 12-6] 2항 관계와 3항 관계

접근하지 않아도 타인을 통해서 오렌지의 특성을 이해할 수 있게 된다. 즉, 어머니가 미소를 머금고 오렌지를 쳐다보면 아이는 어머니의 표정을 통해 '오렌지는 좋은 것이다'라고 하는 인식을 갖게 된다.

3항 관계가 성립되면 이후 '사회적 참조'로 불리는 행동이 수반된다. 사회적 참조란 불확실한 상황에서 어른의 표정 정보를 참고해서 자신의 행동을 결정하는 것을 말한다. 예를 들어, 아이가 세상에 태어나 처음으로 바퀴벌레를 보았다고 가정해 보자. 아이는 출생 후 처음으로 보았기 때문에 이 벌레가 자신에게 해가 되는지, 아니면 안전한지에 대해서는 알 수 없다. 이런 상황에서 아이는 어른의 행동을 참고로 한다. 즉, 아이는 대상의 가치를 결정할 때 동일한 대상을 향해 시선이 향하고 있는 타인의 행동을 참고해서 이 벌레가 위험한 것인지, 아니면 안전한 것인지를 판단한다. 만일 어머니가 미소로 바라보고 있다면 아이는 그 대상에 접근할 것이다.

이처럼 생후 9개월경이 되면 영아는 점차 타인과 함께 무언가를 공유하는 3항 관계 형성이 가능해지며, 이 사실은 이 시기의 영아는 이때부터 타인을 '마음(의도)을 가진 존재'로 인식하기 시작한다는 것을 의미한다. 그래서 이때부터 영아는 단지 타인에게 시선을 향하는 것만이 아니라, 그 사람의 표정이나 행동으로부터 그 사람이 어떤 마음(의도)을 갖고 있는지를 탐색하여 그 정보로부터 주위 세계를 이해할 수 있다. 토마세로 박사(Tomasello, 1993)는 생후 9개월경에 나타나는 이런 극적인 인지능력의 변화, 즉 이 시기부터 나타나는 공동 주시나 사회적 참조 등의 행동 변화는 '마음의 이론'의 발달에 있어 선행적(先行的)인 능력이라고 보았다. 타인의 의도를 이해하고 공유할 수 있게 되면서 영아는 타인의 행동을 모방하고 교육으로부터 배우게 된다.

6 모방 심리의 발달

아이는 소꿉놀이를 하면서 엄마를 흉내 내기도 하고 친구가 빈 컵으로 물을 마시는 흉내를 내면 자신도 친구처럼 갖고 있던 놀잇감으로 물을 마시는 흉내를 내기도 한다. 아이의 이런 모방 행위가 단순하게 상대방의 동작을 따라 하는 형태 모방의 수준일까, 아니면 상대방 행동의 의도를 이해하고 그 의도를 모방하는 것일까? 이 문제에 대한 규명은 타인과의 공유 심리의 발달을 이해하는 데 있어서 매우 중요하다.

1) 형태 모방인가? 의도 모방인가?

영아의 'bye bye 행동'을 가만히 관찰해 보면 이 행동은 상대방의 동작을 그대로 따라 하는 형태 모방이 아니라 그 사람의 의도를 모방하는 것을 알 수 있다. 만일 형태 모방이라고 하다면 상대방이 자신에게 보여 준대로 자신의 손바닥도 자기 쪽으로 향하도록 하여 손을 흔들어야 할 것이다. 하지만 영아의 'bye bye 행동'은 상대방에게 자신의 손바닥이 보이도록 하여 손을 흔들고 있다. 자신이 상대방의 손바닥을 보고 있는 것과 동일하게 상대방에게 자신의 손바닥이 보이도록 하고 있는 것이다. 즉, 영아는 자신의 bye bye 동작이 상대방이 본다면 어떻게 보일까를 생각하면서 손을 흔드는 것이다. 이 행동의 배경에는 자신의 시점을 상대방의 위치에 놓고 그 사람이 보이는 세계를 상상하면서 서로 경험하는 세계를 공유하고 싶은 마음의 움직임이 분명히 작용하고 있다고 볼 수 있다. 상대방과의 친밀한 관계형성이나 원만한 커뮤니케이션을 위해서는 무엇보다도 상대방의 시점(視點)에 서서 그 사람이 지금 무엇을 보고, 무엇을 느끼며, 무엇을 생각하는지를 알아야 할 것이다. 그런데 이런 시점을 갖고 있지 못한다면 상대방의 행동이나 태도의 의도를 이해하기가 어려워진다. 그래서 상대방의 시점에서 생각하는 것이 어려운 자폐증 아이의 경우는 자신의 손바닥이 자신에게로 향하게 하여 bye bye를 하는 행동을 보이기도 한다.

영아의 bye bye 행동에서 알 수 있듯이 영아 모방 행위는 단순하게 상대방의 행

[그림 12-7] 실험 과제

동을 따라 하는 형태 모방이 아니라, 상대방의 의도를 이해하고 이를 적절하게 모방하고 있는 모습이 아닌가라고 생각해 볼 수 있다. 이 설명이 옳은지를 확인하기 위해 오야부 야스시 박사(大藪泰, 2013)는 다음과 같은 실험을 실시하였다.

생후 12개월 영아를 대상으로 [그림 12-7]과 같은 장난감을 제시하면서 다음과 같은 조작을 하였다. 이 장난감은 위 부분에 돌출된 버튼을 누르면 투명한 플라스틱 상자 안의 구슬이 소리를 내면서 빙글빙글 돌아가는 반응을 즐기도록 만들어진 놀잇감이다. 실험자는 먼저 아이가 보는 앞에서 버튼을 눌러서 구슬이 빙글빙글 돌아가면서 소리가 나는 장난감을 시각적으로 경험하도록 한다. 그리고 난 다음 이제는 실험자는 이 장난감을 아이에게 건네준다. 그러면 아이는 대개 실험자처럼 위 부분에 돌출된 버튼을 눌러서 장난감의 반응을 즐기는 행동을 보인다. 그런데 여기서 버튼을 누르는 영아의 행동을 '모방 행동'이라고 이야기할 수 있는가에 대한 질문이 가능하다. 왜냐하면 실험자가 버튼을 누르는 행위를 보여 주지 않아도 아이는 자신의 손으로 버튼을 눌러서 장난감의 반응을 경험하는 행동을 보이기 때문이다. 아이는 일반적으로 장난감 모양에서 위 부분이 돌출된 버튼을 보면 이 정보가 의미하는 기능에 대해 판단하는 인지능력(affordance)을 가지고 있기 때문에 손으로 버튼을 누르고자 하는 행동을 취하게 된다. 그러므로 실험에서 버튼을 누르는 영아의 행동은 모방이 아닐 수도 있다.

오야부 야스시 박사는 이 가설을 확인하기 위해 다음과 같이 2차 실험을 하였다. 1~2세 영아를 대상으로 이번에는 실험자가 손이 아닌, 이마로 버튼을 누르는 행동을 보여 주었다(그림 12-8 참조). 그러자 1세 영아는 의아해 하는 표정을 지어 보였다. 뭔가 이상한 사람이라는 느낌의 표정으로 실험자의 얼굴을 쳐다보는 반응을 보이기도 했다. 이 시기의 영아는 이 장난감을 이마로 눌러서 조작하는 것은 뭔

[그림 12-8] 영아의 모방을 유도하는 실험 장면

가 이상하다고 생각했던 것임에 틀림없다. 영아는 실험자가 동작을 취하기 전에 이 사람이 장난감을 어떻게 갖고 놀 것인가를 나름대로 예상하면서 응시하고 있었던 것이다. 그런데 예상하지도 않았던 상대방의 행동을 보면서 아이는 뭔가 이상하다는 느낌의 표정을 지어 보인 것이다. 이 사실은 영아는 타인의 시점에서 사물을 보기 시작했다는 것을 의미한다. 이 실험에서 흥미로운 현상은 생후 1년 6개월경이 되면 이마로 버튼을 누르는 실험자의 행동을 모방하는 행동이 보이기 시작한다는 것이다. 처음에는 이마로 버튼을 누르는 행동을 의아해 하는 표정으로 가단히 바라만 보다가 실험자가 몇 차례 반복하면 자기 자신도 따라해 보는 모방 행등을 보인다. 그리고 2세경이 되면 실험자의 1회 시행만으로 따라 하는 행동을 보인다.

이 행동의 변화를 어떻게 설명할 수 있을까? 이에 대해 오야부 야스시 박사는 이렇게 설명하고 있다. 생후 1년 6개월 이후의 영아는 상대방이 왜 손이 아닌 이마로 버튼을 눌렀는지, 그 의도가 무엇인지 궁금해서 자신도 한번 상대방과 동일하게 해 보고자 하는 동기가 있었기 때문이라는 것이다. 이 심리는 상대방의 행동에 대한 관심이나 호기심, 탐색욕구에서 출발한다고 할 수 있다. 그래서 영아의 모방 행동은 단순히 상대방의 행동과 동일하게 해 보자는 '형태 모방'의 성격이 아니라, 상대방의 의도를 재현하고자 하는 '의도 모방'의 성격이 짙다. 또한, 여기에는 상대방과 동일하게 자신도 이마로 버튼을 눌러서 보여줌으로써 타인과의 경험을 공유하고자 하는 심리적 현상도 포함되어 있다고 할 수 있다. 그리고 이런 모방 행동의 배경에는 타인의 의도를 단순히 재현하는 모습만이 아니라, 자신도 상대방처럼 그 정도는 할 수 있다는 '자기 주장형' 모방 내지 자신도 상대방처럼 잘 할 수 있다는 것을 보여 주어 상대방으로부터 인정받고 싶다는 '자의식(自意識)'이 반영되어 있는 모방이라고도 할 수 있다. 이처럼 영아의 모방 행동은 상대방의 신체 동작을 따라 하는 것만이 아니라, 상대방의 마음도 함께 공유하고 싶다는 욕구도 포함되어 있다는 것이 아이의 모방 행위가 갖고 있는 또 하나의 의미 있는 특징이기도 하다.

멜조프(Meltzoff, 1995)는 생후 1년 6개월 영아를 대상으로 다음과 같은 장면을 제시하였다. 장면은 실험자가 자석처럼 붙어 있는 두 개의 물체를 양손의 엄지와 검지로 떼어 내려고 하는 행동이다(1차 실험). 그런데 제시 장면은 성공 장면(두 물체를 떼어냄)과 실패 장면(두 물체를 떼어 내지 못함)이 설정되고, 아이에게는 이 둘 가운데 하나의 장면을 보여 주었다. 그리고 난 다음, 이제는 아이에게 동일한 과제를 제시하여 이들의 행동을 관찰하였다. 그 결과, 제시된 장면이 성공이든 실패이든 상관없이 모든 아이가 자석처럼 붙어 있는 두 물체를 떼어 내려고 애를 쓰는 행동을 보여 주었다. 이 행동은 영아는 타인의 행동을 모방할 때 자신이 본대로 재현하지 않는다는 것을 말한다.

이 설명이 타당한지를 확인하기 위해 2차 실험에서는 사람의 손 모양을 한 기계가 등장하여 1차 실험과 동일하게 두 물체를 떼어 내는 성공 장면 또는 떼어 내지 못하는 실패 장면을 보여 주었다. 그런데 이번에는 영아의 반응이 기계 동작과 동일하게 나타났다. 즉, 성공 장면을 본 아이는 두 물체를 떼어 내려고 애를 쓰는 행동을 보였지만, 실패 장면을 본 아이는 금방 포기해 버리는 실패 동작을 보였다. 1, 2차 실험을 통해서 내릴 수 있는 결론은 1년 6개월 영아는 사람과 기계의 근본적인 차이를 이해하며, 사람의 손과 기계의 손이 동일한 움직임을 했다고 할지라도 거기에는 본질적인 차이가 존재한다는 것을 정확히 인식한다는 점이다. 그래서 사람의 동작에 대해서는 영아는 그 동작의 의도와 목표를 이해하고 그것을 찾기 위해 노력하는 모습을 보였지만, 기계의 움직임에 대해서는 그 동작의 의도와 목표라고 하는 마음의 움직임을 찾아내려고 하지 않았다. 타인이 관심을 가지는 대상물에 대해 자신도 동일하게 대응한다고 하는 것은 타인이 의도를 갖고 있는 존재라고 하는 인식이 가능한 경우에 나타날 수 있는 현상이다.

2) 타인의 의도를 공유하고 싶은 모방 심리

실험 대상은 2세 영아와 침팬지이다. 실험자는 이 둘에게 책상 아래에 손을 뻗어도 닿지 않는 곳에 사탕이 흩어져 있는 상태에서 그것을 긴 막대기를 이용하여 끄집어내는 행동을 보여 주었다. 이때 사용한 막대기는 2종류이다. 하나(A도구)는 막대기 끝에 갈고리가 달려 있어 사탕을 끄집어내는 데 용이한 도구이지만, 다른 하나(B도구)는 막대기 끝에 곰발 모양이 달려 있어 A도구보다는 비효율적인 도구이다.

[그림 12-9] 영아가 사용하는 도구는 어느 것일까?

영아와 침팬지는 실험자가 A도구를 사용하는 장면, 또는 B도구로 사탕을 끄집어내는 장면을 보았다. 그리고 난 다음 이들에게 두 도구를 제시하여 어느 도구를 사용하여 사탕을 끄집어내려고 하는지에 대한 행동을 관찰하였다. 그 결과, 행동의 차이가 보였으며, 침팬지는 사탕을 쉽게 꺼낼 수 있는 A도구를 사용하는 행동을 보였지만, 영아는 실험자가 A도구를 사용하면 A도구를, B도구를 사용하면 B도구를 사용하여 과자를 끄집어내려고 하는 행동을 보였다. 물론 결과적으로 침팬지는 A도구를 사용한 덕택에 영아보다 더 많은 사탕을 끄집어낼 수 있었다. 그렇다면 왜 영아는 침팬지와 달리 비효율적인 B도구 사용에 집착하는 걸까? 그 이유는 침팬지는 오로지 「도구 - 과자」의 관계에만 관심이 있지만, 영아는 「실험자 - 도구 - 과자」라고 하는 전체적인 관점에서 그 상황을 이해하려고 했기 때문이다. 즉, 영아는 왜 실험자가 효과적인 A도구를 사용하지 않고 B도구를 사용하려고 했는지에 대해 그 의도를 알려고 했기 때문에 실험자가 B도구를 사용하면 자신도 B도구를 사용하여 과자를 끄집어내려고 하는 행동을 보였던 것이다. 2세 영아는 상대방의 비효율적인 행동에는 그 의도나 이유가 있을 것이라고 생각하면서 자신도 동일하게 해 봄으로써 그 심리를 알고자 하는 호기심이 표출한 것이라고 이해할 수 있다. 또한, 여기에는 상대방과 동일한 행동을 취함으로써 상대방으로부터 관심이나 인정을 받고 싶은 기분이 작용했다고도 볼 수 있다. 하지만 침팬지의 경우는 인간의 이런 호기심이나 심리가 결핍되어 있기 때문에 상대방의 의도에 대한 관심을 갖고 공통의 경험을 해 보고자 하는 행동을 보이지 않았던 것이다.

인간의 모방 행동은 신생아 모방과 같은 정서적 관계를 기반으로 한 동작 모방에서 시작하지만, 이런 형태 모방 행위는 생후 1년 사이에 상대방의 의도를 공유하고자 하는 의도 모방의 형태로 변화한다. 이런 심리는 타인의 마음에 자신의 마음을 중첩시켜 그 중첩된 세계로부터 거리를 두어 자신을 대상화하여 바라보는 시점이 표현된 것이라고도 할 수 있다.

영아의 모방 심리는 결코 상대방의 행동을 단순하게 그대로 따라 하고 싶은 것이 아니라, 그 사람이 어떤 의도를 갖고 무엇을 목표로 하고 있는지를 민감하게 알아차리고 그 의도를 재현하고 싶은 욕구가 표출된 것이라고 할 수 있다. 이처럼 영아의 모방 행동은 상대방과의 정서적 관계를 기반으로 하면서 그 동작의 배후에 있는 의도나 이유를 탐색하고자 하는 모습이며, 이를 통해 타인과의 공유세계를 구축하고자 노력하는 영아의 마음을 읽을 수가 있다. 물론, 상대방의 동작이나 형태와 일치하는 경우도 일치하지 않는 경우도 생긴다. 아이의 모방은 동작의 형태에 대한 모방이 아니라 눈에 보이지 않는 의도에 대해 모방을 하려고 하기 때문이다. 이처럼 이 시기의 모방 행동을 통해서도 '마음의 이론'의 기반이 구축되고 있음을 알 수 있다. 이렇게 보면 아이는 폭력적인 장면을 보았다고 할지라도 단순하게 폭력적인 행동을 모방하는 그런 존재가 아니라는 것을 알 수 있다.

CHAPTER 13

이타적 행동의 발달

1 이타적 행동의 시작

인간의 이타적 행동은 언제부터 표현되며, 어떻게 발달하는 것일까? 이타적(利他的) 행동이란 간단히 말하면 타인에게 이익이 주는 모든 행동을 말한다. 심리학에서는 이런 행동을 '친사회적 행동(prosocial behavior)'이라고 부르기도 한다. 아이젠버그와 뮤센 박사(Eisenberg & Mussen, 1989)는 이 행동의 개념을 '타인 또는 집단을 도와주거나 이러한 마음을 갖고 노력하는 자발적 행위'라고 정의한다. 일반적으로 이타적 행동, 또는 친사회적 행동으로 인정받기 위해서는 다음 2가지 조건을 충족시켜야 한다. 하나는 타인에 의해 강제적으로 유도된 행동이 아니고, 또한 행위자가 상대방에게 긍정적 결과를 제공하기 위해 취한 행동이어야 한다.

이런 이타적 행동은 일반적으로 생각하는 것보다 훨씬 일찍부터 나타나는 것으로 알려져 있다. 생후 12개월경의 영아는 옆에서 울고 있는 아이에게 접근하여 달래 주는 행동을 보이기도 하고, 생후 18개월 된 아이의 90% 이상이 부모가 식탁 위의 그릇을 정리한다든지, 흩어져 있는 트럼프를 상자에 넣거나 쓰레기를 휴지통에 집어넣는 행위를 보면 자발적으로 도와주는 행동을 보였다는 연구 보고가 있다

(Mussen & Eisenberg-Berg, 1977). 사실 아이를 관찰해 보면 친구에게 장난감을 빌려주거나 또래가 빼앗은 물건을 돌려주는 행위, 친구와 함께 책상을 옮기는 협동 행동, 옷 입는 것을 도와주는 행동, 울고 있는 아이를 달래 주는 행동 등의 다양한 이타적 행동을 얼마든지 발견할 수 있다.

영유아의 이타적 행동과 관련된 최근의 연구에서도 영유아는 여러 상황에서 협력적인 행동이나 이타적 행동을 나타낼 수 있음을 보고한다. 생후 14개월과 18개월 영아를 대상으로 관찰한 리처슨 박사와 보이드 박사(Richerson & Boyd, 2006)의 연구는 실험자가 손에 닿지 않은 물건을 집어 준다든지, 손에 든 짐 때문에 실험자가 문을 열 수 없을 때 문을 열어 준다든지 등 영아의 이타적 행동을 보고하고 있다. 또한, 생후 18개월 영아 22명은 모두 1회 이상의 이타적 행동을 보였으며, 동시에 이런 행동은 즉각적인 반응의 형태를 띠고 있었다. 흥미로운 것은 통제조건을 설정하여 영아의 반응을 검토한 결과, 예를 들어 실험자가 가위를 잘못해서 떨어뜨린 경우가 아니라, 일부러 실험자가 던지는 경우에는 도움을 주는 이타적 행동을 보이지 않았다. 이 사실은 영아의 이타적 행위는 단순히 그 행동 자체를 즐기기 위해서 취하는 행동이 아니라는 것을 말해 준다.

1) 이타적 행동은 자연발생적인가?

여기서 영아기에 보이는 이타적 행동의 표출은 루소(Rousseau)가 말한 것처럼 "인간은 태어나면서부터 협력적이고 이타적인 존재이다."이기 때문인지, 아니면 영국의 철학자 홉스(Hobbes)가 말한 것처럼 "이기적이고 비협조적인 존재로 태어난 인간이 사회적 교육에 의해 이타적인 존재가 되었다." 때문인지에 대한 논의를 해 보자. 최근의 영유아 발달연구에서는 루소의 주장에 힘을 실어 주는 연구 결과를 발표하고 있다. 이타적 행동을 하기 위해서는 먼저 다양한 상황에서 타인의 목표를 인식할 수 있어야 하며, 그 타인을 도와주고자 하는 동기가 필요하다. 토마세로 박사(Tomasello, 2009)는 이런 목표 의식과 동기가 개입된 행동 레벨에서의 이타적 행동은 태어나면서 갖고 있는 인간의 능력이라고 보았다. 그 이유를 다음 4가지로 설명하고 있다.

첫째, 발달 초기부터 이타적 행동이 나타난다.

생후 14~18개월 된 영아에게 부모는 친사회적 행동을 기대하거나 그런 행동을 하도록 훈육하는 경우는 거의 없을 것이다. 그럼에도 이 시기의 아이가 이타적 행동을 나타낸다고 하는 사실은 태어나면서 갖고 있는 인간의 행동능력이라고 할 수 있다는 것이다. 하지만 생후 14~18개월 된 영아일지라도 그 동안 부모의 이타적 행동을 보면서 성장해 왔고, 그것이 내면화되었기 때문이라고도 생각할 수 있어 이 주장에 대한 논란은 있을 수 있다.

둘째, 이타적 행동은 타인으로부터의 강화나 요구에 의해 증가하지 않는다.

토마세로 박사 연구팀(Tomasello et al., 2007)은 생후 12개월 영아를 대상으로 타인에게 도움을 주는 행동을 할 때마다 상을 제공하고, 또한 새로운 과제를 시험할 때마다 아이에게 제공할 상을 의도적으로 보여 주면서 접근했지만, 어떤 전략도 영아의 이타적 행위의 증가에는 영향을 주지 못했다는 사실을 보고하고 있다.

바르네켄 박사와 토마세로 박사(Warneken & Tomasello, 2009)의 연구도 이 사실을 확인했다. 이 연구는 생후 20개월 영아를 두 집단(A집단, B집단)으로 나누어 이들에게 먼저 다양한 이타적 행동을 경험할 수 있는 기회를 제공하였다. 여기서 A집단의 영아에 대해서는 이타적인 행동을 할 때마다 구체적인 보상, 즉 이들이 좋아하고 놀이에서 유용하게 활용할 수 있는 장난감을 제공하였다. 하지만 B집단의 영아에게는 어떤 보상도 제공하지 않았다. 또한, 실험자는 도움을 받았지만 B집단의 영아에게는 미소 반응이나 "고마워."라는 말조차도 해 주지 않았다. 이후 2단계의 실험에서는 두 집단의 영아에게 이타적 행동이 필요한 5가지의 상황을 설정하여 제시하였다. 그런데 이 단계에서는 모든 영아에게 이타적 행동에 대한 보상이 제공되지 않았다. 실험 결과, 1단계에서 자신의 이타적 행위에 대해 보상을 받았던 영아(A집단)는 2단계 실험에서는 1단계 실험에서 보상을 받지 않았던 영아(B집단)

보다 이타적 행동의 발생빈도는 오히려 낮게 나타났다. 이 의외의 결과를 미국의 스텐포드대학의 마크 레퍼 박사(Mark Lepper)는 '과잉정당화 효과(overjustification effect)'라고 보았다. 행동 그 자체가 원래 보수적인 성격을 띠는 경우 외적 보상의 제공은 원래 내재되어 있던 내적 동기를 약화시키는 문제를 발생시킨다는 것이다. 이처럼 행동의 내적 동기를 외적 보상으로 외재화(外在化)하면 아이의 자발적 이타적 행동은 저해되거나 붕괴되는 문제가 나타난다.

셋째, 이타적 행동은 침팬지의 세계에서도 나타난다.

바르네켄 박사와 토마세로 박사(Warneken & Tomasello, 2006)는 사육사에 의해 양육된 3마리의 침팬지를 대상으로 영아를 대상으로 하였던 10가지 테스트 과제를 동일하게 실시하였다. 그 결과 침팬지도 상대방이 도움이 필요한 상황에서는 도움을 주는 행동, 예를 들어 '손이 닿지 않는 곳의 물건을 집어 주는 행위'를 보여 주었다. 그런데 이 실험의 경우 인간에 의해 양육된 침팬지가 인간으로부터의 보상을 기대하기 때문에 이타적 행동을 했다고도 볼 수 있다. 이 가설이 타당한지를 확인하기 위해 이번에는 침팬지의 어머니에 의해 양육된 침팬지(A침팬지)를 대상으로 이타적 행동이 필요한 상황을 제시하였다. 우선, B침팬지가 방문을 열려고 하지만 제대로 열지 못해 힘들어 하는 상황을 제시하고, 이 장면을 A침팬지가 관찰을 한다. 그런데 A침팬지는 문을 열기 위해서는 문 옆에 꽂혀 있는 핀을 뽑으면 된다는 것을 사전에 알고 있는 상태이다. 이 장면을 바라보고 있던 A침팬지는 B침팬지가 핀을 뽑아서 문을 열 수 있도록 도와주는 행동을 하였다. 실험자는 A침팬지의 이런 이타적 행동에 대해 어떤 보상도 제공하지 않았다. 그럼에도 A침팬지의 이타적 행동의 발생빈도는 줄어들지 않았다. 이처럼 영장류의 세계에서도 인간의 세계에서 볼 수 있는 이타적 행동이 보인다는 사실은 "영아의 이타적 행동은 문화적 환경의 산물이 아니다."라는 점을 시사한다.

넷째, 영아의 이타적 행동의 발생빈도는 시대나 문화의 차이가 없다.

이 주장을 뒷받침할 수 있는 연구의 수는 아직 많이 부족하기 때문에 이 주장에 대한 설득력은 약할 수밖에 없지만, 이제까지의 연구는 전통적 문화에서 살고 있는 아이 또는 서양의 중류계급 문화에서 살고 있는 아이일지라도 동일한 연령과 유사한 상황의 조건에서는 이타적 행동의 발생빈도에 있어 차이가 거의 없다는 사실을 보고했다(Tomasello, 2009).

이상으로 이타적 행동이 비교적 발달적 초기부터 나타난다는 점, 외부의 개입이 필요 없다는 점, 외적 보상은 오히려 이타적 행동을 약화시킨다는 점, 영장류의 세계에서도 이타적 행동이 보인다는 점, 문화를 초월한 보편성을 보인다는 점은 영아기에 나타나는 이타적 행위가 부모의 훈육이나 사회화의 산물이 아니라는 사실을 말해 준다. 이 주장은 다른 연구에서도 지지를 받고 있으며, 심지어 생후 12개월 미만의 영아일지라도 이타적인 상황과 비(非)이타적인 상황을 구별할 수 있다는 연구 보고도 있다(Kuhlmeier et al., 2003).

2) 정보제공을 통한 이타적 행동

영아의 이타적 행동에는 상대방에게 정보제공을 통해 도움을 주는 행동도 연구를 통해 발견할 수 있다(Liszkowski et al., 2006). 이 연구에서는 생후 12개월 영아를 대상으로 A성인이 옆에서 묵묵히 스테이플러로 종이를 묶는 작업을 보여 주었다. 그런데 A성인의 손에는 스테이플러만이 아니라, 다른 도구도 들고 있었다. 작업이 끝난 후 A성인은 두 개의 도구를 책상 위에 놓고 방을 나갔다. 그리고 난 후 B성인이 들어와서 책상 위에 놓인 두 개의 도구를 각각 다른 서랍에 넣어두고 나가 버렸다. 이후 A성인이 종이 다발을 들고 다시 방으로 들어와서는 조금 전까지 사용했던 스테이플러를 찾았다. 그러나 스테이플러가 눈에 보이지 않자, A성인은 난처한 표정을 지으며 말없이 계속 여기저기 찾는 행동을 보였다. 이 장면을 가만히 지켜보고 있던 영아는 A성인이 찾고자 하는 스테이플러가 들어 있는 서랍 쪽으로 손가락으로 가리키는 행동을 보였다(그림 13-1 참조). 12개월 영아는 이 상황에서 A성인이 해결하고자 하는 과제를 이해하고 즉각적으로 그 사람에게 필요한 정보를 제공하였다.

[그림 13-1] 정보를 제공해 주는 영아의 이타적 행동

여기서 영아가 보인 행동은 자기 자신이 스테이플러를 갖고 싶어서 보인 행동은 아니었다. 그 이유는 일반적으로 영아가 특정 물건을 갖고 싶을 때 보이는 행동, 예를 들어 A성인이 스테이플러를 찾을 때 달라고 떼를 쓰거나 그 물건 쪽으로 손을 내미는 행동이 전혀 보이지 않았기 때문이다. 오히려 영아는 A성인이 스테이플러를 찾았을 때 손가락으로 가리키는 행동을 중단하고 만족스런 표정을 지어 보였다. 또한, 영아의 이런 이타적 행동은 A성인이 다시 스테이플러로 종이를 묶는 작업을 보고 싶었기 때문에 취한 행동도 아니라는 사실이 후속 연구를 통해서 확인할 수 있다(Liszkowski et al., 2008).

3) 타인 의도의 파악을 통한 이타적 행동

생후 20개월 이후가 되면 타인에게 도움을 주기 위해 정보를 제공할 수 있을 뿐만 아니라, 이제는 자신에게 기대되고 있는 타인의 의도를 정확히 파악하여 이타적 행동을 취할 수 있음을 밝힌 연구가 있다(Grossen et al., 2010). 실험의 내용은 이렇다. 실험자는 생후 20개월 영아에게 탁자 위에 놓여 있는 건전지를 자신에게 달라고 하는 요구 상황을 만든다. 그런데 건전지는 2개가 있으며, 하나는 실험자 바로 옆에 있는 탁자 위에 놓여 있어 실험자의 손이 닿을 수 있는 곳에 건전지가 있다. 또 다른 건전지는 실험자의 손이 닿지 않는 위치에 있는 탁자 위에 놓여 있다.

이 상황에서 실험자가 "갖다 줘."라고 하는 부탁에 대해 영아가 단순하게 받아들인다면 어느 쪽의 건전지를 갖다 줘도 상관은 없을 것이다. 영아가 실험자의 부탁을 당사자에게 도움이 되는 협력적인 요구로서 그 메시지를 이해한다면 '그 사람이 부탁한 것은 자기 자신이 간단하게 수행할 수 없는 것에 대한 부탁'이라는 인식을 가질 것이다. 즉, 영아는 그 사람이 자신의 위치에서는 거리가 조금 떨어져 있는 탁

[그림 13-2] 타인의 의도를 파악하여 도움을 주는 영아의 이타적 행동

자에 놓인 건전지를 가져다 달라고 부탁한 것임에 틀림없다고 생각할 것이다. 실험 결과, 영아는 실험자의 손이 닿을 수 있는 위치에 있는 건전지가 아니라 멀리 떨어져 있는 탁자 위의 건전지를 갖다 주었다(그림 13-2 참조). 이처럼 생후 20개월 된 영아라도 타인의 의도를 정확히 파악하여 상황에 맞는 적절한 이타적 행동을 할 수 있음을 알 수 있다. 영아의 이타적 행동은 단일 요인에 의해 발생하는 것이 아니라 도움이 필요한 상황에 대한 문맥을 이해하고, 이를 통해 적절히 대응하고 있음을 보여 준다.

이상으로 영아의 이타적 행동에 관한 최근의 연구는 대개 다음과 같은 일치된 견해를 내놓고 있다. 그것은 영아의 이타적 행동은 일반적인 것으로 보며, 또한 그 행동의 발생 배경에는 어른의 교육이나 요구·보상에 대한 기대, 혹은 사회화의 현상과는 무관한 것이다. 이들의 연구는 외적 강화나 벌로서 이타성이나 도덕성을 육성해 나가야 한다는 행동주의자의 주장을 비판하고 있다. 또한, 발달 초기에는 자기중심적 사고를 하며 영유아기 아이의 규범 준수나 도덕성, 친사회성의 발달은 전적으로 부모의 판단에 의존한다는 피아제의 주장도 더는 옳지 않다고 보았다.

그러나 확실한 것은 영아의 이타성 획득이 다양하게 논의될 수 있으나 인간은 성장과 함께 사회화 과정도 매우 중요하기 때문에, 발달 초기에는 자연발생적으로 보였던 이타적 행동일지라도 이후 개인이 경험한 세계와 그 개인이 속한 문화의 가치관이나 규범이 점차 내면화되면서 이타성의 모습은 달라진다.

2 공감성의 발달

이타적 행동이나 친사회적 행동의 출현은 공감성의 발달과 깊은 관련성이 있는 것으로 알려져 있다. 그 이유는 공감(empathy)능력이란 타인의 감정을 판별하는 능력, 타인의 관점이나 역할의 입장에서 그 사람을 생각하는 능력, 타인과 동일한 감정을 공유하고 그 감정을 표출할 수 있는 능력을 의미하기 때문이다. 그래서 공감성이 높은 사람은 상대방의 입장에서 생각하는 마음이 강해서 그 사람에 대한 공감적 감정 반응이 생성되기 쉬워진다. 그 결과, 이타적 행동에 대한 동기 형성이 고조되면서 도움이 필요한 상대방에 대한 이타적 행동의 표출 가능성이 높아진다.

바이쉬 박사 연구팀(Vaish et al., 2009)은 이런 공감능력이 영아기의 아이에게도 존재한다는 것을 실험을 통해서 보여 준다. 연구팀은 생후 18~24개월 영아에게 A어른이 그림 그리고 있는 종이를 B어른이 빼앗아 고의적으로 찢는 행동을 보여 주었다. 그러자 영아는 바로 피해자(A어른) 쪽으로 시선을 돌려 걱정스러운 표정을 지었다. 이번에는 아직 그림이 그려져 있지 않는 A어른의 종이를 빼앗아 찢는 장면을 보여 주었다. 실험 결과, 영아의 걱정스런 표정의 발생빈도는 후자보다 전자의 조건에서 상대적으로 높게 나타났다. 그런데 여기서 주목할 점은 가해자에 의해 고의적으로 그림이 파손된 피해자에 대해 걱정스런 표정의 발생빈도가 많은 영아일수록 이후 피해자를 도와주는 이타적 행동의 발생빈도도 높게 나타났다는 것이다. 이 사실은 영유아의 이타적 행동은 공감성과 밀접한 관련이 있음을 보여 주는 현상이며, 동시에 영아도 이런 공감능력을 갖고 있다는 것을 말한다.

이타적 행동의 기초가 되는 공감성의 발달은 무엇보다도 영아기에는 부모와의 친밀한 심리적 관계형성이 중요하다고 할 수 있다. 발달심리학자 볼비 박사(Bowlby)는 모자간의 이런 친밀한 심리적 관계를 '애착(attachment)'이라 불렀다. 대개 부모에게 아이는 태어나는 순간부터 애착의 대상이지만, 아이에게 부모는 단지 중성적인 존재에 지나지 않는다. 그러나 아이는 부모로부터 충족되는 기본적 욕구와 의미 있는 상호작용을 통해 부모에 대한 긍정적 가치를 발견하기 시작하면서 부모에 대한 신뢰감을 갖는다. 아이는 부모와의 상호작용을 통한 긍정적 경험으로부터 타인의 감정에 대한 감수성, 상대방에 대한 긍정적인 태도나 동기를 갖게 되며 이타적 행동의 기초가 되는 공감적 능력을 키워 나간다.

공감능력의 기초가 되는 부모에 대한 신뢰감 형성은 성장과 함께 그 대상이 확대되어 나간다. [그림 13-3]에서 알 수 있듯이 처음에는 어머니와의 사이에서만 형성되었던 기본적 신뢰감이 이후에는 아버지, 형제, 그 밖의 가족 구성원 등으로 점점 확대되어 간다. 가족 구성원과의 기본적 신뢰감이 적절하게 형성, 발전하면 유아기 말기에는 선생님이나 또래, 이웃과의 신뢰 관계로 이어진다. 이를 통해 영유아는 타인에 대해 자신의 마음을 열고 공감적인 태도를 취하게 되면서 이들의 이타적 행동은 육성되어 간다.

[그림 13-3] 공감의 기초인 기본적 신뢰감의 발달

CHAPTER 14

인지 스타일의 발달

1 새로운 개인차

유아를 관찰하면 한명 한명의 행동이 실로 개성적이고 고유하다는 것을 느낄 수 있다. 선생님의 질문에 항상 남보다 먼저 손을 들지만, 막상 시키면 잘 모르거나 질문과는 전혀 관계없는 엉뚱한 대답을 하는 등 무엇이든지 덤벼들고 보자는 식의 아이가 있는가 하면, 손을 드는 것은 느리지만 대체로 질문에 정확한 대답을 하는 아이도 있다.

질문에 대한 이런 반응속도의 차이나 시험 문제를 푸는 행위 등은 인간의 두뇌에서 일어나는 일련의 사고(思考)나 인지 과정에 의해 이루어진다. 사고나 인지 과정에서는 제시된 과제에 대한 중요한 정보를 지각, 이해하고 동시에 자신이 소유한 지식이나 정보와 비교·검토하면서 필요에 따라 정보를 변환시켜서 이용하는 정보처리 작업이 이루어진다. 이런 정보처리 작업의 능력, 즉 환경으로부터 정보를 수집하거나 그 정보를 바탕으로 사고하는 인지능력은 연령과 함께 발달한다.

인지 스타일(cognitive style)이란 이러한 지각, 기억, 사고를 요구하는 장면에서 정보를 어떻게 수용하고 처리하는지에 대한 소위 정보처리 양식을 일컫는다. 앞에서 언급한 선생님의 질문에 대한 아이의 반응속도의 차이는 아이의 정보처리 양식의 차이, 즉 아이 각각의 인지 스타일의 차이에 의한 결과로 본다.

이전에는 과제수행과정에서 나타나는 개인차를 단지 과제수행능력의 개인차로 간주하였다. 지능에 관한 연구는 능력에 비중을 두었고, 성격검사에서도 측정된 결과에 무게중심을 두었다. 즉, 지능이나 성격 연구는 지적 수준의 정도나 '결과'로서의 수행 성적에 초점을 맞추었다. 그러나 인지 스타일의 연구는 그러한 결과가 나타나는 '과정'에 초점을 맞춰 그 결과가 어떻게 해서 생성되는지 개인차를 이해하려는 것이다. 예를 들어, 아이들의 지적 능력이 거의 비슷하더라도 주어진 과제를 신중하게 푸는 아이와 그다지 꼼꼼하게 생각하지 않고 즉흥적으로 푸는 아이 간에는 수행 성적의 차이가 생길 수 있다. 이런 성적의 차이는 지적 능력의 차이가 아닌, 과제를 해결하는 방식이나 정보처리 방식의 차이에 의한 것으로 본다. 이처럼 인지 스타일 연구는 인간이 갖고 있는 다양한 기능이나 능력 간의 상호작용을 중시하면서 이런 것을 통합한 전체적 기능 레벨에 착목하여 개인차를 규명하고자 하는 것이다.

2 인지형과 숙고형

인지 스타일이라고 불리는 것에는 몇 가지의 종류, 예를 들어 '지각 운동형 – 개념형', '분석형 – 비분석형', '숙고형 – 충동형' 등이 있지만 여기서는 가장 최근에 주목을 받고 있는 '숙고형 – 충동형'에 대해서 소개하고자 한다.

숙고형 – 충동형의 인지 스타일은 케간(Kagan, 1965)에 의해 제안된 것으로 '반응 방법이 명확하지 않는 문제에 대해 자기가 세운 가설이나 반응이 적절한지를 숙고하는 정도의 차이'를 말한다. 다시 말해서 많은 선택지 가운데 어느 것을 선택하면 좋을지 모르는 장면에서 결정을 내리기 전에 자신의 선택이 타당한가를 고려하는 정도에 있어서의 개인차를 말한다. 자신의 선택이 적절한가를 그다지 생각하지 않고 반응해 버리는 스타일을 '충동형'이라 부르고, 충분히 생각해서 반응하는 스타일을 '숙고형'이라 부른다.

케간(1965)은 숙고형과 충동형을 선별하는 데 MFF(Matching Familiar Figures)라고 하는 검사 도구를 사용하였다. 이것은 [그림 14-1]과 같이 6개의 선택 그림(6개 중 한 개만이 견본 그림과 같고, 다른 그림은 견본 그림과 조금씩 다르다.) 가운데 견본 그림과 동일한 그림을 선택하게 하는 검사이다.

이러한 검사 항목은 총 12항목으로 구성되어 있으며, 측정 내용은 그림 과제를 제시하고 난 후, 유아의 첫 선택 반응이 나타나기까지 걸리는 시간(반응 시간)과 최종

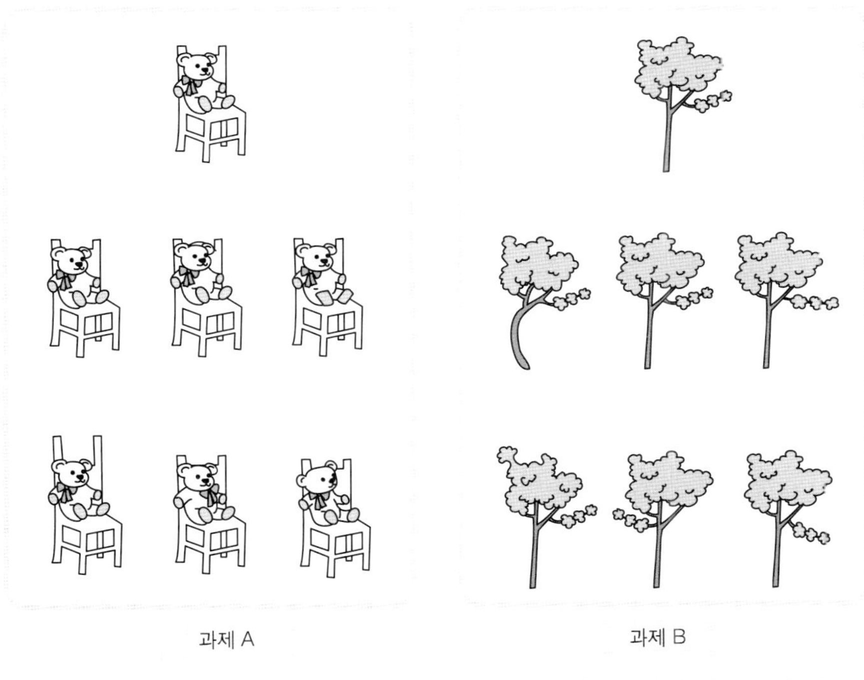

[그림 14-1] MFF 테스트 항목의 예

자료 : Kagan, 1965.

적인 정답을 찾아낼 때까지의 반응 수(오답 수)이다. 충동형인지 숙고형인지의 판단은 그 아이의 반응 시간과 오답 수를 고려해서 다음과 같이 결정한다. 동일 연령 집단 가운데 반응 시간의 평균이 중앙치보다 크고 오답수의 합계가 중앙치보다 적은 유아는 숙고형, 반응 시간의 평균이 중앙치보다 작고 오답수의 합계가 중앙치보다 많은 유아는 충동형으로 분류된다. 그러므로 숙고형은 반응속도는 느리지만 실수를 잘 범하지 않는 아이라 말할 수 있으며, 충동형은 반응속도는 빠르지만 실수를 범하기 쉬운 아이라 할 수 있다.

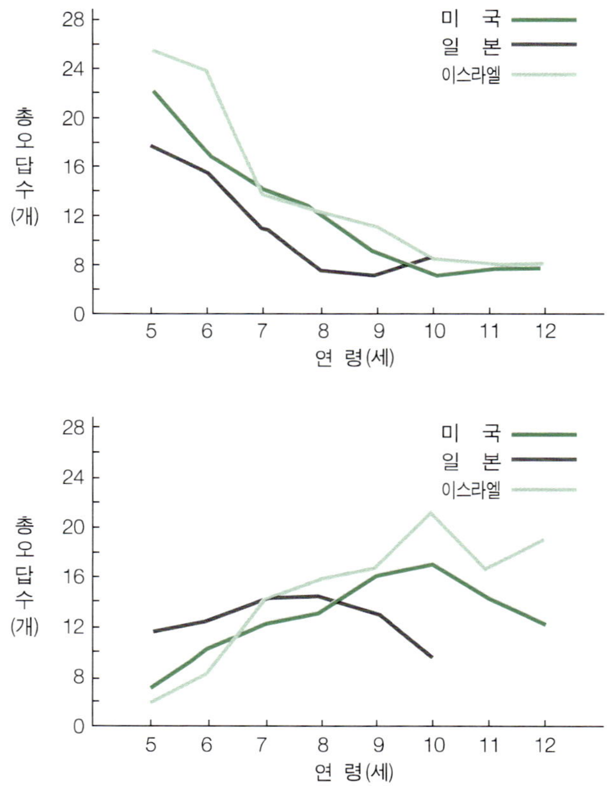

[그림 14-2] 미국, 일본, 이스라엘 아동의 MMF 테스트 결과

자료 : Salkind, Kojima & Zelniker, 1978.

'숙고형 - 충동형'은 각 개인에게 비교적 안정적으로 나타나는 것으로 알려져 있다. 그러나 발달과 함께 대개 MFF 반응은 보다 길어지고 오답 수는 줄어드는 숙고형 경향으로 점차 변하면서 결국 전체적으로는 반응 시간과 오답 수가 줄고 보다 빨리, 보다 정확하게 반응을 보이는 단계에 이르게 된다. 그런데 이런 발달적 변화는 문화적 상이(相異)에 따른 차이가 있다고 본다. 살카인드 박사 연구팀(Salkind et al., 1978)의 연구에서는 일본은 숙고형화의 절정이 8세경이지만, 미국이나 이스라엘은 10세경으로 나타났다(그림 14-2 참조). 이것은 일본의 아동이 미국이나 이스라엘의 아동보다 약 2년 정도 인지 스타일의 형성이 빠르다는 것이며, 이는 신중함, 침착함, 정확성에 가치를 두는 일본 사회의 정서와 교육에 의한 영향으로 이해할 수 있다.

3 숙고형과 충동형의 차이

1) 행동상의 차이

'숙고형 - 충동형'의 인지 스타일은 유아의 운동능력에서부터 사회적 행동에 이르기까지 광범위하게 관련성을 띤다. 케간은 놀이 장면의 관찰에서 숙고형의 유아는 정글짐 놀이에서 꼭대기까지 오르거나 폭이 좁은 판자 위를 걷는 놀이를 꺼리는 등 모험적이거나 위험한 놀이를 싫어하는 경향이 강하지만, 충동형의 유아는 모험적이거나 전신의 움직임을 이용한 놀이를 즐기는 행동 경향이 강하다는 것을 발견하였다.

사회적 행동에서 숙고형의 유아는 친구와의 싸움을 회피하려는 경향이 강하며, 낯선 환경에서의 불안감이 강해서 어린이집이나 유치원 생활에 적응하는 데 상당한 시간이 걸린다. 한편, 충동형의 유아는 실외 활동이나 단체놀이 등 모든 활동에 있어서 적극적인 행동 특성을 보였다.

그러나 최근 보육 장면에서의 사회적 행동을 관찰한 연구에서는 이제까지의 연구 결과와는 다르게 오히려 숙고형의 유아가 모든 일에 적극적이고 자신감에 가득 찬 행동을 보이며, 충동형의 유아는 불안감이 강하고 자신감이 결여된 행동 특징을 보인다고 보고한다. 그 이유로는 숙고형과 충동형 유아의 성공 경험이나 실패 경험의 차이가 이들의 불안감이나 자신감에 영향을 미친 것으로 본다.

2) 놀이의 특징

놀이 장면에서 유아의 행동을 관찰해 보면 놀이의 형태가 순간순간 바뀌는 아이가 있는 반면, 하나의 놀이 형태가 오랫동안 지속되거나 하나의 놀잇감으로 긴 시간을 보내는 아이도 있다. 이런 아이의 놀이 형태를 '숙고형 – 충동형'과의 관련성의 관점에서 접근한 연구가 있다. 일본의 오찌아이(落合) 등은 유아를 대상으로 대형 적목과 소형 적목을 이용한 자유 제작 과제를 제시했다. 그 결과, 숙고형 유아는 놀이 시작 시간은 늦지만 일단 시작하게 되면 긴 시간을 들여서 최대한 많은 적목으로 다양한 작품을 만들었다. 또한, 작품의 완성도도 좌우대칭으로 이루어진 구성의 비율이 높았다. 반면, 충동형 유아는 지체 없이 놀이를 시작하였으며 단지 몇 개의 적목만으로 단순한 내용의 작품을 만들었고 그 작업 시간도 짧았다.

한편, 작업 과제의 수행 행동에 있어서도 차이가 보였는데, 숙고형 유아는 실험자를 쳐다보거나 옆에서 작업중인 친구의 작품에 한눈을 팔거나 작업이 가끔 중단되는 등 충동형과는 다른 행동상의 특징을 보였다. 이런 행동의 차이점은 2, 3세부터 나타나기 시작하며 이것을 '숙고형 – 충동형'을 구분하는 지표로 사용하는 학자도 있다.

3) 지적 능력과의 관계

(1) 지적 과제와의 관계

'지적 능력'이라 하면 먼저 지능과의 관계를 떠올린다. 인지 스타일이 정보처리 방법에 대한 개인차로 주목을 받아 왔던 이유 중의 하나는 '가치' 개념과는 무관하다는 것이다. 이 사실은 지적인 측면에서의 유일한 개인차로 간주되는 지능이 가치를 수반하는 것과는 대조적이다.

그렇다면 숙고형 – 충동형 사이에는 지능의 차이, 즉 가치의 차이는 실제 존재하지 않는 것일까? '반응 시간과 실패 횟수'의 각 지표와 지능과의 관계를 살펴보면 실패 횟수와 지능과의 사이에는 부의 상관관계가 있으며, 반응 시간과 지능과의 사이에도 상관관계가 있음이 발견되었다. 그러나 이 두 지표를 동시에 고려하여 숙고형과 충동형으로 분류한 후, 지능의 차이를 검토하면 두 집단 간의 차이를 발견할 수 없다. 그러므로 이 두 유형은 가치를 수반하지 않는 개인차인 것을 알 수 있다.

지적 과제 해결 장면에서의 차이를 실험적으로 검토한 케간(1965)의 연구에서는 숙고형이 충동형보다 기억 과제나 읽기 과제의 성적이 우수하다는 것을 보고한다. 이 밖에도 다양한 지적 과제를 제시하여 숙고형 – 충동형의 성적을 비교한 결과, 추리 과제, 인지 과제, 학습 과제에서도 숙고형은 충동형보다 우수한 것으로 나타났다. 이러한 결과를 근거로 예전에는 숙고형이 충동형보다 지적 능력이 우수하다는 견해가 지배적이었다. 그러나 그 이후 이에 대한 연구가 거듭되면서 숙고형이 충동형보다 성적이 우수한 이유는 단지 종래의 실험 과제가 침착함과 신중함을 요구하는 소위 숙고형에 유리한 과제였기 때문에 그러한 결과가 나오지 않았는가라고 하는 가설에 이르게 되었다.

만일 이러한 논리가 타당하다면 문제를 푸는 방식이 충동형에 유리한 과제나 상황에서는 오히려 숙고형보다 충동형의 성적이 더 높을 것으로 예상해 볼 수 있다. 일본의 나까자와(中澤, 1982)는 이러한 가설을 세워서 실험적인 연구 방법을 통하여 검증하였다. 그는 [그림 14-3]과 같이 형태의 복잡성이 서로 다른 세 종류의 과제를 초등학교 3년생을 대상으로 제시하면서 '2'라는 개념 학습을 요구하는 실험을 실시했다. 그래서 그림의 내용에 관계없이 어느 과제라도 두 개의 물체가 그려져 있는 쪽을 선택만 하면 되는 것이다. 과제1에서는 '수' 이외의 관련된 정보는 하나도 없지만, 과제2에서는 색과 형태가, 과제3에서는 크기나 사물의 내용 등 '2'와는 직접적인 관련성이 없는 정보가 많이 포함되어 있다. 실험 결과, '2'의 그림을 선택하기까지 걸린 시간은 [그림 14-4]와 같다.

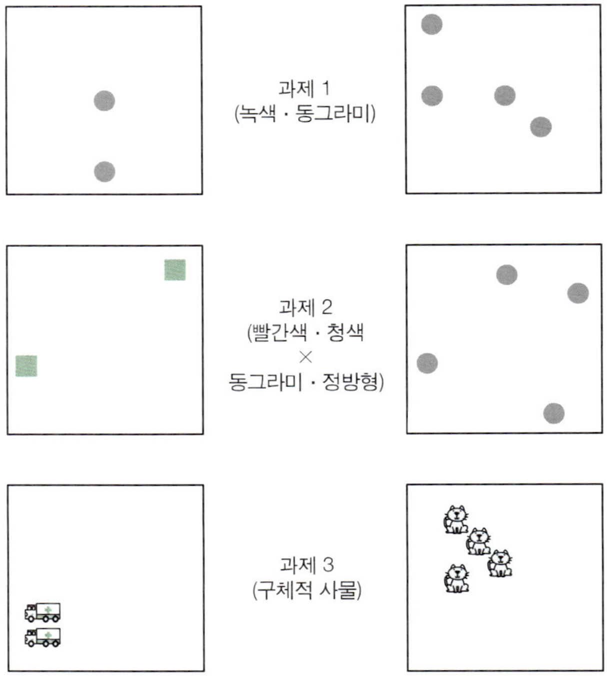

[그림 14-3] 개념 학습의 과제

자료 : 中澤, 1982.

[그림 14-4] 개념 달성과 인지 스타일·지능과의 관계

자료 : 中澤, 1982.

[그림 14-4]에서 알 수 있듯이 대체로 지능 수준에 관계없이 과제가 복잡하면 할수록 성적이 떨어졌다. 그리고 숙고형과 충동형 사이에는 성적이 달랐으며, 숙고형은 과제가 복잡할수록 성적이 떨어지지만, 충동형은 과제 간의 성적 차이가 없었다. 이 실험을 통해 과제 해결능력은 지적 능력보다 인지 스타일이 깊게 관여함을 알 수 있다. 숙고형은 자기가 세운 가설(假說)의 적절성을 꼼꼼하게 검토하기 때문에 수행 과제의 복잡성이 높고, 나까자와의 과제처럼 '수' 이외의 정보가 첨가되면 정보가 많은 만큼 여러 가설을 세워 하나하나 검증하려고 하기 때문에 과제를 해결하는 데 많은 시간이 소요된다. 또한, 숙고형은 과제 해결에 직접적으로 도움이 되지 않는 불필요한 정보에 신경을 쓰는 경향으로 인해 오히려 효율적인 과제 수행이 어려운 것으로 나타났다. 한편, 충동형은 가설을 세우기보다는 직관적 해결법으로 문제를 풀려고 하는 경향이 강해 과제의 복잡성의 영향을 그다지 받지 않았다.

(2) 창의적인 사고

지적 과제라고 하는 것은 대개 정답이 하나이다. 그래서 제시된 정보를 활용하여 타당한 결론을 끌어내는 사고가 요구된다. 그러면 산발적 사고를 통해 다양한 반응이 요구되는 과제에서는 어느 쪽이 나을까? 이것을 밝히기 위해 연상 테스트와 용도 테스트를 실시하였다. 연상 테스트에서는 '부드럽다, 좁다, 달린다, 잔다, 컵, 시계'의 6가지의 자극물에 대해 떠올릴 수 있는 단어를 연상시키고, 용도 테스트에서는 신문지나 노끈의 이용 방법을 최대한 많이 열거하도록 하였다. 이 두 테스트의 결과 충동형 유아는 숙고형보다 더 많은 반응을 보였으며, 반응의 다양성 면에서도 우수했다. 이런 면은 놀이 방법에 관한 연구에서도 유사한 결과가 나왔다. 즉, 적목으로 만들어진 작품에 제목을 붙이도록 요구한 결과 숙고형은 모양이 상당히 다른 작품임에도 불구하고 '집'이라고 명명하는 경우가 많았지만 충동형은 '십자가, 트럭' 등 다양했다.

이와 같이 자유롭고 유연한 발상을 바탕으로 한 창의적인 사고는 일반적으로 숙고형보다 충동형이 우수하다고 보다. 그러나 창의적인 사고의 질적인 측면에 대한 검토는 아직 불충분하다.

4 교육적 측면에서의 배려

게임 장면에서 아동의 행동을 관찰한 케간은 숙고형 아동이 충동형보다 난이도가 높은 게임을 선호하며, 일단 시작한 게임은 지속적으로 유지하려는 행동 경향이 강하다는 것을 발견했다. 이 사실은 숙고형 아동은 난이도가 있는 과제에 대한 수행 욕구가 높으며, 과제수행에 있어서 집중력이나 인내력이 강하다는 것을 보여 준다. 이러한 강한 욕구나 집중력은 MFF 과제, 지적 과제, 학업 과제 등의 수행에서도 유리하게 작용하기 때문에 좋은 성적을 기대할 수 있는 것이다. 나아가 이런 성공 경험에 의해 성취감이나 자신감을 갖게 되면서 난이도가 있는 과제에 대한 도전 욕구가 강화된다.

한편, 충동형 아동은 난이도가 있는 과제 수행에 대한 욕구가 그렇게 강하지 않다. 이들의 정보처리 방법은 MFF 과제, 지적 과제, 학업 과제 등의 수행에서는 불리하게 작용하기 때문에 좋은 성적을 기대할 수 없다. 그래서 이들은 실패 경험의 반복으로 인해 "난 아무리 해도 안돼!"라고 하는 소위 '학습성 무력감(learned helplessness)'에 빠지면서 새로운 과제에 대한 도전 욕구나 인내력이 약화된다. 이처럼 '숙고형 – 충동형'에 있어 자신감이나 적극성의 차이는 일상생활에서의 성공·실패 경험의 반복에 의해 형성된다고 볼 수 있다.

하지만 집중력과 인내력이 요구되는 학교 교육 장면에서는 충동형 아동은 자신감의 상실이나 무력감에 빠지기 쉬운 위험성이 있다. 그러나 앞에서도 보았듯이 충동형일지라도 사물에 대한 독특한 주시 방법이나 정보처리 방법 등 그들 나름대로의 뛰어난 점이 있으므로 부모나 교사는 그들의 이러한 점을 인정하고 아동지도에 있어서 이들의 개성이나 특성에 맞는 교육적 배려를 강구해야 할 것이다.

그런데 보육 장면에서의 유아의 행동에 대해 관찰 연구한 내용을 보면 자유놀이를 중요시하는 유치원이나 어린이집에서는 숙고형 - 충동형에 따른 행동의 차이를 발견할 수 있지만, 교사 중심적 지도를 강조하는 유치원이나 어린이집에서는 인지 스타일과 같은 행동상의 차이가 그다지 나타나지 않았다. 이 사실은 교사 중심의 획일화된 보육(교육) 방법으로는 유아의 개성이 억제될 가능성이 있음을 말하며, 유아의 인지 스타일과 같은 각 개인의 독특한 개성이 존중되고, 그것이 충분히 발휘되고 육성될 수 있도록 하기 위해서는 유아의 주체성이나 자율성을 보다 존중해 주는 교육적 배려가 필요하다.

CHAPTER 15

학습의욕과 자신감의 발달

1 영아기의 학습의욕

영아는 출생 직후부터 기본적으로 2가지의 인지적 욕구를 갖고 있는 것으로 알려져 있다. 하나는 자신의 세계가 어떻게 되어 있는가에 대해 알고자 하는 욕구이며, 또 하나는 자신의 세계를 이해하기 위해서는 어떻게 해야 하는가에 대한 욕구이다(Reddy, 2008). 그래서 영아는 외부 세계를 이해하기 위해 능동적으로 대상에 대해 작용하고 그 대상으로부터의 반응을 통해 외부 세계를 이해해 나간다. 영아기에 나타나는 대상에 대한 이런 능동적 행위는 일반적으로 지적 호기심에 바탕을 둔 '적극적 탐색 행동'의 형태로 표출된다(그림 15-1 참조). 영아는 신기한 세계나 미지(未知)의 세계에 대해 강한 흥미나 관심을 갖고 그 세계를 이해하고자 하는 적극적인 학습 욕구를 보인다. 이런 학습 욕구는 기본적으로 지적 호기심이라고 하는 에너지에서 출발하며, 이런 지적 호기심은 모든 학습의 원동력이 된다.

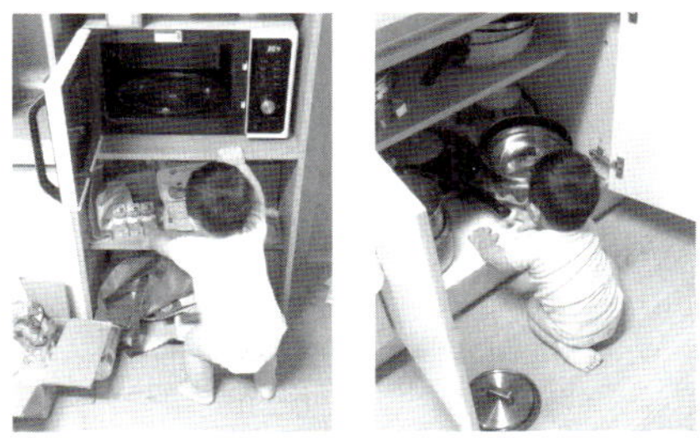

[그림 15-1] 영아의 적극적 탐색 행동

그런데 영아의 지적 호기심은 때로는 '개성적인 집착'의 형태를 띠기도 한다. 예를 들어, 주로 곤충이나 벌레에 대한 흥미나 관심을 보이거나 자동차 놀이를 좋아해서 거의 매일 자동차 장난감만 갖고 논다든지, 그림 그리기를 좋아해서 그림만을 그리기도 행동을 보이기도 한다. 이런 개성적 집착의 형태로 나타나는 학습 의욕은 경험의 축적에 의해 생성되는 심리적 현상이며, 외부의 작용에 의해 간단하게 강화되거나 육성되는 성질의 세계는 아니다.

1) 영아의 학습의욕

학습 의욕의 세계는 외부의 일방적인 기대나 요구가 개입되면 오히려 자율적 학습 욕구는 약화되는 특성을 띠고 있다. 이러한 특성은 영아기만이 아니라, 그 이후의 발달과정에서도 동일하게 나타나는 현상이기 때문에 학습 의욕의 육성은 그렇게 간단하게 접근할 수 있는 성질의 것이 아니다. 그렇다면 아이가 스스로 배우고 그것을 유지하려는 의욕을 갖도록 하기 위해서는 어떻게 하면 될까? 이에 대해 레브 박사(Reeve, 2005)는 지속적인 자율적 학습 의욕의 형성에는 다음 3가지 학습환경에 대한 지원이 중요하다고 제안한다. 3가지 학습환경이란 '자율성', '구조화', '관여'이며, 이 요인에 대한 지원은 다음과 같은 내용을 말한다(그림 15-2 참조).

첫째, 자율성의 지원이란 아이가 자기 나름대로 생각하거나 표현하는 기회를 제공하고, 아이의 시점에서 생각하고 접근하는 것을 의미한다.

둘째, 구조화에 대한 지원이다. 구조화란 아이의 능력이나 발달에 맞는 환경을 제공하는 것을 말한다. 아이는 자신에게 적합한 환경에서 자유롭게 탐색하면서 주변 세계나 사물에 대해 흥미를 갖고 자신감을 만들어 나간다. 영아의 자신감은 자신에게 적합한 구조화된 환경과의 경험을 통해 형성된다.

셋째, 관여에 대한 지원이란 중요한 타인으로부터 지지를 받고 있다는 감각을 갖도록 도와주는 것을 말한다. 여기에는 평소 아이에 대해 따뜻한 관심을 갖는 것, 그리고 아이에 대해 긍정적인 감정과 호의, 승인을 적극적으로 표현하는 등 아이와의 긍정적 교류를 즐기는 인적 환경의 제공을 의미한다.

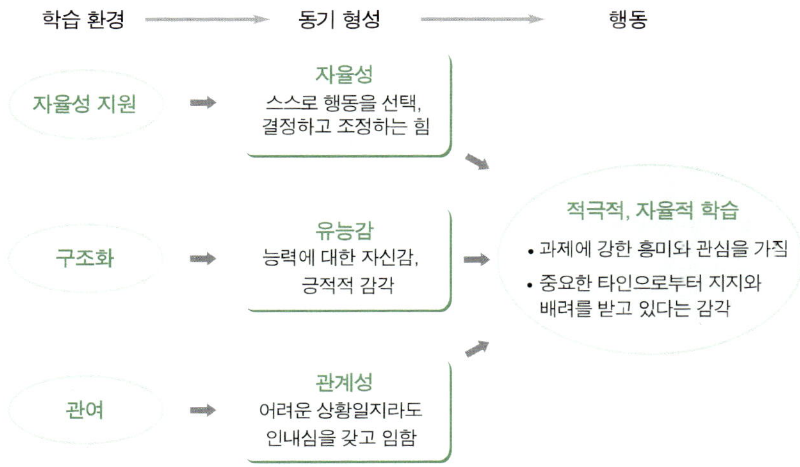

[그림 15-2] 자율적 학습을 육성하는 3가지 학습환경

자료 : Reeve, 2005.

이러한 3가지 요인에 대한 지원은 영유아의 적극적이고 자율적인 학습 의욕이 육성되도록 하는 데 중요하다고 보고 있다.

레브 박사(2005)는 영유아의 적극적이고 자율적인 학습 의욕의 육성을 위해서는 앞에서 언급한 3가지 학습환경의 조성을 위한 지원이 중요하다고 보았다. 이 3가지 학습환경이 제공되면 영유아는 학습 의욕을 강화시켜서 주어진 과제나 문제를 효과적으로 대처하고자 하는 적극적인 행위를 자발적으로 보이게 된다. 이 욕구의 충족은 학습적인 면만이 아니라, 그 아이의 사회성이나 성격 발달이도 긍정적인 영향을 미친다.

그러므로 아이의 학습의욕을 향상시키기 위한 부모나 교사의 올바른 대응이란 어떤 목표를 세워서 그것을 달성하게 하거나 재촉하는 것이 아니라, 장기적인 학습의 과정에서 함께 걸어가는 가운데 교육적인 학습환경이나 대응을 그때그때에 따라 제공하는 것이다. 그리고 부모나 교사가 아이에 대해 교육적으로 관여해야 하는 시점, 즉 어른이 개입하는 '교육적 순간(pedagogical moment)'은 아이가 무언가를 발견하거나 어떤 활동에 집착을 보일 때, 그리고 아이가 자신의 성취감이나 즐거움의 표현을 타인과 공유하고 싶어 할 때, 이 순간이 부모나 교사가 개입하는 교육적 순간이 되는 것이다. 아이는 자신이 알고 있는 것이나 흥미로운 무언가를 발견하면 타인에게 표현하고 싶은 순간이 있다. 이 순간을 놓치지 않고 아이의 발견이나 발상의 기쁨을 함께 나누고 즐기는 과정을 통해 아이의 학습 의욕은 육성되고 발전되어 나간다.

2) 영아기의 자신감

(1) 소박한 낙천주의자

양육의 세계는 언제나 불완전한 세계이다. 부모는 아무리 애를 쓰지만 아이의 마음을 알 수 없고, 아이가 원하는 만큼의 욕구를 충족시킬 수 없기 때문이다. 하지만 영아는 이런 욕구의 좌절을 반복적으로 경험할지라도 좌절하지 않고 자신의 욕구를 지속적으로 표출해 나간다. 그런데 어른은 자신의 욕구가 몇 번이고 좌절되면 대개 자신감이 상실되면서 포기하지만, 영아는 반복되는 실패에도 쉽게 좌절하지 않는 심리적 특징을 갖고 있다. 즉, 아이는 오늘은 실패했지만 내일을 기대하는 특성을 갖고 있다. 미국 예일대학의 로크하트 박사 외(Lockhart et al., 2002)는 아이의 이런 성향을 '소박한 낙천주의자'라고 부르면서, 이런 소박한 낙천주의 성향은 문화에 관계없이 영아기에 보이는 보편적인 현상으로 보았다. 여기서 '소박하다'는 말의 의미는 영아가 갖고 있는 낙천주의적 성향, 즉 실패의 반복에도 불구하고 내일을 희망적으로 기대하는 영아의 심리가 단편적 정보나 경험에 의한 현상이 아니라 이론으로 불릴 수 있을 정도로 체제화가 되었다는 것을 의미한다. 즉, 이것은 경험이나 학습에 의한 현상은 아니며, 소박하게 영아가 본래 갖고 있는 세계인 것이다.

영아기에 보였던 소박한 낙천주의 성향은 이후 자아와 감정의 발달에 의해 실패 경험에 따른 불쾌 감정이 축척되고, 타인을 의식하고 비교하는 인식 기능이 발달됨에 따라 점차 약화되어 나간다. 소박한 낙천주의자가 영아의 일반적 성향이 구체적인 심리적 현상으로 정착되려면 어떤 경험이 중요한지를 알아보자.

(2) 발달 초기의 자신감 형성

발달 초기의 자신감(confidence)이나 유능감(competence)의 인지 과정은 어떻게 이루어지는 것일까? 이를 위해서는 먼저 자신감이나 유능감의 형성 원리에 대한 이해가 필요하다. 자신감의 형성은 무엇보다도 '자신의 행동'과 '환경 반응성'과의 수반적인 관계를 반복적으로 경험함으로써 이루어진다. 래미와 핀크스테인(Ramey & Finkestein, 1978)의 연구는 환경의 여러 현상을 통제하는 경험을 한 집단의 아이는 자신의 어떠한 행동에도 불구하고 환경의 변화를 체험하지 못한 집단보다 자신의 유능감을 강하게 인지하며, 동시에 자기 행동에 대한 관심이 높다는 사실을 보고하고 있다.

'자신의 행동이 환경변화에 영향을 주었다'라는 경험은 환경에 대한 의욕적인 태도, 즉 더욱 새로운 환경에 도전해 보려는 동기를 부여하게 되고, 이러한 경험의 반복이 일반화되면 아이는 자신감의 감각을 획득하게 된다. 인간은 어떤 반응을 기대할 때 그에 따른 적절한 행동을 취하는데, 그 결과 기대했던 반응을 체험하고 동시에 이러한 경험이 반복되는 경우 자신감이나 유능감과 같은 인지가 형성된다. 한 예로, [그림 15-3]에 제시한 것처럼 먼저 영아는 공복 시 울음이라는 행위를 통해 자신의 공복 상태를 해결해 주는 어머니의 접근이라는 반응을 기대한다. 그 결과, 기대했던 어머니의 접근을 경험하고 공복 상태의 해소라고 하는 자신의 목표 달성을 이루면, 즉 환경통제라고 하는 이런 경험을 반복적으로 하면 영아는 자신감과 관련된 인지를 형성하게 된다.

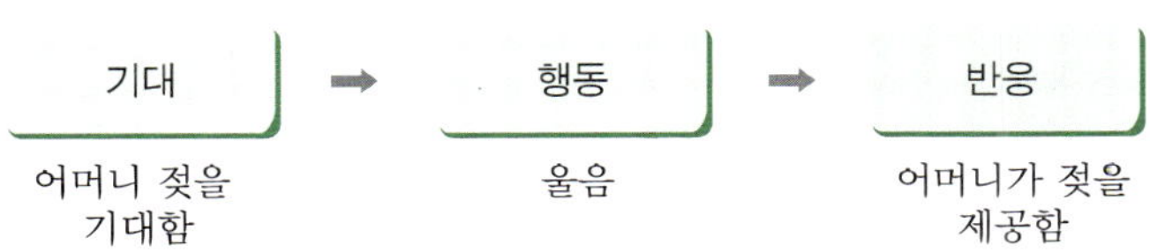

[그림 15-3] 영아기의 환경통제경험의 일례

자신감의 인지와 관련된 정보원은 환경통제력에 관한 직접 경험뿐만 아니라, 대리 경험이나 언어적 설득으로도 획득될 수 있다. 그러나 영아기에는 언어능력이나 추상적 사고력이 부족하기 때문에 자기 행동의 결과로 수반되는 환경통제에 관한 경험이 가장 강력한 정보원으로 작용한다. 이런 환경통제경험은 사회적 환경이나 물리적 환경과의 상호작용을 통해 이루어진다.

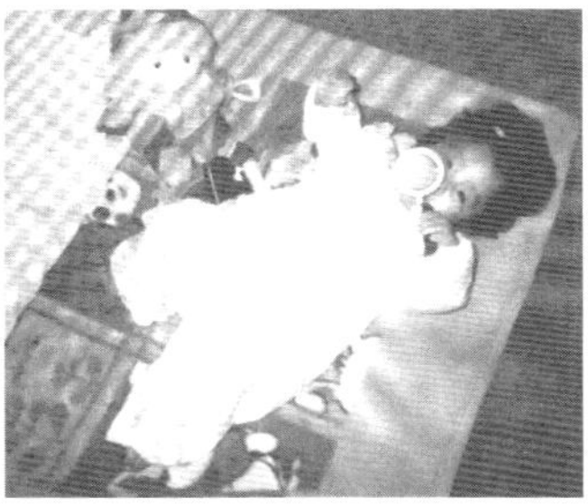
[그림 15-4] **영아의 딸랑이 놀이**

거너 박사(Gunnar, 1980)는 발달 초기에는 물리적 환경과의 상호작용을 통해서도 자신감의 인지에 영향을 줄 수 있다는 사실을 발견하였다. 타인에 대한 의식이 불완전한 발달 초기에는 오히려 사회적 환경보다 물리적 환경이 효과적일 수 있다. 왜냐하면 물리적 환경의 경우는 자극에 대한 반응속도가 빨라서 행동의 결과를 쉽게 예측할 수 있고 관찰하기 쉬워 주의력이나 추리력이 떨어지는 발달 초기에는 자신감에 관련된 인지, 즉 환경통제력의 감각을 쉽게 경험할 수 있기 때문이다. 예를 들어, 딸랑이 장난감 놀이를 생각해 보자(그림 15-4 참조). 아기는 딸랑딸랑 소리를 기대하며(반응 기대) 딸랑이를 흔들고(행동), 그 결과 딸랑딸랑 소리가 난다(기대했던 반응이 나타남). 이처럼 발달 초기에는 물리적 환경으로부터의 반응을 통해 자신의 행동과 환경의 수반적 관계를 학습해 나간다.

발달심리학자 라인골드 박사는 영아를 특수 제작된 침대에 눕혀 머리 움직임을 중심으로 영아의 반응을 관찰하였다. 실험 장치는 천정에 모빌을 달아 침대의 특수한 베개를 이용하여 영아의 머리 움직임이 베개에 전달되면 천정에 달린 모빌이 빙글빙글 움직이도록 되어 있었다. 실험 조건은 다음 3가지로 설정되었다. A조건의 영아는 머리를 움직일 때마다 모빌이 빙글빙글 움직이는 것을 경험하였다. B조건의 영아는 머리의 움직임과는 상관없이 3~4초마다 한 번씩 움직이는 모빌의 반응을 경험하였다. C조건의 영아는 모빌이 고정되어 있어 머리의 움직임에 따른 반응만이 아니라, 일정한 시간 간격으로 작동하는 모빌의 반응도 경험하지 못하였다. 이러한 3가지 조건하에서 영아의 행동, 즉 머리 움직임 정도의 차이를 관찰하였다. 그 결과, 머리를 움직이는 정도는 A조건의 영아가 다른 두 집단에 비해 훨씬 많이 나타났다. 또한, A집단의 영아는 머리의 움직임만이 아니라, 다른 두 집단에 비해 즐거운 표정, 미소, 웃음, 발성(發聲) 등의 발생빈도가 높게 나타났다. A조건의 영아는 자신의 행동에 따른 환경의 반응성을 경험하게 되고, 이 행동을 반복적으로 즐기는 모습이 발견되었다. 또한, 환경통제를 경험한 A조건의 영아에게서 머리의 움직임만이 아니라, 표정, 미소, 웃음, 발성(發聲) 등의 행동이 다른 조건의 영아에 비해 많이 보였다는 사실은 머리의 움직임만이 아니라, 다른 행동의 시도를 통해서 모빌의 반응을 실험해 보고자 하는 자신감의 표현이라고도 생각해 볼 수 있다.

연령 증가와 함께 영아의 집중력이나 추리력, 언어표현능력이나 이해력이 발달되고 활동 범위가 확장되면 이제는 가족 구성원과의 상호작용을 통해서 자신감과 관련된 정보를 얻게 된다. 세상에 태어나 최초로 접하는 사회적 환경은 가족이기 때문에 발달 초기에는 가족이라는 사회적 환경과의 상호작용을 통해 자신감과 관련된 능력을 키워 나간다. 특히 발달 초기에는 자신감의 인지와 관련된 가장 강력한 정보원은 대개 부모이다.

에인즈워스와 벨 박사(Ainsworth & Bell, 1974)의 연구는 아이의 행동에 대해 응답적인 부모의 자녀가 비응답적이고 통제적인 부모의 자녀에 비해 자신감과 관련된 인지능력이 높다는 사실을 보고하였다. 에인즈워스와 벨 박사는 영아의 연령이 생후 3주에서 1년이 되기까지 가정 방문을 하여 어머니와의 상호작용에 관한 내용을 3주마다 한 번씩 정기적으로 관찰하였다. 관찰 결과, 영아가 울고 있을 대 어머니의 즉각적인 반응의 횟수가 많으면 많을수록 아기의 우는 시간이 관찰 증반(생후 10~12개월)에 들어서는 점점 짧아지면서 동시에 우는 행위와는 별도의 다른 의사 전달 기능을 사용하는 것을 발견하였다. 새로운 다른 의사 전달 기능이란, 예를 들어 외부의 자극에 대해 다양한 표정이나 발성, 활발한 몸의 움직임 등의 행위가 많이 나타났다. 이러한 새롭고 다양한 반응의 표출은 이렇게 해석할 수 있다. 응답적인 부모에 의해 양육된 영아는 '자신의 욕구 충족이나 불쾌감 제거'라는 목표를 달성할 수 있었다는 자신감, 다시 말해서 '나는 환경에 영향을 줄 수 있다'는 일반화된 자신감을 획득한 모습을 보여 준다고 할 수 있다. 이런 자신감의 획득이 나중에는 울음이라는 행위를 줄이고 새롭고 다양한 의사 전달 기능을 개발하여 그것을 한 번 시도해 보고자 하는 의욕으로 발전했다고 볼 수 있다. 이후 언어 발달로 인해 아이와의 의사소통이 어느 정도 가능해져 부모는 아이에게 '가능한 것'과 '불가능한 것'에 관한 정보를 언어로 제공하기도 한다. 발달 초기의 사회적 환경은 부모가 중심 역할을 하며 영아는 부모와의 상호작용을 통해 자기수행 가능성에 관한 정보를 획득해 간다.

한편, 자신감이나 유능감의 형성은 환경통제경험뿐만 아니라, 환경통제경험의 주체자가 자기 자신이라는 감각을 갖는 것도 필수적이다. 환경으로부터의 반응이 타인의 도움으로 발생된 것이 아닌 자신의 자발적인 행위에 의한 결과라는 인식을 갖는 것이다. 이를 지원하기 위해서는 일상생활에서 영아가 자율성의 감각을 갖도록 자기 선택을 존중하면서 그런 기회를 최대한 제공하는 배려가 필요하다고 하겠다.

2 유아기의 자신감

발달적으로 볼 때 유아기는 자기능력 평가에 필요한 정보처리능력이나 경험이 불충분한 시기여서 '자기에게 중요한 정보와 중요하지 않는 정보를 구분하는 능력', '시간적으로 간격이 있는 정보를 이용하는 능력', '많은 정보를 동시에 처리하는 능력' 등이 결여된 시기이다. 유아는 자기에게 중요한 정보와 중요하지 않는 정보를 구분하는 변별력이 부족하고, 자기에게 직접적이고 현저한 과거의 행동 정보에만 주목하는 경향이 강해 유아의 자기능력 평가는 신뢰성이 떨어진다는 것이 일반적 견해이다.

그렇다면 자기능력 평가의 발달에 관여하는 요인은 무엇일까? 영유아기에는 주로 직접적인 사회적 경험에 의해 주어진 상황이나 과제의 특성을 이해하고, 과거 행동에 관한 정보를 효과적으로 처리할 수 있는 인지 기능이 발달한다. 자기능력 평가의 발달에는 사회적 경험 외에 '자기'와 '타인'을 비교할 수 있는 능력도 요구된다. 특히 사회적 비교 정보를 이용하는 능력은 자기 행동에 관한 정보처리능력보다 훨씬 성숙된 인지 기능을 요구한다. 왜냐하면 사회적 비교 정보의 이용능력은 자기 행동에 관한 평가뿐만 아니라, 타인의 행동에 관한 능력 평가도 병행해야 하기 때문이다.

'자기 행동에 관한 유아의 능력 평가'의 연구를 보면 일반적으로 "유아는 달성 예측에 필요한 정보를 처리하는 인지능력이 부족하거나 성공에 대한 욕망이 강하기 때문에 과거의 경험이나 과제의 난이도를 고려하지 않고 자기의 과제수행능력을 과대평가하는 경향이 강하다."는 결론을 내렸다. 현정환(1993)은 유아를 대상으로 난이도가 서로 다른 과제에 관해 과제수행 전(前)과 후(後)에 각각 수행 결과를 예측하게 한 결과 [그림 15-5]와 같은 결과를 얻었다. 이 그래프에서 알 수 있듯이 유아는 과제의 난이도와 과제수행 경험에 관계없이 자신의 과제수행능력을 과대평가하였다.

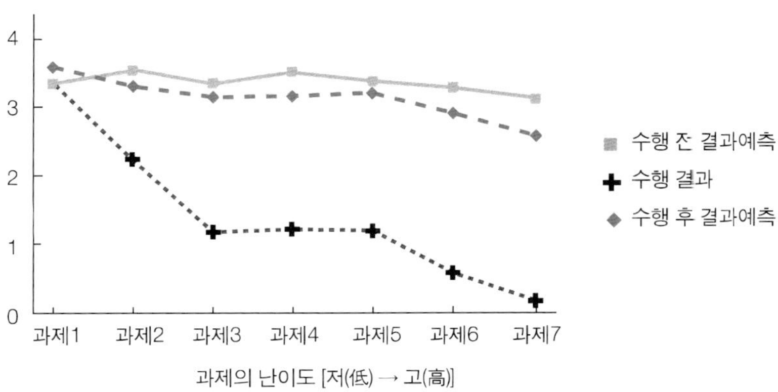

[그림 15-5] 수행 결과 및 결과 예측

자료 : 현정환, 1993.

실제의 수행능력보다 자신의 능력을 과대평가하는 이유는 무엇일까? 이와 관련된 연구를 통하여 밝혀진 사실을 정리하면 다음과 같다.

- 유아 및 초등학교 저학년생은 성공 예측에 필요한 정보나 사회적 비교 정보를 처리하는 인지능력이 부족하다(Suber, 1984).
- 유아 및 초등학교 저학년생은 능력과 노력의 상호보완적 관계에 대한 이해가 부족하다(Dweck, 1986; Nicholls, 1976).
- 유아 및 초등학교 저학년생은 '유능하고 싶다'는 이상적인 자기상과 현실적인 자기상을 혼동한다(Stipek, 1981).
- 유아 및 초등학교 저학년생은 자신의 행동 정보 중에 부정적인 부분보다는 긍정적인 부분에 주목하는 경향이 강하다(Gullo & Ambrose, 1987).

이러한 유아 및 초등학교 저학년생의 인지 발달 수준은 피아제 학파의 이론에서 보면 전조작기의 인지적 발달 수준에 해당한다. 전조작기에 해당하는 유아의 인지 특징은 사물의 다양한 측면을 동시에 인식하지 못하며, 지각적으로 현저한 정보에만 주목하는 경향이 강하다. 이처럼 유아의 비현실적인 자기 행동 평가의 원인은 '능력과 노력', '이상과 현실', '자기와 타인', 그리고 '긍정적인 면과 부정적인 면'의 양면성을 동시에 관련지어 이해하는 인지능력의 결핍에서 찾아볼 수 있다. 자기수행능력에 대한 비현실적인 과대평가는 초등학교 1, 2학년 때에 절정에 이르지만, 그 이후는 점차 현실적인 자기 평가를 하게 된다(Benenson & Dweck, 1986; Pintrich & Blumenfeld, 1985).

한편, 유아도 현실적인 자기능력 평가가 가능하다고 주장하는 학자도 있다. 하터와 피케 박사(Harter & Pike, 1984)는 유아의 일상생활과 밀접하게 관련성이 있는 과제를 이용해서 유아의 자기능력 평가에 대해 실험한 결과, 4세도 자신의 과제수행능력을 정확히 평가할 수 있는 인지능력을 소유하고 있다는 결론을 얻었다. 또한, 그들은 유아용 과제수행능력에 관한 인지평정척도를 개발해서 자기 평가와 교사로부터의 평가를 비교·검토한 결과, 두 평가의 일치도가 높다는 것을 발견하였다. 5세 아동을 대상으로 동일한 도구를 이용해서 분석한 앤더슨과 아담스 박사(Anderson & Adams, 1985)의 연구에서도 유아는 현실적인 자기행동 평가가 가능하다는 결론을 얻었다. 스타이팩과 호프만 박사(Stipek & Hoffman, 1980)는 "만일 유아가 과거의 행동 정보나 사회적 비교 정보를 처리하는 인지능력이 불충분하다면, 타인의 행동능력에 대한 평가 수준도 수행 결과에 관계없이 비현실적으로 높게 평가할 것이다."라는 가설을 설정해서 '성공 또는 실패 장면에서 타인의 행동에 대한 평가'에 대한 실험을 하였다. 그 결과, 수행 결과에 따라 타인의 행동에 대한 평가 내용이 다르게 나타났다. 즉, 성공 장면에서는 수행능력에 대한 평가 수준이 높았고, 실패 장면에서는 수행능력에 대한 평가 수준이 낮게 나타났다. 이 결과는 유아도 자신감의 인지에 필요한 과거의 정보를 처리할 수 있는 능력을 소유하고 있음을 말한다. 이러한 연구 결과는 자기 행동에 대한 유아의 비현실적인 과대평가는 그들의 인지능력의 문제라기보다는 단지 '달성(성공)하고 싶다'라는 자신의 '요구 수준'의 표현에 지나지 않는다는 것을 보여 준다.

이상으로 유아의 자신감의 인지능력에 관련된 연구를 종합적으로 검토해 보면, 실험 과제의 특성이나 경험 유무, 실험 방법의 차이 등에 따라 실험 결과가 다르게 나타난다는 것을 알 수 있다. 그러므로 인간은 몇 세가 되면 자신감을 객관적으로 인지할 수 있는가에 대한 연구는 아직 미흡하며, 연구 사이에 일치된 결론을 내리지 못하고 있기 때문에 추후 여기에 관한 보다 체계적이면서 심층적인 연구가 필요하다.

3 달성 동기의 발달

1) 달성 동기란?

달성 동기(achievement motivation)란 성공이나 달성의 기쁨을 추구하는 동기이다. 그래서 이 동기는 제시된 과제나 목표를 향해 적극적으로 달성하고자 하는 행동의 경향성을 강화시킨다. 달성 동기와 반대되는 개념은 '실패 회피 동기'가 있다. 이 동기는 실패를 예측하고 두려워한 나머지 실패에 의해 생성되는 자아 수준의 저하, 즉 자존감의 상실을 방지하기 위해 실패를 회피하려는 마음을 말한다. 이 동기는 과제나 활동을 달성하고자 하는 행동의 경향성을 약화시킨다(Atkinson, 1969).

인간은 누구나 어떤 일을 하거나 목표를 세울 때 이 두 가지 기분을 공유하게 되는데, 이때 달성 동기의 강도는 '성공하고 싶다'는 동기의 강도와 '실패를 회피하고 싶다'는 동기의 상대적 강도에 의해 결정된다. 만일 후자보다 전자가 강한 경우에는 과제 달성의 가능성은 높아지지만, 반대로 전자보다 후자가 강한 경우에는 달성의 가능성은 낮아진다.

2) 달성 동기의 발달

그네나 미끄럼틀 옆에서 친구들이 노는 모습을 가만히 바라보고만 있는 아이가 있다. 교사는 이런 아이를 대개 소극적인 아이, 놀이에 대한 의욕이나 욕구가 없는 아이로 생각하는 경우가 많다. 그러나 이 아이는 놀이에 대한 의욕이나 욕구가 없는 것이 아니라 그 놀이에 대한 불안감, 즉 '하고 싶다'는 마음은 있지만, '만일 떨어지면 어떡하나?'라는 걱정이 더 강해서 주저하는 것이다. 이런 아이에 대한 바람직한 대응은 "넌 할 수 있어, 무서워하지 마."라는 격려보다는 왜 무서워하고 불안해하는지 그 원인을 찾아내서 해결해 주는 접근법이 훨씬 효과적이라고 할 수 있다.

영아기의 달성 동기의 형태는 피아제(1936)의 인지발달이론의 감각운동기에서 볼 수 있는 영아의 순환 반응이 달성 동기와 관련된 예비적 행동의 하나라고 볼 수 있다. 본격적인 달성 행동, 즉 진정한 의미에서의 달성 행동은 3세~3세 반경부터 보이기 시작하는데, 이 시기부터는 유아의 행동에 자아가 관여하게 되면서 자발적 행동으로 얻은 성공 경험은 쾌의 감정을, 실패 경험은 불쾌의 감정을 생성한다. 그러므로 이 시기부터는 아이의 자발성을 최대한 존중하면서 자신의 노력으로 성공 경험을 체험하도록 배려하는 부모나 교사의 태도가 무엇보다도 중요하다. 이럴 때 아이는 비록 외적 보상이 제공되지 않더라고 성취감이나 만족감, 그리고 자신감이라고 하는 내적 보상을 통해 달성 동기를 강화시켜 나간다.

한편, 4세 반~5세 이후가 되면 실패에 의한 불쾌감을 해소하기 위한 노력을 하게 된다. 즉, 이 시기부터 '실패 회피 동기'가 생성되면서 주어진 과제를 자기로서는 도저히 할 수 없다고 판단되면 그것을 회피하려는 행동을 보이게 된다. 이 사실은 맥클레랜드(McClelland, 1958)의 연구를 통해서 확인할 수 있다. 이 연구에서 보면 달성 동기가 높은 아이는 난이도가 중간 정도 되는 과제를 선택하는 반면, 달성 동기가 낮은 아이는 너무 쉽거나 아예 도저히 감당할 수 없는 고난드의 과제를 선택하는 행동을 보였다.

달성 동기의 안정성에 관한 연구로는 케간과 모스(Kagan & Moss, 1959)의 종단적 연구를 들 수 있다. 이 연구에서 달성 동기는 아동기에서 성인기에 걸쳐 상당히 안정적이며 연령에 따르는 큰 변화가 없는 것으로 나타났다. 그러나 일반적으로 3세경의 달성 동기는 아동기나 청년기, 나아가 성인기의 달성 동기와는 관련이 적은 것으로 본다. 대체적으로 6~10세경부터 보이는 달성 동기가 그 이후의 달성 행동을 예측할 수 있다고 본다.

CHAPTER 16

사회성 및 도덕성의 발달

1 사회성의 발달

1) 대인 관계의 발달

장난감 쟁탈 장면을 관찰하면 문제 해결을 위한 전략이 연령에 따라 다르다는 것을 알 수 있다. 2~3세 아이는 온 힘을 다하여 상대방으로부터 장난감을 빼앗으려고만 하지만, 4~5세가 되면 언어를 사용하여 상대방의 허락을 받으려고 노력하는 모습을 발견할 수 있다. 발달과 함께 아동은 장난감에만 관심이 쏠렸던 시기에서 장난감을 갖고 있는 상대방의 기분을 의식하는 단계로 성장해 나간다. 이런 경험을 통해 형성되는 친구 관계는 어떤 요인에 의해 어떻게 발달하는 것일까? 보다 광범위한 대인 관계의 발달적 관점에서 생각해 보자.

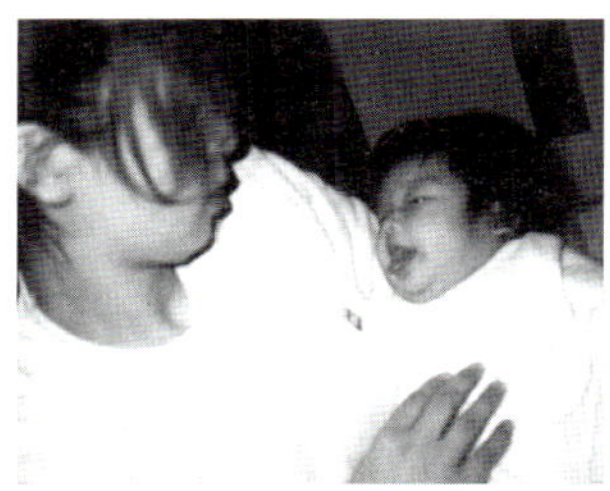

[그림 16-1] 엄마와 아기의 만남

인간이 세상에 태어나서 만나는 최초의 사람은 대개 어머니이다(그림 16-1 참조). 그러므로 발달 초기에 인격 형성에 가장 영향력을 미치는 존재는 어머니라고 하는 사실에 대해서는 이론(異論)이 없을 것이다. 모자 관계를 기반으로 한 타인과의 관계는 어떻게 발전·확산되어 나가는 것일까? 출생에서 영유아기를 거쳐 아동기 전기에 이르기까지 대인 관계의 발달과정은 대개 다음 3가지 부분으로 나눌 수 있다고 본다.

- 대인 관계의 기반이 되는 모자간의 애착 관계가 형성되는 시기
- 어머니 이외의 다른 대상으로 대인 관계가 변화·확대되는 시기
- 입학을 앞두고 대인 관계의 확대가 사회적으로 요구되는 시기

2) 모자간의 애착 형성기

세상에 태어나서 처음으로 만나는 어머니와의 인간관계에는 어머니의 일방적인 자극만이 존재하는 것은 아니다. 아기는 생득적으로 어머니의 젖을 빨거나 달라붙거나 울거나 웃는 등의 행동을 보이는데, 이는 모두 어머니의 관심이나 사랑을 받기 위한 자극 역할을 한다.

출생 시 아기는 언어 사용이나 보행을 할 수 없는 미성숙의 상태이기 때문에 부모에게 완전히 의존할 수밖에 없다. 이러한 사실은 우리 인간은 본래 필연적으로 타인과의 관계 속에서 살아가야 하는 사회적 존재라는 것을 단적으로 말해 준다. 생후 3개월경이 되면 영아는 대상을 구별해서 미소를 보낸다. 사람이든 사물이든 보다 복잡한 자극에 대해 주목하는 경향성은 출생 시부터 보이지만, 이 시기부터는 자신의 요구를 응답적으로 충족시켜 주는 대상을 구별해서 미소 반응이나 애착 행동을 표현하며, 생후 6~8개월이 되면 미소를 보내는 대상은 극히 한정된다. 이 시기에는 어머니를 제외한 대상, 즉 낯선 사람에 대해서 불안을 표시하는 낯가림 현상을 보이는데, 이와 같이 영아는 어머니와의 애착 관계를 기반으로 대인 관계를 형성해 나간다.

아이의 놀이 상대자는 출생 초기에는 주로 어른이다. 이 시기의 어머니는 과장된 표정이나 소리로 놀아주기도 하고, 장난감으로 아이를 즐겁게 해 주려고 한다. 생후 초기에는 놀이의 상대자가 부모에서 출발하지만, 운동 기능이나 언어 발달이 어느 정도 원활한 3세 이후가 되면 놀이의 상대자는 어른보다는 또래를 선호하고

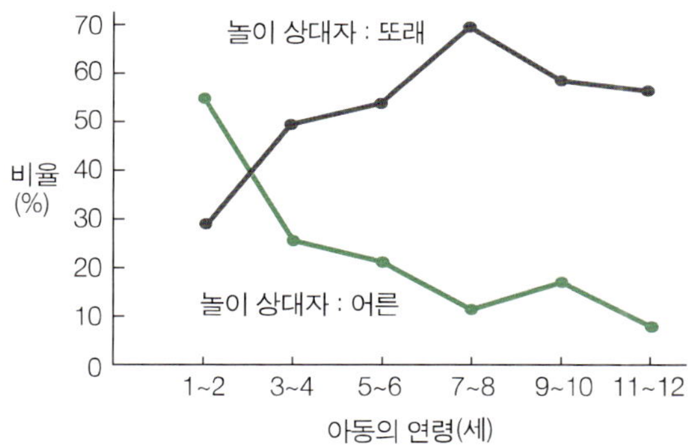

[그림 16-2] 놀이 상대자의 연령적 변화

자료 : Elis et al., 1981.

또래와의 사회적 작용이 시작된다. [그림 16-2]에서 알 수 있듯이 놀이 상대자가 어른에서 또래로 바뀌는 시기는 대략 2~3세에 급격히 나타난다.

커뮤니케이션의 기능이 아직 제한적인 유아는 동시에 여러 명과 관계를 맺는 것이 쉽지 않다. 혼자놀이에서 시작하여 친구와의 놀이를 즐기는 빈도는 성장과 함께 많아지지만, 유아기의 놀이 집단 구성원 수는 2~5명의 정도에 머무는 것이 일반적이다.

미국의 심리학자인 파텐(Parten, 1932)은 미네소타대학 아동복지연구소 부속 보육학교 유아 42명(2~5세 : 남아 22명, 여아 20명)을 대상으로 자유놀이 장면에서 상호작용의 행동 형태와 그 빈도를 관찰했다. 상호작용의 행동 형태로 분류한 지표는 사회적 참가 정도, 즉 놀이 집단에 참가하는 정도였다. 놀이 활동은 6가지의 형태로 분류해서 연령별로 그 빈도를 [그림 16-3]과 같이 나타냈다. 사회적 참가 정도가 낮은 놀이에서 높은 놀이의 순으로 분류하면 다음과 같다.

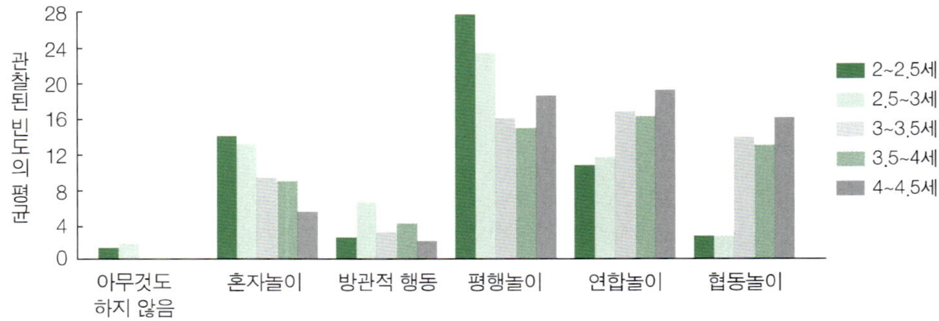

① 아무것도 하지 않는 행동(unoccupied behavior) : 혼자서 아무것도 하지 않고 멍하게 있거나, 손가락을 빨거나 주위를 맴돌기만 한다.

② 혼자놀이(solitary independent play) : 또래에 대한 관심이 없고, 자기혼자만의 놀이에 열중한다. 또래와의 사회적 접촉이나 어떤 대화도 볼 수 없다.

③ 방관적 행동(onlooker behavior) : 대부분의 시간을 다른 아이가 노는 것에 관심을 갖고 쳐다보면서 시간을 보낸다. 친구의 놀이에 주목해서 말을 걸거나 질문이나 제안 등은 하지만, 그 놀이에 참여하지는 않는다.

④ 평행놀이(parallel activity) : 다른 아이와 아주 근접한 거리에서 비슷하거나 동일한 놀이를 하면서도 서로 간의 상호작용은 보이지 않는다. 상대를 의식하고는 있으나 놀이를 함께 하지는 않는다(그림 16-4 참조).

⑤ 연합놀이(associative play) : 친구와 함께 놀면서 이야기를 나누거나 장난감을 서로 빌려 주거나 상대방을 모방하기도 하지만, 놀이 활동의 역할 분담이나 조직은 없다.

⑥ 협동놀이(cooperative play) : 공통의 목적을 가지고 협동해서 작품을 만들거나 서로 경쟁하거나 함께 규율성이 있는 놀이를 즐기는 활동이다. 여기에는 놀이의 리더가 있고, 역할 분담과 조직이 있다.

[그림 16-3] 놀이 유형의 발달

자료 : Parten, 1932.

[그림 16-4] 유아의 평행놀이

[그림 16-3]에서 보면 연령이 낮을수록 대체로 혼자놀이나 평행놀이가 많지만, 연령 증가에 따라 점차 평행놀이나 연합놀이와 함께 협동놀이도 증가한다는 것을 알 수 있다.

놀이 집단의 구성원 수를 조사한 연구를 보면 연령 발달과 함께 놀이 구성원 수가 증가하는 경향을 알 수 있는데, [그림 16-5]를 보면 2세는 놀이 전체 가운데 혼자놀이가 60% 이상을 차지하고 있지만, 5세가 되면 30% 정도로 낮아진다. 그리고 상호작용자의 수가 3인 이상인 놀이는 2세에는 거의 보이지 않지만, 5세가 되면 20% 정도로 증가한다. 이러한 놀이 활동의 유형 및 그 구성원 수의 변화를 통해 유아기에 있어 친구 관계의 발달과 그 질적 변화를 알 수 있다.

이와 같이 연령 발달과 함께 유아는 또래에 대한 관심이 증대되면서 또래와의 밀접한 관계를 기초로 한 사회적 활동을 즐긴다. 유아기에는 놀이 활동을 통해 다양한 사회적 기능을 학습해 나가기 때문에 유아의 사회성 육성에 있어 중요한 것은 또래와의 놀이 경험이다. 협동놀이를 통해 다양한 역할을 함으로써 상대방의 기분이나 입장을 이해하게 되고, 또한 또래 행동의 관찰을 통해 새로운 사회적 행동 양식을 배우기도 한다. 이처럼 대인 교섭 기능을 점차적으로 학습하게 되면 부모에 대한 의존도는 낮아지고, 또래에 대한 관심은 강화된다. 그래서 자신의 기분을 알아주고 수용해 주는 관용적인 어른과의 상호작용보다는 자신과 비슷한 수준에서 놀이의 즐거움을 만끽하거나 모방할 수 있는 또래와의 상호작용에 대해 더 매력을 느끼게 된다. 이처럼 아이의 마음속에는 성장과 함께 성인에 대한 관심보다 또래에 대한 관심이 점점 더 큰 비중을 차지하게 된다.

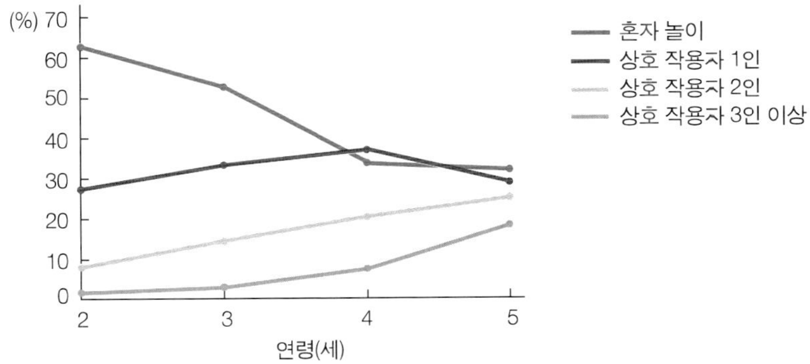

[그림 16-5] 각 연령과 놀이 집단

3) 또래 간의 싸움

유아기의 또래 관계에서 발생되는 문제 가운데 빼놓을 수 없는 것이 싸움이다. 혼자놀이에서 집단놀이로 이행하는 가운데 상호작용의 횟수가 증가함에 따라 자연히 유아 사이에는 다투는 행동이 많아진다. 3세 미만의 싸움은 대개 상대방을 때리거나 깨무는 행위 등의 신체적 공격이 많지만, 3세 이후는 상대방에 대한 언어적 공격이 많아진다.

한편, 남녀 간의 차이도 발견할 수 있는데, 남아는 여아에 비해 신체적 공격이 많지만 여아의 경우는 신체적 공격보다 언어적 공격이 많다. 영유아기에 있어 싸움의 원인, 발달상의 의미, 그리고 대응 방법에 대해서 알아보자.

유아기 싸움의 주요 원인은 3가지 정도를 생각해 볼 수 있다. 먼저 자기중심성이다. 유아기는 아직 상대방의 입장에서 생각하는 능력이 부족한 시기이기 때문에 놀이 활동 가운데 서로의 생각이나 요구가 부딪치는 경우가 종종 있다. 또 하나의 원인은 놀이의 전개과정이나 규칙에 대한 이해가 충분하지 않거나 서로 다른 이해를 하고 있기 때문에 생기는 경우가 있다. 마지막으로 유아의 일방적 욕구 때문에 생기는 경우가 있는데, 자신의 생각이나 요구가 수용되지 않으면 분노와 같은 정서로 인해 흥분 상태에 놓이게 되고, 이 흥분 상태에서 벗어나지 못한 유아는 언제까지나 자신의 주장을 고집하면서 또래와 충돌하게 되는 것이다.

그러나 어떤 이유에 의한 싸움이라고 할지라도 아이의 발달에 있어 그 나름대로 의미가 있는데, 특히 사회성 발달에 미치는 긍정적 영향은 결코 무시할 수 없다. 아이 간에 대등한 입장에서 이루어지는 싸움은 상대방의 입장이나 감정을 이해할 수 있는 절호의 기회를 제공하기도 하고, 또래로부터의 저항이나 비난, 배척 등의 경험을 통해 타인의 존재를 깨닫기도 한다. 이처럼 유아기의 싸움은 원만하고 폭넓은 인간관계에 필요한 사회적 기능을 학습하게 하여 협동 행동, 돕기 행동, 분여 행동 등 친사회적 행동의 필요성을 느끼게 하기도 한다. 또한, 이 시기 또래 간의 분쟁 경험은 선악 판단능력의 발달도 촉진시킨다.

그러므로 보육 장면에서 아이의 싸움 상황을 목격하였을 때의 바람직한 대응법은 싸움의 원인이 무엇이며, 누가 잘못했는지 시시비비를 가리는 개입보다는 앞에서 언급한 것처럼 싸움은 의미 있는 경험이 되기 때문에 가능한 한 아이 스스로가 해결하도록 배려하는 것이 중요하다. 물론 한쪽이 일방적으로 공격을 당하기만 하거나 어른에게 도움을 청하거나 상대방이 다칠 염려가 있는 경우에는 적절한 개입을 해야 할 것이다. 이때 중요한 것은 우선 아이의 정서적 흥분 상태를 가라앉히는 것이며, 아이와의 신체적 접촉이나 공감을 통해서 진정시킨다. 대개 싸움을 시작한 쪽이 상대방보다 강한 흥분 상태인 경우가 많기 때문에 우선적으로 대응해 나간다. 이와 같은 방법으로 흥분을 진정시키는 과정에서 3세 이상은 싸움을 하게 된 동기 같은 것도 이야기해 주기 때문에 그 상황에 필요한 적절한 도움을 줄 수도 있다.

2 도덕성의 발달

1) 도덕성이란?

타인의 행위에 대한 선악이나 공정성을 판단할 때, 자신의 내면화된 하나의 기준에 의해 그 행위를 판단하는데, 이런 판단의 질을 도덕성이라 부른다. 물론 타인의 행위만이 아니라 자신의 행위에 대해서도 다양한 판단을 하게 된다. 그래서 자신이 그릇된 행동을 했다고 판단되면 죄악감이나 부끄러움을 느끼게 되는데, 이것은 도덕성의 일면이라고 할 수 있다. 그런데 우리는 도덕적 판단과 도덕적 행위는 반드시 일치하는 것은 아니라고 하는 사실을 경험상 잘 알고 있다. 그러므로 도덕성의 개념에는 실제적으로 어떤 행동을 할 것인가라고 하는 문제도 포함된다. 도덕 판단의 발달단계에 대한 주요 내용을 살펴보면 다음과 같다.

2) 도덕성의 발달단계

아동의 도덕성은 주위 어른의 행동이나 그들의 교육적 접근, 또래와의 접촉 등을 통해 발달한다. 피아제는 아동기까지의 도덕 판단의 발달을 다음과 같이 3단계로 구분하였다. 제 1단계는 개인적 욕구나 감정을 그대로 행동으로 표현하는 도덕 이전의 단계이다. 제 2단계는 어른의 규율(꾸중, 상벌)로 도덕 판단을 하는 타율적 판단단계이다. 제 3단계는 상호 교섭이나 협조에 의한 자율적 판단단계이다.

콜버그(Kohlberg, 1969)는 피아제의 이론을 발전시켜 청년기까지의 도덕 판단의 발달단계를 제시하였다. 또한, 그는 생명, 법률, 재산, 진리 등 9가지의 보편적 가치 사이에 생성되는 갈등의 문제를 다룸으로써 보다 넓은 사회적 관점에서의 발달을 기초로 한 도덕성의 본성에 접근하면서 그 판단 기준은 발달과 함께 질적으로 변한다고 보았다. 그가 사용한 도덕적 갈등의 예화는 다음과 같다(표 16-1 참조).

〈표 16-1〉 하이츠(Heinz)의 딜레마(생명 대 법률)

하인츠의 부인은 중병으로 사경을 헤매고 있었습니다. 의사는 하인츠에게 "어떤 한 약을 먹으면 부인을 살릴 수 있지만, 다른 방법은 없다."고 말했습니다. 그 약은 얼마 전 어느 연구소에서 발명한 것으로 제조하는 데 200달러가 들지만 2,000달러에 팔고 있다는 것입니다. 하인츠는 그 약을 구입할 돈이 없어서 백방으로 돈을 빌리기 위해 다녀 보았지만, 1,000달러 정도밖에 빌릴 수 없었습니다. 하인츠는 연구소장에게 자신의 사정을 이야기하고 약을 싸게 살 수 없는가, 외상으로 살 수 없는가를 간청해 보았습니다. 하지만 연구소장은 하인츠의 간청을 들어 주지 않았습니다. 다른 도리가 없어서 하인츠는 그날 밤 몰래 연구소에 들어가 그 약을 훔쳤습니다. • 질문 1 : 하인츠의 행동은 정당한가? • 질문 2 : 만일 정당하다면 그 이유는?

자료 : Kohlberg, 1969.

콜버그는 이 질문에 대한 반응을 분석해서 〈표 16-2〉와 같이 3가지의 수준과 6가지의 단계로 분류했다. 관습 이전의 도덕성 단계(수준 I)에서는 자기의 손익 계산을 바탕으로 선악 판단을 하게 된다. 관습적 도덕성(수준II)에서는 타인으로부터의 승인이 선악 판단의 기준이 된다. 관습을 넘어선 도덕성 단계(수준 III)에서는 추상적·도덕적 가치와 자기 양심(보편적, 윤리적 원칙)에 따라 선악을 판단하게 된다. 여기서는 3단계까지에 대해서 알아보자.

먼저, 단계 1에서는 성인(주로 양육자)의 반응을 절대적 기준으로 삼고 있으며, 현실의 문제로서 그것에 반하는 것은 어떤 형태로든 벌이 수반된다고 믿는다. 특히 양육자로부터 부정되는 것은 아이의 입장에서는 위협적인 것으로 인식되기 때문에 아이는 필연적으로 양육자의 규범을 따르게 된다. 이 단계는 영유아기 전반에 걸쳐서 볼 수 있는데, 아이의 행동을 관찰해 보면, 예를 들어 "선생님이 그렇게 말했어!", "그러면 안 돼! 우리 엄마가 그렇게 말했거든." 등의 표현을 들을 수 있다.

단계 2에서는 세상의 모든 일을 간단하게 선악으로 나눌 수 없다는 사실을 인식하기 시작한다. 자신과 타인의 분화가 시작되면서 자신에게 어떤 욕구나 기대가 있는 것처럼 타인에게도 그러한 욕구나 기대가 있다는 사실을 이해하게 된다. 그리고 도덕적 판단이 자신 또는 가끔은 타인의 욕구나 기대의 충족 여부가 기준이 되어 판단된다. 이렇게 보면 이 단계의 판단은 상당히 이기적, 쾌락적 단계라고 말할 수 있는데, 예를 들어 친구를 때려서 울린 아이가 "네가 나빴어! 맞을 짓을 했잖아."라고 하며 자기를 정당화하기도 한다.

단계 3이 되면 도덕 판단의 기준은 보다 넓은 사회적 범주(관습)를 시야에 넣게 된다. 다수의 생각에 자신을 맞추어 나가면서 주위로부터 긍정적인 평가를 받을 수 있는가, 없는가가 중요하다. 이처럼 도덕 판단의 규범은 개인적인 관계에서 사회적인 관계로 옮겨 간다.

〈표 16-2〉 도덕 판단의 발달단계

수준	단계
[수준 1] 관습 이전의 수준 (preconventional level) : 행동의 결과에 주목	단계 1 : 벌이나 고통을 피하기 위해 규칙이나 권위에 복종한다. 아주 단순히 신체적, 물리적 힘이 도덕 판단의 기준이 된다.
	단계 2 : 자신 및 타인의 이익이나 욕구를 만족시키는 수단에 대한 가치 유무가 도덕적 판단의 기준이 된다.
[수준 2] 관습적 수준 (conventional level) : 타인의 기대 및 관습적 수준에 맞게 행동을 취함	단계 3 : 사회적 조화가 도덕 판단의 기준이 된다. 따라서 타인에 대해 이로운 행위를 하는 것은 옳은 일이다.
	단계 4 : '법과 질서'의 준수를 도덕적 기준으로 삼는다. 따라서 사회에서 맡겨진 역할을 다하는 것, 사회질서를 지키는 것, 그리고 사회나 집단의 이익을 위해 최선을 다하는 것은 옳은 일이다.
[수준 3] 관습 이후의 원칙에 입각한 도덕적 사고의 수준 (postconventional level)	단계 5 : 기본적 권리, 가치, 그리고 사회에 있어서 합리적 계약이 설령 집단의 구체적 규칙이나 법률 사이에 갈등이 야기되더라도 그것을 지키는 것이 옳은 일이다.
	단계 6 : 모든 인간이 따라야 하는 보편적인 윤리원칙하에 자신을 둔다.

자료 : Kohlberg, 1969.

피아제의 3단계와 콜버그의 6단계를 대응시켜 보면 처음 2단계는 거의 일치한다. 그러나 피아제가 말하는 자율적 판단단계는 반드시 집단 전체를 시야에 넣지 않은 개인적 관점에서의 판단이다. 콜버그는 도덕 판단의 6단계 가운데 4단계를 넘어서는 사람은 일반적으로 드물다고 보았다.

3) 유아기의 도덕적 판단

유아기의 도덕적 판단에 대한 설명으로 피아제(Piaget, 1930)가 제시한 예화를 통해 알아보자. 그는 3~11세 아동을 대상으로 〈표 16-3〉와 같은 예화를 사용한 실험을 통해 도덕 판단의 발달과정을 규명하고자 하였다.

〈표 16-3〉 피아제의 예화

[A 예화]

존이라는 아이가 자기 방에서 놀고 있다가 저녁을 먹으라는 어머니의 이야기에 주방으로 들어간다. 주방 문 바로 안쪽에는 의자가 있고 그 위에 15개의 컵이 놓여져 있었다. 존은 문 옆에 컵이 있다는 사실을 모른 채 들어갔다. 존이 문을 열자 의자가 넘어지면서 15개의 컵이 모두 바닥에 떨어져 깨졌다.

[B 예화]

헨리라는 아이가 있었다. 어느 날 어머니가 외출하였을 때 헨리는 어머니 몰래 선반 위에 있는 잼이 먹고 싶어졌다. 헨리가 의자에 올라가 손을 펴 보았지만 잼을 좀처럼 잡을 수가 없었다. 헨리가 손을 더 뻗어 잡으려고 하는 순간 옆에 있는 컵 하나가 바닥에 떨어져 깨져버렸다.

자료 : Piaget, 1930.

[A] 예화는 행위의 의도는 나쁘지 않지만, 행위의 결과로 인해 초래되는 물리적 손실은 크다. 반면, [B] 예화는 주인공 행위의 의도는 나쁜 경우이지만, 물리적 손실은 적다. 피아제는 이 두 이야기를 아이에게 들려준 다음 "이 두 아이 가운데 누가 더 나쁘다고 생각하는가?", "그 이유는?" 등의 질문에 대한 반응을 토대로 아동의 도덕적 판단의 수준을 규명하였다.

실험 결과, 6~7세까지의 아이는 일반적으로 15개의 컵을 깬 존이 더 나쁘다는 반응을 보였다. 이들은 대체로 행위자의 의도는 무시하고, 물리적 결과에만 주목하여 선악 판단을 하였다. 그러나 9세 이후의 아이는 물리적 결과보다는 행동의 의도를 중시하고, 어머니 몰래 잼을 먹으려고 했던 헨리의 행동이 더 나쁘다는 반응을 보였다. 피아제는 이 연구 결과에 기초하여 도덕 판단을 '물리적 결과를 중시하는 객관적 판단'과 '행동의 의도를 중시하는 주관적 판단'으로 구분하면서, 7세 전후로 객관적 기준을 중시하는 도덕 판단에서 주관적 기준을 중시하는 도덕 판단으로 바뀐다고 주장하였다.

한편, 피아제는 외현적으로 나타나는 물리적 결과에 초점이 맞춰지는 유아의 도덕적 판단의 배경에는 부모에 대한 맹목적인 존경심과 자기중심성이 관여하고 있다고 보았다. 어른에 의해 제시된 금지 사항이나 벌은 유아에게는 절대적 도덕 기준이 된다. 유아기에는 다면적 사고능력이나 경험이 부족하기 때문에 어른(주로 부모)의 판단이나 반응이 절대적 도덕 기준이 된다. 그래서 유아는 행위 그 자체에 대한 판단보다는 부모로부터의 꾸중이나 체벌을 받는 행위는 무조건 나쁘다는 인식을 갖게 되는 것이다. 이 때문에 유아는 단지 꾸중이나 체벌을 피하고 부모로부터 관심이나 칭찬을 받고 싶다는 욕구 때문에 부모가 소위 '착하다'고 생각하는 행동을 취하려고 노력하게 된다. 이처럼 유아는 행위 그 자체가 가지고 있는 의미보다 행위의 결과에 주목해 버리는 경향이 강해서, 설령 행동의 의도나 동기에 주목을 했다고 할지라도 그 행동이 발생된 상황을 상호작용의 범주 속에서 이해하지 못하기 때문에 좀처럼 객관적인 판단을 탈피하지 못한다. 만일 주관적 기준에 의한 도덕적 판단이 가능하려면 권위에 대한 맹목적인 존경과 자기중심성의 사고에서 탈피해야 하지만, 유아기에는 어른의 행동과 분리된 자율적 판단은 어렵다고 본다.

그러나 실제 5세의 행동을 관찰해 보면 어른의 공격적 행동을 그대로 수용하지 않고 오히려 공격 대상을 불쌍하게 생각하는 자율적인 도덕 판단 행동을 볼 수 있는데, 이러한 판단은 유아의 도덕적 판단 수준이 표면적으로 드러나는 물리적 결과에 초점을 맞추는 단계라고 하는 피아제의 관점에서는 이해하기 힘든 모습이다. 그러므로 도덕성에 대한 유아기의 판단 수준에 대해서 성급한 결론을 내리기보다는 유아의 도덕 판단의 특성에 관한 보다 면밀한 검토와 함께 어떤 상황에서 어떻게 도덕적 판단이 이루어지는가에 관한 보다 심층적인 연구가 필요하다.

4) 규칙의 인식

아동을 대상으로 규칙에 관한 지식이나 인식 등에 대해 조사한 피아제의 고전적 연구(Piaget, 1930)를 보면 ① 규칙에 관한 의식이나 관심은 전혀 없으며, 개인의 욕구에 따라 행동하는 단계에서 ② 규칙을 절대적인 것으로 인식하면서 변경이 절대 불가능한 것으로 생각하는 단계를 거쳐 ③ 규칙은 모든 사람의 동의하에 만들어진 것이며, 누구라도 규칙을 존중하고 준수해야 하지만, 구성원 모두가 동의한다면 수정도 가능하다는 사실을 이해하는 단계로 발달한다.

1단계에서는 아이 간의 협조적인 관계는 없으며, 규칙이나 약속이라고 하는 사회적 의미를 지닌 행동은 발견할 수 없다. 2단계에서는 어른에 대한 일방적 존경심을 갖고 있어 어른의 모습을 그대로 모방하려는 단계이다. 단지, 이 단계에서는 아직 자기중심적 사고로 인해 자신과 타인의 구분이 쉽지 않아서 종종 자신의 생각대로 행동하기도 한다. 3단계에서는 또래 간의 상호 존중을 바탕으로 자기중심적 사고에서 탈피하고 상대방의 입장에서 생각을 하게 된다. 이처럼 규칙의 인식은 구속적인 것에서 협동적인 것으로, 타율적인 것에서 자율적인 것으로 변화해 간다.

아동은 자신을 양육하는 사람들과의 긴밀한 관계를 맺고자 하는 욕구를 갖고 태어난다. 이런 지향성을 기반으로 중요한 타인과의 애착이나 신뢰 관계를 형성하고 그 대상과의 상호작용을 통하여 사회적 가치나 규칙을 학습해 나간다. 도덕성의 발달은 단순히 외부로부터의 양육이나 교육만으로는 설명될 수 없으며, 아동과 부모, 그 밖의 사람과의 상호작용이나 관계성, 그리고 아동의 내적 발달과 복잡하게 얽혀서 발달된다. 아동의 마음에 내재화되어 있지 않는 규칙이나 기준은 아이에게는 무의미하다. 부모나 교사는 이런 도덕성의 형성 원리에 대한 이해를 충분히 하면서 아이 자신의 행동을 인정해 주고 지켜보며, 보다 긴 안목을 갖고 도덕성의 내재화를 위한 보다 바람직한 관계 설정을 해 나가야 할 것이다.

CHAPTER 17

놀이의 발달

1 놀이란?

일찍이 유아 교육의 선구자인 프뢰벨(Fröbel)은 "개성의 존중과 성숙된 인간 완성의 길은 '놀이'를 통해서만이 가능하다."고 놀이, 경험의 중요성을 주장하면서 『인간교육(人間敎育)』에서 다음과 같이 기술한다.

> 놀이는 선(善)의 모든 원천(源泉)이다. 피곤하고 지칠 때까지 놀이에 열중하는 아이는 어른이 되면 타인의 행복을 위해 헌신적으로 노력하게 되며 자기 자신도 행복한 사람이 된다. 놀다가 피곤에 지쳐 곤히 잠드는 아이의 모습은 우리 아이의 모습 가운데 가장 아름다운 모습이다. 놀이는 그 사람의 생애를 결정짓는 작은 나무와도 같다. 그 아이의 마음이 깨끗한가 아니면 오염되었는가, 온순한가 아니면 난폭한가, 성실한가 아니면 게으름뱅이인가는 모두 아동기 시절에 어떻게 보냈는가에 의해 결정된다.

학문적 세계에서 아이의 성장과 놀이의 관계에 대해서 본격적으로 주목하기 시작한 것은 그렇게 오래되지 않았다. 발달심리학뿐만 아니라 다른 학문적 영역에서도, 예를 들어 교육학, 철학, 사회학, 문화인류학에서도 놀이가 다소 비중 있게 다루어지면서, 놀이는 인간의 본질적 활동과 밀접한 관련이 있다는 거의 일치된 견해를 보인다. 특히 아이에게는 놀이는 생활의 중심이며, 심신의 조화로운 발달에 있어서는 결코 다른 것보다 소홀히 할 수 없는 발달 항목이라는 사실에 거의 동의하고 있다.

그런데 이처럼 아동의 성장·발달에 있어 놀이가 중요함에도 불구하고, 우리 주위에는 아이의 노는 모습이 점점 사라지고 있다. 본장에서는 신체적으로 아무런 결함이 없음에도 불구하고 놀려고 하지 않거나, 놀이에 대한 의욕조차도 보이지 않는 아이가 점점 많아지고 있는 현실에서 놀이가 지니고 있는 발달적 의미를 생각해 보고, 아이의 놀이능력이 육성될 수 있도록 하기 위해서 어떠한 인적·물적 환경의 조성이 필요한지를 알아보고자 한다.

놀이란 과연 무엇일까? 어른의 세계에서는 '놀이'는 '일'과 대립되는 개념으로 이해하면서 놀이의 개념을 일로 인해 생긴 피곤함을 해소시키기 위한 수단으로 여긴다. 하지만 어른처럼 일할 필요가 없는 아이의 세계에서는 놀이란 과연 어떤 의미를 지니고 있을까?

놀이의 본질은 외부로부터 제시된 과제나 활동이 아니라 어디까지나 그 아이의 자발적 활동이라는 데 있기 때문에, 놀이란 하지 않으면 안 되는 활동이 아니라 타인에 의해 제지를 당해도 하고 싶어 하는 활동, 즉 그 아이의 자발성이나 주체성으로 가득 차 있는 활동이라고 할 수 있다. 놀이의 또 하나의 본질은 '무(無) 목적성'이다. 놀이는 어디까지나 그 자체가 목적인 활동이므로 순간순간의 즐거움이나 기쁨, 그리고 만족에 의해 성립되는 활동이라고 할 수 있다. 그렇기 때문에 놀이는 타인에게 무언가 도움을 주거나 가치 있는 결과를 만들어 내고자 하는 활동은 아니다.

프랑스의 사상가이며 놀이 연구에 있어 위대한 연구를 남긴 카이와(Caillois, 1958)는 놀이의 개념을 다음과 같이 정의한다.

(1) 놀이는 자유로운 활동이어야 한다

놀이는 아이가 자유롭게 선택하고 즐길 수 있는 활동이며 강제성이 있거나 다른 사람의 의도에 의해서 움직이는 활동이 아니다. 만일 강제성이 있거나, 타인의 의도가 개입된다면 놀이로서의 매력을 잃게 된다.

(2) 놀이는 격리된 활동이어야 한다

놀이는 언제, 어디서 해야 한다는 시간과 공간의 제약을 받는 활동이 아닌 일상생활의 제약에서 격리된 활동이어야 한다.

(3) 놀이는 미확정적인 활동이어야 한다

놀이는 그 전개과정이 사전에 결정되어 있거나 그 결과를 알 수 있는 활동이 아니며, 놀이 활동자의 창작이나 연구가 허용되는 자유가 보장되어야 한다.

(4) 놀이는 비생산적인 활동이어야 한다

놀이 활동은 어떤 이익을 추구하려는 목적이 아니기 때문에 활동을 전후로 해서 경제적 변화가 없어야 한다. 오직 순간의 즐거움을 추구하는 것이 주목적이다. 그러나 순간적일지라도 놀이 활동을 통해 성취감, 자기실현 등 인간 성장에 필요한 긍정적 요소를 많이 체험하게 된다. 하지만 이러한 요소는 어디까지나 놀이 활동의 결과로서 얻어지는 것이며 처음부터 놀이 활동의 목적으로서 전제된 것은 아니다.

(5) 놀이는 규칙성이 있는 활동이어야 한다

규칙성이 있는 활동이란 게임놀이나 집단놀이와 같이 어떤 약속에 의해 성립되는 놀이를 말한다. 그러나 이 약속은 놀이가 지속되는 시간에만 유효하며 그 놀이 활동이 끝나면 효력을 상실하게 된다.

(6) 놀이는 허구의 활동이어야 한다

놀이의 본질은 현실 생활과는 동떨어진 공상과 허구의 세계이며, 아이는 그 세계를 현실 세계처럼 느끼면서 즐긴다.

이상의 6가지의 내용을 담고 있는 활동을 카이와 박사는 '놀이'라고 보았으며, '아이들이 놀고 있다.'는 것은 그러한 내용이 충분히 표현되고 허용되는 경우를 말한다. 한편, 발달심리학적 입장에서 놀이에 대해 연구한 일본의 다카하시 박사(高橋, 1984)가 제안하고 있는 놀이에 대한 특성을 소개하면 다음과 같다.

- 자유롭고 자발적인 활동이다.
- 즐겁고 재미있는 활동, 그리고 기쁨을 추구하는 활동이다.
- 신체적 건강이나 지식의 함양 등 어떤 다른 목적을 갖고 수단으로서 하는 것이 아닌, 활동 그 자체가 목적이다.
- 놀이를 즐기는 사람이 적극적으로 시도하는 활동이다.
- 현실 세계의 가치 기준에 구속받지 않고 자유자재로 주관적으로 구사하며, 실제적으로 일어날 수 없는 불합리하고 당찮은 상황을 창출하고, 그것으로부터의 즐거움을 맛보는 활동이다.
- 언어의 발달이나 사회성의 발달 등, 다른 행동계의 발달과 상호적·유기적 관계를 맺고 있다.

2 놀이의 발달

놀이의 형태는 성숙과 발달에 따라 그 내용이 변해 간다. 피아제(Piaget, 1945)는 놀이의 내용을 발달적 차원에서 감각운동놀이(0~2세, 감각이나 운동 기능의 움직임 자체를 즐기는 놀이), 상징놀이(2~6세, 상상의 세계를 즐기는 놀이), 규칙놀이

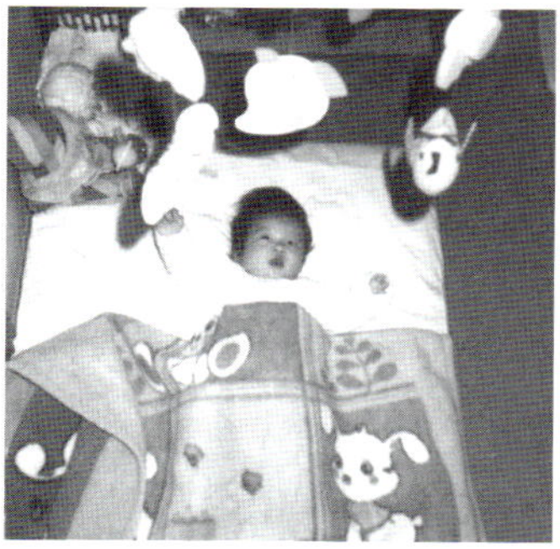

[그림 17-1] 영아의 감각놀이

[그림 17-2] 유아의 상징놀이

(7~11세)로 구분하였다. 이 구분에서 알 수 있듯이 놀이 발달은 아동 자신의 신체적 성숙, 감각 기능 및 인지·사고의 발달, 사회성의 발달과 깊은 관련이 있다. 아직 보행능력이 불완전한 시기인 영아기에는 자신을 돌봐 주는 어른 이외의 대상과 접촉할 기회가 많지 않기 때문에 주변의 사물을 보거나 만지작거리는 놀이, 즉 감각놀이가 중심이 된다(그림 17-1 참조).

유아기에 들어서면 자기중심적인 인지나 사고를 하면서 상상이나 공상의 세계를 표현하는 상징놀이를 즐긴다(그림 17-2 참조). 사회성 발달에 의해 또래와의 활동을 즐기는 시기인 유아기 말기나 아동 초기에 들어서면 규칙성이 있는 놀이나 연합놀이, 집단놀이를 선호하게 된다. 아이는 규칙성이 있는 놀이를 통해서 사회적 질서나 도덕적 규범에 관한 것을 자연스럽게 습득해 나간다.

[그림 17-3] 유아의 집중력

일반적으로 아이는 연령 증가에 따라 놀이의 집중력은 높아진다(그림 17-3 참조). 물론 놀이의 내용에 따라 놀이의 집중 시간은 조금씩 차이가 있지만, 연장자일수록 놀이에 대한 집중도가 높다. 그런데 2, 3세의 자녀를 가진 부모 가운데는 하나의 활동이나 과제를 끝까지 해내지 못하거나 차분하지 못한 자녀의 행동에 대해 불안해하며 전문가에게 상담하는 경우가 많다. 그러나 이 문제는 이 시기에 호기심이 왕성하고 흥미의 대상이 많아서 하나의 일에 집중하지 못하여

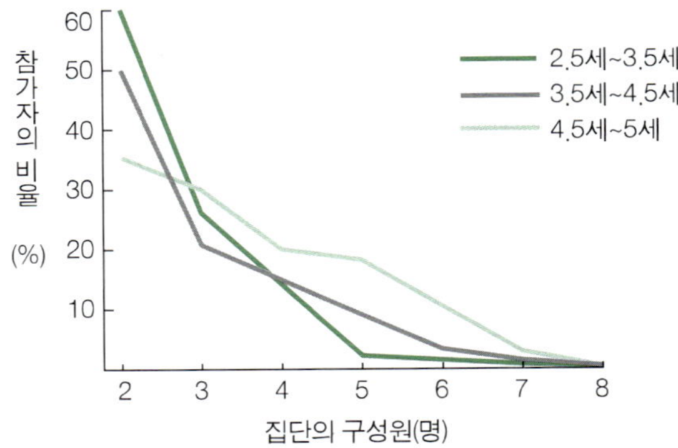

[그림 17-4] 놀이 집단에 참가하는 아이의 비율

자료 : Smith, 1977.

일어나는 현상이므로 크게 염려할 필요는 없다.

놀이는 사회성의 발달만이 아니라 지능이나 정신기능의 발달 등 다른 행동계의 발달과 밀접한 관련을 맺고 있으며, 특히 사회성의 발달과 관련해 2~5세 유아의 자유놀이 장면에서 사회적 참여의 형태를 관찰한 파텐(Parten, 1932)의 연구가 도움이 될 것이다(제 16장 참조).

커뮤니케이션 기능에 한계가 있는 유아기에는 동시에 여러 명의 아이와 관계를 맺는 일이 쉽지 않다. [그림 17-4]에서 알 수 있듯이 혼자놀이에서 놀이 대상자를 찾아서 함께 놀이를 즐기는 빈도는 연령 증가와 함께 많아지지만, 이 시기의 놀이 집단의 구성원은 아직 2~5명의 정도에 불과하다.

3 놀이의 효과

놀이의 중요성이 유아기에 특히 강조되는 이유는 놀이의 교육적 효과가 다른 어느 시기보다 크기 때문이다. 즉, 놀이가 유아의 심신 발달에 있어 상당히 큰 의미를 지니기 때문이다. 허로크(Hurlock)는 놀이를 신체적 가치, 치료적 가치, 교육적 가치, 사회적 가치, 도덕적 가치 등 5가지 가치가 있는 활동으로 보았으며, 어떤 학자들은 놀이를 장래의 생활에 필요한 경험을 쌓는–앞으로의 생활을 준비하는– 행위로 간주하였고, 현실 세계에서 충족할 수 없는 욕구를 보상적으로 충족시켜 주는 대상으로 보는 등 옛날부터 사람은 놀이가 지니고 있는 의미에 대해 많은 관심을 가져 왔다. 전인적 발달의 관점에서 놀이의 효과에 대해 살펴보자.

(1) 신체 및 운동능력의 발달을 촉진한다

시각·청각·촉각 등의 감각 기능, 대·소근육의 근력, 이것을 통제하는 능력, 심장·폐 등의 내장 기관의 기능, 기온의 변화나 바이러스에 대한 저항력 등을 강화시켜 준다.

(2) 지적 능력을 발달시킨다

놀이는 사람과 사물에 대한 지식과 그 상호 관계에 관한 인식, 식별, 분류, 통합하는 능력, 추리나 상상하는 능력, 그리고 여기에 수반되는 언어 획득과 사용능력의 발달을 촉진한다. 오늘날 유치원이나 어린이집에서는 유아의 지적 능력의 향상을 위해 다양한 교육적 프로그램을 실시한다. 이런 방법이 장래 얼마나 효과적인가에 관해 연구·보고된 사례가 있는데 그 대표적인 것을 소개하면 다음과 같다.

미카미 박사(三神, 1980)는 유아에 대한 문자 교육이 초등학생 때의 국어 성적에 얼마나 영향을 미치는가에 대해 검토했다. 이 연구는 문장 이해력, 말하기, 쓰기, 읽기 등 다방면으로 국어 실력을 시험했는데, 그 결과 유치원이나 어린이집에서 문자 교육을 받지 않았던 유아가 문자 교육을 받은 유아보다 성적이 오히려 우수한 것으로 나타났다. 기요하라(淸原, 1987)의 연구에서는 보육 현장에서 문자, 수, 영어, 체조, 악기 등의 교육이 초등학교에서의 유사 과목에 대한 흥미 유발과는 아무런 상관관계가 없는 것으로 나타났다. 이 밖에도 조기교육과 관련된 연구를 보면 유아기에 초등학교에서 다루는 내용까지 미리 가르치는 것은 오히려 나중에 부정적으로 작용하는 경우가 많다는 결론을 내리고 있다.

이처럼 예상과는 달리 유아기의 지적 교육이 오히려 나중에 부정적인 결과를 초래하는 이유는 무엇일까? 그 원인으로는 준비성(readiness)의 문제, 어린이집·유치원과 초등학교 교육과의 연계성에 관한 문제, 그리고 이미 알고 있는 사실에 대한 동기화의 약화 등의 문제가 거론되고 있다. 그러나 이에 대한 논의는 아직 그 연구량이 많지 않기 때문에 앞으로 더 많은 자료와 연구를 토대로 명확한 원인 분석에 대한 검토가 필요하다.

(3) 사회성을 발달시킨다

놀이는 '혼자놀이'라는 초기 단계의 놀이에서 또래와 함께 노는 단계로 발달해 간다. 이 과정에서 유아는 다른 아이와의 상호작용을 경험하면서 사회성을 키워 나간다. 예를 들어, 가게놀이와 같은 집단놀이는 놀이의 구성원이 각각의 역할을 분담해서 주어진 역할을 수행하지 않으면 성립될 수 없다. 그래서 아이는 놀이의 즐거움을 맛보기 위해서 때로는 하고 싶지 않은 역할도 해야 한다. 이런 사회적 행동은 집단놀이를 통해서 육성된다. 또한, 집단놀이는 규칙 준수라고 하는 경험을 체험하게 된다. 이처럼 놀이 활동을 통해 자기표현이나 욕구의 억제, 약속이나 규율의 준수 등 사회생활에 필요한 예절이나 규율을 경험하기 때문에 놀이는 유아의 사회성을 발달시키는 원천이 된다.

(4) 정서적 안정을 가져다 준다

놀이는 본인이 하고 싶은 활동을 자유롭게 하는 활동이므로 정서적 불안정으로부터의 해방감을 맛보고, 지금까지 축적된 모든 에너지를 연소·발산시켜 준다. 이처럼 놀이는 정서적 안정을 도모하는 데 효과적이어서 유아의 심인적(心因的) 문제행동을 치료하고자 할 때는 놀이를 통한 치료 방법(play therapy)이 많이 활용되고 있다.

(5) 자발성, 주체성을 육성한다

놀이는 강제성이 없고 자기의 판단이나 선택에 의해 이루어지는 활동이므로 아동의 자발성이나 주체성을 육성한다.

이와 같이 유아의 전인적 발달을 촉진하는 놀이의 교육적 효과를 생각해 볼 때, 놀이 활동은 유아의 생활 그 자체가 되어야 한다. 그런데 놀이라는 범주에 속하는 활동은 그 종류가 대단히 많다. 그중에는 유아의 성장 발달에 있어 긍정적인 영향을 주는 놀이, 소위 '아동의 발달에 필요한 성장요소를 많이 포함하고 있는 놀이'가 있는 반면, 단순히 시간 보내기에 지나지 않는 놀이, 소위 '성장요소를 많이 포함하고 있지 않은 빈약한 놀이'까지 그 수준이 다양하다. 그러므로 부모나 교사는 유아의 놀이 시간만 아니라 그들의 놀이 내용, 즉 질에 대해서도 관심을 가져야 할 것이다.

놀이 종류에는 우리나라 전통적인 놀이인 제기차기, 연날리기 등을 비롯해서 숨바꼭질, 고무줄놀이, 야구나 축구와 같은 스포츠, 컴퓨터 게임, 그리고 심지어 아기가 손가락을 빨거나 천장에 달린 모빌을 쳐다보는 행위도 놀이의 범주에 속할 만큼 그 형태가 실로 다양하다. 그런데 여기서 숨바꼭질이나 컴퓨터 게임, 그리고 영아가 손가락을 빠는 행위 등을 하나의 카테고리로 묶어서 '놀이의 효과'에 대해서 논한다는 것은 어딘가 무리가 있다고 본다. 왜냐하면 각 놀이마다 그 특징과 질이 다르기 때문이다.

충분한 영양섭취를 위해서는 편식하지 않고 다양한 음식을 골고루 먹는 것이 중요하다는 상식은 놀이의 경우도 그대로 적용된다. 각 놀이는 유아의 성장 발달에 기여하는 서로 다른 요소를 조금씩 포함하고 있으므로 영유아기에는 각자의 연령과 능력, 그리고 심신 조건에 맞는 다양한 놀이를 충분히 경험하도록 하는 것이 무엇보다도 중요하다. 그러나 만일 놀이 시간이나 놀이 공간의 부족으로 다양한 놀이를 충분히 경험할 수 없는 상황이라면, 하나의 놀이로서 전인적 성장 효과를 기대할 수 있는 놀이, 즉 성장요소를 많이 포함하고 있는 놀이를 선택할 필요가 있다. 식품을 예로 든다면 우유와 같이 다른 식품에 비해 많은 영양요소를 포함하고 있는 비교적 완전식품에 가까운 식품에 비유할 수 있는데, 바람직한 놀이 활동의 선택이란 그러한 특성을 지닌 놀이의 선택을 말한다.

놀이 활동 가운데 앞에서 언급한 내용을 만족시키는 놀이, 즉 성장요소를 많이 포함하고 있어 유아의 전인적 발달에 도움을 줄 수 있는 놀이에는 '집단놀이'나 '실외놀이'를 들 수 있다. '집단놀이'는 놀이의 구성원이 많아서 활동 수준이 높고, 실외에서 신체를 이용한 활동으로 전개되는 경우가 많으므로 '신체 및 운동능력의 발달'에도 도움이 된다. 또한, 집단놀이는 어떤 의미에서는 어른 사회와 비슷한 특성을 지니기 때문에 집단놀이를 통해 작은 사회를 체험하는 기회도 갖게 된다. '실외놀이'는 대체로 규모가 큰 놀이이며 신체를 이용한 놀이가 주류를 이루고 있어서 신체·운동 발달에 효과적이다. 또한, 자연과도 접할 수 있는 놀이이므로 정서적 안정에도 도움이 된다. 그러므로 놀이를 통한 유아의 전인적 발달에는 '실외놀이+집단놀이'의 놀이 형태가 가장 효과적이라고 할 수 있다.

4 놀이의 조건

1) 텔레비전, 만화, 컴퓨터 게임

오늘날 아이의 놀이 세계는 텔레비전, 만화, 컴퓨터 게임 등이 주류를 이루고 있다. 이것은 그 나름대로 아이의 성장 발달에 기여하는 부분도 있지만, 앞에서 지적한 것처럼 성장요소를 많이 포함하고 있지 않는 놀이에 해당한다. 만화는 아이에게 즐거움을 제공해 주고, 텔레비전은 즐거움과 풍부한 지식을 제공해 주기도 한다. 컴퓨터 게임은 즐거움과 만족감을 주며, 반사 신경의 발달에 도움이 될 수도 있다. 그러나 이러한 놀이는 '개인적 놀이'이며 '실내놀이'라는 점에 문제가 있다. 이러한 형태의 놀이는 사회성 결핍이나 운동 부족과 같은 부정적인 효과를 초래하기 쉽다. 또한, 텔레비전이나 컴퓨터 게임 등은 놀이의 특성상 상대방이 주도권을 잡고 있어 아이가 수동적으로 반응해야만 하는 놀이이기 때문에 자발성의 발달에 부정적인 영향을 미칠 수 있다. 그러므로 사물에 대한 이해가 점점 깊어지는 아동기부터 성인이 되기까지 이런 종류의 놀이에만 몰두한다면 사회성 결핍이나 신체·운동 발달의 지체 현상은 물론 자발성의 상실이라는 문제가 초래되어, 심신(心身)이 건강하지 못한 인간으로 성장하게 된다.

2) 놀이의 성립 조건

바람직한 놀이, 즉 전인적 성장 발달에 필요한 요소가 많이 포함되어 있는 놀이가 이루어지기 위해서는 놀이 공간, 놀이 시간, 함께 놀 수 있는 친구, 놀이에 대한 욕구라고 하는 4가지 조건이 갖추어져야 한다. 오늘날 아이의 노는 모습을 좀처럼 찾아볼 수 없다고 말하는 사람이 많은데, 그것은 이 4가지 조건이 충족되지 못하고 있는 현실에서 그 원인을 찾아볼 수 있다.

먼저 '놀이 공간의 부족'의 문제를 생각할 수 있다. 공업화, 도시화가 진행됨에 따라 어느새 우리 주위에는 흙, 나무, 물 등의 자연적인 요소는 사라지고, 넓은 공터는 점점 줄어들고 있다. 특히 유아의 놀이 공간은 집에서 그리 멀지 않은 공간, 즉 혼자서 갈 수 있을 정도의 가까운 거리여야 한다. 그리고 유아는 위험으로부터 자신의 몸을 보호하는 능력이 부족하기 때문에 안전을 확보할 수 있는 공간이어야 한다. 그래서 유아의 놀이 공간은 정원이나 집주위의 공터가 가장 이상적이다. 하지만 오늘날 도시환경 속에서는 그러한 공간을 거의 찾아볼 수 없을 뿐만 아니라, 설령 있다고 할지라도 차량 등의 문제로 안정성이 보장되어 있지 않다.

다음은 '놀이 시간'의 문제이다. 요즘 아이의 놀이 시간을 갉아먹고 있는 최대의 요인은 텔레비전, 만화, 컴퓨터 등이다. 물론 이런 것을 이용한 활동도 놀이의 범주 속에는 들어가지만 앞에서도 언급했듯이 발달에 필요한 다양한 성장요소를 포함하고 있지 않기 때문에 아이에게 권장할 만한 놀이는 아니다.

다음으로 놀이의 성립을 어렵게 만드는 요인은 '소꿉친구의 부재'이다. 출생률의 저하로 아이의 인구가 대폭 줄어 예전처럼 아이의 모습을 보는 것이 그리 쉽지 않다. 초등학교 이상이 되면 방과 후에도 학원 등을 다니는 경우가 많기 때문에 놀이 상대를 찾기란 예전처럼 쉽지 않다. 그리고 요즘 아이의 특징 가운데 하나로 사회성의 결핍 현상을 들 수 있다. "이성이기 때문에", "내 마음에 들지 않기 때문에" 등 친구 선택에 있어 선호 대상에 대한 까다로운 기준이 초등학교 저학년 때부터 보이기 시작한다. 또한, 집에서 걸어서 10분 이상 걸리는 다른 친구 집은 "멀어서 가기 싫다."는 등 아이의 행동반경의 축소 현상도 두드러지게 나타나고 있다. 이처럼 아동 인구의 감소 현상과 함께 심리적인 측면에서도 친구의 대상이 점점 사라지고 있는 현상은 바람직한 놀이의 성립을 어렵게 만드는 요인으로 작용한다.

놀이의 성립을 어렵게 만드는 조건으로서 간과할 수 없는 또 하나의 문제는 놀이에 대한 흥미 상실이다. 놀이는 자발적인 활동이기 때문에 '놀이에 대한 욕구'가 없으면 성립되지 않는다. 아이는 놀이 활동에 있어서는 누구나 천재적인 소질을 가지고 있는 존재이기 때문에 그냥 내버려 두어도 놀이 활동에 무아지경으로 몰입하게 될 것이라는 인식이 어른의 머릿속에 각인되어 있는데, 실제는 그렇지 않다. '신나게 놀고 싶다.'는 욕구 그 자체는 2차적인 성질을 지닌 욕구이기 때문에 "놀이가 신난다. 즐겁다.", "어떻게 놀까?" 등의 경험이나 기술적인 면에서의 놀이 학습의 기회를 체험하지 못하면 놀이 욕구의 생성이나 바람직한 수준의 놀이단계에 이르지 못한다. 옛날에는 형제나 동네 아이들 사이에 자연스럽게 놀이 집단이 형성되어 싫든 좋든 여러 형태의 놀이를 체험하는 기회가 많았지만, 요즘 격리된 환경 가운데 자라는 도시 아이에게는 이러한 기회가 별로 없어서 '놀이에 대한 욕구'가 충분히 형성되지 않는 아이의 모습을 쉽게 발견할 수 있다. 이런 현상을 놀이의 병리 현상의 하나라고 볼 수 있는데, 놀이의 병리 현상에는 이 외에도 다음과 같은 것이 있다.

3) 놀이의 병리 현상

성장에 따른 발달과제를 원만히 수행·달성하기 위해서는 유아기에 보다 충실한 실외놀이 및 또래와의 놀이 경험이 필수적이지만, 아이 가운데는 놀고 싶어 하지 않는 아이, 발달 수준에 맞지 않는 놀이를 하는 아이, 또래와의 놀이에 어울리지 못하는 유아, 놀이의 종류가 한정되어 있는 아이, 하나의 놀이를 지속적으르 전개하지 못하는 유아, 놀잇감이 없으면 놀지 못하는 아이 등 놀이에 있어 여러 형태의 병리적인 현상을 발견할 수 있다. 여기서 이러한 현상의 배경에는 어떠한 문제가 있지를 중심으로 알아보자.

(1) 놀고 싶어 하지 않는 아이

몸의 상태가 좋지 않을 때, 예를 들어 병이나 수면 부족, 피로 등의 이유로 놀고 싶어 하지 않는 현상은 일상생활에서 흔히 있을 수 있는 일이지만, 놀이 경험의 부족으로 놀이의 즐거움을 모르기 때문에 놀고 싶어 하지 않는 아이가 있다. 그러나 이 문제보다 더 심각한 것은 '자발성 발달의 저하'에 그 원인이 있는 경우이다. 앞에서도 언급한 것처럼 '놀이'라는 것은 하지 않으면 안 되는 활동이 아니기 때문에 자발성의 발달이 결여된 아이는 놀려고 하지 않는다.

성장 발달에 필요한 요소를 많이 포함하고 있는 놀이는 자발성의 발달을 육성시키지만, 자발성의 발달이 결여된 아이에게는 그러한 놀이 활동이 이루어지기 힘들다. 그러므로 바람직한 보육 및 교육환경의 조성을 위해서는 또래와 쉽게 어울릴 수 있는 놀이환경의 제공이 무엇보다도 필요하다.

(2) 발달 수준에 맞지 않는 놀이를 하는 아이

놀이의 내용, 지속 시간, 놀잇감의 사용법, 또래와의 상호작용 등을 주의 깊게 관찰해 보면 그 아이의 정신적 발달의 수준을 대체로 알 수 있다. 즉, '어떻게 노는가, 무엇을 하면서 노는가'라고 하는 문제는 그 아이의 지적 능력과 깊은 상관관계가 있다. 예를 들어, 적목놀이에서 '단지 적목을 높이 쌓아 올리기만 하는 아이'와 '적목으로 집이나 다리 등 다양한 형태를 만드는 아이' 사이에는 명확한 발달의 차이가 보인다.

정신 발달과 더불어 유아의 놀이 활동은 단순한 수준에서 보다 복잡한 수준으로 발전한다. 그런데 발달 수준에 맞지 않는 놀이를 하는 유아 중에는 정신 발달의 지체 현상이라고 하는 문제를 안고 있는 경우가 많기 때문에 아동임상가는 종종 아이의 놀이 내용과 그 전개 방법을 기본 자료로 해서 아이의 심리적 측면에서의 발달 수준을 진단한다. 그런데 발달 수준에 맞지 않는 놀이는 단지 지적 능력의 문제만 관여하는 것이 아니다. 임상 장면에서는 종종 '퇴행'이라 불리는 현상과 같은 메커니즘으로 이해할 수 있는 것도 있는데, 이 경우 이전의 발달단계에서 즐겼던 놀이를 재현하는 경우가 많다. 놀이는 지적 능력의 표현이며 동시에 정서 상태와도 깊은 관련이 있는 활동이다. 그러므로 만일 발달 수준에 맞지 않는 놀이를 하는 아이를 발견하면 그 원인이 무엇인가를 분석·검토해서 그 아이가 안고 있는 발달상의 문제를 극복할 수 있도록 도와주어야 할 것이다.

(3) 또래와의 놀이에 어울리지 못하는 아이

또래와의 놀이는 사회성 발달과 깊은 관련이 있는 활동이다. 파텐의 관찰 연구를 보면 3세경부터는 친구들과 함께 하는 연합놀이나 협동놀이가 가능한 것을 알 수 있다.

그런데 연합놀이나 협동놀이가 가능하려면 지적 발달과 더불어 사회적 경험에 의해 형성되는 사회성의 발달도 수반되어야 한다. 연합놀이나 협동놀이와 같은 집단놀이가 성립되기 위해서는 집단 구성원의 놀이에 대한 이해와 규칙 준수, 상대방에 대한 배려 등, 집단 구성원이 자기중심성을 탈피하고 다양한 욕구 불만에 대한 내성을 지니고 있어야 한다. 이런 경험은 또래와의 놀이에 의해서만 이루어지는 것이 아니며, 가족 구성원과의 상호작용을 통해서도 이런 사회적 경험을 체험하게 된다. 그래서 아이는 가족 관계를 통해서도 사회적 규칙을 학습하고, 이를 기초로 또래와의 원만한 사회적 관계로 발전해 나간다.

한편, 사회성이 결여되면 '사회성이 없기 때문에 또래와의 집단놀이가 어렵다 → 또래와 어울리지 못하기 때문에 사회성 발달이 느리다'라고 하는 악순환을 경험하게 된다. 이러한 악순환의 연결고리를 끊기 위해서는 가정이나 유아교육기관이 아이의 사회적 경험의 장으로서 충분히 활용될 수 있도록 노력해야 할 것이다.

(4) 놀이의 종류가 한정되어 있는 아이

놀이의 종류가 한정되어 있는 아이는 흥미의 대상이 극히 제한되어 있다는 것을 의미한다. 이런 문제는 종종 아이의 정서 장애에 의한 경우가 많다. 예를 들어, 자폐증 아이는 물놀이만 고집하면서 다른 놀이에 대해서 배타적 관심을 보이거나, 철도의 선로밖에 그리지 않는 등 극히 편협한 행동을 보이는 경우가 많다. 이러한 행동의 배경에는 심각한 정서 장애의 문제도 생각할 수 있지만, 욕구 불만이나 자신의 불안정한 정서 상태가 하나의 놀이에만 집착하게 만드는 경우도 있다.

(5) 놀이가 지속되지 못하는 아이

유아는 사물을 주시(注視) 시간이 짧기 때문에 일반적으로 흥미의 대상이 빈번하게 바뀌는 특징을 갖고 있다. 그런데 문제는 동일 연령에 비해 너무 극단적으로 쉽게 싫증을 내는 경우이다. 그 원인으로는 아이의 집중을 방해하는 자극이 주변 환경에 많거나 그 아이의 발달 지체 현상에 의한 경우 등을 들 수 있다. 왜냐하면 하나의 놀이를 지속적으로 전개하려면 흥미가 있는 테마를 생각하면서 놀이의 전개 과정을 구상해 나가야 하기 때문에 활발한 정신 활동의 전개가 필요하다. 그렇지 못한 아이의 놀이는 얼마 안 되어 끝나고 만다.

5 놀이능력의 육성

1) 유아의 놀이능력

'놀이능력'이란 놀이 활동을 하기 위한 개인의 총합적 능력을 말한다. 간단히 말하면 '놀이의 충실한 수행'을 말한다고 할 수 있다. 일본 유아교육학자 모리 박사(森, 1992)는 놀이능력에는 '상호작용능력', '창조적 능력', '조직적 행동능력'의 3가지 구성요소와 12가지의 하위 항목으로 이루어져 있다고 보았다.

첫째, '상호작용능력'이란 다른 아이와의 상호 교섭능력을 말하며, 능동성(적극적으로 놀이를 제시하거나 유도하는 능력), 지도력(리더십을 발휘하는 능력), 응답성(타인의 행동에 대한 수용과 응답), 협력도(타인에 대한 협력의 정도), 희열도(놀고 있을 때의 표정)로 구성되어 있다.

둘째, '창조적 능력'이란 놀이 그 자체나 놀이의 규칙, 놀이와 관련된 놀잇감이나 도구를 만들어 내는 능력을 말한다. 여기에는 발상력(놀이 활동을 발전시키기 위한 아이디어나 이미지를 만드는 능력), 고안력(재료를 사용해서 새로운 형태의 물건을 만들어 내는 능력), 기교도(조작능력), 관심도(여러 가지 대상이나 상황에 대한 호기심의 정도)로 구성되어 있다.

셋째, '조직적 행동능력'이란 집단놀이에서 능숙하게 행동할 수 있는 능력을 말하며, 역할 수행(집단놀이에서 주어진 역할을 어느 정도 수행할 수 있는가), 규칙 준수(집단놀이에서 정해진 규칙을 어느 정도 잘 지키면서 놀 수 있는가), 이해력(지금 놀고 있는 놀이 활동을 어느 정도 이해하고 있는가)으로 구성되어 있다.

이 세 가지 구성요소 가운데 상호작용능력과 조직적 행동능력은 대인 관계 능력과 관련된 항목이다. 그래서 놀이능력의 수준이 높은 유아는 또래와 잘 어울리고 리더 역할을 하는 경우가 많기 때문에 '놀이능력의 수준'은 유아기의 대인 관계 능력을 가늠하는 중요한 지표가 되기도 한다.

2) 놀이능력의 육성 조건

놀이 활동을 발전시키고 원만한 대인 관계를 구축하는 데 필요한 '놀이능력'은 과연 어떠한 조건에서 형성·발달해 가는 것일까? 모리 박사는 그 해답으로 다음과 같은 4가지 놀이환경의 조성이 필수불가결하다고 본다.

(1) 시간적, 공간적 제약으로부터 자유로운 놀이환경

놀이 활동이 충분히 전개되기 위해서는 아이가 자유롭게 활동할 수 있는 '물리적 공간의 확보'가 중요하다는 것은 더 말할 나위도 없다. 그러나 현실을 보면 놀이터나 놀이 공간이 현저히 사라지고 있어 아이의 놀이는 상당히 공간적 제약을 받는다.

'놀이 시간의 보장'에 대해서도 현실적으로 문제점이 많다. 유치원이나 어린이집에서의 교육 활동을 보면 교구나 교사 중심적인 교육, 하나의 주제에 구속되는 특정의 활동 등이 주류를 이루고 있어 자유놀이 시간의 배려에는 상당히 인색한 것을 볼 수 있다. 놀이능력의 향상을 위해서는 충분히 자유롭게 놀 수 있는 시간의 허용이 필요하다. 자유놀이 시간을 박탈당하면서까지 행사 준비에 쫓기는 아이의 도습 속에서는 생동감에 넘치는 밝은 얼굴 표정을 찾아볼 수 없다.

(2) 불확실성의 요소를 많이 포함하고 있는 가변적인 놀이환경

'불확실성의 요소를 많이 포함하고 있는 가변적인 놀이환경'이란 환경의 신선함과 복잡성, 다양성, 가변성이 있는 놀이환경을 말한다. 이러한 요소는 유아의 호기심이나 창의성을 자극하기도 하고 놀이에 대한 의욕을 불러일으키면서 주변 환경에 대해 적극적으로 작용하도록 만든다. 그래서 이러한 환경의 조성은 주위환경에 대해 주체적이고 의욕적으로 임하는 아이로 육성하는 데 효과적이다.

(3) 저구조성의 놀이환경

'저구조성의 놀이환경'이란 놀이 재료나 놀잇감이라고 하는 놀이 대상물의 구조성이 낮은 환경을 말한다. 구조성이 낮은 대상물이란, 예를 들어 적목, 점토, 빈 상자, 나무 조각, 모래, 물, 자연의 초목 등 모호성을 지닌 것을 말한다. 이것은 공통적으로 유아의 표현에 대해 응답성을 지니고 있어서 여러 형태의 놀이에서 자유롭게 활용될 수 있다. 또한, 이러한 구조성이 낮은 대상물은 유아의 상징놀이의 발달에도 도움이 된다.

(4) 허용적, 지지적 놀이환경

앞에서 언급한 3가지의 환경은 모두 물리적인 환경인 데 반해, 허용적, 지지적 놀이환경은 인적 환경을 의미한다. 부모나 교사가 아이의 놀이를 수용하고, 공감하고, 도와주고, 지켜봐 주는 사회적 환경은 그 무엇보다도 아이의 주체성의 육성과 창의적인 사고, 그리고 풍부한 언어 표현을 가능하게 만든다. 부드러운 인간관계 속에서 아이는 자기의 있는 그대로의 모습을 스스럼없이 표현하고 놀이의 세계를 더욱 더 넓혀 나간다. 이런 경험을 통해 아이의 인간관계의 기초가 만들어지고 전인적인 인간으로서 토대가 형성된다.

CHAPTER 18

애착 발달과 가족 관계

1 애착이란?

오늘날 영유아의 건강한 심리적 발달에 있어 부모-자녀 관계가 무엇보다도 중요하다는 사실은 이론(異論)의 여지가 없을 것이다. 일반적으로 세상에 태어난 아이가 가장 처음, 그리고 가장 긴 시간 동안 함께 하면서 관계를 맺어 나가는 사람은 부모이기 때문이다. 부모는 아이를 보호해 주며 애정적인 모습으로 대해 주고, 언어나 사회성 등의 학습과 새로운 생활습관이나 가치관을 몸에 익히도록 도와주는 존재이기도 하다.

그러나 부모-자녀 관계의 발달적 의미가 명확히 밝혀진 시기는 역사적으로 그렇게 오래되지 않는다. 영유아의 발달에 있어 부모 역할의 중요성이 학문적으로 연구되고 알려지기 시작한 시기는 19세기부터 20세기 초에 걸쳐 이루어졌던 2가지 연구가 중요한 계기가 되었다. 하나는 프로이드에서 시작된 정신분석이론이며, 또 하나는 어릴 때부터 부모와 분리되어 양육을 경험한 아이의 발달에 대한 연구, 즉 모성적 양육 박탈(maternal deprivation)을 경험한 아동의 심리적 문제(일명 hospitalism)를 다룬 연구이다. 이 연구를 바탕으로 등장한 이론이 존 볼비(Bowlby, 1969)의 '애착(attachment)이론'이다.

'애착'이란 특정 개인에 대한 친밀한 정서적 유대 관계를 말하며, 동시에 이 관계는 시간적 간격이나 물리적 공간에 의해 영향을 받지 않고 비교적 영속적으로 지속되는 관계를 의미한다. 여기서 특정 개인이라고 하는 것은 일반적으로 어머니를 지칭하는 것이지만, 아이의 입장에서는 자신과 애정적 유대 관계를 기반으로 밀접한 상호작용을 할 수 있는 대상이라면 누구라도 애착의 대상이 될 수 있다. 영아기의 애착 발달은 이후의 심리적 발달이나 사회적 적응에 미치는 영향이 매우 크기 때문에 다른 어떤 발달보다 중요한 것으로 알려져 있다.

2 모자(母子) 관계를 중요시하는 이론

1) 케넬과 크라우스의 본딩(bonding)이론

'본딩'이란 개념은 어머니와 아이와의 사이에 구축되는 정서적 관계를 의미한다. 본딩이론은 어머니의 모성적 감정이나 행위가 제대로 발휘되기 위해서는 출생 초기에 아기와의 경험이 결정적 요인으로 작용한다고 주장한다. 그래서 모자간에 정서적 관계를 구축하기 위해서는 출생 직후부터 수일간에 걸쳐 아기와의 사이에 적절한 접촉 경험이 있어야만 하며, 접촉의 형태는 신체와 신체의 접촉이 가장 바람직하다고 보고 있다. 그런데 만일 출생 직후 모자간에 접촉 경험을 하지 못하면 본딩 형성에 문제가 발생하여 아이는 이후 모성적 양육의 결핍을 경험하게 된다고 보았다. 이 이론의 대표적인 선구자로는 미국의 소아과 의사인 케넬 박사와 크라우스 박사가 거명되고 있다(Kennell et al., 1974; Klaus et al., 1972).

이들 박사는 28쌍의 모자를 대상으로 5년간에 걸친 종단적 연구를 다음과 같이 실시하였다. 28쌍 가운데 14쌍의 어머니에 대해서는 아기의 출생 직후 1시간 정도의 전체적 접촉을 허용하고 이후 3일간은 매일 5시간씩 아기와의 접촉을 허용하는 집단이었다(실험 집단). 나머지 14쌍의 어머니에 대해서는 4시간마다 수유 제공을 위한 잠깐의 접촉을 허용하지만, 그 외의 시간에는 아기와 접촉할 기회를 전혀 갖지 못했다(비교 집단). 이 두 집단의 어머니들은 연령, 사회적 계층, 인종, 투약 경험, 아기의 체중 등의 면에서 거의 차이가 없었다.

이들 어머니를 대상으로 출산 후 한 달이 경과한 시점에서 인터뷰 실시와 함께 아이에게 대하는 행동에 대해서도 관찰이 이루어졌다. 연구 결과, 출산 직후 아기와의 접촉시간이 긴 실험 집단의 어머니는 비교 집단에 비해 아이가 울 때 안아 주는 행동의 빈도가 높게 나타났다. 또한, 아기 진찰 시에도 실험 집단의 어머니는 아기 옆에 서 있거나 진찰받는 아기의 모습을 계속 옆에서 지켜보는 행동, 아기를 달래 주거나 안아 주는 애정적 행동 등이 비교 집단의 어머니에 비해 많이 나타났다. 이러한 결과를 통해 케넬과 크라우스 박사는 아기 출생 시에 어머니는 아기와의 접촉시간을 최대한 많이 갖는 것이 본딩 형성에 있어 매우 중요하다는 결론을 내렸다.

이번에는 실험을 시작하고 1년이 지난 시점에서 어머니와 아기의 행동을 관찰하였다. 그 결과, 실험 집단의 어머니는 여전히 바람직한 양육 태도를 유지하고 있었으며, 동시에 아이의 발달 상태도 비교 집단에 비해 상대적으로 양호했다. 5년 후의 조사에서도 실험 집단의 어머니는 비교 집단의 어머니에 비해 아이와의 사이에 바람직한 정서적 관계를 유지하고 있었다.

5년간에 걸친 종단적 연구 결과를 근거로 케넬과 크라우스 박사는 아이와의 강한 본딩 형성은 생후 초기의 모자 접촉 경험이 결정적 요인으로 작용한다는 결론을 내리고 있다. 이들은 이후 『어머니와 자녀의 유대 관계 : 초기 분리가 가족 관계에 미치는 영향(Parent-Infant Bonding : The Impact of Early Separation or Loss on Family Development)』에 대한 저서를 발간하면서 본딩에 관한 자신들의 생각을 더욱 명확히 하였다.

케넬과 크라우스의 연구를 계기로 이후 본딩 연구의 모델로서 이들이 주목을 받아왔지만, 연구에서 사용된 개념이나 연구 방법이 구체적이지 못하다는 등의 비판이 1980년대 이후부터 눈사태처럼 쏟아지기 시작하였다. 예를 들어, 미국의 발달심리학자 램(Lamb)은 〈Psychology Today(1982년 4월호)〉에서 본딩 연구를 검토하면서 연구 방법이나 분석에 있어 많은 오류가 있다고 지적하였다. 마이어스 박사(Myers, 1984)는 케넬과 크라우스의 논문에 대해 연구 방법론적인 문제와 이론적 문제를 지적하면서 출산 초기의 접촉 경험이 모자간의 본딩 형성에 결정적 요인이 된다는 하는 것에 동의할 수 없다고 주장하였다. 스웨덴의 발달심리학자, 칼 필립 박사도 케넬과 크라우스의 주장에 대해 "초기에는 그런 영향이 있을지 모르지만, 설령 영향이 있다고 할지라도 그것은 극히 미미하며 장기적으로는 전혀 영향을 미치는 않는다."고 반론하였다. 이처럼 오늘날은 본딩이론을 지지하는 발달심리학자는 거의 없을 것이다. 왜냐하면 모자 관계라고 하는 것은 어머니 자신의 생활사, 어머니에 대한 사회적 지원, 부부 관계, 아이의 심신 상태, 가정의 경제적 문제 등 다양한 요인이 복잡하게 얽혀 나타나는 세계이기 때문이다.

2) 스피츠의 호스피털리즘(hospitalism)

스피츠(Spitz, 1945)의 호스피털리즘(hospitalism) 연구는 부모에 의해 양육되는 가정환경이 아닌 아동보호시설이나 고아원(보육원)환경에서 양육되는 아이의 발달 문제를 다루고 있다. 당시(20세기 초) 비록 고아원환경일지라도 가정과 비슷한 수준의 의·식·주가 제공되고 의학적인 케어가 충분히 이루어졌음에도 불구하고 고아원 아동의 발병률이나 사망률이 일반 가정의 아동에 비해 훨씬 높게 나타났다. 이 현상에 의문을 품은 스피츠는 그 원인을 파악하고자 고아원 아동의 전반적인 발달 상황에 대해서 조사하였다. 조사 결과, 이들의 운동 발달, 언어 및 지능 발달이 평균적 수준보다 훨씬 떨어져 있었으며, 무표정, 무관심, 무감동, 산만, 정서 불안 등의 정서적 문제도 심각한 수준이었다. 물론 이런 문제의 수준이나 이후 회복의 속도는 개인차가 있었으며, 시설에 수용된 시기와 연령, 수용 기간, 시설의 양육환경 등에 따라 달랐다.

스피츠(1945)는 시설에서 양육되는 아동들에게서 보이는 이런 특유의 신체적, 정신적 발달의 지체 현상을 '호스피털리즘(시설병)'이라 불렀다. 이런 특유의 증상은 시설에서의 수용 기간이 길면 길수록 악화되어 나중에는 회복이 쉽지 않았다.

스피츠는 이런 증상의 원인으로 20세기 초의 고아원 시설의 물리적 환경이 가정에 비해 열악하다는 문제도 있지만, 무엇보다도 아이에 대해 애정을 갖고 민감하고 적절하게 반응해 주는 양육자의 부재라고 하는 인적 환경의 문제가 더 크다고 보았다. 이처럼 그는 발달 초기에 어머니와의 정서적 경험의 결핍이 호스피털리즘 발생의 결정적인 원인이라고 보았다.

3) 존 볼비의 애착(attachment)이론

존 볼비는 1950년 세계보건기구(WHO)의 위탁을 받아 고아원 아동의 심리 발달에 대한 연구를 하였다. 1951년에 발표한 그의 보고서는 '모성적 양육 박탈(maternal deprivation)'의 문제를 언급하면서 "신체의 건강에 비타민이 필요하듯이 정신 위생에 있어 모성적 양육은 필수불가결의 조건이다."고 주장하였다. 이후 그는 애착이론을 제안하였다. 볼비(1969)는 자신의 연구 이외에도 에인즈워스(Ainsworth, 1967)의 연구, 샤퍼와 에머슨(Schaffer & Emerson, 1964)의 연구를 참고로 하면서 애착 발달의 4단계를 설정하여 다음과 같이 설명한다. 이 4단계는 영유아기의 애착이 연령 증가에 따라 어떠한 발달과정을 거치게 되는가에 대해 설명해 준다.

[제 1단계] 인물에 대한 식별이 없는 단계(생후 3개월경까지)

이 시기의 영아는 사람의 모습에서 눈을 떼지 않거나 소리가 나는 쪽으로 바라보거나 자신의 목소리로 시선을 끌어오거나 사람에게 손을 뻗기도 한다. 하지만 이는 특정인에 대한 것이라기보다는 누구에게나 관심을 보이는 것이며 이런 저런 자극의 제공을 즐거워한다. 예를 들어, 생후 2~3개월이 되면 사람의 얼굴을 보고 애교 있게 미소를 보내거나 소리를 내면서 상대방으로부터 관심을 끌기 위한 시도를 하지만, 이 단계는 아직 상대방을 식별하지는 못하여 주 양육자에 대해서도 또는 전혀 면식이 없는 타인에 대해서도 거의 동일한 행동(미소, 발성, 울음, 주시 등)을 보인다. 그러나 대인식별이 없는 단계이지만 일상생활 가운데 영아가 보내는 신호행동을 특정 양육자가 적절하게 반응을 한다든지 둘 사이에 상호작용을 하게 되면 이후 영아의 애착 형성이나 발달의 중요한 기반이 된다.

[제 2단계] 식별된 특정 인물(애착 대상)에 대한 행동(생후 3~6개월경까지)

이 단계에서는 한명 또는 여러 명의 특정 인물에 대해 선택적으로 애착 행동을 보인다. 이 시기는 특정의 양육자(주로 어머니)에 대해 명확히 구분되는 행동을 보이면서 보다 적극적인 상호작용을 전개한다. 두 사람 사이에 조화롭게 전개되는 상호작용의 체험, 특히 감정의 공유가 양육자와의 관계 가운데 반복되는 체험은 애착 형성에 있어 중요한 역할을 하게 된다. 또한, 이 시기의 영아는 주 양육자 이외에도 가족을 중심으로 한 특정의 인물들(예들 들어, 아버지나 조부모 등)에 대해서도 애착 행동을 보인다. 어머니와의 관계처럼 아버지와의 놀이, 조부모와의 관계 가운데 체험하는 상호작용을 통해 정서를 공유한다. 여러 명의 애착 대상과의 관계에서 문맥이나 상호작용의 상대방이 달라지더라도 둘 사이에 체험되는 '즐겁다, 재미있다'의 정서는 문맥을 넘어서 공통적이다. 하루하루의 생활 가운데 반복되는 여러 애착 대상과의 상호작용의 질이나 정서 체험의 질은 이후 애착 유형의 질(안정 애착, 불안정 애착)에 깊게 관련되어 있다고 본다.

[제 3단계] 애착 대상에 대한 접근, 접촉을 유지하는 행동 (생후 6개월경부터 3세경까지)

특정인에 대한 변별된 접근 행동을 보이는 시기이다. 이 시기는 어머니에 대한 애착 행동이 더욱 명확해지면서 어머니에 대한 반응이 타인에 대한 반응과 현저히 다르게 나타난다. 낯가림 현상이 보이는 시기이기도 하지만, 어머니와의 친밀한 관계를 바탕으로 애착의 범위를 넓혀가는 시기이기도 하다. 예를 들어, 어머니가 눈에 보이지 않으면 울기도 하고, 어머니가 되돌아왔을 때는 접근 행동이나 달라붙는 행동을 보이기도 한다. 이와 같은 어머니와의 분리 저항이나 재회의 기쁨은 거의 2세경까지 보인다. 이후 이동 운동의 발달과 함께 영아는 어머니로부터 조금씩 떨어져서 탐색 행동을 보이기 시작한다.

볼비는 이 시기의 영아는 '이렇게 하고 싶다', '이러한 상태가 되고 싶다'라고 하는 목표를 설정하고 그것을 실현하기 위해 행동을 계획(planning)할 수 있다고 보았다. 설정목표의 달성을 향해 적절한 행동을 선택하고 상황의 변화나 상대방(주로 어머니)의 반응에 따라 행동을 수정·강화해 나간다. 애착에 관해서는 '접근, 접촉의 유지'라고 하는 설정목표의 실현을 위해 효과적인 행동을 선택하고 그것이 별 효과가 없으면 대체 행동을 하는 등 목표 수정을 통해 애착 행동을 조직화해 나간다.

[제 4단계] 행동목표의 수정과 협조성의 형성(3세경 이후)

이 시기의 유아는 인지발달로 인해 타인의 의도나 행동을 이해할 수 있게 되면서 어머니의 행동이나 의도, 감정, 행동계획 등을 통찰할 수 있다. 이전 단계에서는 어머니가 시야 범위 내에서 존재해야 한다든지, 어머니에 대한 접근이나 접촉을 통해 심리적 안정을 추구해 나갔지만, 이 단계에서 영아는 어머니와의 물리적 접근이 유지되지 않더라도, 또는 짧은 시간이지만 어머니가 부재일지라도 마음의 안정을 유지할 수 있다. 이것은 어머니의 부재가 일시적이며, 용무가 끝나면 다시 돌아올 것이라고 하는 어머니의 행동에 대한 통찰이 가능하기 때문이다.

3 애착 형성의 원리

애착 형성의 원리에 대한 설명에는 전통적으로 몇 가지의 주장이 있으며, 이에 대한 것을 살펴보면 다음과 같다.

1) 2차적 동인설

발달심리학에서 애착이론(attachment theory)을 처음으로 제창한 심리학자는 영국의 정신분석학자인 볼비(Bowlby, 1969)이다. 볼비 이전의 모자(母子) 관계에 대한

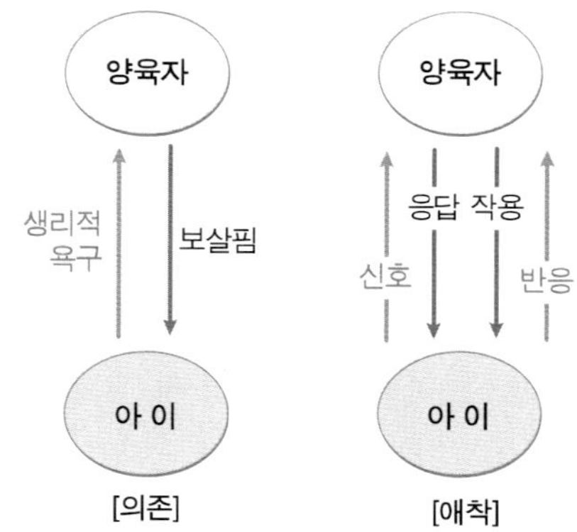

[그림 18-1] 애착과 의존

이해는 '2차적 동인설'에 바탕을 둔 '의존(依存)'의 관계라는 인식이 강했다. 2차적 동인설이란 자신의 본능적인 생리적 욕구를 충족시켜주는 대상에 대해 애착 관계가 형성된다는 이론이다. 즉, 아기는 배가 고프면 젖(1차)을 찾고, 이때 젖을 제공해 주는 사람(2차)에 대해 애착을 느낀다는 것이다. 이 이론의 입장에서 보면 애착 형성에 있어 영아의 역할은 수동적이며 의존적인 존재라는 인식이 강하다. 볼비의 애착이론에서는 영아는 능동적이며 적극적으로 타인과의 상호작용을 추구하는 사회적 존재로 보며, 영아를 무력성과 의존성을 함의하고 있는 의존적 대상으로 보지 않는다(그림 18-1 참조).

2) 신체적 접촉

애착 관계가 공복 시 젖의 제공이라고 하는 2차적 동인(動因)에 의해 형성되는 것이 아니라, 본래 인간에게 내재되어 있는 요소에 의한 것이라고 하면서 이에 대한 논리적 근거를 제시한 실험이 심리학자 할로우(Harlow, 1960)의 아기 원숭이 실험이다. 할로우는 태어난 지 얼마 되지 않는 아기 원숭이를 두 종류의 모형 대리모(A대리모-철사 대리모, B대리모-철사를 부드러운 모피와 같은 재질의 옷감으로 감싼 모형 대리모)에 의해 사육하는 실험을 하였다. 이 두 모형 대리모의 가슴에는 젖병이 달려 있어 아기 원숭이는 언제든지 젖을 먹을 수 있었다. 그런데 아기 원숭이는 두 집단으로 나뉘어져 한 집단은 A대리모에 의해 수유되는 조건, 다른 한 집단은 B대리모에 의해 수유되는 조건이 설정되었다. 만일 애착 형성의 원리가 '2차적 동인설'에 의한 것이라고 한다면 A대리모에 의해 수유된 아기 원숭이는 A대리모에 대해, B대리모에 의해 수유된 아기 원숭이는 B대리모에 대해 각각 애착 관계가 형성되어야 할 것이다.

실험 결과, 먼저 수유 시간을 제외한 나머지 시간에 두 집단의 아기 원숭이 행동을 비교해 보면 두 집단 모두 B대리모 곁에서 보내는 시간이 많았다. 이번에는 공포자극(곰 인형이 북을 치는 장면)을 제시하면 두 집단 모두 B대리모에 달라붙는

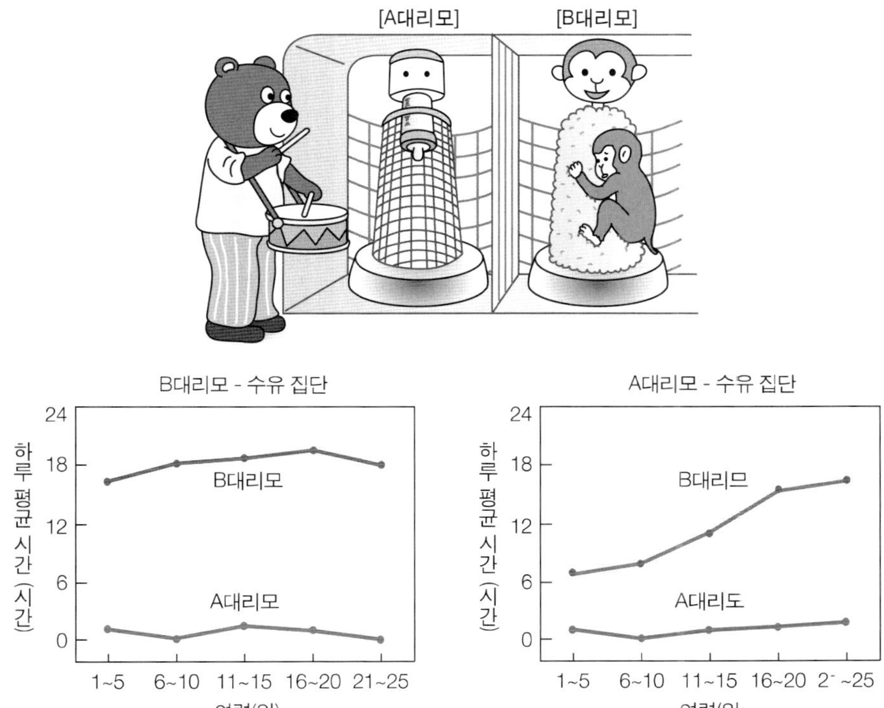

[그림 18-2] A, B대리모와 보낸 시간

자료: Harlow & Mears (1979), 新井邦二郎(編著) (2013), 『図でわかる発達心理学』, 福村出版 재인용.

반응을 보였다(그림 18-2 참조). 이러한 사실로 아기 원숭이에게 있어 애착의 대상은 생리적 욕구를 충족시켜 주는 대상이 아니라, 신체적 접촉을 통한 쾌감을 느낄 수 있는 대상이라는 것을 알 수 있다.

하지만 인간의 경우는 신체적 접촉에서 느낄 수 있는 심리적 현상만이 아니라, 부모-아이와의 사이에 복잡하고 다양한 자극의 교환에 의해 애착이 형성되어 나간다고 보고 있다. 즉, 애착 형성은 신체적 접촉만이 아니라 아이와 어머니(또는 어머니를 대신할 수 있는 양육자) 사이의 관계의 질에 의해 영향을 받으며, 이 관계의 질은 두 사람 간의 상호작용의 내용에 의해 결정된다.

3) 모자간의 상호작용

애착 형성이라는 문제는 양육과 관련하여 아이와 어머니와의 사이에 교환되는 상호작용의 양과 질에 의해 결정된다. 아이가 신호를 보냈을 때 민감하고 적절하게 응답적인 반응을 보여 주는 상호작용의 과정에서 아이는 그 특정의 대상을 구별하면서 애착을 느끼게 된다.

에인즈워스 연구팀(Ainsworth et al., 1978)은 영아의 연령이 출생에서 1년이 될 때까지 가정 방문을 하여 어머니와의 상호작용에 대해서 관찰을 하였다. 그 결과, 아이가 보내는 신호에 대한 민감성과 적절성이 생후 1~2년 시점에서의 애착 유형(안정 애착, 불안정 애착)을 결정하는 것으로 나타났다. 안정 애착 유형을 보이는 아이의 어머니는 아이의 신호에 대한 의미를 이해하고 그 정서나 신체적 상태에 맞게 민감하고 적절하게 반응하였다. 그러나 영아의 발신 신호에 대해 그 의미를 정확히 파악하지 못해서 응답의 타이밍을 놓치거나 일관성이 없는 반응 등의 양육 태도를 보이는 경우는 불안정 애착 영아가 많았다.

한편, 애착 형성에는 영아 측의 요인도 무시할 수 없으며, 영아의 생득적 특성(기질)은 어머니와의 상호작용에도 영향을 미친다. 영아의 활동성이나 자극의 감수성, 울음 등 정서적 반응의 표출 방법에는 개인차가 있으며, 이런 기질적 특성의 차이는 어머니와의 상호작용에 영향을 미치게 된다. 예를 들어, 아이가 자주 울거나 불쾌 감정을 쉽게 느끼며 생리 리듬이 일정하지 않아 수면이나 수유 시간, 태변 시간 등이 불규칙할 경우, 어머니로서는 쉽게 육체적, 정신적 피로를 느끼게 되면서 육아 불안이나 스트레스를 느끼게 된다. 이런 상태가 지속되면 어머니는 영아의 신호에 대해 짜증을 내거나 둔감 혹은 무관심해지기도 하고, 영아와의 상호작용에 대한 의욕이 상실되는 등의 문제가 발생할 수도 있다.

또한, 외부 자극에 대해 반응성이 빈곤하거나 활동 수준의 저하, 탐색이나 놀이 활동의 결핍, 신체적 접촉에 대한 거부 반응을 보이는 영아에게 불안정 애착 유형을 많이 발견할 수 있다는 연구 보고도 있다(Grossmann et al., 1981). 그러나 영아의 이런 행동이 그 영아가 본래 갖고 있는 기질적 성향에 의한 것인지, 아니면 어머니의 양육 태도나 두 사람 간의 상호작용의 질과 관련해서 발생한 문제인지, 그 원인을 명확히 규명하기란 쉽지 않다.

애착 형성에 미치는 요인은 어머니와 아이만의 문제가 아니라, 사실 이 둘의 관계를 지원하는 사회적 지원 시스템의 문제도 깊이 관여한다고 할 수 있다. 예를 들어, 가사나 육아를 지원하는 아버지의 역할, 조부모의 육아 지원, 직장이나 영아 보육(교육) 시설로부터의 지원 등 사회적 시스템이 구축되고 활성화되었을 때 모자 간의 애착 관계는 더욱 굳건하게 발달되어 나갈 수 있다고 하겠다.

4 애착 행동

모자간의 애착 행동에는 어머니의 행동이 있고, 영아의 행동이 있지만, 여기에서는 영아의 애착 행동을 중심으로 살펴보자. 영아의 행동 가운데, 예를 들어 '울음', '미소', '옹알이' 등은 이러한 행동의 발신에 의해 양육자의 관심을 끌어오고 자신에게 필요한 양육을 하게 하거나 관계를 형성하는 효과적인 행동이라고 할 수 있다. '양육자 뒤따르기'나 '달라붙기' 행동도 양육자에 대한 접근을 증대시키고 신체적 접촉을 유지하는 데 필요한 행동이다.

볼비는 이러한 행동은 모두 생득적인 행동의 형태이며, 영아가 생존하기 위해 필수불가결한 행동으로서 진화적으로 적응에 적합한 행동이라고 보았다. 그러면서 그는 양육자와의 접근을 추구하고 유지하려고 하는 이러한 행동을 '애착 행동'이라고 간주하였다. 애착 행동에는 접근이나 접촉 이외에도 울음, 미소, 발성 등 다양한 행동이 있다.

에인즈워스(1967)는 아프리카 우간다에서 어머니 25명, 이들의 자녀 27명을 대상으로 생후 1년이 되기까지 7개월간 격주로 이들의 가정을 방문하여 어머니의 양육행위와 영아의 애착 행동에 대해서 종단적 연구를 하였다. 이 연구에서 관찰된 영아의 애착 행동은 〈표 18-1〉과 같다. 일본의 발달심리학자 한다 박사(繁多, 1987)는 6개월 영아 59명, 10개월 영아 166명의 어머니를 대상으로 자녀의 애착 행동에 대해서 면접조사를 실시하였다. 이 결과에 대해서는 〈표 18-1〉의 오른쪽 란에 제시하였다. 〈표 18-1〉을 통해서 알 수 있듯이 생후 6개월과 10개월 사이에 애착 행동의 출현빈도에 차이가 있었으며, 그 발달적 변화도 발견되었다.

한편, 샤퍼와 에머슨(1964)은 스코틀랜드에서 영아 60을 대상으로 애착 행동에 대해서 연구하였으며, 여기서 나타난 결과, 즉 애착 행동의 종류나 그 발생시기가 아프리카 우간다 영아를 대상으로 연구한 에인즈워스의 연구 결과와도 크게 다르지 않았다. 이 사실을 통해서 애착 행동의 내용이나 그 표출 시기는 문화의 차이와 관계없는 것을 알 수 있다.

이상으로 영아의 애착 행동에 대한 연구 결과를 종합적으로 정리해 보면 대개 생후 3개월 이전까지는 특정인에 대한 분화된 행동이 보이지 않지만, 생후 4~6개월부터는 특정인에 대한 애착 행동이 나타나기 시작한다. 늦어도 9개월 이후부터는 본격적으로 애착 행동이 보이며 생후 1년경이 되면 거의 모든 영아가 특정인에 대한 명확한 애착 행동을 나타낸다. 유아기 후반 이후가 되면 애착 행동의 출현빈도는 점차 감소하지만, 몸이 아프거나 불안, 공포 등 심리적 불안정 상태에서는 연령에 관계없이 어머니에 대한 접근, 접촉이 이전보다 강하게 보이는 등 애착 행동이 활성화된다.

〈표 18-1〉 영아의 애착 행동

애착 행동	행동의 예	시작 연령	연령	
			6개월	10개월
분화된 울음	엄마가 안아 주면 울음을 그친다.	12주~	71.1%	79.4%
분리에 의한 울음	엄마가 방을 나가면 운다.	25주~	32.2	25.0
분화된 미소	다른 사람보다 엄마에게 웃음이나 미소를 더 많이 보낸다.	32주~	38.9	73.0
분화된 소리	다른 사람보다 엄마에게 소리 반응을 더 많이 보인다.	20주~	52.5	80.1
어머니 쪽을 계속 주시한다.	엄마에게 눈을 떼지 않는다.	18주~	72.8	87.2
기어오르기	엄마의 몸을 타고 올라가고, 얼굴, 머리 등을 만진다.	30주~	45.7	96.4
뒤따르기	엄마가 방을 나가면 뒤따른다.	24주~	28.8	95.9
안전기지로부터의 탐색 활동	엄마를 안전기지로 해서 그 주변을 자유롭게 논다.	33주~	6.7	91.3
얼굴을 파묻는다.	엄마에게 접근하여 엄마의 몸에 얼굴을 파묻는다.	30주~	15.2	91.8
매달리기 달라붙기	불안이나 몸의 상태가 좋지 않을 때 엄마에게 달라붙는다.	37주~	30.5	84.5
양팔을 들면서 반긴다.	엄마와의 재회 시 안기는 모습으로 양팔을 들면서 반긴다.	21주~	52.5	86.7
양손을 치면서 반긴다.	엄마와의 재회 시 양손을 치면서 반긴다.	30주~	10.1	~

5 애착 유형

1) 낯선 장면(Strange Situation)의 설정

에인즈워스는 애착연구를 통해서 안정애착의 판별 기준으로 '어머니와의 분리에 대한 저항(어머니가 자리를 뜨려고 할 때 울거나 뒤 따름)', '재회 시 접근과 환영(돌아온 어머니에게 미소를 보내거나 접근이나 접촉 행동이 보임)', '탐색 시에는 어머니를 안전기지로 활용함'의 3가지 점을 들었다. 그는 이러한 애착 행동이 활성화되는 연구법을 고안하여 애착 행동 분석을 통한 애착 유형의 개인차를 밝혀냈다. 일반적으로 애착 행동은 평상시보다 긴장이나 불안, 공포, 신체적 고통 등의 스트레스가 있을 때 더욱 많이 나타난다.

에인즈워스는 낯선 장면, 낯선 사람의 출현, 어머니의 부재라고 하는 스트레스가 있는 상황에서 영아의 애착 행동을 관찰하는 소위 'Strange Situation Procedure (SSP)'라고 하는 실험법을 제안하였다. SSP는 주로 12~24개월 영아를 대상으로 실시하며, 약 20분간의 소요시간과 총 8가지의 장면으로 구성되어 있다(그림 18-3 참조). 8장면 가운데는 모자 분리 및 재회가 각각 2회씩이 있으며, 낯선 사람(stranger)이 입실하여 불안감이 형성되도록 하는 장면도 설정되어 있다. 이 실험을 통해 불안이나 분리 스트레스에 대한 애착 행동의 조직화를 분석하여 애착 행동의 유형을 평가한다(Ainsworth et al., 1978).

2) 3가지 유형의 애착

에인즈워스는 SSP의 8장면에서 「낯선 장면일지라도 어머니가 있으면 활발하게 탐색 활동을 할 수 있는지, 어머니를 안전기지로 삼고 낯선 사람을 얼마나 수용하는지, 어머니가 퇴실하였을 때 고통 표현의 유무와 그 정도는 어떤지, 어머니가 돌아왔을 때 어머니에 대한 접근이나 접촉 등 반기는 행동이나 활동이 어느 정도인지」

[그림 18-3] SSP의 8가지 장면

를 중심으로 관찰하였다. 그리고 여기서 나온 관찰 자료를 토대로 '안정 애착 유형(B형)'과 '2가지의 불안정 애착 유형(A형, C형)'이라고 하는 총 3가지의 애착 유형으로 분류하였다. 각 애착 유형의 행동 특징을 살펴보면 다음과 같다.

(1) 애착 유형의 개인차

SSP 장면에 의해 나타난 애착 유형의 개인차와 그것이 무엇이 의미하는지에 대해서 알아보자.

① A형(회피형)

SSP장면에서 회피형 애착 행동은 어머니에 대해 무관심의 행동을 보이거나 모자분리 장면에서 저항을 보이지 않는다. 어머니와의 재회 시에도 어머니를 회피하거나 무시하는 행동을 보이며, 어머니가 안아 주거나 품에서 내려놓을 때에도 어머니에게 접촉을 유지하려는 행동을 보이지 않는다.

② B형(안정형)

어머니가 시야에 있을 때에는 적극적인 탐색 행동을 보이며, 낯선 사람에 대해서도 친화적 행동을 나타낸다. 이처럼 안정형 애착 행동은 어머니를 안전기지로 생각하며 활발한 탐색 활동을 전개해 나간다. 한편, 어머니와의 재회 시에는 자발적 접근이나 접촉을 보이며 재회의 기쁨을 표현하는 등 어머니의 등장으로 심리적 안정이 회복되었음을 보여 준다.

③ C형(양극형)

자신의 모든 관심은 오직 어머니에게로만 향하고 있어 주변의 탐색 활동이 현저히 떨어진다. 그래서 어머니가 자리를 떠날 때에는 심하게 우는 행동을 보이는 등 분리 저항이 매우 강하다. 또한, 재회 시에는 어머니와의 신체적 접촉을 원하지만 어머니가 안아 줘도 심리적 안정을 회복하지 못하고 반항적인 행동(어머니를 때리거나 장난감을 던지는 등의 공격적 행동을 보이거나 격하게 칭얼거리거나 보채는 행동)을 보인다. 이 유형에 속하는 영아의 행동은 어머니의 존재가 안전기지로서의 기능을 제대로 하지 못하고 있음을 보여 준다.

3) 애착 유형과 부모의 양육 태도

에인즈워스 연구팀(1978)은 출생에서 1년 동안 가정 방문을 통하여 어머니의 행동과 모자 상호작용의 질에 대하여 연구한 결과, 아이의 신호에 대한 민감성과 그 적절성이 생후 1~2년 시점에서의 애착 유형을 결정한다고 보았다. 그래서 애착 유형의 차이는 이제까지의 양육자와의 관계를 통해서 형성된 영아의 '양육자의 정서적 응답성에 대한 기대의 차이'를 반영하고 있다고 보았다. 각 애착 유형별로 어머니 반응의 차이를 보면 다음과 같다.

(1) 회피형(A형) 영아의 어머니

회피형 영아의 어머니는 아이와 상호작용에 있어 회피, 거부, 통제적인 행동이 많았으며, 일반적으로 신체적 접촉이나 정서적 교류의 결핍 등의 고습이 강하게 나타났다. 이 유형의 어머니는 영아와의 신체적 접촉이나 상호작용을 회피하는 도습도 보였다. 이런 어머니의 태도로 인해 정서적 응답을 얻을 수 없는 영아는 점차 어머니에 대한 기대나 신뢰감이 무너지면서 결과적으로 A유형의 애착으로 귀착되었다고 할 수 있다.

(2) 안정형(B형) 영아의 어머니

안정형 영아의 어머니는 아이가 보내는 신호의 의미를 이해하고 이를 적극적으로 수용하면서, 그 정서나 신체적 상태에 맞게 민감하고 적절하게 반응하였다. 또한, 이 유형 영아의 어머니는 아이가 정서적으로 불안정할 때나 탐색 행동을 할 때 언제나 안전기지로서의 역할을 하는 모습을 발견할 수 있으며 표정에 있어서도 행복감이나 애정이 담긴 모습을 발견할 수 있다.

(3) 양극형(C형) 영아의 어머니

양극형 영아의 어머니는 영아의 발신 신호에 대해 그 의미를 정확히 파악하지 못해, 응답의 타이밍을 놓치거나 일관성이 없는 반응 등의 양육 태도를 보였다. 그러나 C형 영아의 어머니는 A형 영아의 어머니와는 달리 자녀에 대한 거부적이거나 부정적 감정을 표출하지는 않지만, 자녀의 신호를 파악하는 것이 서툴고 자녀에게 말을 걸거나 자극 제공이 부족하며 표정도 빈약하여, 아이와의 상호작용도 중간에 끊어지는 경우가 많았다. 또한, 자녀에 대한 반응이 자신의 기분에 의해 쉽게 좌우되는 등의 양육 행동도 발견되었다(Belsky et al., 1984). 이런 상황에서 양육되는 아이는 어머니의 행동에 대한 기대나 예측이 쉽지 않아 항상 욕구 불만의 상태에 놓이게 된다. 이로 인해 Strange Situation에서 어머니에게 접근이나 접촉을 하고 싶다는 욕구를 갖고 있지만, 동시에 분노의 감정도 공존하고 있어 C형 애착 유형으로 귀착된 것이라 볼 수 있다.

회피형이나 양극형 애착 유형은 모두 양육자의 낮은 수준의 감수성이나 응답성에서 비롯되었으며, 주양육자에 대한 접근이나 접촉을 통해 심리적 안정감을 얻을 수 없다고 하는 점에서는 불안정 애착 유형에 속한다. 그러나 불안정 애착 유형에 속하는 영아의 행동은 비(非)응답적인 어머니와의 관계를 유지하기 위한 '적응적인 전략 행동'이라 할 수 있다. 왜냐하면 회피형의 경우는 거부적인 부모로부터 더 이상 거부당하지 않도록 자신의 애착 행동을 최대한 통제함으로써 자신의 심리적 스트레스를 최소화할 수 있기 때문이다. 그리고 양극형의 경우는 응답성의 일관성이 없는 부모의 행동에 대해 기대나 예측을 하기 어려워, 자신의 애착 행동을 최소한으로 표출하면서 계속 어머니의 주목을 이끌어내는 행동을 통해 부모와의 관계를 유지하려고 하는 모습이라고 볼 수 있기 때문이다.

4) D유형의 애착 행동

SSP에 의한 3가지 애착 유형(A형, B형, C형)의 분류에서 어디에도 속하지 않는 새로운 유형의 행동을 보이는 영아가 존재한다는 사실이 발견되었다.

메인과 솔로몬(Main & Solomon, 1986)은 이 새로운 유형에 속하는 영아에게 주목하면서 비디오에 수록된 SSP장면에서의 행동에 대해 재분석하였다. 그 결과, 이들에게서 상당히 이해하기 어렵고 상호 모순된 행동이 공통적으로 보인다는 사실을 발견하였다. 예를 들어, '어머니에게 접근하면서도 얼굴의 방향은 다른 곳으로 향하고 있다.', '방문 앞에서 어머니를 기다리는 행동을 보이지만, 정작 어머니가 나타나면 어머니를 회피한다.', '낯선 사람에 대해 불안감을 보이면서도 어머니와는 거리를 둔다.', '이동 방향이 일정하지 않으며 방안에서 목적 없이 움직인다.' 등의 상호 모순적인 행동이 지속적이면서 동시적으로 나타나는 등 행동의 일정한 방향성이 없고 이해하기 힘든 혼란스런 모습이 보인다.

한편, 이런 영아는 빈곤 가정이나 부적절한 양육 태도의 가정, 정신병리적인 현상을 보이는 부모의 자녀에게 많이 나타난다는 사실이 연구자에 의해 오래전부터 보고되어 왔다. 이제까지는 이런 유형에 속하는 영아를 '분류 불능'으로 분류해서 분석대상에서 제외하거나, 3가지 유형의 애착 가운데 하나로 분류하는 등의 대응을 해 왔다. 그러나 메인과 솔로몬 박사는 여기에 속하는 영아를 낯선 장면에서의 불안이나 어머니와의 분리 스트레스에 대처하기 위한 '조직화된 일관성 있는 전략이 결여된 집단'으로 간주하면서 애착의 무질서 또는 무방향성(disorganized/disoriented, 이하는 D형) 영아로 분류하였다(Main & Solomon, 1986). 메인 박사 연구팀은 새로운 애착 형태인 D형 발견에 앞서 신체적 학대 아동의 또래 관계나 양육자와의 관계에 대해서 관찰하였으며, 이들의 행동 특징이 D형과 유사하다는 사실을 발견하였다. 다른 연구에서도 양육자에 의해 반복되는 위협적 양육 행동, 학대를 경험한 아동의 60~80%는 D형 애착 행동을 보이는 것으로 보고하고 있다(Carlson et al., 1989; Lyons-Ruth et al., 1990).

6 아버지와 관계

1) 아버지의 역할과 놀이 형태

전통적으로 아버지 역할은 가장으로써 생활 부양자로서의 역할이 컸지만, 사회 경제적인 변화와 함께 핵가족화의 증가와 기혼 여성의 사회 참여 등이 일반화되면서 오늘날의 아버지는 전통적인 역할에서 벗어나 새로운 역할을 요구받고 있다. 그래서 이제는 가사와 육아에 있어 부부 공동의 책임과 역할이 요구되고 있다. 또한, 바람직한 아버지상에 대한 인식도 변화하면서 가부장적이며 엄격하고 권위적인 과거의 이미지와는 달리, 친구와 같은 친밀한 아버지, 상담사와 같은 다정다감한 아버지에 대한 이미지와 이에 대한 기대가 높다고 할 수 있다.

한편, 육아 행위에 있어 어머니와 아버지와의 차이를 발견할 수 있다. 램 박사(Lamb, 1981)는 생후 7~8개월 영아를 양육하는 부모를 대상으로 가정에서 이들의 양육 행동에 대해서 관찰을 실시하였다. 그 결과, 어머니는 젖먹이는 행위, 기저귀 교환, 아기를 달래 주는 등의 보살핌 중심의 양육 행동을 보였으며, 아이와의 놀이 형태에서는 장난감 놀이나 전통적 놀이의 형태가 많이 보였다. 한편, 아버지의 경우는 아이를 위로 높이 치켜 올리거나 돌리거나 함께 뒹구는 등 자신의 신체를 이용한 놀이의 형태가 많이 보였다. 이에 대한 아이의 반응을 비교해 보면 애착 행동에는 큰 차이가 없으나, 친화 행동, 예를 들어 미소나 웃음, 주시, 소리 반응 등의 발생빈도는 어머니보다 아버지에 대해 더 많이 나타났다. 우리나라 부모를 대상으로 조사한 연구(Lamb, 2010)에서도 보면 어머니는 자녀와의 대화나 사고력을 길러 주는 언어적 활동이 상대적으로 많은 것에 비해, 아버지는 자녀와의 신체적 놀이를 즐기는 형태가 많아 나타났다(그림 18-4 참조).

[그림 18-4] 아빠와의 신체적 놀이

2) 아버지의 역할이 영유아 발달에 미치는 영향

영유아 발달에 있어 아버지의 영향에 대해서 최초로 언급한 학자는 정신분석학자인 프로이드이다. 그는 리비도를 바탕으로 이성(異性)의 부모에 대한 애착과 여기서 생성되는 갈등을 극복하기 위한 수단으로서 나타나는 '동성(同性)의 부모에 대한 동일시 현상'을 통해 아이는 성역할이나 도덕성을 습득한다고 보았다. 프로이드의 동일시 이론에서는 특히 아버지의 존재가 남자 아이에게 미치는 영향력이 크다고 보고 있다.

아버지의 역할과 영향력에 관한 연구로서 체계적으로 정리된 최초의 자료는 램 박사(1976)에 의해 저술된 『아동 발달과 아버지의 역할(*The Role of the Father in Child Development*)』이다. 그는 모자 관계에 편중되었던 종래의 연구 동향을 비판하면서 아버지 연구의 필요성을 역설하고, 이제까지 산발적으로 이루어졌던 아버지 연구를 정리하면서 아동의 사회화 또는 사회적 능력의 발달에 미치는 아버지의 기능이나 역할을 재조명하였다. 이후 아버지에 대한 연구는 점진적으로 증가하는 추세를 보여 왔다. 램 박사와 그의 공동 연구자들은 5년 후인 1981년도에도 같은 제목으로 출판하였고, 그 이후도 아버지에 관한 저서가 계속적으로 발간되었다. 이들 저서는 '아동 발달에 있어 아버지의 역할'을 이해하는 데 큰 드움이 될 것이다(Lamb et al., 1986; 1995; 2004; 2010). 아버지와 관련된 최근의 연구 문헌을 보고자 할 경우에는 램 박사의 연구팀이 저술한 2010년도 판 『The Role of the Father in child development』이 도움이 될 것이다.

우리나라도 1970년대부터 아버지 연구의 필요성과 그 중요성이 새롭게 인식되고, 아버지와 관련된 외국의 저서나 문헌이 소개되기 시작하면서 아버지의 역할 및 양육 참여에 관한 문헌적, 실증적 연구가 이루어져 왔다. 1980년대 후반에 들어서서는 100여 편의 연구 논문이 발표되기에 이르렀고, 이후에도 사회적 변화와 더불어 아버지 역할의 증대와 그 중요성이 더욱 부각되면서 아버지에 관한 연구가 활발하게 이루어지고 있다. 그 내용을 전체적으로 정리, 분석한 문헌으로는 현정환의

[그림 18-5] 아빠와의 즐거운 시간

연구(2010)가 있다. 이 문헌에서는 아버지의 역할이 영유아의 심리 발달, 예를 들어 지적 능력이나 도덕성, 정서 등의 발달에 긍정적인 영향을 미친다는 사례를 소개하고 있다. 그러나 실제적으로 영유아의 발달에 있어 긍정적으로 영향을 미치는 요소는 단순히 아버지의 존재 유무가 아니라, 아이와의 관계성의 내용이라고 할 수 있다. 아이와의 긍정적 상호작용이 많을수록 영유아의 심리적 발달에 미치는 긍정적 효과는 크다고 할 수 있다.

7 형제 관계

1) 형제란?

형제라고 하는 것은 동일 부모 밑에서 태어난 자녀들 사이의 관계를 말하며, 대개는 청년기 말기까지 집이라고 하는 공간에서 함께 식사하고 함께 놀면서 보낸다. 그러므로 형제 관계는 부부 관계나 부자 관계와 마찬가지로 친밀도가 높은 인간관계를 형성한다(그림 18-6 참조).

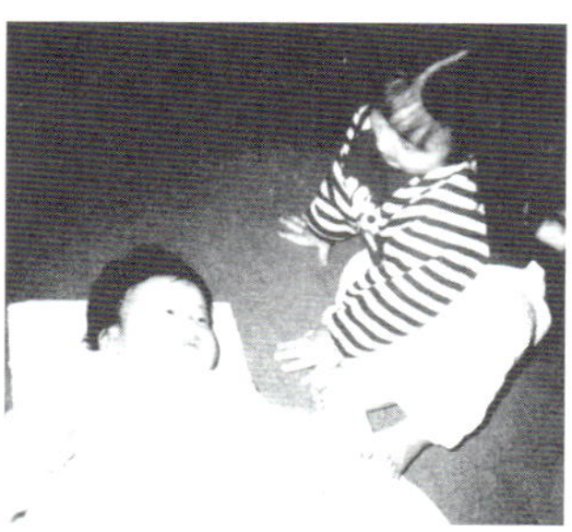

[그림 18-6] 동생의 출현

한편, 형제 관계는 부자 관계와는 질적으로 다른 특징을 갖고 있다. 부모-자녀 사이라고 하는 것은 '보호하는 자와 보호 받는 자', '양육하는 자와 양육 받는 자', '교육하는 자와 교육 받는 자'의 관계로 항상 종적인 관계로 맺어져 있다. 그러나 형제 관계는 이런 부자 관계에서 경험할 수 있는 종적 관계만이 아니라, 친구와 같은 대등한 관계라고 하는 성격도 띠고 있어서 경쟁과 협력을 경험할 수 있는 횡적 관계라고 하는 특징도 지니고 있다.

2) 형제의 의의

형제의 존재는 대인 관계 기능을 학습할 기회의 증대로 사회성 발달에 영향을 미칠 뿐만 아니라, 아동의 자립심 발달의 촉진 효과도 기대할 수 있다. 동생이 태어나면 이제까지의 가족 구성원의 역할이나 인간관계에 변화가 생긴다.

[그림 18-7] 형제간의 놀이

[그림 18-8]에서 알 수 있듯이 동생의 출현으로 가족 구성원의 상호 교섭 패턴이 이전보다 훨씬 복잡해진다. 대개 동생이 태어나면 장자(長子)에 대한 아버지의 행동에는 별로 변화가 없거나 오히려 증가하지만, 어머니의 경우는 동생을 보살핌으로 인해 장자와의 상호작용 양이 이전보다 급격히 감소한다. 특히, 장자와의 놀이 시간이 이전보다 많이 줄어들고 오히려 장자에 대한 통제나 제한, 꾸중이 늘어난다. 이때 장자는 동생의 출생으로 인한 심리적 동요를 경험하게 되면서 이전처럼 어머니의 관심이나 애정을 받고 싶다는 욕구에서 심한 장난을 치거나 반항적 행동을 보이기드 하고 퇴행 현상을 보이기도 한다. 그러나 이런 행동은 대개 일시적이며, 장자는 이런 과정을 거친 후 점점 자립적 행동을 하게 되면서 보다 성숙한 모습으로 성장하게 된다.

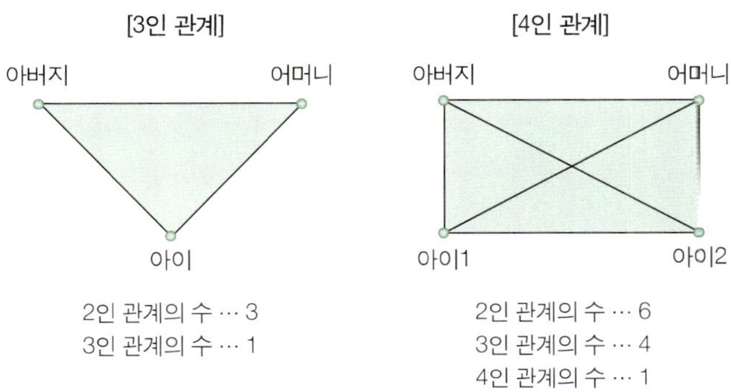

[그림 18-8] 3인 관계와 4인 관계의 상호 교섭의 패턴

자료 : Kreppner et al., 1982.

만일 부모가 장자의 이런 부적응 행동을 염려한 나머지 이전처럼 장자와의 상호작용의 양을 유지한다든지 과보호를 하면, 아동의 사회성이나 자립 행동의 발달에 부정적인 영향을 미치는 것으로 알려져 있다. 동생의 출생에도 불구하고 외동의 경우와 동일하게 부모와의 관계를 유지하게 되면 결국 이로 인해 동생과의 상호작용이 줄어들어 사회성이나 자립 행동의 발달이 늦어질 수 있다(依明, 1983). 그러므로 부자간의 관계 못지않게 형제간의 긴밀한 상호 관계를 경험할 수 있는 기회를 충분히 제공하는 것이 영유아의 바람직한 성격 형성에 있어 매우 중요하다고 할 수 있다. 형제의 존재가 영유아의 성격 발달에 영향을 미친다는 연구는 그 외에도 많이 있지만, 이러한 연구 결과는 그 내용이 반드시 일치하는 것은 아니다. 출생 순위 이외에도 형제의 성별 구성, 형제 수, 연령의 간격 등의 문제가 복잡하게 얽혀 형제간의 상호작용이나 부모의 양육 태도에 영향을 미치게 된다.

CHAPTER 19

어린이집에서의 영아 보육의 문제

1 사회적 환경의 변화

전통적으로 모성(母性)은 여성에게 가장 중요한 정체성 중 하나이며, 가정에서의 모성적 역할은 어느 문화에서도 보편적으로 강조되어 왔다. 그러나 오늘날 여성의 의식 변화와 사회활동 참여 등으로 가사와 육아에 있어 부부 공동의 역할이 요구되는 사회로 변모하고 있다. 그러나 현실은 자녀 양육의 일차적 책임은 여전히 여성의 몫이며, 이로 인해 육아와 일의 병행에 있어 어려움을 겪으면서 오늘날 경력단절의 문제가 하나의 사회적 문제도 대두되고 있다. 이런 상황 속에서 그 어느 때보다 사회적으로 육아지원시스템의 구축과 함께 그 역할에 대한 기대가 크다고 할 수 있다.

우리의 육아 문화는 일반적으로 '3세 신화'라고 하는 관념에 얽매여 영아기의 아이는 가능하다면 가정에서 어머니에 의해 양육해야만 아이와의 애착 관계에 문제가 발생하지 않고, 이후 건강한 심리적 발달을 기대할 수 있다는 신념이 강하다고 할 수 있다. 그래서 우리의 육아 문화는 영아기의 아이를 하루의 일정 시간 어머니와 분리하여 어린이집에 보육하는 것에 대해 부정적인 인식이 적지 않다.

그렇다면 정말로 영아가 하루의 일정 시간 부모와 떨어져서 어린이집에서 보육을 받는 것은 이들의 애착이나 심리발달에 부정적인 영향을 미치는 것일까? 본서에서는 우리 사회가 갖고 있는 3세 신화의 믿음이 과학적 근거를 바탕으로 하고 있는지에 대해 규명하기 위해 어린이집에서 보육을 받고 있는 영아의 심리적 발달의 문제에 대해서 이제까지의 발달심리학적 연구가 어떤 결론을 내리고 있는지 살펴보고자 한다.

2 가정환경과 어린이집 보육환경의 차이

가정의 보육환경과 보육시설(어린이집) 보육환경은 여러 측면에서 차이가 있지만, 여기서는 부모와의 애착 발달의 관점에서 어린이집 보육환경은 다음 3가지 측면에서 불리한 요소를 갖고 있다고 할 수 있다.

첫째, 하루의 일정 시간 동안 영아는 부모와의 분리 상태에 있기 때문에 부모와의 상호작용의 양이 절대적으로 부족할 수 있다는 문제가 발생할 수 있다.

둘째, 영아는 어머니를 포함하여 2명 이상의 다수의 양육자에 의해 양육을 받는 상황에 놓인다. 이런 상황에서는 양육자에 따라 양육 방식이 각각 다르기 때문에 아이의 입장에서는 모성적 양육(mothering)의 불연속을 경험하게 된다는 문제가 발생할 수 있다. 모성적 양육의 불연속이란 영아가 신호를 보냈을 때 이에 대한 반응이나 대처 방법이 일관되지 않고 양육자에 따라 다르다는 문제를 말한다. 이런 경우 영아는 자신의 신호에 대해 환경으로부터의 반응에 대한 예측이 쉽지 않아 심리적으로 불안하게 만드는 요인으로 작용할 수 있다.

셋째, 한 명의 교사의 여러 명의 영아를 보육하는 상황이기 때문에 1 : 1 대응을 하는 부모에 비해 상대적으로 아이 한명 한명의 행동이나 상태를 정확히 이해하고 민감하게 대응하기가 쉽지 않다는 문제가 있다. 그래서 영아가 보내는 신호를 무시하기도 하고 때로는 지연 반응을 보이는 문제가 발생할 수 있다.

이상 3가지 문제는 애착 발달의 관점에서 불리하게 작용할 수 있는 요인이며, 이런 문제가 어린이집에서 보육을 경험하고 있는 영아에게 노출될 수 있는 문제다고 가정해 볼 수 있다. 그렇다면 이런 문제가 과연 과학적으로 타당한지를 검증하기 위해 본서에서는 이제까지 영아 보육의 문제를 다루고 있는 연구를 중심으로 살펴보고자 한다.

3 보육시설(어린이집) 영아 보육이 애착 발달에 미치는 영향

일본의 발달심리학자 한다 스스무 박사(繁多進, 1987)는 가정 보육 영아(이하 '가정 영아')와 어린이집 보육 영아(이하 '어린이집 영아')를 대상으로 다음 3가지 연구, ① 생후 6~12개월 영아 38명을 대상으로 한 조사연구, ② 생후 15~27개월 영아 454명을 대상으로 한 조사연구, ③ 1~2세 영아 90명을 대상으로 Strange Situation을 이용한 실험연구를 각각 실시하였다. 그 결과를 정리한 내용은 다음과 같다.

[그림 19-1] 어린이집에서의 영아 보육의 모습

1) 애착 행동의 발생시기

가정 영아와 어린이집 영아의 애착 행동의 발생시기를 비교하기 위해 어머니와의 상호작용의 기회를 일정하게 하여 검토하였다. 상호작용의 양이 애착 형성에 중요한 요인이라고 한다면 0세 보육 영아는 어머니와의 애착 형성에 있어 지체현

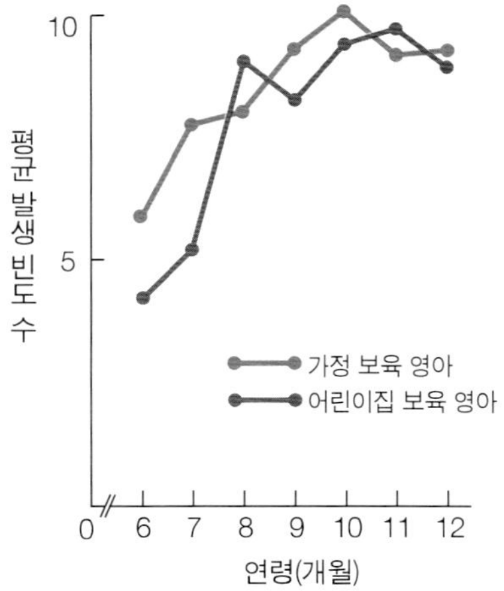

[그림 19-2] **애착 행동의 발생빈도**

상이 나타날 수 있다. 이 문제를 검토하기 생후 6개월 영아가 생후 12개월 되기까지의 애착 행동의 발생에 대해서 에인즈워스의 연구에서 언급된 애착 항목(제18장의 표 18-1 참조)의 발생빈도에 대해서 조사를 하였다. 조사 방법은 어머니를 대상으로, 예를 들어 "아이가 울고 있을 때 다른 사람이 안아주면 계속 울지만 어머니가 안아주면 울음을 그칩니까?"라는 질문에 대해 "예/아니요"로 대답을 받았다. 조사 결과, [그림 19-2]를 통해서 알 수 있듯이 가정 영아는 6~7개월에 걸쳐 애착 행동이 대폭 증가하였지만, 어린이집 영아는 6~7개월에 걸쳐서는 애착 행동의 증가 폭이 크지 않았으며, 7~8개월 사이에 급격한 증가를 보였다. 그러나 그 이후에는 두 집단의 애착 행동의 차이는 보이지 않는다. 이처럼 보육시설 영아가 가정 영아에 비해 애착 행동의 활성화 시기가 한 달 정도 늦지만, 그 이후의 애착 행동의 발생 빈도는 거의 차이가 없는 것으로 나타났다.

2) 접촉, 접근 행동

여기서는 생후 15~27개월 영아를 대상으로 가정 영아와 어린이집 영아의 애착 행동 차이에 대해서 비교, 검토하였다. 그 결과, 에인즈워스의 애착 항목 가운데 '어머니에게 붙어서 접촉을 요구함(접촉 행동)', '어머니가 없을 때 울거나 어머니를 찾음(뒤따르기 행동)', '어머니와의 재회 시 어머니 품에 꼭 안기거나 양 팔을 올려 소리를 내며 환영함(환영 행동)'의 행동에서는 가정 영아보다 어린이집 영아에게서 훨씬 많이 나타났다. 그러나 '어머니를 안전기지로 한 자유로운 탐색 활동'에서는, 예를 들어 '어머니와 떨어져서 자유롭게 놀면서 가끔씩 어머니에게로 돌아옴', '정원이나 바깥에서 어머니가 보이는 범위 내에서는 30분 이상 즐겁게 놀거나 탐색함' 등의 행동평가에서는 가정 영아가 어린이집 영아보다 높은 점수를 받았다. 이처럼 어린이집 영아는 어머니와의 접촉, 접근 행동의 경향성이 가정 영아보다 강하며, 반대로 어머니를 안전기지로 해서 어머니와 떨어져 활발하게 활동하는 것은 가정 영아에 비해 낮은 수준을 보였다. 특히 이러한 경향은 2세 전후로 현저하게 나타났다. 2세 전후로 어머니에 대한 접촉, 접근의 수준이 가정과 어린이집 영아와의 사이에 명확한 차이가 발견되었다.

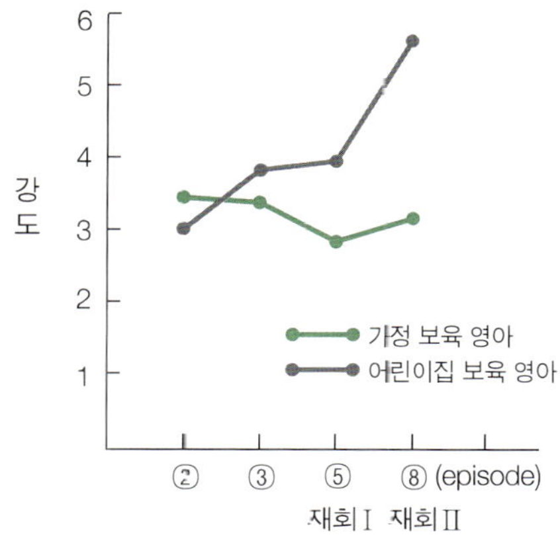

[그림 19-3] 어머니에 대한 접근·접촉(2세)

이러한 경향은 Strange Situation을 설정하여 실험한 장면에서도 동일하게 나타났다. [그림 19-3]에서 알 수 있듯이 어머니가 퇴실하고 난 이후, 다시 입실하였을 때(에피소드 ⑤와 ⑧), 1세와 2세 모두 어머니에 대한 접촉, 접근의 강도는 가정 영아보다 어린이집 영아가 상대적으로 더 높게 나타났다.

어린이집 영아에게서 어머니에 대한 접근, 접촉의 강도가 높았다는 것을 어떻게 해석하면 될까? 본래 애착 행위에 있어 만 1세 영아의 경우에는 어머니에 대한 접촉, 접근이 안정 애착의 지표로서 활용되고 있지만, 연령 증가에 따라 이런 행동은 줄어들고 어머니를 안전기지로 삼아, 어머니와의 거리를 두고 상호작용을 즐기는 행동으로 바뀌는 것이 일반적 현상이다. 이렇게 보면 어린이집 영아는 2세가 되어도 접근이나 접촉의 강도가 그대로 유지되고 어머니를 안전기로 한 탐색 활동의 수준이 낮다고 하는 것은 애착 발달에 있어 우려되는 모습이기도 한다.

그러나 이것은 이렇게 해석할 수 있다. 어린이집 영아가 보여 주는 어머니에 대한 접촉, 접근은 평소 어머니와의 상호작용이나 접촉이 부족하기 때문에 나타나는 현상이 아닐까라고 생각할 수 있다. 즉, 이 현상은 평소 접촉양의 부족에 기인하는 것이지, 모자간의 왜곡된 관계로 인해 발생하는 문제는 아닌 것으로 이해할 수 있다.

이상으로 앞의 3가지 연구를 통해서 어린이집 영아보육이 어머니와의 애착 형성에 부정적인 영향을 미치는가에 대해서 종합적으로 검토한 결과, 큰 차이를 발견할 수 없었다. 즉, 두 집단 간에 애착 유형(A형, B형, C형)의 출현율을 비교하면 차이가 전혀 발견되지 않았다.

물론 Strange Situation에서의 개별적인 행동을 보게 되면 어린이집 영아가 어머니와의 재회 시 접촉이나 접근 행동, 뒤따르기 행동이 가정 영아에 비해 강하며, 모자 분리에 대한 지나친 불안과 낯선 사람에 대한 수용성이 낮은 행동의 특징은 C형 애착 집단의 행동과 유사하다는 모습은 보여 준다. 그러나 어린이집 영아가 C형과 유사한 행동을 보여 주지만 C형 집단으로 분류하지 않는다. 그 이유는 C형 애착 집단으로 분류하는 가장 대표적인 평가지표인 어머니에 대한 '반항 행동'이 보이지 않았기 때문이다. 즉, 비록 어머니와의 재회 시 접촉이나 접근의 강도가 강했지만, 어머니를 반복적으로 때리거나 어머니가 건네주는 장난감을 집어던지거나 소리를 지르며 바닥에 뒹굴며 울거나 짜증을 내거나 하는 등의 심한 분노 감정이 동반된 반항 행동을 보이지 않았기 때문이다.

한편, A형 불안정 애착으로 분류되는 행동 기준의 지표는 어머니와의 재회 시 어머니를 반기는 행동이 전혀 보이지 않고 등을 돌려 무시하는 행동, 어머니가 주목시키려고 노력하지만 거의 관심을 보이지 않는 등의 회피 행동의 출현이다. 이에 대해서도 가정 영아와 어린이집 영아를 비교한 결과, 차이가 거의 발견되지 않았다.

이처럼 안정 애착의 판단 기준에 있어 가장 중요한 평가지표인 반항 행동, 회피 행동에 있어 어린이집 영아는 가정 영아와의 차이가 나타나지 않았다. 이 사실은 비록 어린이집 영아에게서 보이는 지나친 접촉이나 접근 행동, 뒤따르기 등의 현상은 불안정 애착의 상태를 보여 주기보다는 평소에 부족한 어머니와의 상호작용의 양을 충족시키기 위한 욕구가 이런 형태로 표현된 것으로 볼 수 있다. 만일 가정 아동의 경우에 이런 행위가 보였다면 이것은 모자간의 단순한 접촉양의 부족이라는 문제보다는 다른 요인이 있을 수 있다고 가정해 볼 수 있다.

4 어린이집 보육이 영아의 심리적 발달에 미치는 영향

1) 지적 발달 및 사회성의 발달에 미치는 영향

클라크 스튜어트 박사 연구팀(Clarke-Stewart, 1994)은 2~3세 영유아 150명을 대상으로 영아기의 어린이집 보육경험이 이후의 지적 및 사회성 발달에 미치는 영향에 대해서 연구하였다. 이들은 다양한 사회적 배경을 갖고 있으며, 또한 이들의 보육 상황도 다양하다. 가정에서 어머니에 의해 보육을 받는 경우, 가정에서 하루의 일정 시간 동안 어머니 이외의 양육자에 의해 보육을 받는 경우, 교사집에서 보육을 받는 경우, 어린이집에서 짧은 시간 동안 보육을 받는 경우, 어린이집에서 긴 시간 동안 보육을 받는 경우 등 다양했다. 150명 가운데 2가지 이상의 상황에 속하는 경우도 이었다. 이들을 대상으로 1년에 2번씩 지적 수준과 사회적 수준에 대해서 광범위한 평가를 실시하였다.

연구의 결과는 이렇게 보고한다. 먼저 어머니나 교사가 얼마나 교육적인 자극(읽기, 이야기하기, 다양한 놀잇감 등)을 제공했는가에 따라 인지적 발달의 수준이 다르게 나타났다. 그리고 어린이집 영아는 전반적으로 지적 발달 수준에 있어 가정 영아와의 비교에서 차이를 발견할 수 없었으며, 사회성 발달의 측면에 대해서도 어린이집 영아에게서 부정적인 영향을 발견할 수 없었다. 오히려 또래와의 바람직한 관계는 가정 영아보다 어린이집 영아가 더욱 발달되어 있었다. 그리고 반항적이거나 공격적인 행동의 수준도 어린이집 영아는 낮게 나타났다. 결론적으로 이 연구에서는 매일 하루의 일정 시간 어머니와 떨어져서 어린이집에서 집단 보육을 받는 경험이 영유아의 지적 발달이나 사회성의 발달에 미치는 부정적인 영향은 없는 것으로 나타났다. 클라크 스튜어트 박사와 그의 공동 연구자들의 이런 결론은 생후 17~20개월 영아를 대상으로 이들의 인지(언어)능력과 사회성의 발달에 대해서 연구한 루벤스타인 박사와 하우즈 박사(Rubenstein & Howes, 1983)의 연구 결과와도 일치한다.

한편, 미국 발달심리학자 래미 박사 연구팀(Ramey et al., 1983)은 자신의 연구를 통해서 경제적으로 빈곤하여 발달에 필요한 자극의 결핍이 우려되는 가정의 경우에는 어린이집에서의 영아 보육경험이 중요하다는 주장을 하면서 어린이집의 기능과 역할을 긍정적으로 평가했다. 이 연구에서는 경제적으로 빈곤하고 보육도 제대로 받지 못하는 가정 영아 54명을 대상으로 이 가운데 무작위로 추출된 27명의 영아는 어린이집에서의 보육경험을, 나머지 27명은 가정 보육만을 경험하도록 하였다. 이 두 집단의 발달 상태에 대한 조사는 실험적인 방법과 관찰법을 병행하면서 다양한 검사도 정기적으로 실시하였다. 특히 지적인 면에 대해서는 생후 12개월, 24개월, 36개월, 48개월, 60개월이 되는 시기에 표준화된 발달 검사와 지능 검사를 실시하였다. 그 결과, 12개월에는 두 집단 간에 차이가 발견되지 않았지만, 그 이후부터는 두 집단 간에 차이가 발견되기 시작하였으며, 어린이집 영아가 가정 영아보다 발달이나 지능의 수준이 높게 나타났다. 이 결과는 어린이집에서의 인지적, 언어적 면에서 체계화되고 구조화된 보육 프로그램의 실천이 열악한 가정환경에서 양육을 받는 영아의 발달을 지원하는 데 있어서 중요하다는 것을 보여 준다.

2) 정서 및 취학 후 학업성적에 미치는 영향

브로바그 박사 연구팀(Broberg et al., 1997)은 1~2세 영아 146명을 대상으로 7년간에 걸친 추적 조사를 실시하여 취학 후(8세)의 학업 성적에 대해 검토하였다. 연구 방법은 취학 전까지 어린이집에서의 보육을 경험한 영아 집단, 가정에서 교사에 의해 보육을 경험한 영아 집단, 부모에 의해서만 보육을 경험한 영아 집단의 3집단으로 나누어 비교·검토하였다. 검사내용은 각 집단의 영아가 8세가 되었을 때의 언어 수준과 수학능력에 대한 평가가 이루어졌다. 그 결과, 어린이집 영아가 다른 집단보다 언어나 수학능력이 모두 우수한 것으로 나타났으며, 반면 가정 영아의 성적은 전체적으로 낮은 점수를 나타냈다(사실 이 집단의 경우는 조사 대상자의 수가 그리 많지 않기 때문에 결과 해석에 있어 신중해야 한다는 한계점을 안고 있다).

또한, 이 연구는 생후 3년 6개월 전까지 어린이집에서의 보육 기간이 길면 길수록 인지 수준이 높다는 결과도 제시하였다. 이 결과는 가정 보육이 아니더라도 질적으로 잘 갖추어진 어린이집의 보육환경이 제공된다면 얼마든지 아이의 발달에 긍정적인 영향을 미칠 수 있다는 것을 보여 준다.

이번에는 0세 보육에 대한 문제를 종단적 접근을 통하여 검토한 스웨덴의 발달심리학자 안데르손(Andersson, 1992)의 연구를 소개하면 다음과 같다. 이 연구는 생후 0세부터 13년까지의 기간에 걸쳐 이루어진 종단적 연구이기 때문에 그 연구의 의미는 크다고 할 수 있다. 연구 대상은 영아 114명이며, 이들 중 1/3은 생후 1년 전에 매우 하루의 일정 시간 어머니와 분리되어 어린이집에서의 보육경험을 하고 있는 소위 어린이집 영아이며, 4세까지는 70%의 영유아가 어린이집에서의 보육경험하고 있었다. 그리고 나머지 영유아는 취학 전까지 가정 보육만 경험한 아이이었다. 이들의 연령이 8세와 13세가 되었을 때 해당 담임교사를 대상으로 85개 항목으로 구성된 질문지를 바탕으로 면접 조사를 실시하였다. 조사 내용은 주로 인지 및 사회 정서적 능력, 그리고 학업 성적이었다.

조사 결과는 다음과 같이 나타났다. 0세부터 어린이집 보육을 경험한 아이는 모든 면에서 가장 성적이 우수하게 나타났으며, 가장 성적이 낮은 집단은 취학 전까지 가정 보육만을 경험한 아이였다. 이 연구에서도 0세부터 어린이집에서의 보육경험으로 인한 부정적인 영향을 발견할 수 없었으며, 0세부터의 어린이집 보육경험 아이의 우수한 성적은 13세가 되었을 때도 지속적으로 나타났다. 이들의 사회정서적 측면에서도 교사는 긍정적인 평가를 하고 있었다.

3) 어린이집 영아 보육연구에 대한 종합적 결론

영아기 때부터의 어린이집에서의 보육경험이 영아의 애착 형성 및 심리 발달에 미치는 영향에 관한 주요 연구는 대체적으로 일치된 결과를 내놓고 있으며, 그 내용은 주 양육자와의 애착 형성의 문제나 영아기 이후의 심리 발달에 미치는 부정적인 영향의 가능성을 부정하고 있다. 오히려 어떤 연구는 어린이집에서의 영아 보육은 이후의 발달에 있어 긍정적인 효과가 있음을 입증하는 연구 결과를 내놓고 있다. 예를 들어, 특히 불안정 애착 영아는 어린이집 보육경험을 통해 긍정적 영향을 주고 있다는 사실이 이그란드 박사와 히자 박사(Egeland & Hieser, 1995)의 연구를 통해서 확인되고 있다. 이 연구에서는 0세부터 어린이집에서의 보육을 경험한 영아 29명과 가정 영아 40명을 대상으로 비교, 검토하였다. 이들을 대상으로 만 1세가 되었을 때 애착의 질을 평가하기 위해 Strange Situation에서의 행동 관찰과 평가가 이루어졌고, 3세 반이 되었을 때는 구조화된 관찰과 면접 조사를 통하여 성격의 다양한 측면에 대한 조사가 이루어졌다. 그리고 5~11세까지는 정기적으로 이들의 사회적 적응에 대한 평가를 실시하였다. 그 결과, 0세부터의 어린이집 보육경험 영아의 심리적 발달에 미치는 영향은 어머니와의 관계의 질에 따라 다르게 나타났다. 즉, 불안정 애착 영아의 경우는 0세부터의 어린이집에서의 보육경험이 안정애착 영아에 비해 상대적으로 긍정적 영향력이 높게 나타났다. 이러한 결과의 배경에는 불안정 애착 영아의 경우는 어머니가 갖고 있는 육아 스트레스가 어린이집에서의 보육을 통해 육아나 가사에 여유가 생겨 해소가 되었거나, 어린이집에서의 보육경험이 영아에게 긍정적인 영향을 주었다고 생각할 수 있다.

결론적으로 영아기의 아이가 하루의 일정 시간 동안 어머니와 떨어져서 어린이집에서 보육을 경험하는 것은 이들의 지적인 측면, 사회성, 정서적 안정, 언어 발달 등에 있어 긍정적으로 영향을 미칠 수 있다는 것을 보여 준다. 그러나 여기서 유의할 것은 어린이집에서 보육경험 자체가 아이의 심리적 발달에 긍정적인 영향을 준 것이 아니라, 거기서 영아가 경험하는 세계, 즉 다양한 놀이의 경험, 또래나 선생님과의 다양한 형태의 상호작용, 영아의 호기심을 자극하는 놀잇감이나 프로그램의 제공 등의 요인에 의한 것임을 이해해야 할 것이다.

참고 문헌

제1장 | 발달의 기초

新井邦二郎(編著)(2013). 図でわかる発達心理学. 東京: 福村出版.

Gesell, A. (1940). *The First Five Years of Life*. New York: Harper.

Gesell, A. (1967). (周郷博他譯) 學童の心理學. 東京: 家庭教育社.

Gesell, A. & Thompson, H. (1941). Twins T and C from infancy to adolescence: a bio-genetic study of individual differences by the method of co-twin control. *Genetic psychology monographs*, *24*, 3-121.

Pavlov, I. P. (1927). *Conditioned Reflexes*. Oxford University Press.

Piaget, J. (1929). *The Child's conception of the World*. London: Kagan Paul, Trench, Trubner & CO. LTD.

Scammon, R. E. (1930). The measurement of the body in childhood. In J. A. Harris, C. M. Jackson, D. G. Paterson & R. E. Scammon(Eds.). *The measurement of man*. University of Minnesota Press.

Skinner, B. F. (1938). *The behavior of organisms: An experimental analysis*. New York: Appleton-Century.

Watson, J. B. (1930). *Behaviorism*. rev. ed. Norton.

제2장 | 발달이론의 기초

Bandura, A. (1986). *Social foundation of thought and action: A social cognitive theory*. Englewood Cliffs, NJ: Prentice Hall.

Bronfenbrenner, U. (1979). *The ecology of human development*. Cambridge, MA: Harvard University Press.

Dodge, K. A. (1986). A social information processing model of social competence in children. In M. Perlmutter(Eds.). *The Minnesota symposia on child psychology*, *18*, 77-125. Hillsdale, NJ: Lawrence Erlbaum Associates.

Erikson, E. H. (1959). *Identity and the Life Cycle*. International Universities Press.

Vygotsky, L. S. (1962). *Thought and language*. Cambridge, MA: MIT Press.

Wood, D., Bruner, J. S. & Ross, G. (1976). The role of tutoring in problem solving. *Journal of Child Psychology and Psychiatry*, *17*. 89-100.

제3장 | 영유아 연구법

Baillargeon, R. & Graber, M. (1987). Where is the rabbit?: 5.5-month-old infants' representation of the height of a hidden object. *Cognitive Development*, *2*, 375-392.

Bullinger, A., & Rochat, P. (1985). L'activité orale du nourrison comme indice du comportement. In P. M. Baudonnière(Éd), Étudier l'enfant de la naissance à 3 ans. *Les grands courants méthodologiques actuels*(pp. 55-68). Paris: Éditions du CNRS.

Fantz, R. L. (1961). The origin of form perception. *Scientific American*, *204*, 66-72.

Fantz, R. L. (1966). Pattern discrimination and selective attention as determinants of perceptual development from birth. In A. H. kidd & J. J. Rivoire(Eds.). *Perceptual development in children*(pp. 143-173). New york: International Universities press.

Slater, A., Morison, V. & Rose, D. (1983). Locus of habituation in the human newborn. *Perception*, *12*, 593-598.

제4장 | 출생 전의 발달

明和政子 (2009). 身体マッピングの起源を探る ベビーサイエンス, 9.

Abel, E. I. (1987). *Fetal alcohol syndrome: fetal alcohol effects*. New York: Plenum Press.

Bukatko, D. & Daehler, M. (1995). *Child development*. Boston, MA: Houghton Mifflin Co.

DeCasper, A. J. & Fifer, W. P. (1980). Of human bonding: newborns prefer their mothers' voices. *Science*, *208*, 1174-1176.

DeCasper, A. J. & Spence, M. J. (1986). Prenatal material speech influences, newborns' perception of speech sounds. *Infant Behavior and Development*, *9*, 133-150.

DeVries, J. I., Visser, G. G. & Prechtl, H. F. (1985). The emergence of fetal behavior: II. qualitative aspects. *Early Human Development*, *12*, 99-120.

Draganova, R., Eswaran, H., Murphy, P., Lowery, C. L. & Preissel, H. (2007). Serial magnetoencephalographic study of fetal and newborn auditory discriminative evoked response. *Early Hunman Development*, *83*, 199-207.

Eswaran, H., Wilson, J. D., Preissl, H., Robinson, S. E., Vrba, J., Murphy, P., Rose, D. J. & Curtis Lowery, C. L. (2000). Magnetoencephalograhic recordings of visual evoked brain activity in the human fetus. *Lancet*, *360*, 779-780.

Golding, J. (1997). Sudden infant death syndrome and parental smoking: a literature review. *Paediatrics & Perinatal Epidemiology*, *11*, 67-77.

Haste, F. M., Anderson, H. R., Brooke, O. G., Bland, J. M. & Peacock, J. L. (1991). The effects of smoking and drinking on the anthropometric measurements of neonates. *Paediatrics & Perinatal Epidemiology*, *5*, 83-92.

Hepper, P. G., Shahidullah, S. & White, R. (1991). Handedness in the human fetus. *Neuropsychologia*, *29*, 1, 107-1, 111.

Kisilevsky, B. S., Hains, S. M. J., Lee, K., Xie, X., Huang, H., Ye, H. H., Zhang, K. & Wang, Z. (2003). Effects of experience on fetal voice recognition. *Psychological Science*, *14*, 220-224.

Kiuchi, M., Nagata, N., Ikeno, S. & Terakawa, N. (2000). The relationship between the response to external light stimulation and behavioral states in the human fetus how it differs from vibroacoustic stimulation. *Early Human Development*, *58*, 153-165.

Lecanuet, J.-P., Granier-Deferre, C., Decasper, A.-J., Maugeais, R., Andrieu, A.-J. & Busnel, M.-C. (1987). Perception et discrimination foetale de stimuli langagiers, mises en évidence à partir de la réactivité cardiapue: résultats préliminaries. *Compte-Rendus de l'Académie des Sciences de Paris*, *Série III*, 305, 161-164.

Mehler, J., Jusczyk, P., Lambertz, G. & Halsted, N. (1988). A precursor of language acquisition in young infants. *Cognition*, *29*, 143-178.

Molina, J. C., Chotro, M. G. & Dominguez, H. D. (1995). Fetal alcohol learning resulting from alcohol contamination of the prenatal environment. In J. P. Lecanuet, W. P. Fifer, N. A. Krasnegor & W. P. Smotherman(Eds.). *Fetal development: a psychobiological perspective*(pp. 419-438). Hillsdale, NJ: Lawrence Erlbaum Associates.

Salk, L. (1962). Mother's heartbeat as an imprinting stimulus. *Transactions of the New York Academy of Sciences*, *Series 2*, 4, 753-763.

Schaal, B., Orgeur, P. & Rognon, C. (1995). Odor sensing in the human fetus: anatomical, functional, and chemo-ecological bases. In J. P. Lecanuet, W. P. Fifer, N. A. Krasnegor & W. P. Smotherman(Eds.). *Fetal development: a psychobiological perspective*(pp. 205-237). Hillsdale, NJ: Lawrence Erlbaum Associates.

Windham, G. C., Eaton, A. & Hopkins, B. (1999). Evidence for an association between environmental tobacco smoke exposure and birth weight: a meta-analysis and new data. *Paediatrics and perinatal epidemiology*, *13*, 35-57.

제5장 | 신생아의 발달

Bartoshuk, A. K. (1964). Human neonatal cardiac response to sound. In L. J. Stone(Eds.). *The competent infant*. New York: Basic Books.

Campos, J. J., Langer, A. & Krowitz, A. (1970). Cardiac responses on the visual cliff in prelocomotor human infants. *Science*, *170*, 196-197.

Courage, M. L. & Adams, R. J. (1990). Visual acuity assessment from birth to three years using the acuity cards procedure: cross-sectional and longitudinal samples. *Optometric and Vision Sciences*, *67*, 713-718.

Crook, C. K. (1978). Taste perception in the newborn infant. *Infant Behavior and Development*, *1*, 52-69.

DeCasper, A. J. & Spence, M. J. (1986). Prenatal material speech influences, newborns' perception of speech sounds. *Infant Behavior and Development*, *9*, 133-150.

Engen, T., Lipsitt, L. P. & Kaye, H. (1963). Olfactory responses and adaptation in the human neonate. *Journal of Comparative and physiological Psychology*, *56*, 73-77.

Gibson, E. J. & Walk, R. D. (1960). The visual cliff. *Scientific American*, *202*, 64-71.

Goren, C. C., Sarty, M. & Wu, P. Y. K. (1975). Visual following and pattern discrimination of face-like stimuli by newborn infants. *Pediatrics*, *56*, 544-549.

Kisilevsky, B. S., Hains, S. M. J., Lee, K., Xie, X., Huang, H., Ye, H. H., Zhang, K. & Wang, Z. (2003). Effects of experience on fetal voice recognition. *Psychological Science*, *14*, 220-224.

Klinnert, M. D., Campos, J. J., Sorce, J. F., Emde, R. N. & Svejda, M. (1983). Emotions as behavioral regulators: social referencing in infancy. In R. Plutchik & H. Kellerman(Eds.). *Emotion: theory, research and experience: emotions in early development*(pp. 57-86). New york: Academic press.

Lipsitt, L. P., Engen, T. & Kaye, H. (1963). Developmental changes in the olfactory threshold of the neonate. *Child Development*, *34*, 371-376.

Macfarlane, A. (1975). Olfaction in the development of social preferences in the human neonate. In *Parent-infant interaction*(Ciba Foundation Symposium 33). Amsterdam: Elsevier.

Macfarlane, A. (1977). *The psychology of childbirth*. London: Open Books.

Mehler, J., Jusczyk, P., Lambertz, G. & Halsted, N. (1988). A precursor of language acquisition in young infants. *Cognition*, *29*, 143-178.

Meltzoff, A. N. & Borton, R. W. (1979). Intermodal matching by human neonates. *Nature*, *282*, 403-404.

Mendelson, M. J. & Haith, M. M. (1976). The relation between audition and vision in the human newborn. *Monographs of the Society for Research in Child Development*, *41*.

Pascalis, O., De Schonen, S., Morton, J., Deruelle, C. & Fabre-Grenet, M. (1995). Mother's face recognition by neonates: a replication and an extension. *Infant Behavior and Development*, *18*, 79-85.

Ramus, F., Hauser, M. D., Miller, C. T., Morris, D. & Mehler, J. (2000). Language discrimination by human newborns and cotton-top tamarins. *Science*, *288*, 349-351.

Roffwarg, H. P., Muzio, J. N. & Dement, W. C. (1966). Ontogenetic development of the human sleep-dream cycle. *Science*, *152*, 604-619.

Slater, A. M. (1990). Infant development: The origins of competence. *The Psychologist: Bulletin of the British Psychological Society*, *3*, 109-113.

Steiner, J. E. (1974). Innate, discriminative human facial expressions to taste and smell stimulation. *Annals of New York Academy of Sciences*, *237*, 229-233.

Steiner, J. E. (1977). Facial expression of the neonate infant indicating the hedonics of the food-related chemical stimuli. In J. M. Weifenbach(Eds.). *Taste and development*. Bethesda.

Walton, G. E., Armstrong, E. S. & Bower, T. G. R. (1998). Newborns learn to identify a face in eight/tenths of a second?. *Developmental Science*, *1*, 79-84.

Werker, J. F. (1995). Exploring developmental changes in cross-language speech perception. Gleitman, L. & Liberman, M. (Eds.). *An invitation to cognitive science. Part 1: language*(pp. 87-106). Cambridge, MA: MIT Press.

Wertheimer, M. (1961). Psychomotor coordination of auditory and visual space at birth. *Science*, *134*, 1692.

제6장 | 신체와 운동 발달

多田 (1992). 胎児期の発達 高橋道子(編) 新・児童心理学講座 第2巻 胎児・乳児期の発達(pp. 35-55). 金子書房.

正高信男 (1999). 育児と日本人. 岩波書店.

Bideaud, J., Houdé, O. & Pedinelli, J. L. (1993). *L'homme en dévelopment*. Paris: Presses Universitaires de France.

Bushnell, E. & Boudreau, J. (1993). Motor development and the mind: the potential role of motor abilities as a determinant of aspects of perceptual development. *Child Development*, *64*, 1005-1021.

Elman, J. L., E. A. Bates, M. H. Johnson, A. Karmiloff-Smith, et al. (1996). *Rethinking innateness: A connectionist perspective on development*. Cambridge, MA: MIT Press.

Gottlieb, G. (2007). Probabilistic epigenesis. *Developmental Science*, *10*(1), 1-11.

Halverson, H. M. (1932). A further study of grasping. *Journal of General Psychology*, *7*, 34-64.

Huttenlocher, P.R. (1990). Morphometric study of human cerebral cortex development. *Neuropsychologia*, *28*(6), 517-527.

Johnson, M. H. (2011). Interactive specialization: A domain-general framework for human functional brain development?. *Developmental Cognitive Neuroscience*, *1*(1), 7-21.

Kelly, D. J., Quinn, P. C., Slater, A. M., Lee, K., Ge, L. & Pascalis, O. (2007). The other-race effect develops during infancy evidence of perceptual narrowing. *Psychological Science*, *18*(12), 1084-1089.

Lorenz, K. (1950). The comparative method in studying innate behavior patterns. In Physiological Mechanisms of Animal Behavior, Symposia of the Society of Experimental Biology in Great Britain, No. 4. Cambridge: Cambridge University Press.

Oyabu, Y. et al. (1982). 乳児の行動状態に関する研究II 一満期産新生児を対象にして. 小児保健研究, 41, 345-350.

Pascalis, O., de Haan, M. & Nelson, C. A. (2002). Is face processing species-specific during the first year of life?. *Science*, *296*. 1321-1323.

Pascalis, O., Scott, L. S., Kelly, D. J., Shannon, R. W., Nicholson, E., Coleman, M. & Nelson, C. A. (2005). Plasticity of face processing in infancy. *Proceedings of the National Academy of Science*,

102, 5297-5300.

Ruffman, T., Garnham, W., Import, A. & Connolly, D. (2001). Does eye gaze indicate implicit knowledge of false belief? Charting transitions in knowledge. *Journal of Experimental Child Psychology*, *80*(3), 201-224.

Scammon, R. E. (1930). The measurement of the body in childhood. In J. A. Harris, C. M. Jackson, D. G. Paterson & R. E. Scammon(Eds.). *The measurement of man*. University of Minnesota Press.

Stratz, C. H. (1922). *Der Körper des Kindes und seine Pflege*. Stuttgart: Enke.

Thelen, E. (1987). Self-organization in developmental processes: can systems approaches work?. In M. Gunnar & E. Thelen(Eds.). *Systems in development: the Minnesota symposia in child psychology*(pp. 7-117). Hillsdale, NJ: Lawrence Erlbaum Associates.

Werker, J. F. & Tees, R. C. (1984). Cross-language speech perception: Evidence for perceptual reorganization during the first year of life. *Infant Behavior and Development*, *7*(1), 49-63.

Zelazo, P. R. (1983). The development of walking: new findings and old assumptions. *Journal of Motor Behavior*, *15*, 99-137.

Zelazo, P. R., Zelazo, N. A. & Kolb, S. (1972). Walking: in the newborn. *Science*, *176*, 314-315.

제7장 | 감정과 욕구의 발달

Berk, L. E. (1994). *Child development*(3rd ed.). Boston, MA: Allyn and Bacon.

Brazelton, T. B. (1985). Application of cry research to clinical perspectives. In B. M. Lester & C. F. Z. Boukydis(Eds.). *Infant crying: theoretical and research perspectives*. New York: Plenum press.

Bridges, K. M. B. (1932). Emotional development in early infancy. *Child development*, *3*, 324-341.

Ganchrow, J. R., Steiner, J. E. & Daher, M. (1983). Neonatal facial expressions in response to different qualities and intensities of gustatory stimuli. *Infant behavior and development*, *6*, 189-200.

Haviland, J. M. & Lelwica, M. (1987). The induced affect response: 10-week-old in-fant's responses to three emotion expressions. *Developmental psychology*, *23*, 97-104.

Izard, C. E. (1979). The maximally discriminative facial movement coding system(Max). University of Delaware, Instructional Resources Center.

Klinnert, M. D. (1984). The regulation of infant behavior by maternal facial expression. *Infant behavior and development*, *7*, 447-465.

Lewis, M. (1993). The emergence of human emotions. In M. Lewis & J. M. Havilland(Eds.). *Handbook of emoltions* (pp. 223-235). New York: Guilford Press.

Lewis, M. (2008). The emergence of human emotions. In M. Lewis, J. M. Haviland-Jones & L. F. Barrett(Eds.). *Handbook of emotions*(3rd ed., pp. 304-319). New York: Guilford Press.

Sroufe, L. A. (1979). Socioemotional development. In J. D. Osofaky(Eds.) *Handbook of infant development*. New York: Wiley.

Wolff, P. H. (1987). *The development of behavioral states and the expression in early infancy*. University of Chicago Press.

제8장 ㅣ 언어 발달

Bloom, L. (1970). *Language development*. Cambridge, MA: MIT Press.

Bloom, L. (1973). *One word at a time*. Paris: Mouton & Co..

Clark, E. V. (1973). What's in a word?. In T. M. Moore(Eds.) *Cognitive development and the acquisition of language*. New York: Academic Press.

Lewis, M. M. (1975). *How children learn to speak*. New York: Basic Books.

Luria, A. R. (1961). *The role of speech in the regulation of abnormal behavior*. New York: Liveright.

Piaget, J. (1954). (大伴茂譯) 兒童の自己中心性. 東京: 同文書院

Thomas, R. M. (1979). *Comparing theories of child development*. Boston: Wadsworth publishing.

Vygotsky, L. S. (1962). Thought and language. (E. Hanfmann & G. Vakar, Trans.) MIT Butterworth, G. E. & Jarrett, N. (1991). What minds have in common is space: Spatial mechanism serving joint attention in infancy. *British Journal of Developmental Psychology*, *9*, 55-72.

제9장 ㅣ 인지와 사고의 발달

上野直樹(1983). 事態についての生成的な概念-認知發達のとらえ直し- 日本教育心理學會 第26回總會 自主シンポジウム資料.

岩田純一(1974). 子どもにおける空間表象の變換に及ぼす感覺-運動手がかりの効果-教育心理學研究, 22, 21-29.

Baillargeon, R. & Graber, M. (1987). Where is the rabbit?: 5.5-month-old infants' representation of the height of a hidden object. *Cognitive Development*, *2*, 375-392.

Baillargeon, R. (1987). Object permanence in 3 1/2 and 4 1/2 month-old infants. *Developmental Psychology*, *25*, 655-664.

Bower, T. G. R. & Wishart, J. G. (1972). The effects of motor skill on object permanence. *Cognition*, *1*, 165-172.

Bower, T. G. R. (1974). *Development in infancy*. San Francisco, CA: Freeman.

DeVries, R. (1969). Constancy of generic identity in the years three to six. *Monographs of the society for research in child development*, *34*(3), serial No. 127.

Flavell, J. H., Flavell, E. R. & Green, F. L. (1983). Development of the appearance-reality distinction. *Cognitive Psychology*, *15*, 95-120.

Freeman, N. H. & Janikoun, R. (1972). Intellectual realism in children's drawings of a familiar object with distinctive features. *Child Development*, *43*, 1116-1121.

Karmiloff-Smith, A. (1979). Problem-solving procedures in children's construction and representations of closed railway circuits. *Archives de Psychologie*, *XLVII*(180), 37-59.

Kosugi, D., Ishida, H. & Fujita, K. (2003). 10-month-old infants' inference of invisible agent: distinction in causality between object motion and human action. *Japanese Psychological Research*, *45*, 15-24.

Luquet, (1927). リュケ, G. H. 著(須賀監譯) (1980). 子どもの繪. 東京: 金子書房.

Piaget, J. (1929). *The child's conception of the world*. London: Kagan Paul, Trench, Trubner & CO. LTD.

Piaget, J. (1960). *The child's conception of physical causality*. London: Routledge and Kagan Paul.

Price-Williams, D. R., Gorden, W. & Ramirez, M. (1969). Skill and conservation: A study of pottery-making children. *Developmental Psychology*, *1*, 769.

제10장 | 기억의 발달

Atkinson, R. C. & Shiffrin, R. M. (1968). Human memory: A proposed system and its control process. In K. W. Spence & J. T. Spence(Edu.). *The psychology of learning and motivation: Advences in research and theory*, *2*. New York: Academic Press.

Chi, M. T. H., Hutchinson, J. & Robin, A. (1989). How inferences about nevel domain-related concepts can be constrained by structured knowledge. *Merrill-Palmer Quarterly*, *35*, 27-62.

Drummy, A, B. & Newcombe, N. S. (2002). Developmental changes in source memory. *Developmental science*, *5*, 502-513.

Eacott, M. J. & Crawley, R. A. (1998). The offset of childhood amnesia : Memory for events that occurred before age 3. *Journal of Experimetal Psychology : General*, *127*, 22-33.

Fivush, R., Gray, J. T. & Fromhoff, F. A. (1987). Two-year-olds talk about the past. *Cognitive development*, *2*, 393-409.

Freud, S. (1901, 1960). The psychopathology everyday life. Republished 1953. In J. Strachey(Eds. & Trans.). *The standard edition of the complete psychological Works of Sigmund Freud*, *6*. London: Hogarth.

Gosuwami, U. (1998). *Cognition in children*. Hove, East Sussex: Psychology Press.

Hammond, N. R. & Fivush, R. (1991). Memories of Mickey Mouse: Young children recount their trip to Disneyworld. *Cognitive Development*, *6*, 433-448.

Harley, K. & Reese, R. (1999). Origins of autobiographical memory. *Developmental Psychology*, *35*, 1338-1348.

Kail. R. (1990). *The development of memory in children*(3rd ed.). New York: W. H. Freeman and Company.

Mandler, J. M. & McDonough, L. (1995). Long-term recall of event sequences infancy *Journal of Experimental Child Psychology*, *59*, 457-474.

Nelson, K. & Gruendel, J. (1981). Generalizing event representations: Basic building blocks of cognitive development. In M. E. Lamb & A. L. Brown(Eds.). *Advances in developmental psychology*. *1*, 131-158. Hillsdale, NJ: Lawrence Erlbaum Associates.

Paris, S. G. & Upton, L. R. (1976). Children's memory for inferential relationship in prose. *Child Development*, 660-668.

Peterson, C. & Rideout, R. (1998). Memory for medicalemergencies experienced by 1-and 2-year olds. *Developmental Psychology*, *34*, 1059-1072.

Piaget, J. & Inhelder, B. (1973). *Memory and intelligence*. New York: Basic Books.

http://bernard.pitzer.edu/~dmoore/psych199s03articles/R-Collier_memory.pdf

제11장 | 자기인식의 발달

柏木恵子 (1988). 幼児期における「自己」の発達, 行動の自己制御機能を中心に. 東京大学出版会.

Brooks-Gunn, J. & Lewis, M. (1984). The development of early visual self-recognition. *Developmental Review*, *4*, 215-239.

Diesendruck, G. & Lindenbaum, T. (2009). Self protective optimism: Children's biased beliefs about the stability of traits. *Social Development*, *18*, 946-941.

Gallup, G. G. (1971). It's done with mirrors: Chimps and self-concept. *Psychology Today*, *4*(10): 58-61.

Lockhart, K. L., Chang, B. & Story, T. (2002). Young children's beliefs about the stability of traits: Protective optimism? *Child Development*, *73*, 1408-1430.

Lockhart, K. L., Nakashima, N., Inagaki, K. & Keil, F.C. (2008). From Ugly duckling to swan?: Japanese and American beliefs about the stability and origins of traits. *Cognitive Development*, *23*, 155-179.

Neisser, U. (1991). Two perceptually given aspects of the self and their development. *Developmental Review*, *11*(3), 197-209.

Povinelli, D. J., Landau, K. R. & Perilloux, H. K. (1996). Self-recognition in young children using delayed versus live feedback: Evidence of a developmental asynchrony. *Child development*, *67*(4), 1540-1554.

Rochar, P. & Hespos, S. J. (1997). Differential rooting response by neonates: Evidence for an early sense of self. *Early Development and Parenting*, *6*(34), 105-112.

Rochar, P. & Morgan, R. (1995). Spatial determinants in the perception of self-produced leg movements in 3-to 5-month-old infants. *Developmental Psychology*, *31*(4), 626-636.

Ruble, D. N. & Dweck, C. S. (1995). Self-perceptions, person conceptions, and their development, *Review of personality and social psychology*, *15*, 109-139.

Werker, J. F., Gilbert, J. H., Humphrey, K. & Tees, R. C. (1981). Developmental aspects of cross-language speech perception, *Child Development*, *52*(1), 349-355.

Yussen, S. R. & Levy, V. M. (1975). Developmental changes in predicting one's own span of short-term memory. *Journal of Experimental Child Psychology*, *19*, 502-508.

Zazzo, R. (1993). *Reflets de miroir et autres doubles*. Paris: Presses Universitaires de France.

제12장 | 타인인식의 발달 : 마음의 이론

大藪泰(2013). 赤ちゃんの心理学. 日本評論社.

Butterworth, G. & Jarrett, N. (1991). What minds have in common is space: Sparial mechanisms serving joint visual attention in infancy. *British Journal of Developmental Psychology*, *9*(1), 55-72.

D'Andrade, R. (1987). A folk model of the mind. In D. Holland & N. Quinn(Eds.). *Cultural Models in Language and Thought*(pp. 112-148). Cambridge: Cambridge University Press.

Gopnik, A. & Repacholi, B. M., (1997). Early reasoning about desires: Evidence from 14-and 18-month-olds, *Developmental Psychology*, *33*(1), 12-21.

Kovács, Á, M., Téglás, E. & Endress, A. D. (2010). The social sense: Susceptibility to others' beliefs in human infants and adults. *Science*, *330*, 1830-1834.

Meltzoff, A. N. (1995). Understanding the intentions of others: re-enactment of intended acts by 18-month-old children. *Developmental psychology*, *31*(5), 838-850.

Onishi, K. H. & Baillargenon, R. (2005). Do 15-month-old infants understand false beliefs?. *Science*, *308*, 255-258.

Premack, D. & Woodruff, G. (1978). Does the chimpanzee have a theory of mind? *Behavioral and Brain Sciences*, *1*, 515-526.

Scaife, M. & Bruner, J. S. (1975). The capacity for joint visual attention in the infant. *Nature*, *253*, 265-266.

Toda, S. & Fogel, A. (1993). Infant response to the still-face situation at 3 and 6 months. *Developmental Psychology*, *29*(3), 532.

Tomasello, M. (1993). On the interpersonal origins of self-concept. In U. Neisser(Eds.). *The perceived self : Ecological and interpersonal sources of self-knowledge*(pp. 174-184). Cambridge: Cambridge University Press.

Tomasello, M., Carpenter, M. & Liszkowski, U. (2007). A new look at infant pointing. *Child development*, *78*(3), 705-722.

Watson, J. S. (1985). Contingency perception in early social development. In T. Field & N. Fox(Eds.). *Social perception in infants*(pp. 157-176). Norwood, NJ: Ablex.

Wellman, H. M. & Liu, D. (2004). Scaling of theory-of-mind tasks. *Child Development*, *75*(2), 523-541.

Wellman, H. M., Cross, D. & Watson, J. (2001). Meta-analysis of theory-of-mind development: The truth about false belief. *Child Development*, *72*(3), 655-684.

Wimmer, H. & Perner, J. (1983). Beliefs about beliefs: Representation and constraining function of wrong beliefs in young children's understanding deception. *Cognition*, *13*, 103-128.

Woodward, A. L. (1998). Infants selectively encode the goal object of an actor's reach. *Cognition*, *69*(1), 1-34.

제13장 | 이타적 행동의 발달

Grossen, G., Moll, H. & Tomasello, M. (2010). 21 Month-olds understand the cooperative logic of requests. *Journal of Pragmatics*, *42*(12), 3377-3383.

Kuhlmeier, V., Wynne, K. & Bloom, P. (2003). Attribution of dispositional states by 12-month-olds. *Psychological Science*, *14*(5), 402-408.

Liszkowski, U., Carpenter, M. & Tomasello, M. (2008). Twelver-month-olds communicate helpfully and appropriately for knowledgeable and ignorant partners. *Cognition*, *108*(3), 732-739

Liszkowski, U., Carpenter, M., Striano, T. & Tomasello, M. (2006). 12 and 18 month-olds point to provide information for others. *Journal of Cognition and Development*, *7* (2), 173-187.

Mussen, P., & Eisenberg-Berg, N. (1977). *Roots of Caring, Sharing, and Helping, The Development of Prosocial Behavior in Children*. New York: W. H. Freeman and Company.

Richerson, P. & Boyd, R. (2006). Not by Genes Alone: How Culture Transformed Human Evolution. Chicago: University of Chicago press.

Tomasello, M. (2009). *Why we cooperate*. Cambridge, MA: MIT Press.

Tomasello, M., Warneken, F., Hare, B., Melis, A. & Hanus, D. (2007). Spontaneous altruism by chimpanzees and young children. *PLOS Biology*, *5*(7), e184.

Vaish, A., Carpenter, M. & Tomasello, M. (2009). Sympathy through affective perspective taking and its relation to prosocial behavior in toddlers. *Developmental Psychology*, *45*(2), 534-543.

Warneken, F., Hare, B., Melis, A., Hanus, D. & Tomasello, M. (2007). Spontaneous altruism by chimpanzees and young children. *PLOS Biology*, *5*(7), e184.

Warneken, F. & Tomasello, M. (2006). Altruistic helping in human infants and young chimpanzees. *Science*, *311*(5765): 1301-1303.

Warneken, F. & Tomasello, M. (2008). Extrinsic rewards undermine altruistic tendencies in 20 month-olds. *Developmental Psychology, 44* (6), 1785-1788.

Warneken F. & Tomasello, M. (2009). The roots of human altruism. *British Journal of Psychology, 100*, 455-471.

제14장 | 인지 스타일의 발달

中澤 潤 (1982). 熟考型-衝動型 祐宗省三(編) モデリング. 180-193. 東京: 福村出版..

Kagan, J. (1965). Impulsive and reflective children: Significance of conceptual tempo. In J. D. Krumboltz(Eds.) *Learning and Educational Processes*(pp. 133-161). Chicago: Rand McNally.

Lockhart, K. L., Chang, B. & Story, T. (2002). Young children's beliefs about the stability of traits: Protective optimism?. *Child Development, 73*, 1408-1430.

Salkind, N. J., Kojima, H. & Zelniker, T. (1978). Cognitive tempo in American, Japanese, and Israeli Children. *Child Development, 49*, 1024-1027.

제15장 | 학습의욕과 자신감의 발달

玄正煥 (1993). 幼児のエフィカシー豫期とその決定因. 日本心理學研究 64, 1-8.

Ainsworth, M. D. S. & Bell, S. M. (1974). Mother-infant interaction and the development of competence. In K. Connolly & J. Bruner(Eds.). *The growth of competence*(pp. 97-118). London: Academic Press.

Anderson, P. L. & Adams, P. J. (1985). The relationship of five-year-old's academic readiness and perceptions of competence and acceptance. *Journal of Educational Research, 79*, 114-118.

Atkinson J. W. (1969). *Measuring achievement-related motives*. Institute for social research, University of Michigan.

Atkinson, J. W. & Feather, N. T. (Eds.) (1966). *A theory of achievement motivation.* New York: Wiley.

Benenson, J. & Dweck, C. (1986). The development of trait explanations and self-evaluation in the academic and social domains. *Child Development, 57*, 1179-1187.

Dweck, C. S. (1986). Motivational processes affecting learning. *American Psychologist, 41*, 1040-1048.

Gullo. D. F. & Ambrose, R. P. (1987). Perceived Competence and Social Acceptance in Kindergarden: Its Relationship to Academic Performance. *Journal of Educational Research, 81*, 28-32.

Gunnar, M. R. (1980). Contingent stimulation: A review of its role in early development. In S. Levine & H. Ursin(Eds.). *Coping and health*(pp. 101-119). New York: Plenum Press.

Harter, S. & Pike, R. (1984). The pictiorial scale of perceived competence and social acceptance for young children, *Child Development, 55*, 1969-1982.

Kagan, J. & Moss, H. A. (1959). Stability and validity of achievement fantasy. *J. Abnorm. Soc. Psychol., 58*, 357-364.

McClelland, D. C. (1958). Risk taking in children with high and low need for achievement. In J. W. Atkinson(Eds.)(1958a). *Motives in fantasy, action, and society*(pp. 306-321). New York: Van Nostrand.

Nicholls, J. G. (1976). Effort is virtuous, but it's better to have ability: Evaluative responses to perceptions of effort and ability. *Journal of Research in Personality, 10*, 306-315.

Pintrich, p. & Blumenfeld, P. (1985). Classroom experience and children's self-perceptions of ability, effort, and conduct. *Journal of Educational Psychology, 77*, 646-657.

Ramey, C. T. & Finkelstein, N. W. (1978). Contingent stimulation and infant competence. *Journal of Pediatric Psychology, 3*, 89-96.

Reddy, V. (2008). How infants know minds. Published by arrangement with Harvard University Press.

Reeve, J. (2005). *Understanding motivation and emotion*. NY : John Wiley & Sons.

Rheingold, H. L. et al. (1970). The infant separates himself from his mother. *Science, 168*(3), 78-83.

Stipek, D. J. & Hoffman, J. (1980). Development of childern's performance-related judgments. *Child Development, 51*, 912-914.

Stipek, D. J. (1981). Children's perceptions of their own and their classmates' ability. *Journal of Educational Psychology, 73*, 404-410.

Surber, C. F. (1984). The development of achievement-related judgment processes. In J. G. Nicholls(Eds.). *Advances in motivation and achievement: Vol. 3. The development of achievement motivation*(pp. 137-184). Greenwich: JAI Press.

제16장 | 사회성 및 도덕성의 발달

Elis, S., Rogoff, B. & Cromer, C. C. (1981). Age segregation in children's social interactions. *Developmental Psychology, 17*, 399-407.

Kohlberg, L. (1969). Stage and sequence: The cognitive developmental approach to socialization. In D. A. Goslin(Eds.). *Handbook of socialization theory and research*. Chicago: Rand McNally.

Parten, M. (1932). Social participation among preschool children. *Journal of Abnormal Psychology, 27*, 243-269.

Piaget, J. (1930). *Le jugement moral chez l'enfant*.

제17장 | 놀이의 발달

高橋たまき(1984). 乳幼児の遊び一その発達プロセス. 東京: 新曜社.

森林 (1992). 遊びの原理に立つ教育. 愛知: 黎明書房.

三神廣子 (1980). 文字指導の基礎調査 - 保育學年報 日本保育學會.

清原みさ子 (1987). 幼稚園·保育所における保育内容·方法の違いが小學校以後におよぼす 影響 日本教育學會大會發表論文.

Caillois, R. (1958). Les Joux et les Hommes, Gallimard. (多田道太郎譯, 遊びと人. 間講談社, 1971).

Parten, M. (1932). Social participation among preschool children. *Journal of Abnormal Psychology, 27*, 243-269.

Piaget, J. (1945). *La Formation du Symbole chez l'enfant*. Paris: Delachaux & Niestl'e.

Smith, P. K. (1977). Social and fantasy play in young children. In B. Tizard & D. Harvey(Eds.). *Biology of play, spastics*. London: International Medical Publications.

제18장 | 애착 발달과 가족 관계

繁多進 (1987). 愛着の発達一母と子の心の結びつき. 東京: 大日本図書.

依田明 (1983). 一人っ子, すえっ子. 東京: 大日本図書.

新井邦二郎(編著)(2013). 図でわかる発達心理学. 東京: 福村出版.

Ainsworth, M. D. S. (1967). *Infancy in Uganda*. The Hopkins Press.

Ainsworth, M. D. S. & Blehar, M. C., Waters, E. &Wall, S. (1978). *Patterns of attachment: A psychological study of the strange situation*. Hillsdale, NJ: Lawrence Erlbaum Associates.

Belsky, J. (1984). The determinant of parenting: A process model. *Child development, 55*, 83-96.

Bowlby, J. (1969). *Attachment*. New York: Basic Book.

_________ (1969). *Attactment and loss: Vol. 1. Attachment*. New York: Basic Book.

_________ (1973). *Attachment and loss: Vol.2. Separation*. New York: Basic Book.

_________ (1988). *A secure base: Parent-child attachment and healthy human development*. New York: Basic Books.

Carlson, V., Cicchetti, D., Barnett, D. & Braunwald, K. (1989). Disorganized/disoriented attachment relationships in maltreated infants. *Developmental Psychology, 25*, 525-531.

Grossman, K. Thane, K. & Grossman, K. E. (1981). Maternal tactual contact of the newborn after various postpartum conditions of mother-infant contact. *Developmental Psychology, 17*, 159-169.

Harlow, H. F. (1960). Primary affectional patterns in primates. *American Journal of Orthopsychiatry, 30*, 676-684.

Kennell, J. P. Jerauld, H. Wolfe D. Chesler, N. Kreger, W. McAlpine, M. Steffa & Klaus, M. H. (1974). Maternal behavior one year after early and extended postpartum contact. *Pediatrics*, *26*, 832-838.

Klaus, J. (1984). *The nature of the child*. New York: Basic Books.

Klaus, M. H. & Kennell, J. H. (1976). *Maternal infant bonding*. CV Mosby Co.

__________________________ (1982). *Parent-Infant Bonding*. Mosby Company.

Klaus, M. P. Jerauld, N. Kreger, W. McAlpine, M. Steffa. & J. Kennell. (1972). Maternal attachment: Importance of the first postpartum days. *The New England Journal of Medicine*, *286*(9): 460-463.

Kreppner, K., Paulsen, S. & Schuetze, Y. (1982). Infant and family development : From triads to trends. *Human Development*, *25*, 373-391

Lamb, M. E. (1981). fathers and child development: An integrative overview. In M. E. Lamb(Eds.). *The role of the father in child development*(Rev. ed., pp. 1-70). New York: Wiley.

Lamb, M. E. (Eds.). (1976). *The role of the father in child development*. New York: Wiley.

__________ (Eds.). (1986). *The father's role: Applied perspectives*. New York: Wiley.

__________ (Eds.). (1995). *The role of the father in child development*. New York: Wiley.

__________ (Eds.). (2004). *The role of the father in child development*. New York: Wiley.

__________ (Eds.). (2010). *The role of the father in child development*. Hoboken, New Jersey: John Wiley & Sons, Inc.

Levine, J. A. & Pitt, E. (1995). *New expectations: Community strategies for responsible father-hood*. New York: Families and Work Institute.

Lyons-Ruth, K., Conenell, D., Grunebaum, H. V. & Botein, S. (1990). Infants at social risk: Maternal depression and family support services as mediators of infant development and security of attachment. *Child Development*, *61*, 85-98.

Main, M. & Solomon, J. (1986). Discovery of a new, insecure - disorganized/disoriented attachment pattern. In T. B. Brazelton & M. W. Yogman(Eds.) *Affective development in infancy*. Norwood, NJ: Ablex.

Myers, B. (1984). Mother-infant bonding: Rejoinder to Kennell and Klaus. *Dev. Rev. 4*(3), 283-288.

Schaffer, H. R. & Emerson, P. E. (1964). The development of social attachments in infancy. Monogr. Soc. Res, *Child Development*, *29*(3), 1-77.

Spitz, R. A. (1945). Hospitalism, An inquiry into the genesis of psychiatric conditions in early childhood. *The psychoanalytic study of the child*, *1*, 53-74.

제19장 | 어린이집에서의 영아 보육의 문제

繁多進 (1987). 愛着の発達一母と子の心の結びつき. 大日本図書.

Andersson B. E. (1992). Effects of daycare on cognitive and socioemotional competence of thirteen-year old Swedish schoolchildren, *Child Development*, *63*, 20-36.

Broberg, G., Wessels, H., Lamb, M. E. & Hwang, C. P. (1997). Effects of daycare on the development of cognitive abilities in 8-year-olds: a longitudinal study. *Developmental Psychology*, *33*, 62-9.

Clarke-Stewart, K. A., Gruber, C. P. & Fitzgerald, L. M. (1994). *Children at Home and in Day Care*. Hillsdale, NJ: Lawrence Erlbaum Associates.

Egeland, B. & M. Hieser (1995). The long-term consequences of infant day-care and mother-infant attachment. *Child Development*, *66*, 474-485.

Ramey, C. T., Dorval B. & Baker-Ward, L. (1983). Group day care and socially disadvantaged families: effects on the child and the family. In S. Kilmer(Eds.). *Advances in Early Education and Day Care*, *vol. 3*. Greenwich, CT: JAI Press.

Rubenstein J. L. & Howes, C. (1983). Social-emotional development of toddlers in day care. *Advances in Early Education and Day Care*, *3*, 13-45.

찾아보기

가변적인 놀이환경 275
가설 연역적 사고 148
가역성의 개념 147
가지치기 91
각인 현상 97
간격표집법 51
간초로 110
감각 기관 62
감각 운동기 27, 142
감각운동놀이 262
감정 107
감정발달이론 111
감정의 언어화 119
개성적인 집착 231
개인차 16, 220
객관성 42
갤럽 182
거너 236
거세(去勢) 불안 39
거시체계 28
검색 실패설 174
게젤 19
계열화 조작능력 175
고렌 76
고스기 163
고스와미 168
고프닉 195
공간주파수 75
공감각능력 78
공감성의 발달 216
공동 주시(注視) 201
공명동작(共鳴動作) 127
과거의 자기 184
과도확장(過渡擴張) 132
과잉정당화 효과 212
과학적 지식 41
관습 이전의 수준 254
관습적 도덕성 253
관습적 수준 254
관찰법 49
관찰의 신뢰도 53
교육적 순간 233
구강기 37
구조적 관찰 50
구조화된 보육 프로그램 308
구체적 조작기 27
규칙의 인식 257
규환발성(叫喚發聲) 126
그레이바 47
그루엔델 172
근면성 33
근원(近遠) 법칙 101
근접발달영역 31
긁적거리기 156
기대위반 196
기술적 도구 30
기어 다니기 103
기억 165
기억유지 방해설 174
기억의 재구성 176
기요하라 265
깁슨 79
깊이 지각 능력 79

나까자와 225
남근기 38
낯가림 현상 114, 282
내재적 언어 134
내적 성숙 141
넬슨 172
노력 의존형 낙천주의 185
논리성 42
논리적인 사고 148
놀이 상대자 247
놀이능력 274
놀이의 개념 260
놀이의 병리 현상 271
놀이의 효과 267
뇌 중량 83
뇌의 국소화(局所化) 92
눈깜박 반사 100
뉴런 90

다카하시 262
단기 기억 165
단일 단어 시기 130
달성 동기 242
대뇌피질 89
대상 영속성 148, 159
대인 관계 245
데브리스 62, 154
도덕성 251
독립 변인 54
돌연사증후군 68
동공 반사 100
동일성의 개념 147
동일시 현상 297
동일시(同一視) 39
동일종 60
동일종(同一種) 인식 현상 60
동화 26, 140
두 단어 조합 시기 130
두미(頭尾) 법칙 101
두정엽(頭頂葉) 89
둔감법 44, 46
뒤따르기 행동 304
또래 관계 250

라뮤 74
라이드아웃 173
래미 235 308

램 69, 279, 296
레루비카 109
레브 232
레비스 119
레파촐리 195
로렌츠 97
로샤 179
로크하트 185, 186, 234
로프와그 70
루리아 134
루벤스타인 307
뤼케 156
르카뉘에 64
리우 194
리처슨 210
리칭 104
리칭 수준 106
립스틱 과제 연구 182

마사타카 95
마음의 이론 191
마이어스 280
마인드 191
말더듬 현상 137
말초기원설 108, 109
말초신경계 82
맥클레랜드 243
맥팔레인 박사 72
맨들러 171
메레르 73
메인 295
메타인지능력 186
멜조프 78, 205
면접법 56
모건 179
모로 반사 99
모리 274
모성적 양육 박탈 277, 281
모성적 양육의 불연속 302
모유 수유 73
뮤센 209
미각 63
미각 발달 71
미분화 상태 17
미숙아 85
미시체계 29
미카미 265
민감기(敏感期) 97

바르네켄 211, 212
바빈스키 반사 99, 101
바워 159
바이링걸 74
바이쉬 216
반사 운동기 143
반사(反射) 쉐마 140
반항기 122
발달 15
방관적 행동 248
배반포(胚盤胞) 61
배아기 59
법칙성 42
베이야르존 47, 159, 196
벨 237
보육시설 보육환경 302
보이드 210
보존 152
보존 개념 147
보튼 78
보행기 사용 104
보행능력 103
본딩 278
볼비 216, 283
부드로 106
부슈넬 106
부적절 학습설 174
분화 17
분화된 미소 289
분화된 소리 289
분화된 울음 289
브레질튼 117
브로바그 308
브론펜브레너 28
브룸 130
브리지스 111
비계설정 31
비고츠키 30, 134
비구조적 관찰 50
비규환발성 126
비램 수면 69
비보존 개념적 사고 161
비체계적 관찰 50
빨기 반사 99

사건표집법 52
사례 회의 58
사례연구법 57
사회성의 발달 307
사회적 미소 114
사회적 수반성 198
사회적 언어 134
사회적 욕구 122
사회적 자극 76
사회적 전달 141
사회적 참조 202
산성(産聲) 115
살카인드 223
살크 66
상모적 지각 158
상보성의 개념 147
상징놀이 141, 262, 263
상호성 40
상호작용능력 274
상호작용설 23, 92

생리적 미소 114
생리적 욕구 122
생리적 울음 118
생식계 84
생식기 40
생식성 35
생태학 모델 30
생태학적 자기 180
생태학적 타당성 161
샤퍼 281
선호 주시법 44, 45, 77
성숙 15, 20
성숙 우위설 19
성숙설 92
성장 15
성적 애착 38
세포체 90
설 63
소박한 낙천주의자 234
손과 발로 이동하기 103
솔로몬 295
수상돌기 90
수정란 61
수초화 100
숙고형 220
순간표집법 51
순환 반응 178
쉐마 25, 140
슈타이너 72
슈테른 21
스루프 112
스캬몬 81
스크립트 형성 172
스키너 21
스타이팩 241
스타쯔 86
스피츠 280
시각 발달 75
시각계(視覺系) 75
시각능력 65
시각적 리얼리즘 156
시각적 절벽 장치 80
시간적 동시성(同時性) 현상 184
시간표집법 51
시냅스 90, 97
시냅스의 밀도 91
시력 75
신경계 82
신경배 59
신근 효과 166
신념 192
신뢰 32
신뢰감 37
신체 조직의 발달 81
실제적 발달 수준 31
실존 인식 155
실존의 세계 155
실증성 41
실패 회피 동기 242
실험 집단 54
실험법 54
심리적 도구 30
심장박동수 80
심적 표상기 146

아담스 75, 241
아버지의 역할 296
아이젠버그 209
안데르손 309
안전기지로부터의 탐색 활동 289
애니미즘적 사고 158, 163
애착 122, 216
애착 유형 290
애착 행동 287, 288
애착의 무질서 295
애착이론 277, 281
앤더슨 241
어린이집 보육환경 302
얼굴 인식의 가지치기 95
업튼 176
에릭슨 32
에머슨 281
에인즈워스 237, 281, 286
에피소드 기억 172
엔트레인먼트 128
역동적 상호 관계 18
연합놀이 248
영속성 개념 151
오니시 196
오류 신념 192
오야부 야스시 204
오이디푸스 콤플렉스 38
옹알이 126
왓슨 21
외재적 언어 134
외체계 28
욕구 심리학 194
욕구의 발달 121
욕구의 사회화 123
우드워드 199
울음 115
울프 114
워커 74, 94
워크 79
원시 반사 98, 100
원시적 반사 운동 141
월튼 77
웰만 194
웰트하이머 73
위머 192
위샤트 159
유능감 235
유아기 망각 173, 174
유아기 싸움 250

육아 스트레스 118, 310
육아능력 118
음성 인식 가지치기 현상 94
음성(音聲) 인식의 가지치기 93
음주의 영향 67
의도 모방 205
의존(依存) 284
이그란드 310
이자드 112
이중저장모델 165
이타적(利他的) 행동 209
인과성(因果性)의 지향 169
인지 139
인지 스타일 219
인헬더 175
일란성 쌍생아 61
일반계의 발달 82
일화 기록 50
임계기(臨界期) 97
임파계 84
입술탐색 반사 99

자기 방위적 기능 186
자기 의식적 정서 119
자기 주장형 모방 205
자기개념 185
자기능력 평가 238
자기모방 181
자기인식 177
자기인식능력 178
자기인식의 발달 183
자기제어 기능 188
자기중심성 154
자기중심적 언어 134
자기통제 기능 186
자동보행 반사 99
자발적 미소 113
자신감 235
자아 정체성 34
자연 관찰 50
자율성 33, 232
자율적 판단 256
자의식(自意識) 205
자전적(自傳的) 기억 173
자조 182
잠복기 39
잠재적 발달 수준 31
장기 기억 165
재구조화 132
저구조성의 놀이환경 276
저체중아 85
적극성 33
적극적 탐색 행동 231
전두엽(前頭葉) 89
전배아기 59
전조작기 27, 146
점차적 접근 31
접촉 행동 304
정리기 91
정보의 전이(轉移) 현상 77
정보전이 78
정서 장애 273
정체성 34
제 1차 성장기 82
제 1차 순환 반응기 143
제 2차 성장기 82
제 2차 순환 반응기 144
제 2차 순환 반응의 협응기 145
제 3차 순환 반응기 145
제임스-란게설 108
젠센 21
조기교육 98, 136, 265
조사법 56
조산아(早産兒) 65
조절 26, 140
조직적 행동능력 274
존 볼비 277
존슨 92
종단적 연구법 43
종속 변인 54
주체적인 자아 40
준비성 266
중간체계 29
중추기원설 108, 109
중추신경계 82, 89
지적 능력 224
지적 리얼리즘 156
지적 발달 307
직관적 사고 147
직립 보행 103
질문지법 56
집단놀이 268

창의적인 사고 227
창조적 능력 274
청각 63
청각 발달 73
청각 자극의 기억 167
체계적 관찰 50
체형의 발달 86
초두 효과 166
추론능력 176
축삭 90
충동형 220
측두엽(側頭葉) 89
친밀성 34
친사회적 행동 209

카레지 75
카시와끼 188
카이와 260
카일 174
캄포스 79
캐넌-바드설 109

케간 220, 243
케넬 278
케리 96
콜버그 252
쾌(快)의 모니터 72
크라우스 278
크루크 72
클라크 스튜어트 307
클리너트 80, 110

타인의 목표이해 199
타인인식능력 197
탈둔감 현상 46
태아기 84
태아기의 청각능력 63
태아성 알코올증후군 67
태아의 학습능력 66
테렌 103
토마세로 202, 210, 211, 212
통제 관찰 50
통제 집단 54
통합 35
퇴행 현상 299
티스 94

파브로브 20
파스카리스 77, 95
파악 반사 99, 104
파텐 247, 264
패리스 176
페너 192
평정척도법 52
평행놀이 248
포비네리 184
폭주설 21
표본 기록 50
표상능력 119
표상적 사고 147
표상적 자기인식 180
프로소디 66, 74
프로이드 36
프뢰벨 259
프리만 156
프리맥 191
피아제 23, 139, 175, 254, 262
피질 83
피터슨 173
핀크스테인 235

하빌랜드 109
하우즈 307
하터 240
학습성 무력감 228
한다 288
한다 스스무 303
할로우 284
항문기 37
행동목록법 52
행동의 과학 54
행동형성법 31
허로크 264
혈액시스템 63
협동놀이 248
형식적 조작기 27, 148
형제 관계 298
형제의 의의 299
형제의 존재 300
형태 모방 203
호메오스타시스 18, 88
호스피털리즘 280
호프만 241
혼자놀이 266
환경역치설 21
환영 행동 304
횡단적 연구법 43
후각 63
후각 발달 72
후두엽(後頭葉) 89
휘바슈 172
흡연의 영향 68
흡철 반사 48
흡철법 44, 48
히자 310

三神 265
中澤 225
大藪泰 204
柏木 188
森 274
正高信男 95
清原 265
環境閾値說 21
神經胚 59
繁多 288
繁多進 303
高橋 262

A-not-B error 150
accommodation 140
achievement motivation 242
Adams 241
AFD(appropriate-for-date) 아이 86
Ainsworth 237, 281, 286
anal phase 37
Anderson 241
Andersson 309
animism 153
assimilation 140
attachment 122, 216

babbling 126
Baillargeon 47, 159, 196
belief 192
Bell 237

bilingual 74
Bloom 130
bonding 278
Borton 78
Boudreau 106
Bower 159
Bowlby 216, 277, 283
Boyd 210
Brazelton 117
breast-feeding 73
Bridges 111
Broberg 308
Bronfenbrenner 28
Bushnell 106
B형(안정형) 292

Caillois 260
Campos 80
childhood amnesia 174
Clarke-Stewart 307
cognition 139
cognitive style 219
competence 235
confidence 235
conservation 152
controlled observation 50
crawling 103
creeping 103
Crook 72
C형(양극형) 292

development 15
Devries 62, 154
D형 애착 행동 295

ecological validity 161
Egeland 310
ego-identity 34
egocentric speech 134
egocentrism 154
Eisenberg 209
Emerson 281
entrainment 128
Erikson 32
exo system 28

Fetal Alcohol Syndrome 67
Finkestein 235
Freeman 156
Freud 36
Fröbel 259

Gallup 182
Ganchrow 110
genital phase 40
Gesell 19
Gibson 79
Gopnik 195
Goren 76
Gosuwami 168
Graber 47
growth 15
Gruendel 172
Gunnar 236

habituation 44
Harlow 284
Harter 240
Haviland 109
hedonic monitor 72
Hieser 310
Hoffman 241
homeostasis 18, 88
hospitalism 277, 280
Howes 307
Hurlock 264

imprinting 97
Inhelder 175
intellectual realism 156
Izard 112

Jensen 21
Johnson 92

Kagan 220, 243
Kail 174
Kelly 96
Kennell 278
Klaus 278
Klinnert 80, 110
Kohlberg 252
Kosugi 163

Lamb 279, 296
latent phase 39
learned helplessness 228
Lecanuet 64
Lelwica 109
Lewis 119
Liu 194
Lockhart 185, 186, 234
long-term memory 165
Lorenz 97
LTM 165
Luquet 156
Luria 134

Macfarlane 72
macro system 28
Main 295
Mandler 171
Matching Familiar Figures 221
maternal deprivation 277, 281
maturation 15
McClelland 243

Mehler 73
Meltzoff 78, 205
memory 165
meso system 29
MFF 221
micro system 29
mind 191
Morgan 179
mothering 302
multi-modality이론 78
Mussen 209
Myers 280

Nelson 172
neuron 90
non-REM 69
Onishi 196
oral phase 37
overjustification effect 212

Paris 176
Parten 247, 264
Pascalis 77, 95
Pavlov 20
pedagogical moment 233
Perner 192
Peterson 173
phallic phase 38
Piaget 23, 139, 175, 254, 262
Pike 240
play therapy 266
Povinelli 184
Premack 191
prosocial behavior 209
prosody 66

Ramey 235, 308
Ramus 74
Rapid Eye Movement 69
readiness 266
reality 155
Reeve 232
REM 69
Repacholi 195
restructuring 132
Richerson 210
Rideout 173
Rochar 179
Roffwarg 70
Rubenstein 307

Salk 66
Salkind 223
scaffolding 31
Scammon 18, 81
Schaffer 281
schema 25, 140
scribble 156
script 172
self protective 186
SFD(small-for-date) 아이 85
shaping 31
short-term memory 165
Skinner 21
socialized speech 134
Solomon 295
Spitz 280
Sroufe 112
Steiner 72
Stern 21
Stipek 241
STM 165
Stratz 86
successive approximation 31
sucking 44
synapse 97

Tees 94
Thelen 103
theory of mind 191
Tomasello 202, 210, 211, 212

uncontrolled observation 50
uni-modality이론 77
Upton 176

Vaish 216
visual preference 44
visual realism 156
Vygotsky 30, 134

Walk 79
Walton 77
Warneken 211, 212
Watson 21
Wellman 194
Werker 74, 94
Wertheimer 73
Wimmer 192
Wishart 159
Wolff 114
Woodward 199

Zazzo 182
Zone of Proximal Development 31
ZPD 31

2개월 혁명 181
2차 성장기 84
2차적 동인(動因) 284
2차적 동인설 283
3세 신화 301
3항 관계 201
9개월 혁명 181, 200

저자소개

현 정 환(玄正煥)

경남 밀양 출생. 동경가꾸게이대학 대학원(임상심리학) 및 히로시마대학 대학원(유아심리학)에서 심리학 전공(심리학 박사, 1993).

현재, 서울신학대학교 교수로 재직(jhhyun@stu.ac.kr)

주요 저서

우리는 아이에 대해 오해를 보았다(양서원, 2014)/영유아 발달검사 척도(일본 다나까 연구소, 공저, 2013)/이론, 실제, 연습 상담심리학(양서원, 2012)

아이들의 자유(창지사, 2010)/아동상담(창지사, 2009)

인간 심리의 이해(공동체, 공저, 2009)/인간행동과 사회환경(창지사, 공저, 2006)

아동발달의 이해(창지사, 2005)/상담이론 그리고 연습(창지사, 2002, 공저)

『The role of the father in child development』(Edited by Michael E. Lamb, New York: Wiley, 2004, 공저)/『Handbook of Cultural Developmental Science』, Marc H. Pornstein(Eds.).(Psychology Press, 2009, 공저)/『The Role of The Father in Child Development』(Edited by Michael E. Lamb, John Wiley & Sons, Inc., 2010, 공저)

영유아 발달

초판 1쇄 인쇄 2016년 2월 25일
초판 1쇄 발행 2016년 2월 29일

지 은 이 | 현정환
펴 낸 이 | 김기섭
책임편집 | 김민수
펴 낸 곳 | 창지사 www.changjisa.com
08589 서울시 금천구 가산디지털 1로 83 파트너스타워 1차 9층
전화 (02) 719-2211~3
팩스 (02) 701-9386
등 록 | 1977년 4월 28일 · 제1-421호

ISBN 978-89-426-0860-7 (93370)

값 20,000원

이 도서의 국립중앙도서관 출판예정도서목록(CIP)은 서지정보유통지원시스템 홈페이지(http://seoji.nl.go.kr)와 국가자료공동목록시스템(http://www.nl.go.kr/kolisnet)에서 이용하실 수 있습니다.(CIP제어번호: 2016005166)